러시아
우크라이나
전쟁

러시아 우크라이나 전쟁

THE RUSSO
UKRAINIAN WAR
SERHII PLOKHY

역사의 귀환

세르히 플로히 지음
이종민 옮김

글항아리

• 일러두기
본문에서 첨자로 부연 설명한 것은 옮긴이 주다.

스스로와 우리 모두의 자유를 지키다 스러져간 이들을 추모하며

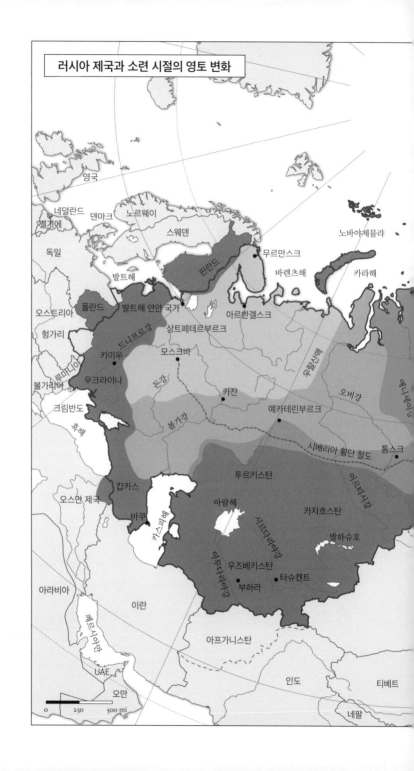

러시아 제국과 소련 시절의 영토 변화

미국

베링해

랍테프해

시베리아

북극권

마가단

캄차카반도

오호츠크

오호츠크해

야쿠츠크

레나강

안가라강

아무르강

하바롭스크

일본

바이칼호

이르쿠츠크

블라디보스토크

몽골

동해

한국

중국

태평양

1533년 기준 러시아 영토 　1914년까지 추가된 영토
1598년까지 추가된 영토 ——1914년 기준 국경성
1689년까지 추가된 영토 　1991년 기준 소련 영토

분열된 유럽(2022)

EU 회원국
NATO 회원국
NATO 가입 후보국
집단안보조약기구CSTO 회원국

아이슬란드

스웨덴

노르웨이

덴마크

아일랜드

영국

네덜란드

독일

폴란드

벨기에

룩셈부르크

체코

슬로바

오스트리아

헝가리

프랑스

슬로베니아

크로아티

이탈리아

포르투갈

스페인

몰타

0   150   300 mi

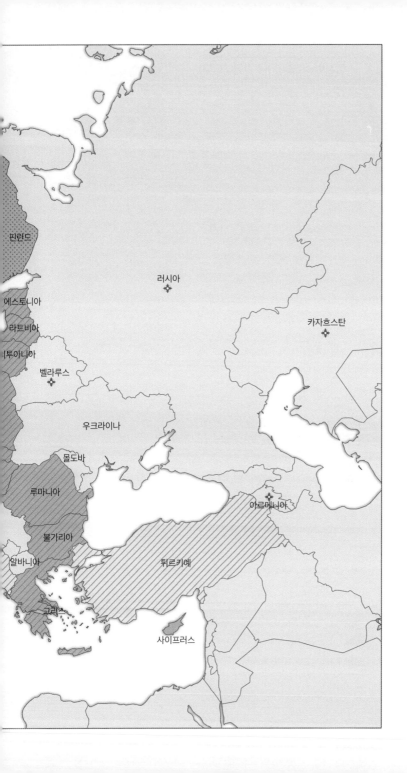

분열된 세계(2022)

쿠바

베네수엘라

니카라과

러시아 규탄
친서방 성향

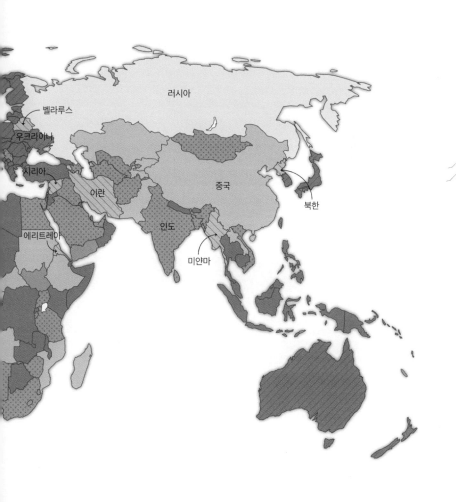

러시아

벨라루스

우크라이나

시리아

이란

에리트레아

중국

인도

미얀마

북한

중립
자료 없음
러시아 지지
친러시아 성향

서문
전쟁에 대한 올바른 이해

러시아가 우크라이나를 침공하던 날 나는 공교롭게도 오스트리아 빈에 머물고 있었다. 빈은 오스트리아-헝가리 제국이 제1차 세계대전을 일으킬 당시 제국의 수도이자, 1938년 독일의 오스트리아 병합으로 나치 독일의 수중에 넘어가면서 제2차 세계대전 발발의 도화선이 된 역사를 간직한 도시다. 빈 시민들이 잠자리에 든 2022년 2월 23일 밤 새로운 전쟁의 먹구름이 몰려오고 있었다. CNN에서 걱정스러운 뉴스를 접한 뒤로 나는 상황이 나아지기를 바라면서도 불길한 예감을 떨치지 못했다. 이튿날 평소보다 이른 아침 6시쯤 눈을 떠 뉴스를 확인하려고 전화기를 집었지만 왠지 모르게 이메일에 먼저 눈길이 갔다.

이메일 제목 하나가 눈에 들어오자 가슴이 덜컥 내려앉았다. '맙소사.' 하버드대학 동료가 보낸 메시지였다. 2021년 10월 처음 그가 대규모 분쟁 위험을 경고한 뒤로 우리는 새로운 전쟁의 발발 가능성을 논의해왔다. 10월이면 러시아 군대가 우크라이나 국경 근처로 속속 집결하는 상황을 미국 언론이 거의 실시간으로 보도하기 시작할 무렵이었다. 나는 러시아군의 움직임이 단순한 무력시위이기를 바랐지만, 그는 실제 도발 가능성이 있다고 봤다. 이메일을 열어보기도 전에 나는 그가 경고한 침공이 실제로 일어났음을 직감했다. 열어보니 마지막 줄에 이렇게 쓰여 있었다. "희망이 보이지 않네요. 하루가 다르게 상황이 변하고 있어요. 오늘 밤 미국 정보 당국은 공습을 예고하고 있지만 내일 어떻게 바뀔지 알수 없죠. 빈에서 별 탈 없기를 바랍니다."

나는 별 탈이 없지 않았다. 뭔가 일이 벌어졌지만 그게 무엇인지 알지 못했으니까. 푸틴이 이끄는 러시아군이 2014~2015년 돈바스 전쟁의 격전지였던 우크라이나 동부를 재침공한 것은 아닐까. 그런 생각을 하며 이메일을 하나 더 열어보았다. 제목란이 비어 있는 그 메일은 드니프로에 있는 동료가 보낸 것으로, 그곳은 2014~2015년 전쟁 당시 전선에서 멀리 떨어진 후방 지역이었다. 내용을 읽어보니 이번 전쟁에는 후방이 따로 없을 것이라는 사실이 분명해졌다. "짐을 꾸려 드니프로를 떠날 준비를 하고 있어요. 지금 쓰고 있는 책의 '작업본'을 당신 이메일 주소로 보내게 될지도 모르겠습니다. 앞으로 어떤 일이 일어날지 알 수 없고, 와중에 컴퓨터를 잃어버릴 수도 있으니까요." 그는 "전시에 원고들이 어떤 운명을 맞는지 우리는 너무 잘 알고 있잖아요"라고 덧붙였다. 나는

러시아 우크라이나 전쟁

작업본을 보내도 좋다고, 미완성 원고를 믿고 맡겨줘서 고맙다고 답장을 보냈다.

그런 다음에야 뉴스를 확인했다. 우크라이나에 대한 전면 침공이 이뤄져 키이우와 드니프로, 내 고향 자포리자 같은 도시에 러시아 미사일이 날아들고 있었다. 도무지 현실감이 들지 않았다. 자포리자에 있는 여동생에게 전화를 걸었다. 동생도 깨어 있었다. 도시 일부에서 폭발음이 들려온다고 했는데, 다행히 동생이 살고 있는 부모님 집에서는 멀리 떨어진 곳이었다. 동생은 차분했다. 전날 밤 통화에서 내가 차에 휘발유를 넉넉히 채워두라고 일렀지만, 동생은 그 말을 따르지 않았다. 거의 모든 우크라이나 국민이 그렇듯 대규모 전쟁이 일어날 리 없다고 생각한 것이다. 하지만 전쟁은 시작됐고, 동생도 나도 준비가 돼 있지 않았다. 그저 하루하루 헤쳐나가는 수밖에 달리 도리가 없었다. 그날 뒤로 나는 매일 아침저녁으로 동생에게 전화를 걸었다. 질문은 늘 똑같았다. 어젯밤은 어땠어? 오늘 하루는 또 어땠고? '좋은 밤'과 '좋은 하루'의 의미가 갑자기 바뀌어버렸다. 공습 사이렌이 울려도 미사일 공격이나 폭격이 없으면 좋은 밤, 좋은 하루였다.

전쟁이 시작된 그날 아침 나는 흰 셔츠에 정장 재킷을 걸쳐 입었다. 당시 나는 국제원자력기구IAEA 기록보관소를 오가며 1986년 체르노빌 원전 사고 관련 국제사를 연구 중이었기 때문에 이렇게 입는 일이 거의 없었다. 하지만 앞으로 전선에서 어떤 소식이 들려오든 상관없이 전시 상황이 내게 부여하는 임무를 무엇이든 수행할 준비가 돼 있음을 드러내고 싶어서 일부러 차려입었다. 내게 영감을 준 것은 미국의 저명한 외교관이자 국제관계 전문가였던 조지 케넌의 회고록이었다. 1939년 3월 히틀러가 체코슬로바키아를 침공했다는 소식을 접한 케넌은 '초췌한 몰골'을 보이지 않으려고 꼼꼼하게 면도부터 했다. 상황이 어떻게 전개되든 외교관으로서 직분을 다하겠다는 의지의 표현이었다.

기록보관소에 도착하니 사람들이 다들 안쓰러운 눈빛으로 쳐다봤다. "당신 나라에 그런 일이 벌어져서 유감이에요"라며 기록담당관 한 명이 말을 건넸다. 오늘 당장이 아니라면 내일이라도 우크라이나가 러시아에 점령될 테니 끝이 머지않았다는 말투였다. 내가 우크라이나의 장례식을 위해 옷을 차려입기라도 했단 말인가? 그러지 않기를 바랐지만 상황이 어떻게 펼쳐질지 예측할 수 없었다. 그날 오후 스위스 일간지 『노이에 취르허 차이퉁』의 사진기자가 며칠 전 한 인터뷰 사진을 찍기 위해 빈의 인간과학연구소에 있는 내 사무실을 찾아왔다. 나중에 신문에 실린 그날의 모습을 보니 바람 때문에 머리카락이 사방으로 흩날리는 와중에도 흰 셔츠 차림으로 슬프지만 단호한 표정을 짓고 있었다. 그보다 며칠 앞서 『뉴요커』와의 인터뷰에서 나는 우크라이나가 맞서 싸울 것이라고 전망했다. "언제 어떤 방식일지는 모르겠지만 저항이 있을 것임을 믿어 의심치 않는다"고 기자에게 말했다.[1]

그 뒤 며칠 그리고 몇 주 동안 일어난 일은 저항이 있으리라는 내 예측이 틀리지 않았음을 보여주었지만, 저항의 범위와 이어진

러시아 우크라이나 전쟁

전쟁 자체의 범위는 내 상상을 초월했다. 푸틴이 "군사 작전"이라고 부른 침공은 며칠 또는 길어야 몇 주면 끝날 것으로 예상됐지만, 1945년 제2차 세계대전 종전 이후 가장 큰 재래식 전쟁으로 번졌다. 그 결과 무고한 민간인 다수를 포함해 수만 명의 남녀가 목숨을 잃었고, 역시 제2차 세계대전 종전 이후 유럽에서 가장 큰 난민 위기가 발생했다. 이후 몇 달 동안 전쟁을 피해 피란길에 오른 여성·어린이·노인의 수가 1200만 명에 달한 가운데, 동유럽과 중부 유럽 국가로 탈출한 난민의 수만 500만 명을 넘어섰다. 체르노빌 같은 핵 시설과 유럽 최대 규모인 자포리자 원전 같은 원자력 발전소가 새로운 전장이 됐고, 핵무기 사용을 은근히 위협하는 지경에까지 이르렀다.

어쩌다 이렇게 된 것일까? 감정적으로나 직업적으로나 나는 러시아의 무도한 침략의 결과로 벌어지고 있는 일들을 철저히 따져 보고 나 자신과 다른 사람들에게 설명할 준비가 돼 있지 않았다. 광기와 범죄 행위라는 말 외에는 어떤 합리적인 설명도 불가능해 보였다. 하지만 언론의 거듭된 논평 요청을 거절할 수 없다고 판단한 것은 내가 하는 말이 사태의 향방에 조금이나마 실제로 영향을 미칠 수 있다고 여겨졌기 때문이다. 제2차 세계대전 이후 유럽에서 일어난 최대 규모의 군사적 충돌을 이해하는 데 있어 다른 사람들이 줄 수 없는 무언가를 역사학자로서 제공할 수 있음을 깨달았다. 시사 문제에 관한 한 역사학자는 최악의 해석자이지만 그래도 보통 사람보다는 낫다고 한 윈스턴 처칠의 말을 믿어보기로 한 것이다.

역사가로서 나는 나 자신과 전 세계의 눈앞에 펼쳐지는 사건들을 역사적, 비교적 관점에서 바라보기 위해 최선을 다했다. 이런 침략 전쟁이 가능했던 이유는 무엇일까? 우크라이나가 이에 맞서 저항할 수 있었고 여전히 저항을 이어가고 있는 힘은 어디에서 나오는 것일까? 마지막으로 이 전쟁이 우크라이나와 러시아, 유럽 그리고 전 세계에 미칠 가장 큰 영향은 무엇일까? 침공 첫날의 충격을 떨쳐내고 다시 분석적으로 사고하면서 나 스스로에게 던진 질문이다. 아울러 당시 우리가 안이한 낙관론에 빠져 놓쳐버린 러시아-우크라이나 전쟁이 임박했다는 징후들을 파악하기 위해 노력했다.

많은 사람이 베를린 장벽의 붕괴를 역사의 종말로 받아들인 것은, 장벽의 붕괴를 정치질서의 한 형태로서 자유민주주의의 궁극적 승리로 이해한 프랜시스 후쿠야마의 견해에 동의하지는 않더라도, 강대국 간의 지속적인 경쟁에도 불구하고 무도한 침략에 이은 영토 합병과 대규모 군사 행동은 과거의 유물이 됐다는 확신에 사로잡혔기 때문이다. 체첸과 옛 유고슬라비아 연방에 이어 아프가니스탄과 이라크에서 발발한 전쟁 등 반대의 징후가 뚜렷함에도 불구하고 우리는 이를 무시하려 했다. 포퓰리즘 및 권위주의 정권의 부상과 함께 민주주의 국가들에서도 권위주의가 강해지는 경향은 1930년대를 떠올리게 했지만 우리 대부분은 이를 외면했다.

역사는 이제 맹렬한 기세로 돌아와 최악의 모습을 드러내며 폭력과 파괴의 장면들로 얼룩진 끔찍한 페이지를 열어 보이고 있다. 우리는 제2차 세계대전 직전에 유럽에서 독재 정권이 등장하면서 어떤 일이 일어났는지 잘 알고 있는 만큼, 오늘날 유럽과 유라시아를 비롯한 여러 지역에서 권위주의 정권의 부상이 어떤 결과를 초래할지 어렵지 않게 짐작할 수 있다. 현재 벌어지는 사건들의 역사적, 지정학적 맥락을 파악해 역사에서 교훈을 얻음으로써 이 사건들의 뿌리를 이해하고 결과를 예측하며 폭력을 종식하기 위해 노력해야 할 때다.

이 책에서 나는 현재진행형인 전쟁을 이해하는 데 장기지속 longue durée 지정학적 요인이 역사에 장기적이고 지속적인 영향을 미친다는 페르낭 브로델의 개념 접근법을 취했다. 러시아의 우크라이나 전면 침공의 충격과 극적인 상황 전개에도 불구하고 2022년 2월 24일을 전쟁의 시작으로 간주하려는 유혹을 거부하는 것은 그보다 8년 앞선 2014년 2월 27일 러시아군이 크림 자치공화국 의회 건물을 점령했을 때 이미 전쟁이 시작됐다는 단순한 이유에서다. 1차 민스크 협정과 2차 민스크 협정을 통해 1년 후인 2015년 2월 외교적 측면에서는 전쟁 단계가 끝났다. 그럼에도 우크라이나 돈바스 지역의 군사분계선 전역에서 포탄과 총알이 오가며 선포되지 않은 전쟁이 이후 7년 동안이나 계속돼 1만4000명이 넘는 우크라이나 국민이 목숨을 잃었지만 국제사회의 관심은 거의 받지 못했다. 러시아가 민스크 협정에서 공식 탈퇴하고 2022년 2월 우크라이나를 전면 침공하면서 이 단계도 끝났다.

이어질 내용에서 나는 현재진행형인 전쟁과 그 기원, 추이와 함께 이미 명백해졌거나 벌어질 가능성이 있는 향후 결과에 대해 논하려고 한다. 이 책에서 설명한 것처럼 현재 전쟁의 뿌리는 19세기와 20세기 제국 붕괴의 역사에서 찾을 수 있으며, 지금의 분쟁을 촉발한 핵심 개념들도 그때 만들어졌다. 내 기본적인 주장은 오늘날 우리가 목격하고 있는 상황이 완전히 새로운 현상은 아니라는 것이다. 여러 면에서 현재의 분쟁은 러시아 제국과 소비에트 연방의 강대국 팽창주의 정책의 상속자이자 계승자를 자처하는 러시아 엘리트들이 벌인 구시대적인 제국주의 전쟁이다. 우크라이나 입장에서 이 전쟁은 무엇보다 독립 전쟁이자, 소련 붕괴의 폐허에서 등장한 새로운 국가의 생존권을 지키기 위한 필사적인 노력이다.

그 뿌리는 제국의 역사와 맞닿아 있지만 현재 전쟁은 핵무기의 확산, 탈냉전 시대 국제질서의 붕괴와 함께 1930년대 이후 자취를 감췄던 포퓰리즘 민족주의가 세계 전역에서 부활하는 새로운 국제 환경 속에서 벌어지고 있다. 이 전쟁은 유럽과 세계가 1989년 베를린 장벽 붕괴의 결과로 얻어낸 평화라는 배당금을 거의 소진하고, 아직 결정되지 않은 새로운 시대로 접어들고 있음을 뚜렷이 보여준다. 냉전 시대의 양극화된 세계를 빼닮을 가능성이 있는 새로운 세계질서가 현재진행형인 전쟁의 포화 속에서 형성되고 있다. 이 책을 쓰는 시점에도 전쟁은 끝나지 않았고 그 결말이 어떻게 될지 아직 알 수 없다. 하지만 우리와 우리 자녀, 그리고 손자들이 살아갈 세계의 미래가 이 전쟁의 결과에 크게 좌우될 것이라는 사실만은 지금도 분명해 보인다.

차례

1장

제국의 붕괴

1991년 12월 25일 크리스마스, 모스크바 시간으로 오후 7시였다. 소련 공산당 전 서기장이자 소련 대통령에서도 곧 물러날 미하일 고르바초프가 크렘린 집무실 책상에 앉아 텔레비전 카메라 앞에서 준비된 성명을 읽었다.

고르바초프는 시청자들을 "친애하는 동포 여러분 그리고 동료 시민 여러분"이라고 부르며 연설을 시작했다. 사실 그는 전 세계를 향해 말하고 있었다. CNN이 그의 짧은 연설을 생중계하고 있었다. 소비에트 연방을 이끌어온 고르바초프는 소련의 대통령직 사임을 발표했다. 저녁 7시 12분 그의 연설이 끝나자 소비에트 연방은 공식적으로 사라졌다. 차르가 이끌던 러시아 제국의 붕괴를 막고 초강대국으로 부상해 전 세계를 상대로 핵 공격을 통한 인류 절멸을 위협하던 공산주의 정권은 더 이상 세상에 없었다. 30분도 채 지나지 않아 크렘린 궁에 내걸렸던 붉은 깃발이 내려지고, 그 자리에 1917년 10월 혁명으로 붕괴되기 전 러시아 제국의 삼색기와 비슷한 흰색, 파란색, 빨간색의 러시아 연방 깃발이 내걸렸다.[1]

전 세계에 소련USSR으로 알려진 소비에트 사회주의 공화국 연방의 대통령 고르바초프는 12분간의 연설에서 "원칙상의 이유"로 사임한다고 선언했다. 그는 "연방 국가의 통합"을 유지하기 위해 노력했지만 뜻을 이루지 못했다고 밝혔다. "상황은 다른 방향으로 전개됐습니다. 국가를 분열시키고 연방을 해체하려는 경향이 우세해졌지만 저는 여기에 동의할 수 없습니다." 고르바초프는 법적으로 이미 수명을 다한 국가의 대통령직 사임을 발표하고 있었다. 소련은 그달 초 연방을 구성하던 15개 공화국 지도자들에 의해 해체된 상태였다.[2]

소비에트 연방의 해체는 상당 기간 진행돼왔지만 1991년 12월 1일 연방에서 러시아 다음으로 큰 공화국인 우크라이나 국민이 자국의 독립 여부를 결정하기 위해 국민투표를 실시하면서 돌이킬 수 없는 상황에 이르렀다. 84퍼센트가 넘는 유권자가 투표에 참가해 그중 92퍼센트 이상이 독립을 선택했다. 러시아의 서쪽 국경과 접한 우크라이나의 돈바스(도네츠 분지) 주민들도 84퍼센트에 가까운 압도적인 비율로 독립에 표를 던졌다. 우크라이나에서 유일하게 러시아계가 과반수를 차지하는 지역인 크림반도에서는 54퍼센트가 독립을 지지했다. 흑해 함대의 모항인 세바스토폴에서는 그보다 높은 57퍼센트가 우크라이나 독립을 지지했다.[3]

투표 결과는 고르바초프에게 충격으로 다가왔지만, 한때 고르바초프의 추종자였다가 도전자이자 라이벌이 된 보리스 옐친 러시아 대통령에게는 그렇지 않았다. 옐친은 며칠 전 인류학자이자 민주화 운동가인 보좌관 갈리나 스타로보이토바로부터 예상되는 결과의 브리핑을 받았다. 예상 결과를 듣고 옐친은 믿을 수 없다는 표정을 지었다. "그럴 리가 없다!"가 그의 첫 반응이었다. "우크라이나는 형제 슬라브 공화국이에요! 그곳에는 러시아계가 30퍼센트나 되잖아요. 크림반도는 러시아 땅입니다! 드니프로강 동쪽에 사는 사람들은 전부 러시아를 지지해요!" 스타로보이토바는 40분 가까이 들여서야 여론조사 결과가 오로지 한 방향, 압도적인 독립 찬성을 가리키고 있다는 사실을 옐친에게 납득시킬 수 있었다. 옐친은 그 자리에서 결정을 내렸다. 우크라이나의 독립을 인정하고 초대 우크라이나 대통령이 될 레오니트 크라우추크를 만나 고르바초프가 이끄는 연방과는 다른 새로운 연방을 구축하기로 한 것이다.[4]

두 사람의 회동은 벨라루스-폴란드 국경 근처인 벨라베자 숲에서 12월 7일 시작돼 이튿날까지 이어졌다. 스타니슬라우 슈시케비치 의회 의장을 비롯한 벨라루스 공화국 지도자들이 소련의 운명을 결정하기 위해 온 러시아와 우크라이나 대통령을 맞았다. 고르바초프가 제안한 개혁 연방 가입을 크라우추크가 거부하자, 옐친의 측근 겐나디 부르불리스가 소련을 완전히 해체하자고 제안했다. 이에 놀란 국가보안위원회KGB 벨라루스 지부장이 모스크바

러시아 우크라이나 전쟁

의 상관들에게 이 반역적인 제안을 보고했지만 어떤 적극적인 회신도 받지 못했다. 당시 소련의 수도 모스크바에는 고르바초프의 지지자가 거의 남아 있지 않았기 때문이다. 소비에트 연방은 독립국가연합Commonwealth of Independent States, CIS으로 대체됐는데, CIS는 새로운 국가라기보다 지역 국제기구에 가까웠다. 그로부터 2주도 채 지나지 않아 중앙아시아 공화국 지도자들이 CIS의 창립 회원국으로 합류했다. 이제 고르바초프에게는 연방 공화국 내에도 우군이 하나도 남지 않았다. 피할 수 없는 현실을 인정하며 그는 1991년 12월 25일 사임했다.[5]

고르바초프의 외교 정책 보좌관으로 그의 사임 연설문 초안을 작성한 아나톨리 체르니아예프는 소련의 마지막 해를 훗날 이렇게 평가했다. "그해에 소련에 실제로 일어난 일은 여타 제국들이 역사가 부여한 잠재력이 바닥나며 '정해진 시간'이 됐을 때 일어난 일들과 같았다." 고르바초프의 연설문 초안에 "이 위기에서 가장 파멸적인 것은 국가의 붕괴입니다" "우리는 위대한 문명의 계승자들입니다"와 같은 문구를 넣었을 때 체르니아예프는 제국의 몰락을 염두에 두고 있었다. 하지만 그는 무너져가는 제국을 구하려고 해봤자 소용없는 일이라는 사실 역시 인정했다. '소련을 살리려는 고르바초프의 노력은 가망 없는 몸부림이었다. 그럼에도 불구하고 만약 우크라이나와 크림반도가 되돌아올 수 없는 길을 가지 않았더라면 상황은 진정될 수도 있었다'고 체르니아예프는 1991년 11월 일기에 썼다.[6]

소련은 우크라이나 국민이 망설임 끝에 독립 문제를 투표에 부치기로 결정하면서 성사된 우크라이나 국민투표 때문에 무너져내렸다. 고르바초프는 소련의 운명을 놓고 연방 전체에서 국민투표를 하자고 주장했지만, 우크라이나를 제외한 다른 공화국에서는 실시되지 않았다. 러시아를 포함한 대부분의 국가는 우크라이나 국민투표의 결과를 우크라이나 공화국의 독립뿐만 아니라 소련의 미래를 결정짓는 판결로 받아들였다. 고르바초프와 옐친 모두 연방에서 두 번째로 큰 공화국이자 러시아 제국에서 소련으로 이어지는 역사와 신화의 핵심 요소인 우크라이나가 빠진 소비에트 연방은 상상조차 하지 못했다. 어떤 형태로든 제국 프로젝트의 복원은 러시아가 우크라이나를 제자리로 되돌려놓을 수 있는가에 달려 있었다. "우크라이나가 없으면 러시아는 더 이상 제국이 아니지만, 우크라이나를 회유해서 복속시키면 러시아는 자동으로 제국이 된다." 몇 해 뒤 즈비그뉴 브레진스키 전 백악관 국가안보보좌관이 한 말이다.7

기원 신화

오늘날 대부분의 러시아인은 지난 수 세기 동안 그랬듯 자신들의 국가와 민족이 역사학자들이 '키이우 루스Kyivan Rus'라고 부르는 중세 국가의 중심지 키이우(러시아어로는 키예프Kiev)에서 비롯됐다고 믿는다. 키이우 루스는 오늘날 우크라이나 수도인 키이우를 중심으로 현재 우크라이나, 벨라루스와 러시아의 유럽 쪽 영토의 상당 부분을 아우르는 국가였다. 10세기에 형성된 키이우 루스는 13세기 들어 몽골의 침공을 받고 함락되기 전까지 많은 제후국을 탄생시켰다. 그중 세력이 강했던 나라로는 오늘날 우크라이나와 벨라루스 남부 지역에 해당되는 갈리시아-볼히니아, 옛 키이우 루스의 북서부 땅에 있었던 대노브고로드 또는 노브고로드 공국, 현대 러시아의 역사적 중심지인 블라디미르 공국―훗날 그 북동부 지역이 모스크바가 됐다―을 꼽을 수 있다.[8]

러시아인들은 분명 자신들의 종교와 문자, 문학, 예술, 법전, 그리고 근대 이전에는 무척 중요했던 통치 왕조의 기원을 키이우에서 찾을 수 있다. 키이우를 러시아의 민족성과 언어, 대중문화의 기원으로 주장하려는 시도는 조금 더 문제가 많았다. 모스크바와 상트페테르부르크에서 온 관광객들은 키이우 일대의 주민들이 자신들과 다른 언어를 사용하고 다른 노래를 부르며 뚜렷이 다른 문화를 가지고 있다는 사실을 알게 됐다. 하지만 러시아의 키이우 기원 신화가 15세기 후반 이후로 이미 러시아 엘리트들의 의식에 깊이 뿌리내렸기 때문에 이런 사실이 크게 문제 되지는 않았다.[9]

신화의 기원은 훗날 무스코비로 알려진 모스크바 대공국이 독립 국가의 기틀을 닦은 15세기 중반으로 거슬러 올라간다. 창시자인 이반 3세는 수많은 키이우 대공의 후손 중 한 명으로 모스크바를 통치하면서 동쪽의 니즈니노브고로드부터 서쪽의 대노브고로드(노브고로드)에 이르는 광활한 영토에 대한 모스크바의 지배권을 확립했다. 러시아의 키이우 기원 신화는 이반 3세가 키이우 루스의 계승자 중 하나인 노브고로드에 맞서 전쟁을 벌이는 동안 자신이 적통임을 주장하면서 탄생했다. 이반 3세는 스스로 키이우 대공의 상속자라고 선언하고 이를 근거로 노브고로드를 통치할 권리를 주장했다. 그는 1471년 셀론강 전투에서 노브고로드 군대를 물리친 데 이어 1478년 노브고로드 공국을 자신의 영토로 흡수했다. 모스크바와 노브고로드 간의 투쟁을 통해 탄생한 독립된 러시아 국가는 민주주의에 대한 권위주의의 승리의 산물이었다.노브고로드는 의회 등 민주적 제도를 일부 갖추고 있었다.

이반 3세는 아울러 노브고로드를 상대로 거둔 군사적 승리를 토대로 모스크바 대공국에 대한 지배력이 갈수록 약해지던 몽골 제국의 후예 타타르 칸으로부터 완전한 독립을 쟁취했다. 타타르인들은 이반 3세의 노브고로드 점령을 막으려고 애썼지만(아이러니하게도 러시아의 민주주의를 보호하려고 한 셈이다) 실패하고 퇴각해야 했다. 노브고로드 정복은 또한 자신이 키이우 대공의 유일한 적자嫡子라는 이반 3세의 적통 주장이 승리했음을 상징하는 것이기도 했다. 이후 여러 해 동안 그는 이 지위를 거듭 이용해서 러시아와 우크라이나, 벨라루스의 땅을 더 많이 차지했다. 러시아 왕조의 키이우 기원이라는 강력한 역사적 신화가 신생 독립국 모스크바의 정복 정책을 뒷받침하는 근간이었던 것이다.[10]

이반 3세는 모스크바 대공국의 통치자 가운데 처음으로 자신을

'차르tsar'로 칭하려 했는데, 이는 율리우스 카이사르의 이름에서 비롯된 '황제', 즉 통치자들의 통치자라는 뜻의 유럽식 단어였다. 하지만 실제로 차르에 즉위한 최초의 통치자는 그의 손자인 폭군 이반 4세였다. 이반 3세는 후계자에게 키이우 기원 신화와 함께 권위주의적 왕권 체제를 물려주었고, 손자인 이반 4세는 이를 전제정치로 바꾸는 데 성공했다. 이반 4세(폭군 이반)는 아우구스투스 황제의 후손이라고 주장하며 자신의 계보를 키이우의 왕족에서 비잔티움의 황제들과 그 선조인 로마 황제들에게까지 이어 붙이려고 애썼다. 그는 또한 할아버지가 통치하던 시절보다 모스크바 대공국의 영토를 더 넓히기 위해 노력했다.

1550년대에 이반 4세는 카잔 칸국과 아스트라한 칸국을 점령했는데, 이들 역시 모스크바처럼 한때 막강했던 몽골 제국을 계승한 국가였다. 이반 4세는 모스크바, 카잔, 아스트라한 칸국의 지배자로 통치한 기간을 각각 따로 계산함으로써 볼가강 유역의 칸국들을 점령한 것이 자신이 차르의 칭호를 받아야 한다는 주장을 정당화하는 핵심 업적임을 드러냈다. 칸국 정복을 마친 이반 4세는 서쪽으로 방향을 틀어 발트해 진출을 위해 오늘날 발트해 연안 국가들과 벨라루스 영토(역시 한때 막강했던 키이우 루스 영토의 일부였다)에서 리투아니아 대공국과 지상전을 벌였다. 하지만 모스크바 대공국의 통치를 서쪽으로 확장하려던 이반 4세의 시도는 모스크바가 폴란드-리투아니아 연방, 스웨덴, 덴마크 연합군과 맞선 리보니아 전쟁(1558~1583) 중에 좌절됐다.[11]

17세기는 폴란드 군대와 그 동맹국인 우크라이나 코사크오늘날 러시아와 우크라이나 지역에 거주했던 동슬라브계 민족 집단 연합군이 모스크바를 점령하면서 시작됐다. 그 결과 모스크바는 키이우와 우크라이나, 벨라루스 땅과 정치적으로는 물론 종교적으로도 분리됐다. 모스크바인들은 키이우인들이 가톨릭 왕의 통치를 받아들이고 서방에 문호를 개방함으로써 타락했다고 주장하면서 키이우인을 더 이상 동료 정교회 신자로 여기지 않았다. 전장에서 패하고 내부 분쟁으로 약화된 모스크바는 키이우와 키이우의 역사 그리고 이를 통해 얻은 추가적인 정복의 명분에 대한 집착을 멈췄다. 하지만 이는 제국을 향한 야망의 끝이 아니라 비교적 짧은 휴식기에 불과했다.[12]

이반 4세의 패배로 끝난 16세기 리보니아 전쟁의 결과 중 하나는 모스크바의 위협에 맞서 폴란드 왕국이 오늘날 우크라이나와 벨라루스 땅을 차지하고 있던 리투아니아 대공국과 연합한 것이다. 루블린 연합(1569)을 통해 탄생한 폴란드-리투아니아 연방은 왕권을 제한하고 중앙 및 지방 의회의 권한을 강화한 초기 근대 국가의 형태를 띠었다. 연방 협정의 하나로 폴란드가 우크라이나와 키이우를 지배하고, 벨라루스 땅은 계속 리투아니아 대공국이 관할하게 됐다. 이 분할은 근대 우크라이나와 벨라루스가 서로 다른 국가로 발전하는 데 주요한 역할을 하게 된다.[13]

근대 우크라이나 형성에 주도적 역할을 한 이들은 코사크족으로, 자유민과 가출 농노 출신인 이들은 16세기 후반 폴란드 왕국과 몽골 왕국의 먼 친척 국가인 크림 칸국 사이에 위치한 드니프로강 하류의 '주인 없는 땅'에서 강력한 군사 세력으로 부상했다. 코사크족은 1648년 최고 사령관인 헤트만 보흐단 흐멜니츠키의 지도 아래 사회국가로서 정치적 자유를 확보하고 정교회 신앙을 방해 없이 실천하는 것을 목표로 폴란드의 지배에 항거해 봉기했다. 우크라이나의 유대인을 비롯해 다수가 희생된 이 유혈 반란은 코사크 국가 수립으로 막을 내렸다.

신생 국가가 적대관계인 막강 폴란드-리투아니아 군대에 맞서려면 동맹국이 있어야 했다. 5년이 넘는 전쟁을 끝낸 흐멜니츠키는 모스크바와 동맹을 맺고 우크라이나의 적들로부터 군사적 보호를 받는 대가로 차르의 통치권을 인정했다. 협정은 1654년 1월 우크라이나 도시 페레야슬라우에서 흐멜니츠키와 차르의 전권 대리인들 사이에 이뤄졌다. 폴란드-리투아니아 연방에 맞서 전쟁에 뛰어든 모스크바의 당면 목표는 '동란의 시대Time of Troubles' 1591년부터 1613년까지 이어진 러시아 역사의 혼란기 당시 폴란드에 빼앗긴 땅을 회복하는 것이었다. 그러나 키이우 계승의 기억이 곧 되살아나면서 우크라이나 정교회는 다시 한번 같은 종교를 믿는 사람들로 간주됐다. 폴란드의 가톨릭 왕으로부터 정교회 형제를 보호하고 모스크바 왕조의 키이우 기원을 되살리는 것이 새로운 서진西進 정책을 정당화하는 구호가 됐다.[14]

19세기 들어 바실리 클류쳅스키를 비롯한 러시아 역사학자들은 몽골 침략 이후 모스크바의 대공과 차르들이 주도한 '러시아 영토 확장' 또는 '루스 통일'이 러시아의 역사적 과정의 본질적 특징이라고 주장했다. 러시아의 키이우 기원 신화에 뿌리를 둔 이러한 역사 해석은 키이우 루스의 땅들을 '불가분한 단일체'인 하나의 러시아 국가로 당당히 통일함으로써 정점에 이를 것으로 여겨졌다. 클류쳅스키는 이 과정이 19세기 중반에 대부분 끝났다고 봤다.[15]

통일 서사의 구성 요소 가운데 러시아 제국 시절 역사가들이 단연 가장 중요하게 평가한 사건은 17세기 중반 모스크바의 우크라이나 동부에 대한 지배권 확립이다. 이후 소련 역사가들도 이를 '러시아와 우크라이나의 통일'이라고 칭송하며 사실상 우크라이나가 러시아에 완전 동화돼 우크라이나 역사가 완성됐다고 평가했다. 반면 많은 우크라이나 역사학자는 이 '통일'을 군사 동맹, 개인적 연합, 심지어 노골적인 정복이라고 불렀다.

폴란드는 곧 무릎을 꿇었다. 모스크바는 이어 벨라루스로 진격해 키이우를 포함한 코사크 우크라이나에 주둔지를 세웠다. 우크라이나 코사크 국가가 모스크바의 차르가 지배하는 영토에 편입되면서 코사크인들이 '권리와 자유'라고 부른 민주적 정치 문화가 침해되는 오랜 과정이 시작됐다. 우크라이나 코사크의 엘리트들은 새로운 상황을 받아들일 수 없다고 판단하고 1708년 새로운 지도자 이반 마제파가 훗날 표트르 1세 황제가 된 모스크바의 차르에 맞서 반란을 일으켰다. 표트르 1세는 국호를 모스크바에서 중세 그리스어로부터 유래한 이름인 러시아로 바꾸고 1721년 러시아 제국의 수립을 선포한 인물이다.

마제파는 진격하는 스웨덴 칼 12세의 군대에 합류했지만 우크라이나 코사크 영토 한복판에서 벌어진 폴타바 전투(1709)에서 새 보호자 칼 12세와 함께 패배했다. 이 전투에서 승리를 거둔 모스크바가 여세를 몰아 북방전쟁(1721)에서도 승리하면서 러시아 제국은 폴란드-리투아니아 연방을 사실상 보호국으로 격하시키고 발트해와 중부 유럽에 영토를 보유한 유럽의 강국으로 부상했다. 표트르 1세는 우크라이나에서 코사크 지도자인 헤트만 직위를 폐지하고 역사가들에게 헤트만령Hetmanate으로 알려진 코사크 국가를 소러시아 위원회라는 러시아 행정 기관의 관할 아래 두어 코사크의 자치권을 축소했다.[16]

1762년부터 1796년까지 통치한 에카테리나 2세 여제는 헤트만령을 완전히 무너뜨리고 코사크 국가를 표트르 1세에게 물려받은 러시아 제국에 통합하는 과업을 완료했다. 18세기 후반 러시아-튀르크 전쟁이 한창인 가운데 통합이 마무리되면서 오늘날 우크라이나 남부 지역에 해당되는 광활한 영토를 러시아의 지배 아래 두게 됐다. 크림반도가 합병되고 크림타타르족의 침략 위협이 사라지면서 우크라이나 코사크와 이들의 민주적 제도를 용인할 이유는 사라졌다. 코사크 연대는 러시아 제국 군대에 통합됐고, 러시아가 드니프로강 하류에 주둔하던 자포리자군을 공격하면서(1775) 마지막 남은 코사크의 기관은 제거됐다.

세 차례에 걸친 폴란드 분할폴란드-리투아니아 연방의 영토가 프로이센 왕국, 러시아 제국, 합스부르크 오스트리아의 세 주변국에 의해 분할된 사건을 통해 예카테리나 2세는 오늘날 벨라루스 땅 전부와 우크라이나 땅 대부분을 손에 넣었다. 그녀는 1793년 2차 폴란드 분할을 기념하며 만든 훈장에 '찢긴 땅을 내가 되찾았노라'라고 새겨넣었다. 역시 한때 키이우 루스에 속했던 땅을 언급한 것이었다. 합스부르크 왕가에 넘어간 서부 우크라이나 땅을 제외하면 앞서 코사크나 폴란드의 지배를 받던 우크라이나 영토는 이제 특권이나 특혜가 전혀 없는 그저 한 지방으로 러시아 제국에 편입됐다.

독립된 국가와 제도를 보유한 코사크족은 사라졌지만 그 기억까지 사라진 것은 아니었다. 19세기 들어 그 기억은 근대 우크라이나 민족을 건설한 사람들의 손에서 강력한 도구가 됐다. 이들은 '우크라이나는 아직 죽지 않았다'로 시작되는 새로운 우크라이나 국가를 만들었다. 우크라이나의 정신적 고향인 코사크 국가는 파괴됐지만 민족은 계속 존재해왔음을 이르는 말이었다.[17]

민족의 부상

19세기가 되어서야 러시아 제국은 난공불락의 적을 만났다. 그 적은 바로 민족주의였다. 민족주의가 처음 등장한 것은 러시아 제국을 뒤흔든 두 차례의 폴란드 봉기 때였지만, 장기적으로 러시아 제국에 큰 위협으로 다가온 것은 폴란드인들의 봉기를 무력으로 탄압하는 제국의 모습을 보며 각성한 우크라이나의 민족주의였다. 폴란드인들이 제국의 통치에 저항했다면, 우크라이나인들은 러시아와 구별되는 독자적인 정체성을 주장하며 '통일된' 예카테리나 제국의 통합을 위협했다.

러시아 제국은 1830~1831년 1차 폴란드 봉기로 민족 문제에 직면했다. 18세기 중반 다민족 국가이던 폴란드-리투아니아 연방이 러시아와 프로이센, 합스부르크 오스트리아에 의해 분할되는 아픔을 겪은 폴란드인들은 분할에 참여한 모든 제국에 맞서 19세기 초 근대 민족주의의 기치를 내걸었다. 이들은 민족이 국가 기구를 갖추지 못해도 정치적 자주권을 추구할 수 있다는 구상을 처음으로 제시했다. 이러한 생각은 폴란드 국가의 첫 구절에 '폴란드는 아직 죽지 않았다'라고 표현됐고, 이는 우크라이나 찬가의 모범이 됐다.[18]

러시아 제국은 제국과 긴밀하게 연계된 러시아 민족주의 모델을 만들어 반격에 나섰다. 1차 폴란드 봉기 직후인 1832년 교육부차관에 새로 임명된 세르게이 우바로프 백작은 니콜라이 1세 황제에게 교육 제도를 통해 구축할 새로운 러시아 정체성의 핵심이 될 세 가지 원칙을 제안했다. 이 원칙은 차르의 충성스러운 신하가 따라야 할 세 가지 개념인 정교회, 전제군주, 민족으로 구성됐다. 그 전까지 러시아 신민은 신과 군주, 조국에 충성할 의무가 있었다. '조국'을 대체한 '민족'은 폴란드 민족주의의 부상에 대한 반작용이자 독일의 민족 건설을 모방하려는 시도이기도 했다. 우바로프는 요한 고트프리트 폰 헤르더의 추종자로, 언어와 관습으로 통합된 독일 민족을 기반으로 통일 독일 국가를 구상한 독일의 역사가이자 언어학자 카를 빌헬름 프리드리히 슐레겔의 견해에 특히 큰 영향을 받았다.[19]

우바로프가 구상한 민족은 의심의 여지 없이 러시아인이었지만, 키이우 루스의 나머지 동슬라브계 후예인 우크라이나인과 벨라루스인도 여기에 포함했다. 두 하위 분파의 주민들은 종교적으로 대부분 정교회에 속했지만, 상당수는 16세기 후반에 설립된 동방 가톨릭교회에 속해 있었다. 분할된 폴란드 영토의 동쪽 국경 지대에 살던 이 교회 신도들은 정교회 의식을 따르면서도 로마 교황의 우월성을 인정했다. 우바로프가 보기에 이들은 러시아인이지만 정교회 신자가 아니었으며, 많은 사람이 보기에 폴란드 반군의 선전 선동에 넘어갈 가능성이 높았다. '문제'는 1830년대 말 동방 가톨릭교회가 러시아 정교회와 강제로 '재통합'되면서 해결됐다. 차르에 대한 충성심으로 통합된 러시아 민족은 이제 종교적으로도 하나가 됐다.

우바로프의 감수 아래 집필된 역사 교과서는 제국의 국경 안에서 하나로 통합돼 차르 왕권의 지배를 받게 된 러시아 단일 민족의 탄생에 정당성을 부여했다. 제국 서사에 따르면 러시아 민족은 중세 공국 시대 키이우에서 탄생했다. 그 민족이 몽골과 폴란드 등 외국의 침략자들에 의해 분열됐지만 러시아 차르에 의해 재결합돼 다시 한번 막강한 통일체가 된 것이다.[20]

통합 러시아 민족 모델은 오래지 않아 도전을 받았다. 폴란드에서 영감을 얻은 우크라이나인들이 곧 독자적인 민족 운동의 깃발을 내건 것이다. 폴란드에 대항해 러시아 민족을 결집하려던 러시아 제국은 바로 그 민족의 구성원으로부터 도전을 받게 됐다. 1840년대에 키이우의 지식인들은 지역 대학의 역사학 교수 미콜라 코스토마로우와 같은 학교 회화 강사 타라스 셰우첸코를 중심으로 비밀 조직을 결성해 별개의 우크라이나 민족이 존재한다는 주장을 펼쳤다. 이들은 코사크족의 역사적 전통과 역사 기록을 바탕으로 우크라이나어와 민간 전승 및 문화에 심취했다. 헤르더와 그의 추종자들에 따르면 이는 바로 민족 정체성의 근간이었다.

근대 우크라이나 민족 운동이 탄생한 것으로, 이는 폴란드 봉기보다 러시아 제국에 훨씬 더 큰 위협이 됐다. 코스토마로우는 로마노프와 합스부르크 왕조와 제국을 대체할 슬라브 연방을 구상했다. 러시아 제국은 통합 러시아 민족 모델을 조정하지 않을 수 없었다. 2차 폴란드 봉기(1863~1864)로 폴란드인뿐만 아니라 우크라이나인과 벨라루스인들의 충성심에도 다시 한번 의문이 제기되자 러시아 제국은 이를 실천에 옮겼다. 새로운 통일 러시아 민족 모델은 대러시아, 소러시아(우크라이나), 백러시아(벨라루스)라는 서로 다른 '부족'이 존재한다고 간주하는 삼자 구조였다. 러시아 보수 언론인 미하일 캇코프가 주장한 것처럼 이들은 서로 다른 러시아 '방언'을 사용했지만, 이것이 삼자 민족의 통일성을 의심할 이유가 되지는 못했다.[21]

러시아 민족의 통일성 유지를 위해 제정 당국은 우크라이나와 벨라루스 고유 언어의 발전을 저지하기로 결정했다. 가장 먼저 성경과 종교 서적, 언어 교재, 학교 교과서를 포함해 민속 문화를 제외한 어떤 내용도 우크라이나어로 출판되지 못하도록 금하는 조치가 1863년에 내려졌는데, 이 조치는 일부 수정을 거쳐 20세기 초반까지 유지됐다. 그러다가 1905년 1차 러시아 혁명으로 인한 혼란의 와중에 폐지됐다. 우크라이나어 출판 금지는 근대 우크라이나 민족 운동을 지연시켰지만 완전히 억누르지는 못했다. 폴란드 분할의 결과 오스트리아가 차지한 우크라이나 지역인 갈리시아의 우크라이나인들은 자신들의 저작뿐만 아니라 러시아 지배하의 우크라이나 지역에서 쓰인 저작물까지 계속해서 우크라이나어로 출판했다.[22]

제정 러시아 당국은 최대 라이벌인 합스부르크 왕가(1866년 오스트리아가 독일에 패한 뒤 오스트리아-헝가리 이중 제국으로 재편됐다)가 지배하는 슬라브 땅의 발전을 극도로 경계했다. 특히 갈리시아, 부코비나 그리고 오늘날 트란스카르파티아 일대, 이 세 지역에 정착한 우크라이나계 주민들이 가장 큰 걱정거리였다. 스스로를 루스인이라고 부른 이들은 19세기에 민족 건설 운동을 한 차례도 아닌 세 차례나 전개했다. 그중 1848년 유럽을 뒤흔든 혁명의 와중에 펼쳐진 운동에서 이들은 자신들이 분명한 차별성을 가진 루스인 또는 루테니아인이라고 주장하며, 합스부르크에 충성하면서 우크라이나의 나머지 지역들과는 거의 관계를 맺지 않았다.

합스부르크는 훨씬 더 활발한 폴란드인들의 민족 운동을 견제하기 위해 루테니아 운동을 지지했지만, 이제 권력을 공유할 처지가 된 헝가리에 비해 세력이 약해지자 결국 루테니아인들을 희생시키며 폴란드의 손을 들어주었다. 이에 대응해 일부 루테니아 지도자와 그 추종자들은 러시아 제국의 지원을 바라며 스스로 러시아 민족의 일원임을 선언했다. 이른바 친러시아 운동이 탄생한 것이다. 하지만 새로운 세대의 루테니아 활동가들은 합스부르크나 러시아에 기대려던 계획을 모두 포기하고, 오스트리아-헝가리 제국에 거주하는 루테니아인들을 우크라이나인으로 정의하며 러시아 제국 내에서 진행 중인 '우크라이나 운동'과 협력관계를 구축했다.[23]

제정 러시아 당국은 갈리시아를 비롯한 합스부르크 지역의 친러시아 운동을 지원하기 위해 다방면으로 노력했다. 친러 성향의 유력 신문에 보조금을 지급하고, 친러 운동을 하다 오스트리아 당국에 적발된 지도자들의 망명을 받아들이기도 했다(오스트리아 당국은 이들을 차르의 스파이로 의심했다). 러시아 제국의 이런 지원에도 불구하고 19세기 말이 되자 친러파는 대부분 우크라이나 독립 지지자들에게 밀려났다. 갈리시아의 우크라이나인들은 러시아 제국 출신의 우크라이나 작가들이 우크라이나어로 작품을 출간할 수 있게 지원하고, 갈리시아로 이주를 희망하는 우크라이나의 주요 지식인들을 기꺼이 받아들였다. 그중 가장 저명한 인물인 역사학자 미하일로 흐루셰우스키는 르비우(오스트리아 지명은 렘베르크)로 이주해 현지 대학의 교수가 됐다. 우크라이나 역사의 새로운 거대 서사를 제시한 그는 러시아 제국이 몰락한 뒤 독립 국가 우크라이나의 첫 수장이 됐다.[24]

제국의 몰락

러시아 제국은 종족 민족주의를 이용해 라이벌 합스부르크 왕가를 약화시키고 우크라이나 운동의 부상으로부터 스스로를 보호하는 데 실패했지만, 민족과 종교를 이용해 또 다른 라이벌 오스만 제국을 견제하려는 노력은 훨씬 더 성공적인 것으로 드러났다.

오스만 제국의 쇠퇴는 17세기 후반부터 시작됐지만, 제국에 치명타를 입힌 것은 19세기 들어 피정복 민족들 사이에서 부상한 민족주의였다. 19세기에는 발칸반도에서 오스만 제국의 통치에 저항하는 정교회와 슬라브 민족 피지배민들의 봉기가 잇따랐다. 19세기 초 세르비아인과 그리스인이 가장 먼저 반란을 일으켜 각각 독립 국가를 세웠다. 러시아가 이들을 지원한 것은 민족이라는 개념보다는 지정학과 종교적 친밀감이 더 크게 작용한 결과였다. 두 나라는 러시아-튀르크 전쟁(1828~1829)의 결과 오스만 제국이 러시아의 속국 수준으로 격하되면서 승인을 받았다.

러시아 내 범슬라브주의의 부상과 발칸반도 내 오스만 제국 피지배민들의 정교회 신앙은 19세기부터 20세기 초까지 이어진 오스만 문제에 대한 러시아의 개입을 정당화하는 중요한 요인이 됐다. 1875년에는 헤르체고비나의 슬라브인들에 이어 불가리아인들이 오스만 통치에 저항해 반란을 일으켰다. 그 뒤를 이어 여전히 오스만 제국의 지배를 받던 세르비아와 몬테네그로 일부 지역에서도 세르비아인들이 봉기했다. 오스만은 반란을 진압했지만 1877년 러시아는 오스만 영토에 군대를 투입해 술탄의 군대를 물리쳤다. 1878년 베를린 회의에서 체결된 강화 조약에 따라 루마니아와 세르비아, 몬테네그로의 독립과 함께 불가리아 영토 일부만을 포함하는 불가리아의 자치가 국제적으로 승인됐다.[25]

러시아가 오스만 제국과 맞선 데 이어 이번에는 오스트리아-헝가리 제국에 대항해 세르비아를 지원한 것이 제1차 세계대전의 도화선이 되면서 민족주의의 중요성과 민족주의가 제국에 드리우는 위협은 더 분명해졌다. 러시아 제국을 비롯한 모든 참전국에서 세계대전은 지배 민족의 민족주의와 광신적 애국주의가 급증하면서 시작됐다. 오스트리아-헝가리 제국은 오스트리아령 갈리시아의 우크라이나인들 사이에서 일어난 친러시아 운동을 포함해 슬라브 민족주의를 강력하게 탄압했다. 러시아 제정 당국도 영토 내의 우크라이나 기관과 단체를 폐쇄했다.

세계대전 참전국들은 자국 내에서는 소수민족주의를 탄압하면서도 상대 국가를 겨냥해서는 민족을 무기로 삼아 서로 상대 진영 후방에서 민족 운동을 부추기려고 애썼다. 러시아는 독일과 오스트리아 국경 내의 폴란드인들에게 국가 수립과 자치권을 약속했고, 오스트리아는 우크라이나인들에게 국가 건립을 약속했다. 전쟁이 장기화되자 참전 제국들은 적국의 영토 내에 있는 소수민족의 주장을 인정하거나 심지어 그 자리에 민족국가를 수립하는 것을 지지함으로써 적국을 약화시키려고 애썼다. 독일은 1916년 오스트리아와 함께 폴란드 왕국 건국을 선언하며 이런 흐름을 주도했다.[26]

1917년 2월 혁명의 결과로 3월에 로마노프 왕조가 몰락하면서 러시아 제국 영토 내에서 자치 정부 수립 요구는 봇물처럼 터져나왔다. 그해 10월 볼셰비키 쿠데타는 제국 제도 붕괴의 가속화와 새로운 자치권을 토대로 한 독립 국가 형성으로 이어졌다. 그러나 볼셰비키 정권은 막강한 군사력을 기반으로 여러 민족에 대한 문화적 양보와 각 민족 지식인층의 지지 세력 포섭, 민족별 정치적 자치권과 공무 수행 시 자민족 언어 사용 권리 인정 등을 통해 제국 시절 영토의 통합을 회복하는 데 성공했다.

볼셰비키의 가장 큰 경쟁자는 '러시아는 분리될 수 없는 한 몸'이라는 확고한 신념으로 무장한 반反볼셰비키 백군러시아 혁명 당시 왕당파가 볼셰비키에 맞서 조직한 반혁명군의 장군들이었다. 이들은 공화국으로 새롭게 탄생할 러시아를 러시아 민족국가로 생각했기 때문에 러시아 이외의 민족들의 지지를 받지 못했을 뿐만 아니라, 사회관계에 대한 인식이 제1차 세계대전 이전에 머물러 있던 탓에 소작농과 노동자들에게도 다가가지 못했다. 볼셰비키는 그들대로 세계혁명의 기치 아래 핀란드와 폴란드, 발트해 연안 국가를 다시 장악하려 했지만 실패했다. 또한 우크라이나와 벨라루스의 일부 지역을 폴란드에, 러시아 제국 시절의 주였던 베사라비아(현재 몰도바)를 루마니아에 빼앗겼다. 그렇더라도 제국 영토의 나머지 지역 대부분을 장악하고 유지했다.[27]

2022년 2월 우크라이나를 전면 침공하기 전 푸틴은 우크라이나 국가와 현대 우크라이나 자체를 만든 주역은 다름 아닌 볼셰비키, 특히 블라디미르 레닌이라고 거듭 주장했다. 러시아 혁명과 이에 따른 러시아 제국의 몰락이라는 역사적 사실을 조금만 알고 있어도 현대 국가 우크라이나의 탄생이 레닌 덕분이 아니라 레닌의 바람을 거슬러 이뤄진 일이라는 사실을 알 수 있었는데도 말이다.[28]

왕정 붕괴 직후인 1917년 5월 역사학자 미하일로 흐루셰우스키의 영도 아래 키이우에 수립된 우크라이나 혁명 의회 '중앙 라다'는 향후 수립될 러시아 공화국 내에서 우크라이나가 자치권을 갖는다고 선언했다. 그러나 중앙 라다는 1917년 가을 페트로그라드에서 볼셰비키 쿠데타가 일어난 뒤에야 광산 지대인 돈바스를 비롯한 오늘날 우크라이나의 영토 대부분을 포함하는 우크라이나 인민공화국의 수립을 선포했다. 새로운 국가는 러시아와 연방 관계를 유지하길 원했지만 1918년 1월 볼셰비키의 침공으로 불가능한 일이 됐다.

중앙 라다는 우크라이나의 독립을 선언하고 독일 및 오스트리아-헝가리 제국과 반反볼셰비키 동맹에 참여했다. 볼셰비키는 자체적으로 우크라이나 인민공화국의 깃발을 내걸고 우크라이나 정부와 전쟁을 벌였지만, 이는 볼셰비키의 우크라이나 점령을 조금이라도 정당화하기 위해 만들어낸 허구였다. 볼셰비키 군대가 키이우 시민을 대상으로 학살을 자행해 정교회의 블라디미르 보고야블렌스키 대주교를 포함해 수백 명이 목숨을 잃었다. 키이우를 장악한 볼셰비키 지휘관 미하일 무라비예프는 레닌에게 전보를 보내 '키이우에 질서가 회복됐다'고 보고했다.[29]

중앙 라다는 키이우를 떠나야 했지만, 1918년 봄 우크라이나에 군대를 투입해 돈바스를 포함한 우크라이나 영토에서 볼셰비키를 몰아낸 독일 및 오스트리아-헝가리 제국과 협정을 체결한 뒤 돌아왔다. 독일은 곧 민주적인 중앙 라다를 헤트만 파울로 스코로파즈키를 앞세운 권위주의 정권으로 교체했지만, 1918년 말 독일이 우크라이나에서 철수하면서 민주적인 우크라이나 인민공화국이 복원됐다. 볼셰비키는 이번에는 공식적으로 러시아로부터 독립한 적국 우크라이나 인민공화국의 기치를 내걸고 다시 한번 침공했다.[30]

볼셰비키가 재차 우크라이나에 등장해 옛 러시아 제국의 우크라이나 지역을 다시 중앙의 통제하에 두기 위한 군사작전을 시작했을 때, 우크라이나의 민족의식이 널리 퍼져 있어 레닌은 전략을 바꾸지 않으면 안 되겠다고 느꼈다. 레닌은 우크라이나 일반 국민뿐만 아니라 우크라이나 볼셰비키들 사이에서도 우크라이나 독립에 대한 열망이 매우 강해 일정 수준의 자치권과 함께 러시아와 대등한 지위를 부여하지 않을 수 없다고 결론 내렸다.[31] 우크라이나인들은 더 이상 차르 시절 '삼자 러시아 민족'을 이루는 '부족'이 아닌 별개 민족으로 인정받았을 뿐만 아니라(벨라루스인도 마찬가지였다), 소련의 괴뢰 국가인 소비에트 우크라이나의 독립은 형식적으로나마 인정받고 우크라이나어가 공용어가 됐다.

볼셰비키는 제1차 세계대전과 1917년 혁명으로 힘을 얻은 민족운동을 수용해야 한다는 현실을 깨닫고 우크라이나의 새로운 정치 및 문화 엘리트들의 협력을 얻어내기 위해 노력했다. 이러한 수용은 결국 언어와 문화, 사실상 점령 정부에 현지 간부를 기용하는 문제를 넘어섰다. 옛 제국의 국경 지대에 소수민족이 세운 진정한 독립 국가와 정부를 비합법화하기 위해 볼셰비키가 통제하는 괴뢰 국가를 수립한 뒤 형식적인 독립을 인정하고 국가 제도를 만들어내는 문제도 수반됐다.

공산주의 연방

레닌이 러시아-우크라이나 관계의 역사에 기여한 주요 업적은 현대 우크라이나 국가의 설립이 아니었다. 그보다는 볼셰비키가 보존하고자 했던 제국의 영토 및 제도와는 몇 세기 만에 처음으로 구별되는 독자적인 영토와 제도를 러시아, 즉 러시아 연방(소련에 편입되면서 사용한 국명)에 부여한 것이었다. 레닌은 현대 우크라이나가 아니라 현대 러시아 형성의 토대를 놓았다.

1922년 레닌은 당시 구성 중이던 소비에트 국가의 구조를 놓고 이오시프 스탈린과 충돌했다. 소련을 구성하는 공화국들, 즉 형식적으로는 독립국이지만 실제로는 볼셰비키당의 통제를 받을 국가들을 어떻게 러시아가 이끄는 소비에트 연방에 통합시킬 것인지가 쟁점이었다. 관련된 비러시아 국가로는 우크라이나 소비에트 사회주의 공화국, 벨라루스 소비에트 사회주의 공화국, 조지아와 아르메니아, 아제르바이잔을 포함하는 트랜스코카시아 소비에트 연방 사회주의 공화국이 있었다. 스탈린은 이들을 모두 자치주로 러시아 연방에 편입하는 안을 제시했지만 우크라이나와 조지아의 볼셰비키 당원들이 반대하고 나섰다. 법률상 독립된 공화국의 통치자로서 자신들의 특권이 크게 제한받을 것을 우려했기 때문이다.

레닌은 우크라이나와 조지아 편에 서서 러시아 연방이 다른 국가들과 동등한 조건으로 참여하는 소비에트 사회주의 공화국 연방(소련)을 제안했다. 레닌이 승리하면서 1922년 12월 30일 소비에트 사회주의 공화국 연방을 공식 수립하는 조약이 체결됐다. 스탈린도 이를 수용했다. 러시아-우크라이나 관계를 비롯해 러시아 제국에 속했던 다른 모든 민족 및 국가와 러시아의 관계의 미래에 있어 소련의 창설은 운명적인 일이었다. 러시아는 역사상 처음으로 차르 제국의 통치 기구와 차별화된 기관과 영토를 확보했다. 이제 제국의 기능은 러시아 공화국 기관이 아닌 연방 기관이 수행하게 됐다.

소련의 구성에도 불구하고 러시아 볼셰비키들은 가장 중요한 조직을 통해 다른 공화국들에 대한 통제권을 유지했다. 그 조직은 바로 공산당이었다. 처음에는 러시아 볼셰비키 공산당으로, 그다음에는 연방 볼셰비키 공산당으로 알려진 이 조직이 고도로 중앙집권적인 체제를 유지하면서 소련의 연방 구조는 차츰 요식행위로 전락했다. 러시아는 여느 공화국들과는 달리 자체 공산당이 없었지만 연방 공산당을 통제했고, 다른 공화국들의 공산당은 연방 공산당 내에서 러시아 연방의 지역 공산주의 조직 이상의 권리를 부여받지 못했다. 연방이라는 허울은 유지됐지만 소련은 연방 공산당의 형식을 빌려 중앙집권적 정부 체제를 갖추게 됐다.[32]

소련은 출범 직후 러시아 연방 외부의 비러시아 문화권에 대해 대대적인 차별 철폐 정책을 실시했다. 그러나 1920년대 말과 1930년대 초 레닌의 유일한 후계자로 떠오른 스탈린이 국가를 전쟁 준비 상태로 몰아가면서 변방 지역의 문화적 러시아화가 다시 시작됐다. 이러한 변화의 한 가지 이유는 러시아가 연방 공산당을 장악한 상황에서 산업화가 진행되면서 러시아어가 행정, 과학, 기술의 공식 언어로 발전했기 때문이다. 또 다른 측면으로는 이제 소비에트 제국 내에서 가장 큰 민족이 된 러시아인들을 배려하는 한편, 향후 전쟁이 벌어졌을 때 비러시아 민족들이 배신하지 않도록 이들을 문화적으로 통합하려는 의도도 있었다.

소련 내에서 러시아 다음으로 규모가 큰 공화국인 우크라이나에서 이러한 민족 정책의 변화는 우크라이나 지식인들에 대한 여론몰이용 공개 재판을 통해 표면화됐다. 1929년에 열린 첫 재판은 우크라이나 당 간부와 농민들에 대한 공격으로 이어졌고, 1932~1933년 우크라이나 대기근 '홀로도모르Holodomor' 기간에 이런 공격은 절정에 달했다. 우크라이나 공산당 핵심 간부 상당수가 스스로 목숨을 끊었고, 다른 사람들은 직위를 박탈당하고 투옥됐다. 집단농장화에 저항하는 농민들을 탄압하고 소련의 산업화를 뒷받침할 곡물 출하량을 극대화하기 위한 대대적인 캠페인 과정에서 400만 명에 가까운 사람이 굶주림으로 목숨을 잃었다. 기근이 시작되기 전 스탈린은 우크라이나에 대한 통제력 상실을 막기 위해 이러한 조치가 필요하다고 측근들에게 경고했다. 홀로도모르는 유럽의 곡창지대였던 우크라이나를 기근으로 황폐화된 땅으로 만들었다.[33]

제2차 세계대전은 소련의 민족 관련 정책에 또 다른 변화를 가져왔다. 러시아 중심주의를 포기하지는 않았지만 우크라이나를 비롯한 비러시아 애국주의를 표현하는 행위가 더 많이 허용됐다. 1939년 몰로토프-리벤트로프 조약독소 불가침 조약에 따른 소련의 폴란드 동부 지역 점령은 폴란드 자본주의자들의 억압으로부터 우크라이나와 러시아 동포들을 해방시킨다는 명분으로 정당화됐다. 또한 민족적인 측면에서는 우크라이나 서부와 벨라루스 서부가 소비에트 공화국이 된 나머지 지역과 재통합한 것으로 찬사를 받았다. 옛 제국의 통일 패러다임이 이번에는 우크라이나와 벨라루스라는 옷을 입고 되살아난 것이다.

1941년 6월 히틀러가 소련을 공격한 뒤 특히 우크라이나에서는 독일의 침략에 대한 애국적 저항을 장려하기 위해 비러시아 민족주의가 다시 한번 동원됐다. 독일군이 동맹국인 루마니아와 헝가리의 지원 아래 우크라이나 전역을 점령하자, 소련은 붉은 군대에 징집된 600만 명이 넘는 우크라이나 병사들의 저항심과 충성심을 고취하기 위해 우크라이나 언어와 문화, 역사를 홍보하는 데 주저하지 않았다. 우크라이나 카드는 이후 전간기戰間期에도 폴란드와 체코슬로바키아, 루마니아가 통치하던 우크라이나 서부 지역을 군사적으로 점령하고 합병하는 행위를 정당화하기 위해 국내외에서 활용됐다.[34]

1914년 러시아 군대는 당시 오스트리아의 통치하에 있던 르비우를 점령하면서 이를 '동료 러시아인'(차르 당국이 현지 주민을 부르는 공식 용어였다)의 해방으로 정당화했다. 제2차 세계대전이 끝나갈 무렵 소련은 르비우를 우크라이나 소비에트 사회주의 공화국에 통합하면서 러시아가 아닌 우크라이나 민족을 위한다는 명분을 내세웠지만, 르비우의 민족 구성은 폴란드계가 가장 많고 유대인(이후 홀로코스트에서 대부분 몰살됐다)이 두 번째로 큰 집단이었다.

소련 당국은 소비에트 제국의 서부 확장을 정당화하기 위해 우크라이나의 민족적 결속력을 이용하고 싶어했지만, 우크라이나인들의 애국심과 민족주의의 표현을 전부 환영하거나 용인하지는 않았다. 전간기에 우크라이나 서부 지역에서 결성된 급진적 성향의 '우크라이나 민족주의자 조직OUN'은 특히 위험한 단체로 간주됐다. 반데라이트라고 소련에 알려진 OUN의 지도자 스테판 반데라와 그 추종 세력 일부는 1941년 여름 독일과 동맹을 맺고 소련에 대항해 우크라이나 독립 국가를 선포했다가 실패한 뒤 독일 강제수용소에 수감됐다. 슬라브인을 인간 이하의 존재로 여긴 나치 점령군은 200만 명이 넘는 우크라이나인을 독일로 강제 추방해 강제 노동자로 부리고 모든 부류의 우크라이나 애국자들을 박해했다.

OUN의 두 분파 중 하나는 반데라가 이끌었고, 다른 하나는 반데라보다 덜 알려진 라이벌 안드리 멜니크가 이끌고 있었는데 이들 모두 1941년 말 독일에 등을 돌렸다. 1943년 반데라 파벌은 10만 명 규모의 강력한 우크라이나 반군의 지휘권을 장악했는데, 게릴라 부대인 반군은 우크라이나 서부 지역의 지배권을 놓고 폴란드 국내군과 나치, 나중에는 붉은 군대와도 맞서 싸웠다. 우크라이나 민족주의 세력의 반란은 스탈린 통치 말기인 1950년대 초까지 완전히 진압되지 않으면서 동중부 유럽을 통틀어 가장 오랜 기간 소련에 맞서 가장 강력하게 저항한 운동으로 기록됐다.

소련은 우크라이나 민족주의자들이 초기에 나치 독일과 협력했다며 비난하고 독일이 우크라이나를 점령하는 동안 OUN 조직원 일부가 홀로코스트와 폴란드인 인종청소에 가담한 사실을 폭로하는 등 우크라이나 민족주의 세력의 평판을 떨어뜨리기 위해 갖은 애를 다 썼다. 소련은 또한 우크라이나어를 허용하는 큰 양보를 통해 우크라이나 서부 지역의 정부 기관에서 우크라이나어가 폴란드어를 대체해 주요 언어로 사용될 수 있게 했다. 그러나 우크라이나 서부의 소비에트화는 주로 탄압을 통해 이뤄졌다. 우크라이나 반군 포로는 물론 반군을 도운 혐의가 있는 민간인들까지 러시아에 설치한 굴라크 강제수용소로 집단 이주시킨 결과 알렉산드르 솔제니친이 『수용소 군도』에서 묘사한 것처럼 우크라이나인은 소련 내 정치범 중에서 가장 다수를 차지하는 민족이 됐다.[35]

러시아-우크라이나 공동 통치

1953년 스탈린이 사망하자 홀로도모르 기간에 모스크바에 완전히 종속됐다가 1930년대 말 대숙청으로 제거됐던 우크라이나 공산당 엘리트들의 운명은 급격히 개선됐다. 변화의 주역은 스탈린의 최측근으로 1938년부터 1949년까지 우크라이나 공산당을 이끌었던 니키타 흐루쇼프였다. 흐루쇼프는 우크라이나 공산당원들의 지지를 바탕으로 모스크바의 경쟁자들을 제치고 소련의 최고 지도자가 됐다. 우크라이나 공산당 간부들이 흐루쇼프를 정점으로 하는 권력 피라미드의 핵심을 독차지할 수 있었던 것은 러시아 공산당이 별도로 존재하지 않는 상황에서 당 지도자를 선출하고 해임할 권한을 가진 연방 공산당 중앙위원회에서 가장 많은 투표권을 행사했기 때문이다.[36]

흐루쇼프 치하에서 우크라이나 공산당 엘리트들은 소련의 국가 운영에서 러시아 공산당 엘리트의 조력자로 부상했고, 이는 지도부 차원에서 러시아-우크라이나 연합으로 발전했다. 소비에트 국가의 상징적 위계질서 내에서 우크라이나가 새롭게 부각되고 입지도 상승했다는 신호는 1954년 흐루쇼프의 기획에 따라 크림반도를 러시아에서 우크라이나로 양도한 조치였다. 공식적으로 이 '선물'은 코사크 우크라이나를 모스크바 대공국의 지배 아래 두기로 한 1654년 페레야슬라우 협정 300주년을 기념하기 위한 것으로, 소련의 선전 매체들은 이 협정으로 '우크라이나와 러시아의 통일'이 이뤄졌다고 찬사를 보냈다. 일반 대중에게 크림반도 양도는 러시아가 우크라이나를 신뢰하고 있다는 증거가 됐다.

실제로 크림반도는 소련의 다른 유럽 쪽 지역보다 더디게 진행된 전후 복구에 박차를 가하기 위해 우크라이나 본토 정부와 밀착돼 있었다. 이처럼 크림반도가 뒤처진 데에는 제2차 세계대전 당시 독일에 협력한 혐의를 받고 있던 크림반도 원주민인 크림타타르인들을 스탈린이 강제 추방한 영향도 있었다.[37]

소비에트 연방에서 두 번째로 중요한 공화국으로서 우크라이나의 상징성이 높아지고 우크라이나 공산당 엘리트들이 러시아 공산당의 조력자로 떠오른 상황은 흐루쇼프의 후계자인 레오니트 브레즈네프 치하에서 1960년대와 1970년대까지 이어졌다. 러시아 태생의 흐루쇼프가 경력 대부분을 우크라이나에서 쌓았다면, 역시 러시아 혈통인 브레즈네프는 우크라이나 태생이었다. 브레즈네프는 자신이 정치에 입문한 우크라이나의 산업도시 이름을 딴 정치 파벌 '드니프로페트로우스크 마피아'의 리더가 돼 자신에게 개인적으로 충성하는 당 간부들을 발탁해 모스크바와 키이우의 주요 직책에 임명했다. 우크라이나 공산당과 관리자급 엘리트들이 중앙 정부에서 두각을 나타낸 것은 소련 경제에서 우크라이나가 차지하는 중요성을 반영한 것이기도 했다. 어쨌든 우크라이나는 소련에서 인구가 두 번째로 많고 경제 생산성도 두 번째로 높은 공화국이었다.[38]

1967년 소련 정부는 건국 50주년을 기념해 발간한 공식 보고서에서 러시아 연방의 경제적 리더십을 강조했다. 보고서는 "러시아 소비에트 연방 사회주의 공화국RSFSR은 선철과 강철, 압연 철강, 석탄, 가스, 광물질 비료, 황산, 절삭기계 부문에서 연방 전체 생산량의 절반가량을 차지하며, 전력과 화학 설비 생산량의 3분의 2, 석유 생산과 자동차, 종이, 섬유 생산의 80퍼센트 이상, 화학섬유의 4분의 3, 시멘트의 60퍼센트 이상, 수출용 목재 펄프의 90퍼센트 이상을 차지한다"고 주장했다.[39]

그러나 연방 재정 기여도 면에서 우크라이나는 러시아 연방의 바로 뒤를 이었다. 같은 보고서는 "우크라이나 SSR(소비에트 사회주의 공화국)은 연방 전체 선철 생산의 절반, 강철과 압연 철강의 40퍼센트 이상, 철광석의 절반 이상, 석탄과 가스 생산의 3분의 1을 차지한다"며 "우크라이나에는 연방 내 거의 모든 디젤 기관차 생산이 집중돼 있으며, 사탕무 수확용 콤바인도 전량 우크라이나에서 생산되고, 금속기계와 절삭기계, 트랙터, 자동차와 에너지 산업용 기계, 전기 및 화학, 운송, 리프트 장비 등 기계류의 약 절반이 우크라이나에서 생산되고 있다"고 밝혔다.[40]

1970년 러시아 연방의 인구는 약 1억1800만 명, 우크라이나 소비에트 사회주의 공화국의 인구는 4200만 명이었다. 러시아가 2억 800만 명에 달하는 소련 전체 인구의 57퍼센트를 차지했다면, 우크라이나 소비에트는 20퍼센트를 차지했다. 따라서 소련 경제에 대한 우크라이나의 기여도는 소련 인구에서 차지하는 비중과 비슷한 수준으로, 노동 인구의 약 18퍼센트를 차지하고 소련 경제 생산량에서 차지하는 비중도 비슷했다. 당시 우크라이나에는 700만 명 이상의 러시아인이 거주하고 있었고, 러시아 연방에는 약 340만 명의 우크라이나인이 거주하고 있었다. 러시아에 거주하는 우크라이나인들은 예외 없이 모국어인 우크라이나어뿐만 아니라 러시아어를 사용했고, 일부는 러시아어만 사용했다. 우크라이나에 사는 러시아인들은 대부분 러시아어를 사용했고 상당수의 우크라이나인도 러시아어를 썼는데, 이들의 다수는 특히 우크라이나 동부와 남부의 대규모 산업 중심지에 거주했다.[41]

브레즈네프는 스탈린 격하 노력의 일환으로 시작된 흐루쇼프의 1950년대 후반 우크라이나 문화 부흥을 탄압했다. 1972년 크렘린은 민족주의 성향으로 독자 노선을 추구하던 우크라이나 공산당 서기 페트로 셸레스트를 축출하고 우크라이나 지식인들에 대해 대대적인 탄압을 벌여 저명한 시인 리나 코스텐코를 비롯한 우크라이나 문화계 주요 인사를 대거 체포하고 블랙리스트에 올려 감시했다. 체포된 이들 중에는 소련 당국이 헬싱키 최종의정서(1975년 유럽 국가를 중심으로 미국, 소련 등 35개국이 서명한 협정)를 위반하고 자행한 인권 침해 행위를 감시하기 위해 소련에서 두 번째로 설립된 단체인 '우크라이나 헬싱키 그룹' 회원들도 포함돼 있었다.[42]

1985년 고르바초프가 집권했을 때 우크라이나의 민족 부흥 의지는 이미 사그라든 지 오래였고, 우크라이나 문화 엘리트들은 모스크바에서 내려오는 정책에 반기를 들 능력이 거의 없었다. 우크라이나 동부와 남부 지역에 특히 타격을 입힌 우크라이나의 러시아화가 진행되면서 러시아인과 우크라이나인을 최소한 언어와 문화적 측면에서 하나의 민족으로 만들려는 소련 관료들의 꿈은 그 어느 때보다 현실화될 가능성이 더 높아 보였다.

고르바초프는 소련의 '민족 문제'가 완전히 해결됐다고 확신한 나머지 스탈린 사후에 확립된 불문율을 무시하기로 결정했다. 그 불문율은 바로 모든 공화국 공산당 조직의 지도자는 해당 지역의 민족을 대표하는 사람이어야 한다는 것이었다. 1986년 12월 고르바초프는 오랜 세월 카자흐스탄 공산당 서기장 자리를 지켜온 딘무하메드 쿠나예프를 자신의 충복인 우랄 출신 러시아인 겐나디 콜빈으로 교체했다. 모스크바의 예상과는 달리 카자흐스탄의 젊은이들은 시위와 폭동으로 콜빈을 맞았다. 소련에서 민족 문제로 인해 대중이 들고일어난 것은 수십 년 만에 처음이었다. 고르바초프는 한발 물러나 결국 카자흐스탄 현지인 지도자 누르술탄 나자르바예프가 콜빈을 대체하도록 허용했다.

하지만 이것은 시작에 불과했다. 1988년 아제르바이잔 내 아르메니아인 거주지 나고르노카라바흐의 운명을 둘러싸고 아제르바이잔과 아르메니아의 갈등이 폭발하면서 폭동이 일어났다. 그러나 캅카스와 중앙아시아에서 발생한 인종 간, 공화국 간의 충돌이 소련 당국에 아무리 난제를 안겨준다고 해도, 발트해 연안 공화국들과 소련에서 두 번째로 중요한 공화국인 우크라이나에서 곧 힘을 얻을 독립 지지 운동에 비할 바는 못 됐다. 19세기 '우크라이나 운동'의 부상이 러시아 제국을 위협했던 것처럼 우크라이나의 민족적 결집은 소련뿐만 아니라 소련 내 슬라브계 핵심 세력의 통합을 위협할 수 있었다.[43]

소련의 몰락

소련의 몰락은 소련 영토에 가장 마지막으로 추가된 곳에서 시작됐다. 제2차 세계대전 당시 처음에는 몰로토프-리벤트로프 조약에 따라 소련에 편입됐고, 1944~1945년 얄타 협정의 결과 나치 독일로부터 되돌려 받으며 다시 소련에 병합된 땅이었다. 그곳에서는 모스크바도 크게 힘을 쓰지 못했다. 소련 중앙 정부에 맞선 저항의 최전선에는 발트해 연안 국가, 특히 에스토니아와 리투아니아가 있었다. 1988년 11월 에스토니아가 소비에트 공화국 최초로 자국의 법이 소련 법보다 우선한다며 주권을 선언했다.

리투아니아는 소련으로부터 완전한 독립을 선언한 최초의 소비에트 공화국이었다. 리투아니아는 1990년 3월 자유선거로 선출된 리투아니아 의회의 첫 회기에서 독립을 선언했다. 리투아니아 공산당도 소련 공산당으로부터 분리 독립을 선언하며 소련을 버렸다. 몇 년 뒤 동유럽에서 벌어진 상황과 마찬가지로 지도부는 지식인과 전문 기술관료 출신의 대안 엘리트 의원들의 몫이 됐다. 제2차 세계대전의 포화 속에서 잃어버린 독립을 되찾으려는 발트해 국가들의 움직임은 소련 전역에 파급 효과를 일으켰다. 발트해 연안 공화국들의 독립을 지지하는 단체인 '인민전선Popular Fronts'이 수십만 명을 거리로 내보내 독립 요구 시위를 벌인 데 맞서 모스크바와 지역 공산당 엘리트들은 해당 공화국 내에서 러시아인과 러시아어를 쓰는 소수민족을 결집하기 위해 '국제전선International Fronts'을 결성했다.[44]

소련 서부 국경 지역에서 시작된 러시아인의 조직적 결집은 곧 러시아 자체로 확산됐다. '러시아 우선주의'의 기치 아래 러시아 민족주의와 민주주의 세력이 힘을 합쳐 고르바초프의 수제자였다가 숙적이 된 보리스 옐친을 러시아 의회 의장에 이어 러시아 대통령 자리에까지 올렸다. 옐친의 승리는 주요 도시에서 힘을 합친 러시아 민족주의자와 민주화 운동가들을 비롯한 여러 결집의 결과였다. 마지막으로, 노조 집행부가 주지 못한 도움을 러시아 당국이 줄 수 있을 것으로 기대하며 경제 상황 개선을 요구하는 파업에 나선 새롭게 조직된 노동자들의 지지가 있었다.

1991년 6월이 되자 모스크바에는 러시아 대통령과 소련 대통령이라는 두 명의 대통령이 존재했다. 그러나 음악 교수 출신인 비타우타스 란츠베르기스가 옐친과 비슷한 역할을 한 리투아니아처럼 발트해 연안 공화국에서 지식인이 앞장선 것과 달리 러시아에서는 전직 공산당 지도자 옐친이 소련 중앙 정부에 맞선 저항의 중심에 섰다. 옐친은 공개적으로 공산당과 단절을 선언하고 공산당 활동을 금지했지만, 발트해 연안 국가의 엘리트들과 달리 러시아의 새로운 엘리트들은 공산주의자였던 과거와 결코 완전히 단절하지 못했다. 이것은 중대한 차이였다.

우크라이나에서 대중 결집은 1989년 고르바초프가 브레즈네프의 수제자이자 '드니프로페트로우스크 마피아'의 핵심 멤버인 공산당 지도자 볼로디미르 시체르비츠키를 축출하면서 본격적으로 시작됐다. 대중 결집은 발트해 연안 국가와 러시아에서 진행된 결집의 요소들을 결합한 양상을 보였다. 몰로토프-리벤트로프 조약에 따라 소련에 병합된 우크라이나 서부 일부 지역에서는 발트해 연안 국가 모델을 따라 역사와 언어, 문화, 민족 주권 문제에 초점이 맞춰졌다. 1991년 8월 모스크바 쿠데타 실패 이후 우크라이나가 소련으로부터 독립을 선언한 것은 민족주의자, 민주주의자, 돈바스 지역 파업 노동자가 연대한 결과일 뿐만 아니라, 옐친의 공산당 활동 중단 조치로 위협을 받고 있던 당 조직의 지원 덕분이기

도 했다.[45]

1991년 12월 1일 우크라이나인들은 국민투표에서 압도적으로 독립을 지지하면서 소련에 최후의 일격을 가했다. 이 무렵 발트해 연안 국가들은 사실상 연방에서 탈퇴한 상태였고, 몰도바와 캅카스 국가 상당수도 마찬가지였다. 반면 벨라루스와 중앙아시아 공화국들은 러시아의 가스와 석유 보조금을 계속 받아야 했기 때문에 서둘러 연방에서 탈퇴할 이유가 없었다. 자원이 풍부한 카자흐스탄조차 러시아와 슬라브계 인구가 많다는 이유로 독립을 주저했다. 그러나 러시아 지도부는 상당한 비중을 차지하던 우크라이나의 인적, 경제적 자원 없이 연방을 유지해야 하는 경제적 부담을 감당하길 원치 않았기 때문에 소련을 해체하기로 결정했다. 보리스 옐친이 우크라이나의 독립 찬성 국민투표 결과를 인정하기로 결정한 데는 또 다른 이유가 있었다. 민족과 문화였다. 옐친은 우크라이나가 없다면 비非슬라브계 이슬람 공화국들이 주를 이룰 연방에서 러시아가 열세에 놓일 것이라고 조지 H. W. 부시 미국 대통령에게 여러 차례 말했다. 우크라이나의 국민투표 결과 압도적 독립 찬성이라는 결과가 나오자 이를 인정하기로 한 러시아의 결정은 소련의 종말을 의미했고, 이에 따라 벨라루스와 중앙아시아 국가들 역시 원하든 원치 않든 연방을 떠나지 않을 수 없었다.[46]

1991년 12월 25일 고르바초프가 소련 대통령직 사임을 발표했지만 소련의 해체가 완료된 것은 아니었다. 오히려 연방 해체의 가장 어렵고 위험한 단계에 접어들었을 뿐이다. 1991년 12월 소련의 정치적 후계자들에 의해 설립된 독립국가연합CIS은 소련 해체와 관련된 수많은 문제를 협상하는 절차를 만들었다. 하지만 CIS도 가장 중요한 문제, 즉 소련 해체 이후의 공간에서 러시아의 역할과 과거 소련이 지배하던 국가들에 어느 정도 주권을 허용할 것인지는 결국 해결하지 못했다.

러시아 지도부 상당수는 CIS를 일시적 타협으로 간주했다. 옐친은 벨라베자 회담이 끝난 뒤 러시아 의회에서 한 연설에서 "현재 상황에서는 CIS만이 수 세기 동안 쌓아올렸지만 이제는 거의 사라질 위기에 처한 정치적·경제적·법적 공간의 보존을 보장할 수 있다"고 선언했다. 벨라베자 회담에서 옐친을 수행한 핵심 측근인 겐나디 부르블리스는 8월 쿠데타 시도를 제압한 뒤 러시아 역사에서 시작된 새로운 시대를 석유와 천연가스 판매 수익을 다른 CIS 회원국과 공유하지 않고 독점함으로써 러시아를 재건할 수 있는 과도기적 단계로 전망했다. 쿠데타 제압 직후 옐친의 측근들은 "우리는 러시아를 지켜내고 러시아의 독립성을 강화해서 나머지 국가들과 분리해야 한다"면서 "그런 다음 [러시아가] 다시 일어설 때 모두가 러시아를 중심으로 결집해 [연방] 문제를 다시 해결할 수 있을 것"이라고 주장했다.[47]

소련이 공식적으로 해체된 직후 연방의 두 최대 후계 국가인 러시아와 우크라이나 사이에는 긴장이 조성됐다. CIS 회원국들은 완전한 독립 국가로서 자유롭게 국내 및 대외 정책을 수행할 수 있을까, 아니면 주권이 제한될까? 러시아는 CIS의 지배적인 회원국으로서의 역할을 결코 포기하지 않고 CIS를 러시아 주도의 정치·경제·군사 연합으로 발전시키기 위해 노력했다. 반면 우크라이나는 CIS의 창립 회원국이면서도 정식으로 가입하지 않고 일부 프로그램에만 선별적으로 참여했다. 러시아와 우크라이나의 긴장 상태는 1990년대 내내 이어졌고, 21세기 초반에도 팽팽하게 대립한 끝에 전면적인 군사 충돌이 발생한 것이다. 소련의 붕괴가 갑작스럽지만 대체로 유혈 사태 없이 이뤄졌다면, 소련의 두 최대 후계 국가 간의 긴장 고조는 2014년 돈바스에서 국지전으로, 2022년에는 전면전으로 확대되며 제2차 세계대전 이후 유럽에서 볼 수 없었던 규모의 살상과 파괴, 난민 위기를 초래했다.

거짓 평화

두 나라는 왜 1991년에는 싸우지 않았을까? 러시아는 왜 1980년대 말과 1990년대 초에 소련을 지키기 위한 전쟁을 벌일 생각을 하지 않았을까? 이러한 질문에 답하려면 19세기부터 20세기에 걸쳐 유럽과 유라시아의 제국주의 열강들이 영토를 지키기 위해 때로는 피 흘리며 처절한 노력을 기울였던 맥락을 고려하는 것이 가장 좋다.

이 장의 서두에서 언급했듯 소련의 붕괴는 동시대 사람들과 관런자들에게 기본적으로 이전 세계 제국의 몰락과 유사한 것으로 인식됐다. 이런 견해를 보인 사람으로는 고르바초프의 최측근이었던 아나톨리 체르니아예프를 꼽을 수 있다. 비슷한 비교를 한 또 다른 관계자로는 보리스 옐친의 경제수석을 역임하고 총리 대행에 임명된 예고르 가이다르가 있다. 러시아 밖에서는 전 소련 주재 미국 대사 잭 매틀록과 미국 내 소련학의 대가였던 조지 케넌이 이런 비교를 했다.[48]

케넌은 1995년 매틀록의 회고록 『제국의 해부Autopsy on an Empire』에 대한 논평에서 "주로 1987년부터 1991년에 이르는 기간에 러시아 제국과 소련으로 알려진 강대국이 갑작스레 그리고 완전히 붕괴돼 국제무대에서 사라진 것보다 더 이상하고 놀라우며 얼핏 불가사의하기까지 한 사건은 생각하기 힘들다"라고 썼다. 케넌은 이전 제국들의 몰락은 점진적이었다고 지적했다. 반면 소련의 몰락은 그렇지 않았다. 케넌은 "그렇다면 위대한 소비에트 제국이 문제의 4년 동안, 스스로 받아들이려고 애써온 옛 러시아 제국의 속성을 고스란히 간직한 채, 비교적 유혈 참사 없이 갑자기 종말을 맞은 것은 어떻게 설명할 수 있을까?"라면서 자신과 독자들에게 질문을 던졌다.[49]

소련의 경험은 전례 없이 독특한 일이었을까? 먼저 근대 들어 가장 강력한 제국으로 전통적인 제국주의 프로젝트에서 탈피한 연방 모델을 러시아에 제공한 대영제국을 생각해볼 수 있다. 대영제국의 해체는 확실히 점진적이었다. 18세기 미국의 독립혁명을 시발점으로 19세기와 20세기에 걸쳐 연방 영토인 캐나다와 호주, 뉴질랜드에서 자치주의가 서서히 발전했다. 남아프리카공화국과 아일랜드의 독립운동을 진압하려는 시도는 제1차 세계대전 이후 실패로 돌아갔고, 제2차 세계대전 이후 수십 년 동안 영국은 인도에 이어 아프리카 식민지에서도 철수했다.[50]

프랑스 제국의 종말은 더 많은 피를 흘린 만큼 더 빠르고 더 불완전하게 진행됐다. 인도차이나반도의 프랑스 식민지들은 1940년 나치 독일이 프랑스를 패망시킨 직후 일본에 점령당했다. 제2차 세계대전이 끝난 뒤 식민지 회복에 국가적 자존심을 건 프랑스는 베트남과 인도차이나에서 잔혹한 전쟁을 벌였지만 패배하고 철수해야 했다. 아프리카에서의 철수, 특히 논란을 일으킨 알제리 전쟁은 프랑스 제국 붕괴에 또 한 장의 피비린내 나는 페이지를 추가하며 프랑스 공화국 자체의 종말을 초래할 뻔했다. 프랑스는 식민지들을 포기하면서 간신히 살아남았다.

동인도제도를 소유하고 있던 네덜란드 제국은 18세기 후반부터 쇠퇴의 길을 걷다가 붕괴가 현실화됐다. 제2차 세계대전 이후 인도네시아와 수리남, 네덜란드령 앤틸리스제도의 독립으로 막을 내린 네덜란드의 식민지 철수는 대영제국의 쇠퇴에 견줄 만하다. 콩고를 잔혹하게 통치하다가 1960년대 초 콩고 위기 이후 철수한 벨기에 제국의 상황은 대영제국보다 프랑스 제국에 더 가까웠다. 세계 제국의 창시자 격인 포르투갈은 가장 늦은 1970년대 중반 아프리카 식민지에서 발을 뺐다. 전쟁 끝에 포르투갈이 철수한 뒤 아프리카 식민지 독립 역사상 가장 잔혹하고 가장 긴 전쟁인 앙골라 내전이 1975년부터 2002년까지 25년 넘게 이어졌다.[51]

마지막으로 오스만 제국은 다른 제국보다 먼저 쇠락하기 시작해 제1차 세계대전 패전으로 식민지를 잃으면서 종말을 맞았다. 이 지역의 또 다른 러시아 라이벌인 오스트리아-헝가리 제국도 오스만 제국과 같은 운명을 맞았다. 오스만 제국은 몰락의 여파가 오랫동안 이어졌다는 점에서 특히 소련의 붕괴와 유사한 사례라고 할 수 있다. 1912~1913년 발칸전쟁과 제1차 세계대전이 제국주의 열강으로서 오스만의 종말을 초래했다면, 발칸반도의 옛 오스만 식민지는 소련 해체와 같은 시기에 시작된 1991~2001년 유고슬라비아 전쟁의 현장이 됐다.

유고슬라비아는 1918년 오스만 제국의 폐허 위에 세워진 남슬라브 연방 국가로 1945년 제2차 세계대전 종전 이후 재건됐지만 1990년대 들어 주요 공화국들이 분리 독립하면서 소멸했다. 소련 내의 러시아인처럼 유고슬라비아 내의 세르비아인은 가장 인구가 많은 민족으로 연방에서 가장 큰 공화국을 운영했다. 공산당 고위 간부 출신인 세르비아의 지도자 슬로보단 밀로셰비치는 처음에 연방의 통합을 위해 노력했지만 이후 '위대한 세르비아' 건설을 기치로 내걸고 옛 유고 연방의 다른 지역에 세르비아인이 지배하는 거주지들을 추가하면서 전쟁 범죄와 대량 학살로 얼룩진 장기간의 파괴적인 전쟁을 벌였다. 이로 인해 1999년 북대서양조약기구NATO는 세르비아가 장악하고 있던 옛 유고 연방의 일부 지역에 폭격을 가했다.

유고슬라비아의 군사 분쟁은 1991년 6월 슬로베니아가 분리 독립을 선언하자 세르비아계가 지배하는 유고슬라비아 군대가 슬로베니아의 독립을 저지하려고 나서면서 시작됐다. 8월이 되자 유고슬라비아군이 부코바르를 포위한 데 이어 아드리아해에 접한 크로아티아의 도시 두브로브니크까지 둘러싸면서 전쟁이 크로아티아를 휩쓸었다. 1992년에는 보스니아 전쟁이, 1998년에는 코소보 전쟁이 시작됐다. 마지막으로 2001년에는 마케도니아현 북마케도니아에서 마케도니아 정부군과 신생 국가 마케도니아 인구의 4분의 1에 가까운 알바니아계 반군 간에 무력 충돌이 발생했다. 그러나 옛 유고슬라비아 연방의 최종적인 해체는 21세기 초가 돼서야 이뤄졌다. 2006년 몬테네그로가 유명무실해진 신유고 연방(사실상 세르비아)으로부터 독립을 선언한 데 이어, 2008년 코소보도 독립을 선언했다. 오스만 제국이 발칸반도에 남긴 유산은 한 세기 가까이 이어진 불안정한 연방제를 끝으로 마침내 완전히 사라졌다.

놀랍지만 다행히 옐친이 이끄는 러시아는 옛 유고슬라비아 군대를 세력 확장과 대량 학살의 도구로 삼았던 세르비아의 전철을 밟지 않았다. 또한 옛 식민지 땅에 집착했던 프랑스나 벨기에와 달리 러시아는 자신들이 지배했던 소비에트 공화국들에 집착하지도 않았다. 대신 러시아는 포르투갈 제국 해체의 길을 따른 듯했다. 소련과 포르투갈 두 제국 모두 개혁파가 권위주의 정권을 무너뜨리고 정치·경제·사회 개혁에 착수하면서 수도에서 일어난 비교적

평화적인 혁명의 결과로 소멸됐다. 두 나라 모두 제국의 존재는 이러한 개혁에 있어 걸림돌이었다.[52]

보리스 옐친과 그의 참모들은 소련이 아닌 러시아에서 개혁을 실행하려고 한 반면, 소련 체제를 민주화하려는 고르바초프의 노력은 대부분 소비에트 공화국을 장악한 보수적인 공산당 엘리트들의 반대에 부딪혔다. 옐친은 개혁 찬반 세력 간의 경쟁으로 흔들리는 고르바초프의 정치적 구심점으로 인한 한계에서 자신이 이끄는 러시아 개혁 세력을 해방시키기 위해 발트해 연안 국가의 민주화 개혁가 및 현상 유지를 바라는 중앙아시아 엘리트들과 연합해 기존 연방 제도를 약화하기 위해 노력했다. 옐친은 그 과정에서 소련을 전복할 의도는 없었지만, 자신이 촉발한 연방 해체가 그 자체로 추진력을 갖게 되자 계속 이를 밀어붙였다. 그 결과 옐친의 최대 정적인 미하일 고르바초프와 함께 소련 자체가 사라졌다.

분리 독립을 원하는 공화국들을 군사력을 이용해 계속 러시아의 통제 아래 두는 것은 다른 이유에서도 실현 가능한 정책 선택이 아니었다. 그중 한 이유는 당시 미국이 소련에 행사한 막대한 정치적·이념적·경제적 영향력과 고르바초프와 옐친을 비롯한 소련 시대 개혁가들의 구상 속에서 미국이 차지한 위치였다. 미국은 소련 내 공화국들이 서로 전쟁을 벌여 '핵무기가 동원된 유고슬라비아 내전'이 일어나는 것을 원치 않았는데, 이는 고르바초프가 조지 H. W. 부시 대통령과 대화를 나눌 때면 끊임없이 우려를 제기한 시나리오였다.

러시아 대통령 옐친은 러시아 연방 내 자치공화국이 분리 독립을 시도한다면 무력을 사용할 준비가 돼 있었지만, 우크라이나처럼 비슷한 열망을 가진 구소련 공화국들을 상대로는 그렇지 않았다. 게다가 소련군은 보급 부족 상태였고, 소련군에서 복무 중인 러시아인들은 전투 의지가 없었다. 옐친은 1991년 가을 체첸 자치공화국에 병력 투입을 시도했지만, 전투에 동원된 러시아군이 사기가 꺾인 채 완전히 포위되는 불운한 결과를 낳았다.

주요 변수는 연방 중앙 정부를 대표하며 소비에트 제국을 구하려 했던 고르바초프와, 그의 정적이자 나아가 그가 대표하는 제국에 반기를 든 옐친 사이의 경쟁이었다. 체첸 사태에서 고르바초프는 무력 사용을 승인하지 않았고, 고르바초프가 소련 군대의 통수권을 행사하는 한 옐친이 할 수 있는 일은 거의 없었다. 소련군의 충성을 놓고 고르바초프와 옐친이 벌인 싸움에서 확실한 승자는 없었다. 두 라이벌이 협력하지 않는 한 러시아가 실제로 국경 밖으로 군사력을 행사할 가능성도 없었다. 개혁 노선의 러시아가 제국의 중심부에 반기를 들면서 지도자들뿐만 아니라 이들을 지지하는 정치 및 사회 세력도 교착 상태에 빠졌다. 개혁파가 승리하려면 제국은 사라져야 했다.

소련의 붕괴를 유발하는 데 있어 우크라이나의 역할은 아무리 강조해도 지나치지 않는다. 우크라이나는 소련 해체를 요구한 핵심 정치 주체였을 뿐만 아니라 평화적 해체를 보장하는 데도 기여했다. 우크라이나는 유권자들의 압도적 지지를 바탕으로 독립을 선언한 뒤 한 치의 물러섬 없이 이를 고수함으로써 고르바초프의 개혁 연방 계획뿐만 아니라 러시아 통제하의 공화국 연방이라는 옐친의 좀더 온건한 계획까지 무산시켰다. 동시에 우크라이나는 러시아 밖에서는 가장 규모가 큰 자국 내 소수민족 러시아인들에게 보란 듯이 관용적인 태도를 취함으로써, 옐친이 과거 제국의 주변부에서 지배적 민족이었던 러시아인을 보호해야 한다는 압력을 훨씬 더 쉽게 무시할 수 있게 됐다. 우크라이나 내 러시아인들은 우크라이나 독립 국가에 대해 불안해하지 않고 대다수가 이를 지지함으로써 소련의 붕괴를 불가피하게 만들었을 뿐만 아니라 붕괴가 대체로 평화적으로 이루어지게 했다.

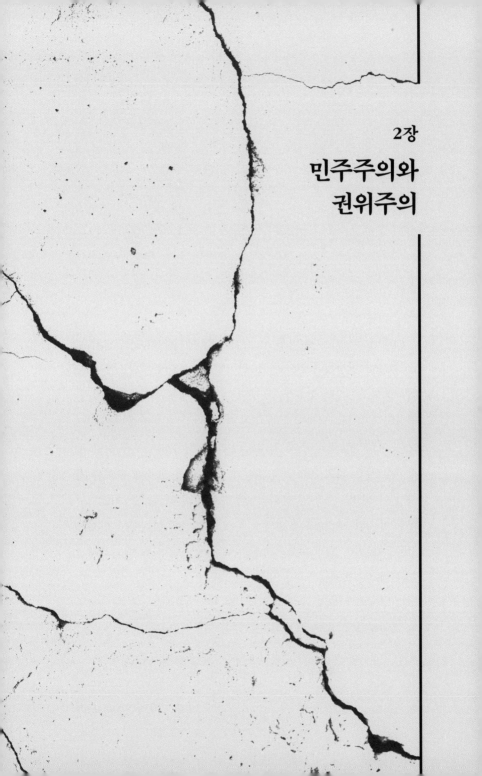

2장

민주주의와
권위주의

1917년 러시아 혁명 이후 모스크바 거리에서 가장 큰 규모의 무력 충돌이 발생했다. 1993년 10월 4일 아침 정예 타만스카야 근위차량화소총사단 소속 T-80 탱크 여섯 대가 '화이트하우스'로 알려진 러시아 국회의사당 건물 맞은편에서 모스크바강을 가로지르는 뉴아르바트 다리 위에 자리 잡았다. 오전 9시가 조금 지난 시각, 탱크들은 의회 지도부 집무실이 있는 층을 조준해 포격을 가하기 시작했다. 가장 먼저 회의실에 포탄이 날아들었고, 최고회의 의장 루슬란 하스불라토프의 집무실과 옐친에 반대하며 의사당 건물을 지키던 알렉산드르 루츠코이 부통령의 집무실이 차례로 포탄 세례를 받았다.

"집무실에 있는데 포탄이 유리창을 뚫고 들어와 오른쪽 구석에서 폭발했다"고 훗날 루츠코이는 회상했다. "다행히 내 책상은 집무실 왼쪽에 있었다. 나는 엄청난 충격을 받고 밖으로 뛰어나갔다. 어떻게 살아남았는지 모르겠다." 탱크들이 열두 발씩 포탄을 발사해 의사당 건물이 불길에 휩싸이고 수십 명이 그 자리에서 사망했다. 6층에 있던 한 생존자는 "포탄이 터진 문을 열었지만 들어갈 수 없었다. 그 안은 피비린내가 진동하는 지옥이었다"라고 회상했다.[1]

정오가 되자 군 병력이 의사당 건물에 진입해 한 층씩 차례로 점령해나갔다. 루츠코이와 하스불라토프를 비롯한 생존자들은 구금되거나 체포됐다. 며칠 전부터 국회의사당 건물을 놓고 의사당 경비대와 정부군 사이에 시작된 전투로 민간인 77명과 군인 24명 등 100명이 넘는 사망자가 발생했다. 공식 보고서에 따르면 그날 하루에만 158명이 병원으로 후송됐고 그중 19명이 사망했다. 러시아 최고회의는 이후 수개월 동안 기능을 멈췄고, 의사당 건물은 대통령이 이끄는 행정부에 넘겨졌다.[2]

옐친에게 이는 2년 남짓한 기간에 의사당을 놓고 벌인 두 번째 전투였다. 1991년 8월 강경파가 고르바초프에 반대해 일으킨 쿠데타 당시 옐친은 의사당을 앞장서 지켜냈고, 그 뒤로 의사당 건물은 러시아 민주주의의 상징이 됐다. 이제 그는 정부군을 이끌고 1991년 8월 당시 자신의 최측근이었던 인물들이 지키고 있던 바로 그 의회를 공격했다. 옐친은 두 투쟁에서 모두 승리했지만, 러시아의 민주주의는 그렇지 못했다. 1991년 8월 소련 탱크에 의해 파괴될 위기를 넘긴 민주주의는 1993년 10월 러시아 탱크에 의해 거의 파괴되고 말았다.

1993년 말 옐친은 대통령의 권한을 대폭 강화하는 새로운 러시아 헌법에 대한 국민투표를 실시했다. 러시아 유권자들은 대통령을 지지했다. 2년 1개월 2주 만에 러시아는 의회 민주주의 실험을 끝내고 강력한 대통령제를 위한 헌법적 토대를 마련했다. 사실 이 계산은 실험 기간을 과장한 것이다. 1992년과 1993년 내내 옐친 대통령은 행정명령으로 국가를 통치했기 때문이다.[3]

소련의 붕괴로 탄생한 러시아의 민주주의는 러시아 국가 수립이라는 암초에 부딪혀 큰 구멍이 뚫리며 좌초하고 말았다. 1990~1991년만 해도 러시아를 민주주의의 희망으로 여겼던 많은 사람에게는 실망스러운 일이 아닐 수 없었다. 하지만 고르바초프 시대의 민주주의 실험은 구소련에서 두 번째로 큰 공화국이었던 우크라이나에서 명맥을 이어갔다. 1993년에는 러시아만큼이나 우크라이나의 사정도 좋지 않았는데, 경기 침체로 인해 두 나라 모두 공산주의의 부활이라는 실질적인 위협에 맞닥뜨렸다. 하지만 우크라이나는 정치적 위기에서 벗어날 다른 방법을 찾아냈다.[4]

1990년대 중반 러시아와 우크라이나는 정치 발전에서 서로 다른 길을 걸었다. 러시아는 해가 갈수록 권위주의 체제로 기울었던 반면, 우크라이나는 러시아 모델을 따라 의회 위에 군림하려는 대통령 측의 거듭된 노력에도 불구하고 민주주의 체제를 유지했다. 여러 요인이 작용해 생겨난 이처럼 서로 다른 결과는 소비에트 체제를 이끈 파트너였던 두 국가의 관계에 큰 영향을 미쳤다.

우크라이나의 민주주의가 러시아 정권에 큰 위협이 된 것은 강력한 의회를 갖추고 제대로 작동하는 정치체제의 모범을 보여줌으로써 갈수록 권위주의적으로 바뀌는 러시아 정권에 저항하는 러시아 진보 야당 세력을 고무하고 힘을 실어주었기 때문이다. 그뿐만 아니라 우크라이나의 민주주의 전통과 의회 제도는 러시아가 우크라이나에 대한 통제권을 되찾는 것을 훨씬 더 어렵게 만들었다. 게다가 서방측이 구소련 국가들과 우호 관계 구축의 전제 조건으로 민주적 통치를 요구하면서 우크라이나는 유럽 및 미국과 장기적인 정치적 유대관계를 구축하는 데 있어 우위를 점할 수 있었다.

우크라이나 민주주의와 러시아 권위주의의 충돌은 2004년 우크라이나 대통령 선거에서 러시아의 지원을 받은 빅토르 야누코비치 후보가 부정선거의 결과로 승리하자 유권자들이 이를 거부하면서 발생한 우크라이나의 오렌지 혁명을 통해 국제적 위기로 번졌다. 서방의 강대국들은 우크라이나의 민주주의와 최종적으로 당선자가 된 빅토르 유셴코 후보를 강력히 지지했다. 오렌지 혁명은 우크라이나와 러시아 그리고 이후 러시아와 서방 국가들을 충돌의 길로 이끌었고 이는 결국 전쟁으로 이어졌다.[5]

개혁 대 민주주의

러시아는 1993년 9월 21일 민선 대통령 옐친이 러시아의 두 입법 기관인 인민대표대회(헌법 개정과 대통령 탄핵 권리를 가진 최고회의)와 최고소비에트(법률을 채택하고 대통령령에 거부권을 행사할 수 있는 소의회)를 해산한다는 내용의 행정명령 1400호에 서명하면서 본격적으로 독재 정치로 기울기 시작했다.

당시 헌법에 따르면 옐친에게는 두 입법 기관 중 어느 쪽도 해산할 권한이 없었지만 1993년 9월 그는 이를 실행에 옮겼다. 이유는 간단했다. 국회의원들이 자신의 권력에 도전하고 있을 뿐만 아니라 1991년 여름 최고위 공직인 대통령에 선출된 이래 강력하게 추진해온 경제 개혁의 지속을 불가능하게 만들고 있다고 판단했기 때문이다. '충격 요법'으로 알려진 개혁은 1992년 1월 2일 시작됐다. 정부는 당시 러시아 경제 전반에 포진해 있던 국영기업들을 대상으로 가격 자유화와 보조금 삭감을 단행했다. 물가가 급격히 치솟고 기업들은 파산 위기에 내몰렸으며 평균 소득은 거의 하룻밤 사이에 반토막이 난 뒤로도 계속해서 낮아졌다. 러시아 국민의 거의 절반이 월 소득 21달러라는 빈곤선 아래로 추락했다.[6]

'충격 요법'에 대한 대중의 불만은 정치적 혼란으로 이어졌다. 1991년 말 개혁파와 러시아 민족주의자들이 다가올 경제 붕괴로부터 '러시아를 구하기 위해' 힘을 모아 의회에서 옐친에게 1년 동안 행정명령으로 통치할 수 있는 특별 권한을 부여했다. 하지만 옐친이 의회에 약속한 경제 기적은 일어나지 않았다. 1991년 5퍼센트 하락했던 러시아의 국내총생산GDP은 1992년 그보다 세 배나 더 급락했다. 급진 개혁파가 주춤한 사이에 전직 공산당원과 민족

러시아 우크라이나 전쟁

주의자들이 공세를 취하기 시작했다. 이들은 옐친이 자신이 러시아 총리로 임명한 서른다섯 살의 예고르 가이다르처럼 서방의 지원을 받는 젊은 자유주의 경제학자들에게 휘둘리며 길을 잃었다고 생각했다.

1992년 12월 옐친에게 주어진 1년의 유예 기간이 끝나갈 무렵 러시아 의회는 그의 비상 권한 연장과 가이다르의 총리 재임명을 거부했다. 다른 방식으로는 통치해본 적이 없던 옐친은 반기를 들었다. 그는 새로운 헌법을 원했다. 위기는 타협을 통해 해소됐다. 옐친은 총리 교체에 동의했고, 의회는 새 헌법에 대한 국민투표가 실시될 1993년 4월까지 옐친의 행정명령 통치를 연장하는 데 동의했다. 그러나 3월에 옐친 반대파가 장악한 최고회의인 인민대표대회가 헌법을 개정해 옐친의 권한 일부를 폐지했다. 옐친은 행정명령을 통한 통치를 연장하는 것은 물론 자신에게 훨씬 더 많은 권한을 부여하는 '특별 통치'를 선언하며 반격에 나섰다.

러시아가 완전히 독립한 지 16개월 만에 헌정 위기가 닥쳤다. 헌법재판소와 법무부는 옐친의 조치가 위헌이라며 항의했고, 인민대표대회는 옐친의 탄핵을 시도했지만 여기에 필요한 3분의 2 찬성표를 이끌어내지 못했다. 4월 말에 대통령과 그의 개혁에 대한 지지를 묻는 국민투표가 실시됐는데, 대다수 유권자가 대통령을 지지하고 조기 총선 실시를 의무화했다. 인민대표대회와 최고소비에트가 모두 패배했지만 위기는 아직 끝나지 않았다.[7]

의회가 외교 정책에 대한 결의안을 발의하고 지방정부의 선거 결과를 확정하며 잃어버린 입지를 만회하려고 애쓰면서 행정명령 통치를 둘러싼 소모전이 여름 내내 이어졌다. 1993년 9월 옐친은 인민대표대회와 최고소비에트를 모두 해산하고, 대통령 권한을 강화하는 새로운 헌법 제정을 위해 다시 한번 국민투표를 실시하기로 결정했다. 9월 21일 옐친은 두 의회의 해산을 명령하는 행정명령에 서명했다. 이 행정명령은 '선출된 국가 권력기관'의 해산을 시도하는 대통령은 즉시 불법이 된다는 기존 헌법을 정면으로 위반하는 것이었다.

법적으로 옐친은 이 행정명령에 서명함으로써 자동으로 모든 권한을 상실했다. 의회 지도부뿐만 아니라 옐친 정부의 부통령 루츠코이도 이 행정명령을 쿠데타라고 비난했다. 최고소비에트는 행정명령을 무효화했고, 인민대표대회는 대통령을 탄핵했다. 대통령 권한대행에 임명된 루츠코이는 신임 국방장관을 포함해 자체적으로 정부를 구성했다. 무장한 의회 지지 세력이 오스탄키노 방송탑 점거를 시도했지만 옐친을 지지하는 정부군에 격퇴됐다.[8]

파벨 그라초프 장관을 비롯한 국방부 수뇌부는 계속 옐친에게 충성했다. 그라초프는 대통령에게 수도 진입을 위한 서면 명령을 요구해 10월 3일 새벽 이를 받아낸 뒤 모스크바 주재 부대에 명령을 내렸다. 그라초프는 모스크바강 다리에 배치된 탱크 지휘관 중 한 대위에게 하스불라토프 의장의 집무실을 조준하라고 직접 지시를 내렸다. "저기가 하스불라토프 집무실이 틀림없어. 저기 다 모여 있을 거야. 저 유리창을 때려야 해. 할 수 있겠나?"라고 그라초프가 물었다. 대위는 장관에게 할 수 있다고 대답했다. 의사당에 포탄이 날아들었고, 의회를 지키던 세력은 제압당했으며, 의회 지도부는 체포됐다. 옐친은 수십 개의 정치단체를 폐쇄하고 공산당 기관지 『프라우다』를 비롯한 다수의 신문을 발행 금지 조치했다.9

이튿날 빌 클린턴 대통령과의 전화 통화에서 옐친은 이 사건을 민주주의의 승리라고 표현했다. 전형적인 소련식 정치 화법에 따라 그는 반대 세력을 "파시스트"라고 불렀다. 옐친은 클린턴에게 "이제 이 사건이 끝났으니 러시아의 민주 선거와 민주주의 및 시장 경제로의 전환에 더 이상 장애물은 없다"고 장담하며 "이 사건을 주도한 파시스트 조직은 활동이 금지됐기 때문에 이제 모든 일이 잘 풀릴 것이라고 생각한다"고 말했다. 클린턴은 옐친을 열렬히 지지했다. 클린턴은 "당신은 정확히 해야 할 일을 했다. 사건을 처리한 방식을 축하한다"고 선언했다.10

민주주의에 대한 공격은 미국이 전부 지켜보면서 공개적으로 찬성 의사를 표명한 가운데 이뤄졌다. 일부 미국 관리는 사석에서 선거운동 기간에 표현의 자유가 충분히 보장되지 않은 데다 "반쪽짜리 헌법이 대통령의 손에 우월적 권한을 부여했다"며 의문을 제기했다. 하지만 공개석상에서 미국 정부 대표들은 옐친을 찬양했다. 클린턴과 미국, 러시아를 비롯한 다른 지역의 많은 사람에게 옐친은 러시아 민주주의의 상징일 뿐만 아니라 러시아 민주주의의 마지막 희망이었다. 옐친에게 좋은 일은 러시아와 미국 그리고

민주주의 자체에도 좋다는 것이 당시의 생각이었다.[11]

1993년 12월 러시아 국민은 옐친의 측근이 초안을 작성한 새로운 헌법에 대해 국민투표를 실시했다. "부정하지 않겠다. 헌법 초안에 따르면 대통령의 권한이 상당히 강한 것만은 틀림없다." 1993년 11월 옐친은 한 기자에게 이렇게 말했다. "그럼 원하는 게 뭔가? 차르 같은 우두머리에 익숙해진 나라, 확고히 자리 잡은 이익집단들이 서로 결집하지 못하고 지도자도 결정되지 않는 나라, 정상적인 정당은 아직 걸음마도 떼지도 못한 나라, 행정 기강이 극도로 해이하고 법에 대한 허무주의가 걷잡을 수 없이 만연한 나라, 이런 나라에서 오로지 의회에만 모든 것을 믿고 맡길 수 있겠는가? 반년만 지나면, 아니 어쩌면 그보다 더 빨리 사람들은 틀림없이 독재자를 원할 것이다. 장담하는데 그런 독재자는 쉽게 찾을 수 있다. 어쩌면 바로 그 의회 안에서."[12]

옐친은 사실상 러시아가 민주주의를 받아들일 준비가 돼 있지 않다고 선언하고, 자신을 훨씬 더 나쁜 악인 독재로부터 러시아를 구할 구세주로 내세웠다. 그는 새 헌법에 대한 국민투표에서 58퍼센트의 지지를 얻어 승리했다. 이는 옐친에 대한 신임 투표였다. 새 헌법에 찬성표를 던진 사람 대부분은 헌법의 초안조차 읽지 않았다. 국민투표와 동시에 치러진 총선 결과 러시아인들은 개혁 없이 강력한 대통령의 권한을 원하는 것으로 나타났다. 옐친의 지원을 받은 가이다르의 개혁파가 15퍼센트 득표에 그친 반면, 승리는 자유민주당을 이끌며 23퍼센트를 얻은 급진적 민족주의자이자 네오

파시스트 정치인 블라디미르 지리놉스키에게 돌아갔다. 이제 거의 활동이 금지되다시피 한 공산당은 12퍼센트를 얻었다.[13]

새 헌법은 입법부의 권한을 대폭 축소하고 대통령과 행정부의 권한을 강화했는데, 이는 러시아 정계에 부정적 결과를 초래했다. 구소련 이후 러시아 정치에서 큰 영향력을 행사하지 못하고 옐친의 행정명령 통치 때문에 소외됐던 의회는 이제 실제로든 법적으로든 정치 과정의 변방으로 밀려났다. 보리스 옐친과 그의 측근들은 대통령의 권한을 강화함으로써 개혁 프로그램뿐만 아니라 옐친이 독재가 임박했다고 규정한 위기 상황에서 민주주의 자체를 지킬 수 있게 됐다고 믿었다. 하지만 그와 반대로 새 헌법은 권위주의 통치의 선례를 남겼다.[14]

민주주의 대 개혁

러시아의 권위주의로의 전환은 극심한 경기 침체의 와중에 러시아가 풍부하게 보유한 석유 및 천연가스와 관련된 '자원의 저주'부터 제왕적 대통령을 정점으로 한 정부 체제까지 다양한 요인이 작용한 결과였다.[15]

역사적으로 볼 때 권위주의로의 전환은 1980년대 말부터 1990년대에 걸쳐 소비에트 제국이 붕괴한 가운데 오랜 세월 강력한 국가에 익숙해져 있던 러시아 대중과 엘리트들이 영향을 미친 결과라고 볼 수 있다. 냉전에서 사실상 패배하며 러시아가 초강대국 지위를 상실한 데 따른 대중과 엘리트층 모두의 분노는 이러한 전환을 더욱 부채질했다. 동유럽의 외부 제국과 소련 국경 내의 내부 제국을 상실한 데 따른 굴욕감으로 인해 이러한 경향은 더 강해졌다. 동유럽에 진주했던 점령군은 이제 철수했고, 구소련 공화국에 거주하던 러시아계 주민 상당수는 러시아 연방으로 피신했다. 결국 러시아 연방의 해체를 막으려는 모스크바의 시도로 두 차례의 체첸 전쟁(1994~1996, 1999~2009)이 발발하면서 고도로 군사화된 러시아 국가가 탄생했고, 이는 러시아 민주주의의 발전에 결정적 타격을 안겼다.

경기 침체는 러시아 당국처럼 불황을 완화하는 수단으로 풍부한 석유와 가스 매장량을 활용할 수 없었던 우크라이나에서 더 뚜렷하게 나타났다. 1993년 러시아 국민 중 월수입 21달러의 빈곤선 이하에 머문 비율이 절반 이하였던 데 비해, 1995년 우크라이나 국민은 62퍼센트가 빈곤선 이하로 떨어졌다. 그러나 소련 이후의 국가와 사회, 경제에서 공통되게 나타난 수많은 어려움에도 불구하고 우크라이나의 민주주의는 살아남았다. 그 이유 중 하나는 우크라이나의 지역적 다양성과 함께 우크라이나 민족주의가 일부 학자가 '소수 신앙'이라고 부를 만큼 지역적 호소력이 크지 않은 약점을 지녔기 때문이다.[16]

정치학자 루컨 웨이는 "우크라이나는 네 차례의 선거를 통한 정권교체와 활력 넘치는 언론, 정치 변화를 위한 반복적인 대중운동을 경험하는 등 냉전 이후 시대 독립국가연합에서 가장 경쟁력 있고 민주적인 국가가 됐다"며 우크라이나 정치를 "다원주의의 전형"으로 특징지었다. 웨이는 "우크라이나의 놀라운 다원주의는 집권 정당의 역량 부족, 국가의 권위주의 성향 미약, 우크라이나의 동부와 서부 간의 민족적 분열 등에 뿌리를 두고 있다"면서 "전반적으로 볼 때 지도자들은 동조 세력을 규합하고, 선거 과정을 조작하고, 반대파의 자원을 고갈시키고, 반대파의 도전을 폭력적으로 진압할 능력이 거의 없었다"고 분석했다.[17]

러시아 대중과 엘리트층의 상당수가 초강대국이자 제국이었던 소련의 몰락이 러시아에 손실이라고 생각했다면, 우크라이나의 엘리트들과 대다수 국민은 자국에 이익이 된다고 생각했다. 역사적으로 우크라이나는 외국 자본의 지배를 받아왔기 때문에 우크라이나 국민과 정치 엘리트들은 과거 모스크바에 종속됐던 시절에 대한 향수를 거의 느끼지 못했다. 근래에 민족국가를 이룬 전통이 없었기 때문에 우크라이나가 자체적인 정치적 중심을 토대로 빠르게 통합될 가능성은 낮았고, 대신 강한 지역주의가 우크라이나의 정치 공간을 분열시키고 정치를 러시아보다 훨씬 더 경쟁적으로 만들었다. 우크라이나 민족주의의 약점으로 인해 우크라이나의 정치 엘리트들은 러시아처럼 단일한 민족 서사를 받아들이지 못했다. 그럼에도 불구하고 우크라이나는 결코 완전히 분열되지 않았고, 지역 엘리트들은 소련 체제하에서보다 훨씬 더 중요한 역할을 할 수 있게 된 신생 독립 국가 내에서 우위를 차지하기 위해

경쟁했다.[18]

엘친의 우크라이나 측 상대인 레오니트 크라우추크는 1991년 대통령에 선출됐는데, 엘친과 마찬가지로 국회의장을 거쳐 대통령 직에 올랐다. 크라우추크 역시 국가 최고위직에 오르기 위해 세력 기반으로 삼았던 입법부와 갈등을 겪었다. 그의 정치적 본능은 러시아 측 상대인 엘친과 다소 비슷한 면이 있었다. 크라우추크는 고분고분 말을 듣지 않는 우크라이나 의회의 베르호우나 라다가 마음에 들지 않았고, 국민투표를 실시해서 자신의 권한을 강화하고 싶어했다. 그러나 우크라이나의 정치 엘리트들은 물론 사회 전체가 그런 시나리오를 달가워하지 않았다.

러시아와 마찬가지로 우크라이나에서도 경제와 소련 해체에 대한 대중의 반응이 대통령과 의회가 정면 대립하며 국가 정치를 끝없는 드라마로 만드는 두 가지 핵심 쟁점이었다. 그러나 우크라이나에서는 이 쟁점들이 다른 양상으로 전개됐는데, 가장 중요한 것은 정치 엘리트들이 고르바초프의 정치 및 경제 개혁의 혼란 속에서 탄생한 민주적 제도를 약화하기보다는 오히려 강화했다는 점이다. 러시아의 '민주주의의 순간'이 우크라이나에서는 '민주주의의 시대'가 됐다.

크라우추크는 구소련 말기에 엘친과 같은 혁명가가 결코 아니었다. 엘친이 공산당에 몸담는 동안 스베르들롭스크주와 모스크바 같은 대규모 행정 기관 및 경제 단체를 관리하는 지역 책임자로 일했다면, 크라우추크는 우크라이나 공산당 중앙위원회의 선

러시아 우크라이나 전쟁

전 부서를 운영하던 전형적인 당 관료였다. 옐친은 고르바초프의 개혁이 지지부진한 데 항의하며 일찌감치 공산당을 떠났지만, 크라우추크는 끝까지 충성을 다했다. 옐친이 선거로 의회에 진출한 뒤 당 지도부의 반대에도 불구하고 의장직에 올랐다면, 크라우추크는 당 실력자들의 지지에 힘입어 우크라이나 의회의 수장이 됐다. 그리고 옐친은 크렘린의 지원을 받는 공산당 후보에 맞서 러시아 대통령 선거에 출마했지만, 크라우추크는 자신처럼 굴라크 강제수용소 수감 경력이 있는 민주 진영 후보를 꺾고 대통령에 당선됐다.

옐친과 크라우추크의 이런 차이는 대통령 리더십 스타일의 차이로 이어졌다. 옐친이 카리스마 넘치는 포퓰리스트이자 단호한 권력의지의 소유자였다면, 크라우추크는 노회한 당 관료이자 합의를 도출해내는 협상가였다. 대통령으로서 러시아와는 매우 다른 나라를 이끌며 매우 다른 의회를 상대해야 했기 때문에 그에게는 이런 능력이 필요했다. 우크라이나는 러시아 연방과는 달리 역사와 문화, 국민의 정치적 성향 및 본능에 따라 분열돼 있었다.[19]

우크라이나의 동부와 남부는 소련의 산업 중심지였고, 문화적으로 상당히 러시아화된 데다, 러시아계 주민이 수백만 명에 달했다. 반면 중부 지역은 대부분 우크라이나어를 사용하는 농촌으로, 우크라이나의 문화적 정체성은 용인했지만 정치적 정체성은 용인하지 않았던 1920년대 소비에트 우크라이나 국가 계획의 산물이었다. 그리고 오랜 세월 중부 유럽의 여러 국가와 제국의 일부였던 서부 지역이 있었다. 서부의 대단히 배타주의적인 민족 정체성은 전간기 민족주의 운동과 1940년대 말부터 1950년대 초까지 소련의 통치에 맞서 우크라이나 반군이 벌인 오랜 게릴라 전쟁을 통해 더 강화됐다.[20]

러시아와 마찬가지로 우크라이나에서도 '민주주의자'들은 소련 말기와 소련 해체 초기 정치에서 가장 역동적인 세력으로 부상했다. 이들의 주된 관심사는 경제 개혁이 아니라 국가 건설이었다. 1991년 말까지 옐친은 독립된 국가를 운영해본 경험이 풍부한 연방 행정 간부와 기관을 장악했지만, 우크라이나에서는 소련 시절 모스크바가 내린 명령을 주변부로 전달하며 상부의 생산 할당량과 지시가 제때 이행되는지 확인하는 단순한 역할에 그쳤던 부처들을 기반으로 거의 처음부터 새롭게 이러한 기관들을 구축해야 했다.[21]

시장 개혁과 관련해 우크라이나 의회는 이를 옹호하거나 채택해달라는 강력한 로비를 받지 않았고, 대중은 이를 지지할 준비가 돼 있지 않았다. 경제 개혁은 자칫하면 국가를 분열시키고 독립을 좌절시킬 우려가 있는 고난을 의미했다. 1993년에 실시한 여론조사에 따르면 우크라이나 국민 중 19퍼센트만이 독립을 강화하고 유지하기 위해 경제 개혁을 감당할 준비가 돼 있다고 응답한 반면, 44퍼센트는 그렇지 못하다고 답했다. 경제 개혁에 찬성한 사람 대부분은 서부 지역 주민이었고, 반대한 사람 대부분은 동부와 남부 주민이었다. 따라서 우크라이나는 처음에는 개혁에 저항하다

러시아 우크라이나 전쟁

가, 다음에는 개혁을 지연시키더니, 결국 개혁을 모방하게 됐다.[22]

경제 개혁의 연기는 경기 침체를 늦췄지만 결국 더 극심한 경기 침체를 불러왔다. 러시아 경제가 1992년 GDP의 15퍼센트, 1993년 9퍼센트, 1994년 13퍼센트 감소하는 사이, 우크라이나는 1992년 GDP의 10퍼센트, 1993년 14퍼센트, 1994년 23퍼센트 감소를 기록했다. 우크라이나 의회는 계속 가치가 절하되는 돈을 찍어낸 반면, 옐친은 러시아 의회가 그렇게 하도록 허용하지 않았다. 우크라이나 카르보바네츠우크라이나가 독립 이후 발행한 임시 화폐 단위는 발행되자마자 가치가 떨어지기 시작했다. 1992년 10월 1일 달러당 340카르보바네츠이던 공식 환율은 두 달 뒤 달러당 715카르보바네츠로 급락했다. 1993년에는 달러당 740카르보바네츠에서 4만 카르보바네츠로 추락했고, 인플레이션율은 1만 256퍼센트에 달했다. 우크라이나의 국가 예산은 40퍼센트 적자를 기록했다.[23]

우크라이나에서도 러시아와 마찬가지로 경제 위기는 정치적 위기를 낳거나 혹은 정치를 악화시켰다. 하지만 옐친과 달리 크라우추크는 의회를 압박해 행정명령으로 통치할 권한을 얻어내지 않았다. 대신 의회는 그 권한을 총리에게 임시로 부여했고, 총리의 임기는 의회의 투표로 결정됐다. 우크라이나 정치의 주된 긴장은 대통령과 의회가 아닌 대통령과 총리 사이에서 나타났다. 이러한 대립은 행정부를 마비시키고 국가를 휩쓴 경제 위기를 더 악화시켰는데, 대규모 파업을 벌인 돈바스 지역 광부들이 키이우까지 행진하며 요구 사항을 제시하기에 이르렀다.

크라우추크는 갈등 해소를 위해 옐친의 선례를 따라 현직 대통령에 대한 신임의 표시로 대통령에게 정부 운영 권한을 부여할지 여부를 결정하는 국민투표를 제안했다. 국민투표가 예정된 1993년 9월 말 러시아에서는 옐친이 의회를 상대로 쿠데타를 감행했다. 그러나 키이우에서 대규모 시위가 발생하면서 크라우추크는 국민투표를 실시하지 못했다. 대신 이듬해에 의회 선거와 대통령 선거를 동시에 실시하기로 결정했다.[24]

우크라이나 헌법

레오니트 크라우추크는 국가 독립의 창시자이자 수호자를 자처하며 이 두 선거를 우크라이나 독립에 대한 국민투표로 만들려고 애썼다. 상대 후보인 유럽 최대 미사일 공장의 전 책임자이자 우크라이나 전 총리 레오니트 쿠치마는 러시아와의 경제 관계 회복을 공약으로 내걸고 선거운동을 벌였다. 우크라이나 유권자들은 동서 축을 따라 나뉘어 크라우추크는 주로 우크라이나어를 사용하는 농촌 지역인 서부와 중부에서, 쿠치마는 주로 러시아어를 사용하는 도시 지역인 동부와 남부에서 지지를 받았다. 1차 선거에서는 어떤 후보도 과반수를 득표하지 못했고, 2차 투표에서 쿠치마가 52퍼센트를 얻어 45퍼센트를 얻은 크라우추크를 꺾고 승리를 거두었다. 크라우추크는 결과에 이의를 제기하지 않고 퇴임했다.

우크라이나는 자유롭고 공정한 선거를 통한 대통령 권한 이양이라는, 러시아가 결코 해내지 못한 일을 이루어냈다.[25]

우크라이나 의회 선거는 경제 위기로 인한 대중의 불만 때문에 공산당 후보와 그 동맹 세력이 사실상 승리하면서 러시아 총선과 매우 비슷한 양상으로 끝났다. 신임 대통령 레오니트 쿠치마는 국영기업의 대규모 민영화를 포함한 경제 개혁을 지향했다. 당시 우크라이나 경제는 개혁을 너무 오래 미룬 탓에 러시아보다 더 심각한 상황에 처해 있었다. 그러나 좌파가 장악한 의회는 국가 규제로 돌아가기를 원했다. 러시아에서는 새 헌법에 따라 대통령이 경제 개혁에 관해 독자적으로 행동할 권한을 부여받았지만, 우크라이나에서는 대통령이 의회 동의 없이 할 수 있는 일은 거의 없었다.

쿠치마는 헌법 개정을 원했지만, 의회 지도부는 기존 헌법을 고수하려 했다. 옐친의 뒤를 따라 쿠치마도 자신이 만든 헌법 초안을 국민투표에 부치겠다고 위협했다. 러시아의 경험을 통해 국민투표가 어떤 결과를 초래할 수 있는지 알기에 의회는 타협을 선택했다. 1996년 러시아 대통령 선거에서 공산당 후보가 옐친을 꺾을 가능성이 높았던 것도 긴박감을 더했다. 키이우에서는 러시아에서 공산당이 집권하고 우크라이나 의회에서도 공산당이 여당이 되면 이들이 소련의 부활을 시도할지도 모른다는 두려움이 커져갔다.

1996년 6월 우크라이나 의회는 쿠치마가 제안한 새 헌법의 골자를 수용해 대통령제와 의회중심제가 혼합된 정부 형태를 만들어냈다. 이 권력 분담 체제에서 대통령은 의회가 채택한 법안에 대해 거부권을 행사하는 것은 물론 특정 상황에서 의회를 해산할 권한까지 얻었다. 반면 의회는 총리와 국립은행장을 포함한 주요 각료 임명에서 결정적인 역할을 할 수 있게 됐다. 의회는 또한 헌법재판소와 국립은행 이사회에 대리인을 파견할 수 있게 됐고, 헌법을 개정하며 국민투표를 실시할 권한도 유지했다.[26]

이렇게 해서 우크라이나 의회는 대통령의 특권을 제한할 수 있는 독립적이고 강력한 정치 기관으로 1990년대 중반의 경제 및 정치 위기에서 살아남았다. 그에 못지않게 중요한 사실은 의회가 정치적 대표성을 매우 다양하게 유지했다는 점이다. 어떤 정당이나 지역 엘리트도 의회를 장악해 자신들의 뜻이나 정치적 비전을 국가 전체에 강제할 만큼 강력한 힘을 얻지 못했다. 타협만이 엘리트들이 서로의 차이를 해소하고 상대의 이해관계를 수용할 수 있는 유일하게 실행 가능한 방법으로 떠올랐다. 이러한 우크라이나 정치의 불문율은 이후 정계 실력자의 얼굴이 바뀌어도 변함없이 이어졌다. 그 실세가 공산당 수뇌부든, 국영기업을 관리하다 쿠치마의 민영화로 이득을 본 '적색 이사'든, 새롭게 등장한 경제 엘리트와 올리가키_{소련 붕괴 이후 등장한 신흥 재벌}의 대표든 정치 규칙은 동일하게 유지됐다. 그 원칙은 바로 동맹을 찾고 타협할 준비를 해야한다는 것이었다.

우크라이나 정치의 핵심 쟁점으로 대두된 문제는 경제 개혁이 아니라 국가 건설과 제국 시절의 지배자였던 러시아와의 관계였다. 러시아와 달리 우크라이나는 공산주의 세력과 민족주의 진영이 분열돼 대립하고 있었는데, 민족주의 진영이 친서방-친개혁 성향인 반면 공산주의 세력은 반개혁-친러시아 성향을 띠었다. 오랜 세월 외국 제국과 국가들의 지배를 받아온 역사에서 비롯된 지역적, 문화적 다양성이 우크라이나 사회의 정치적 다원성에 크게 작용했다.

주로 우크라이나 서부에 기반을 둔 민족민주주 세력은 어떤 대가를 치르더라도 정치, 경제, 문화적 측면에서 러시아에 대한 의존을 가능한 한 빨리 끝내야 한다고 주장했다. 반면 동부에서 의회에 진출한 전직 공산당 간부와 기업 대표들은 지역 경제가 러시아의 에너지 공급에 의존할 뿐 아니라 우크라이나 동부와 남부 주민의 상당수가 러시아와 언어 및 문화를 공유하는 상황이라 러시아와의 관계 강화를 요구했다. 이런 동부와 서부 간의 보이지 않는 문화 및 경제 전쟁의 각축장으로 떠오른 중부 지역은 양측이 극단적인 선택을 꺼리게 만들고 타협을 촉진해서 국가의 분열을 막는 데 기여했다. 러시아화한 우크라이나인 수백만 명도 러시아어를 사용하는 동부와 남부의 러시아계 주민과 우크라이나어를 사용하는 서부와 중부의 우크라이나계 주민을 연결하는 완충제와 가교 노릇을 하며 같은 역할을 수행했다.[27]

정치, 경제, 문화적 다양성에도 불구하고 우크라이나는 통일을 유지했다. 러시아에서는 소련의 몰락이 패배감과 분노를 불러일으켰다면, 우크라이나의 엘리트들은 스스로를 제국 붕괴의 수혜자라고 여겼기 때문에 우크라이나의 독립을 구상하는 방식은 달라도 이를 위해 단결해야 할 동기는 충분했다. 우크라이나의 비참한 경제 성과에도 불구하고 모스크바에 비해 키이우의 권력 중심부에는 낙관론이 더 강하게 흘렀다.

러시아 대통령직

1996년 러시아의 대통령 선거는 두려움을 느낀 우크라이나 의회가 소련 공산주의의 부활을 막기 위해 절충 헌법을 채택하게 만든 한편 러시아가 권위주의적 통치를 유지 및 강화하기 위해 선거제도를 이용하고 남용하는, 훗날 '관리 민주주의' 또는 '주권 민주주의'로 불리는 권위주의 정부 형태로 나아가는 길을 열었다.

그 첫 단계는 1996년 3월 15일 전년도 총선에서 승리한 러시아 공산당이 1991년 12월 소련의 해체를 결정한 러시아, 우크라이나, 벨라루스 간의 벨라베자 조약의 비준을 거부하는 두마러시아 의회 투표를 발의하면서 시작됐다. 공산당이 제출한 이 결의안에 250명의 의원이 찬성한 반면 반대표는 98명에 불과했다. 이 결의안은 구속력이 없고 새 헌법에 따르면 의회가 이를 실행에 옮길 권한도 없었지만, 이는 소련 해체 이후 러시아 대통령으로서 옐친과 그의 정통성에 대한 직접적인 도전이었다. 옐친은 즉각 이 투표가 "국가를 와해시키려는 시도"이자 러시아에 대한 공격이라고 비난했다.[28]

두마의 공산당 지도부가 실제로 소련의 부활을 계획했든 그렇

러시아 우크라이나 전쟁

지 않든 이들이 다가올 대통령 선거에서 옐친의 낙선을 원한 것만
은 분명했다. 1994년 헌정 위기 당시 옐친의 정적이었던 알렉산드
르 루츠코이 부통령과 루슬란 하스불라토프 최고회의 의장은 옐
친의 의회 공격 사건 이후 체포됐다가 두마의 표결로 석방돼 이제
자유로운 몸이었다. 하지만 가장 유력한 대통령 후보는 루츠코이
도 하스불라토프도 아니었다. 이들은 러시아 유권자 20퍼센트 이
상의 지지를 받는 러시아 공산당 당수 겐나디 주가노프에게 밀리
고 있었고, 옐친의 지지율은 5~8퍼센트까지 떨어졌다.[29]

옐친의 핵심 참모인 경호실장 알렉산드르 코르자코프를 비롯한
측근들은 옐친이 공산당의 활동을 금지하고 두마를 해산하며 대
통령 선거를 1998년으로 연기하고 행정명령 통치를 이어가야 한
다고 주장했다. 옐친도 이에 동의해 보좌관들에게 이 모든 조치를
도입하는 행정명령을 준비하라고 지시했다. 러시아 민주주의는 또
다시 옐친의 손에 의해, 또다시 표면적으로는 민주주의를 지킨다
는 명분 아래 타격을 받을 위기에 몰렸다. 그러나 러시아 민영화
개혁의 주창자인 아나톨리 추바이스가 이끄는 옐친 정부 내 개혁
파들은 대통령 경호실이 제안한 이 계획에 반발했다.

추바이스는 옐친의 딸 타티아나 디아첸코에게 아버지를 설득해
달라고 요청해 옐친과 독대했다. 이 자리에서 추바이스는 옐친이
평생토록 투쟁해온 원칙들을 저버렸다고 비난했다. 옐친 자신의
회고에 따르면 옐친은 부끄러움을 느꼈다. 선거를 연기하려던 계획
은 폐기됐고, 코르자코프가 이끄는 그룹은 권한을 박탈당하고 크

렘린 출입이 금지됐다. 옐친은 유권자들과 직접 대면하기로 결심하고 추바이스를 선거운동 책임자로 임명했다. 민주주의가 다시 권위주의적 본능에 맞서 힘을 내는 듯했다.

이는 옐친 특유의 도박이었다. 1991년처럼 목숨까지 건 것은 아니지만 다시 한번 그는 자신의 정치 경력을 걸었다. 다시 한번 그는 공산주의에 맞서 러시아를 지켜낼 구원자를 자처하며 이번에는 공산주의의 부활을 막겠다고 나섰다. 연금과 급여 지급을 위한 예산이 편성됐고, 옐친에 대한 지지표를 얻기 위해 공무원들이 동원됐다. 옐친은 충격 요법으로 인해 대중의 지지를 잃었지만, 그를 지지할 준비가 된 새로운 슈퍼리치 계층을 만들어냈다. 1995년 가을부터 초겨울까지 일부 러시아 은행가는 대통령실과 비공식 거래를 맺고 자신들이 보유한 언론 매체와 자금을 제공해 선거운동에 힘을 보태는 한편 건설 프로젝트를 제공해 유권자와 지역 엘리트들을 매수했다. 그 대가로 이들은 국영기업의 지분을 헐값에 인수하기로 약속 받았다.[30]

옐친은 선거운동의 광풍 속으로 뛰어들었다. 오랫동안 건강이 좋지 않은 상태에서 만성적 우울증을 알코올로 달래던 옐친은 선거운동 중 심장발작을 일으켰지만 가까스로 결승선을 통과했다. 국가 기관과 은행가들의 지원 덕분에 그는 승리했다. 자신을 공산주의의 부활을 막을 유일한 세력으로 내세운 전략이 주효했다. 옐친은 1차 투표에서 36퍼센트의 득표율로 32퍼센트의 주가노프를 앞섰고, 2차 투표에서는 54 대 41로 주가노프를 꺾고 승리했다. 그

때는 이미 1차 투표에서 3위를 기록한 알렉산드르 레베트 장군이 옐친 정부에 합류해 국가안보회의 서기에 임명된 상태였다.[31]

옐친의 승리로 공산주의자와 민족주의자들의 활동에 제동이 걸리고 민주주의가 명맥을 유지하게 됐다. 옐친의 대통령 선거운동에 돈을 댄 은행가들은 이미 소유한 언론사의 사주 외에 이제 기업가 타이틀까지 손에 넣었다. 새로운 올리가키 계급이 탄생한 것이다. 올리가키 반열에 오른 사람들은 러시아에서 공산주의가 부활하거나 독재 정권이 수립되는 것을 원치 않았다. 자신들의 자산을 지키는 가장 좋은 방법은 어떤 형태로든 선거민주주의를 유지하는 것이었다. 옐친은 자신의 승리를 시장 개혁을 지속하면서 더 박차를 가하라는 명령으로 받아들였다. 개혁에 박차를 가하려던 바람은 1997년 아시아 금융 위기로 인해 1998년 8월 러시아가 루블화 표시 채권에 대해 디폴트(채무 불이행)를 선언하면서 물거품이 됐다. 불과 몇 주 만에 루블화의 가치는 달러당 6.3루블에서 21루블로 폭락했다. 인플레이션율은 곧 87퍼센트까지 치솟았다.[32]

1998년의 재정 파탄은 러시아의 정치체제에 새로운 과제를 안겼다. 대통령 선거가 2000년에 예정돼 있었지만 옐친은 건강에 문제가 있었을 뿐만 아니라 러시아 헌법에 따라 연임이 불가능했다. 누가 그의 후계자가 될지는 미지수였다. 옐친은 자신에게 후계자를 선택할 권리는 물론 책임도 있다고 생각했다. 나머지는 옐친을 중심으로 똘똘 뭉쳐 '가족'이라고 불린 우호적인 올리가키들과 국가의 자원을 총동원했던 1996년 당시의 대선 방식대로 이뤄질 것이라고 믿었다. 대통령으로 가는 디딤돌은 총리직이었다. 옐친이 그랬던 것처럼 국회의장을 거쳐 대통령직에 오르는 일은 이제 불가능했다. 두마를 대통령의 반대파가 장악하고 있었기 때문이다.[33]

'후계자 작전'으로 알려진 대통령 후보 시험은 47세의 전 내무장관 세르게이 스테파신을 총리로 임명하면서 시작됐다. 옐친 입장에서 스테파신의 임무는 자신에 대한 충성심을 증명하고 유권자들의 인기를 얻는 것이었다. 스테파신은 둘 중 어떤 것도 달성하지 못했다. 우선 그는 향후 대통령이 되더라도 임기가 끝난 옐친을 정적들로부터 보호하기 위해 어떤 행동도 취하지 않을 것임을 시사하며 옐친의 정적들과 타협을 모색했다. 스테파신은 또한 1990년대 초부터 이어져온 러시아 연방의 주요 내부 문제이자 아물지 않은 상처인 체첸 안팎의 안보 상황에 대처하는 데도 실패했다.

스테파신이 8월에 경질되고 대신 연방보안국 국장과 국가안보회의 서기를 역임한 정부 안보 부문의 또 다른 대표적 인물인 블라디미르 푸틴이 그 자리를 대신하게 됐다. KGB 요원 출신으로 1990년대 초 옐친의 핵심 측근이던 아나톨리 솝차크 상트페테르부르크 시장의 보좌관을 지낸 푸틴은 1996년 솝차크가 선거에서 패한 뒤 모스크바로 이주했다. 푸틴은 옐친 대통령 행정부에 합류한 뒤 연방보안국장에 임명됐다. 개혁파와 올리가키, 옐친의 측근들과 두루 좋은 관계를 맺은 푸틴은 특히 발렌틴 유마셰프와 각별한 친분을 쌓았다. 유마셰프는 옐친과 같은 우랄 출신으로 추바이스에 이어 대통령실 행정실장에 임명된 데 이어 옐친의 사위가 된 인물이다. 푸틴을 옐친의 총리이자 후계자로 선택한 것은 바로 옐친 가족이었다.[34]

스테파신과 마찬가지로 푸틴도 정적들의 공격으로부터 옐친을 보호하고 선거에서 승리할 수 있는 능력을 입증해야 했다. 푸틴은 두 가지 임무 모두 성공적으로 완수했다. 총리에 임명되기 전부터 그는 옐친의 정적들을 추적하며 옐친에 대한 충성심을 증명했다. 연방보안국장 시절 푸틴은 옐친에 비판적이던 유리 스쿠라토프 검찰총장이 모스크바의 한 아파트에서 매춘부와 만나는 장면을 담은 비디오테이프를 제공했다. 스쿠라토프는 옐친의 정적들을 위해 비밀리에 보안 기관들을 조종해온 터였다. 스쿠라토프의 경력은 사실상 끝났고, 푸틴의 앞날에는 서광이 비쳤다. 푸틴은 곧 국가보안위원회 서기로 임명되며 총리직을 향한 길에 올랐다.[35]

일반 대중은 물론 정부 엘리트들 사이에서도 이름이 잘 알려지지 않았던 무색무취의 정치국원 푸틴은 총리 임명 후 불과 몇 달 만에 러시아에서 가장 인기 있는 정치인이 되는 기적을 연출했다. 8월에는 러시아 유권자의 2퍼센트만 그를 지지할 준비가 돼 있었지만, 연말에는 잠재적 유권자의 51퍼센트가 그를 지지했다. 어떻게 이런 일이 가능했을까? 결정적인 이점 두 가지는 정부 매체에 대한 완전한 통제권과 크렘린에 우호적인 올리가키 및 이들이 소유한 대중매체의 지원이었다. 하지만 그보다 더 중요한 것은 이들 매체가 일반 대중에게 보여준 새 총리의 이미지였다. 푸틴은 젊고 활력 넘치며 결단력 있는 지도자로서 국내외의 적들로부터 러시아를 지켜낼 적임자로 여겨졌다.

푸틴이 총리에 임명된 1999년 8월 체첸 반군이 체첸 영토를 벗어나 인근 다게스탄을 침공한 뒤 다게스탄 이슬람 국가 수립을 선언하자, 옐친은 반군을 상대로 한 전쟁을 푸틴에게 맡겼다. 푸틴은 텔레비전에 연이어 출연해 반군을 위협하고 반란을 진압하겠다는 자신과 러시아의 의지를 과시하는 등 가능한 한 가장 공개적인 방식으로 전쟁을 지휘했다. 상당수 관측통이 체첸의 기습적인 다게스탄 침공과 체첸의 소행으로 비난받은 러시아 도시에서의 테러 행위가 사실은 전부 러시아의 최고 안보 책임자인 푸틴의 위기 대처 능력을 과시하고 이듬해 대통령 선거에서 투표권을 행사할 대중의 신뢰를 얻기 위해 러시아 보안 기관들이 도발하거나 기획한 것이라고 주장했다.

체첸 전쟁

체첸은 소련이 몰락하기 전부터 이미 러시아 정치의 핵심 요소로 대두됐다. 조하르 두다예프 장군이 이끄는 체첸인들은 1991년 8월 모스크바에서 발생한 쿠데타 당시 러시아의 새로운 민주적 지도부가 자신들의 자결권을 인정해줄 것으로 기대하며 옐친을 지지했다. 이들의 목표는 체첸 자치공화국의 독립이었다. 그러나 옐친과 그의 측근들은 우크라이나와 에스토니아 같은 연방 공화국 들은 전쟁 없이 연방을 떠날 수 있게 허용한 반면, 소련 당시 연방 공화국 국경의 불가침성을 건국 원칙으로 삼고 러시아 연방 국경 내의 자치공화국과 자치구들을 유지하기를 원해 둘 사이에 분명 한 구분을 두었다.

1991년 가을 옐친은 러시아 군대를 체첸에 파견했지만 체첸의 독립 의지를 꺾지는 못했다. 러시아군은 사기가 떨어져 싸울 준비 가 돼 있지 않았고, 여전히 소련군을 통제하고 있던 고르바초프는 옐친의 노력을 지원하기를 거부했다. 1991년 11월 1일 체첸은 이치 케리야로 국가명을 바꾸고 독립을 선언한 뒤 1990년대 초반 모스 크바에 만연한 혼란을 틈타 이 선언을 현실로 만들어갔다.

옐친은 1994년 12월 체첸 수도 그로즈니를 점령하기 위해 러시 아군에 체첸 재침공을 명령했다. 그러나 체첸 전사들이 그로즈니 거리에서 러시아 탱크와 장갑차를 매복 공격하면서 다수의 사상 자가 발생했다. 그로즈니를 놓고 벌인 전투는 1995년 3월까지 계 속됐고, 러시아는 공습과 포격으로 도시의 상당 부분을 파괴하고 나서야 그로즈니를 점령하는 데 성공했다. 산악 지역으로 후퇴한 반군은 러시아의 유도 미사일에 두다예프 장군이 사망한 뒤에도 점령군에 대한 공격을 멈추지 않았다. 두다예프의 뒤를 이은 아슬 란 마스하도프는 1996년 8월 그로즈니를 탈환하는 데 성공했다.

같은 달 옐친 정부의 국가안보회의 서기를 맡고 있던 알렉산드 르 레베트 장군이 체첸 지도자들과 휴전 협정을 체결하면서 러시아군이 체첸에서 철수했다. 체첸은 외부 간섭에서 거의 벗어났지만 러시아뿐만 아니라 국제사회에서도 인정받지 못한 채 고립됐고, 이후 제대로 된 발전을 이루지 못했다. 1997년 대통령에 선출된 마스하도프는 대부분 군벌이 장악한 그로즈니 외곽의 체첸 영토를 거의 통제하지 못했다. 몸값을 노린 납치가 군벌들이 금고를 채우는 수단이 됐다. 반군 중 급진파는 러시아 영토에 대한 테러 공격을 이어갔다.[36]

체첸군 지도자와 병사의 상당수는 1980년대 후반의 국가 독립 이데올로기를 버리고 급진 이슬람 사상과 신념으로 무장했다. 국제사회에서 유일하게 중동의 이슬람 국가들만이 체첸이 선포한 독립 공화국을 인정하겠다고 나섰다. 1999년 여름 체첸의 다게스탄 침공과 다게스탄 이슬람 국가 선포는 새로운 종교적 열정과 이념에 힘입은 것이었다. 러시아를 자극해서 또다시 전쟁을 벌일 마음이 없었던 체첸의 최고 지도부는 이를 승인하지 않았다. 그러나 체첸 전사들의 다게스탄 침공으로 촉발된 위기는 러시아 국내 정치의 측면에서 볼 때 매우 유리했기 때문에 그럼에도 불구하고 전쟁이 발발했다. 일부 분석가는 러시아의 보안 기관들이 침공을 선동했다는 의혹을 제기할 정도였다.[37]

푸틴의 지휘 아래 1999년 8월 말 러시아가 체첸에 대규모 공습을 가하면서 10만 명에 달하는 사람이 피란길에 오르는 등 러시아 인근 지역에 난민 위기가 발생했다. 9월에 접어들자 체첸뿐만 아니라 모스크바를 비롯한 러시아 도시들도 폭발로 흔들렸다. 여러 아파트 건물의 지하실에 설치된 폭탄이 터지면서 300명이 넘는 민간인이 사망했다. 푸틴의 권력 기반인 연방보안국(러시아 약어로 FSB)은 폭발이 체첸 반군의 소행이라고 비난했지만, 증거들은 FSB의 자작극임을 암시했다. 모스크바에서 동남쪽으로 200킬로미터 떨어진 인구 50만 명의 도시 랴잔에서 현지 경찰이 한 아파트 건물에 폭탄을 설치한 FSB 요원을 체포했다. 그러자 FSB는 대테러 훈련이었다고 발표했다. 책임 소재는 아직까지 규명되지 않았지만, 테러 행위가 러시아 내에서 분노를 일으키면서 푸틴은 국민의 신임을 등에 업고 체첸 전면 침공 준비에 착수했다.[38]

푸틴은 1999년 10월 체첸 대통령 아슬란 마스하도프를 인정하지 않겠다고 선언한 뒤 침공을 명령했다. 목표는 체첸을 분할해서 반군이 장악한 영토와 러시아 연방 사이에 북부 완충지대를 만드는 것이었다. 마스하도프가 평화 회담을 제의했지만 거부됐다. 러시아군은 공군과 포병의 지원을 받으며 체첸 영토 깊숙이 진격하기 시작했고, 민간인 수십만 명이 피란길에 올라야 했다. 1999년 12월 러시아군은 다시 한번 체첸 수도 그로즈니의 성벽 앞에 도달했다. 1995년 포격에서 살아남은 건물들도 이번에는 남김없이 파괴됐다. 그로즈니는 2000년 2월 함락됐고, 유엔에 의해 전 세계에서 가장 심하게 파괴된 도시로 지정됐다. 2000년 5월 푸틴이 발빠르게 괴뢰 정부를 구성하면서 2차 체첸 전쟁의 주요 국면은 끝났다.[39]

그 무렵 푸틴은 러시아 대통령이 돼 2000년 5월 7일 공식적으로 대통령 집무실에 입주했다. 앞선 1999년 12월 31일 신년 연설에서 옐친은 사임을 발표해 모두를 놀라게 했다. 그달 초 유권자 지지율 50퍼센트를 넘어선 푸틴은 대통령 권한대행이 돼 정부와 군대뿐만 아니라 러시아식 대통령 선거에서 승리하기 위해 필요한 국영 언론과 '행정 자원'을 완전히 장악했다. 12월 초에는 대통령 선거 출마를 위해서는 최소 100만 명의 서명을 받도록 하는 새로운 법이 도입됐다. 이 법에는 정부 지원을 받는 후보가 유리하도록 선거 자금을 제한하는 조항도 포함됐다. 정부 지원을 기대할 수 있는 후보는 푸틴 한 사람뿐이었다.

야당이 2000년 여름으로 예상했던 대통령 선거가 봄으로 앞당겨지면서 야당 후보들, 특히 유리 루시코프 모스크바 시장은 준비할 시간이 부족해졌다. 루시코프와 함께 예브게니 프리마코프도 후보에서 사퇴하면서 러시아 정치의 중심을 푸틴이 독차지하게 됐다. 2000년 3월 푸틴은 대통령 선거 1차 투표에서 53퍼센트의 득표율로 손쉬운 승리를 거두었다. 공산당 당수 겐나디 주가노프는 22퍼센트, 자유주의 진영 지도자 그리고리 야블린스키는 6퍼센트를 얻는 데 그쳤다. 내부자들이 '후계자'라고 부른 작전은 성공적으로 완료됐다. 푸틴은 대통령 취임 직후 옐친에게 어떤 혐의가 제기되더라도 형사 기소에 대한 면책특권을 부여하는 첫 행정명령에 서명했다.[40]

러시아 정치에서 옐친의 시대가 사실상 막을 내린 가운데, 옐친은 영향력 있는 유산을 남기고 떠나갔다. 공산당 간부 출신인 옐친은 민주주의를 갈망한 나머지 이를 달성하기 위해 권위주의적 수단도 서슴지 않고 동원했다. 그는 민주화의 물결을 타고 러시아 연방의 소련 탈퇴를 이끌어냈을 뿐만 아니라, 자신에게 권력을 부여한 바로 그 민주주의를 제한함으로써 러시아를 제왕적 대통령제 공화국으로 만들었다. 옐친은 또한 현직 대통령이 새 최고 지도자를 미리 선택하는 승계 체제를 만들어냈다. 푸틴은 대통령에 당선된 뒤 기존의 정치 제도를 최대한 활용해서 제왕적 대통령제를 독재 체제로 발전시켰다. 이는 향후 러시아의 국내 정치뿐만 아니라 외교 정책에도 엄청난 영향을 미쳤다.

오렌지 혁명

1999년 가을 옐친이 후계자로 푸틴을 내세우며 퇴임을 준비할 무렵 우크라이나 대통령 레오니트 쿠치마는 연임 출마를 준비하고 있었다. 첫 임기 동안 그는 대규모 민영화에 착수하고 국제통화기금IMF을 비롯한 서방의 기부자들과 긴밀히 협력하며 우크라이나 경제를 안정시키는 데 성공했다.

쿠치마는 또한 대통령과 의회 간의 권력 공유 협약을 반영한 새 헌법을 제정해 우크라이나 정치를 일시적이나마 균형 상태로 이끌었다. 하지만 우크라이나가 정치·경제적으로 나아가야 할 방향에 대해 두 정치 주체의 뜻이 엇갈리면서 이 체제는 결코 안정을 찾지 못했다. 1997년 글로벌 금융 위기와 1998년 러시아의 디폴트 선언으로 우크라이나 경제가 타격을 입으면서 공산당이 의회 내 최대 세력으로 떠올랐다. 1998년 총선에서 공산당은 25퍼센트의 득표율을 기록했다. 루흐Rukh 1989년 구소련 당시 결성된 반反공산당 정치 단체에서 조직돼 반체제 인사 출신인 뱌체슬라우 초르노빌이 이끄는 민족민주주의 진영이 두 번째로 많은 10퍼센트를 득표한 반면, 쿠치마가 지원하는 인민민주당은 5퍼센트를 얻는 데 그쳤다.[41]

1999년의 쿠치마는 1996년 대통령에 재선되기 직전의 옐친과 거의 같은 처지였다. 쿠치마는 옐친의 선거운동을 모방해 자신을 공산당의 재집권을 막을 유일한 세력으로 내세우기로 결정했다. 이런 전략은 쿠치마의 감시와 지원 아래 국영기업들을 민영화하는 데 성공한 우크라이나 동부 지역 신흥 기업가들의 마음을 사로잡았다. 우크라이나의 독립을 중요하게 여기는 서부 지역 유권자들은 유럽을 지향하며 소련으로의 복귀에 반대했다.

쿠치마는 국영 매체에 대한 통제력을 활용하고 첫 임기 동안 부상한 지역 파벌 지도자와 올리가키들이 운영하는 매체들의 지지를 받아 동부와 서부 지역에서 승리했고, 농촌 지역에 여전히 집단농장 체제의 잔재가 있는 중부에서만 열세를 보였다. 쿠치마는 58퍼센트를 득표해 39퍼센트를 얻은 우크라이나 공산당 당수 페트로 시모넨코에게 승리했다. 옐친과 마찬가지로 쿠치마도 공산당을 상대로 거둔 승리를 발판으로 시장 개혁을 추진하기로 결정했다. 아시아 금융 위기처럼 계획을 방해하는 요인이 없었기 때문에

쿠치마는 옐친보다 운이 좋았다.[42]

쿠치마는 재선 후 우크라이나를 유럽의 정치 및 경제 구조에 통합하기 위한 새로운 행보를 시작했다. 그는 국제통화기금의 강력한 지지를 받는 우크라이나 국립은행의 젊은 수장 빅토르 유셴코를 새 총리로 임명했다. 그로부터 1년여 만에 유셴코는 새 정부 부총리가 된 자신의 측근 율리아 티모셴코와 함께 경기 하락을 막아내고, 대기업과 신흥 올리가키 집단에 유리한 허점들을 메워 세수를 확충하고, 체불 임금과 연금을 상환하는 데 성공했다. 경제가 금속업과 광산업을 중심으로 빠른 회복세를 보이면서 수출은 두 배로 증가했다. 경제 성장은 새천년 들어 첫 10년 동안에도 계속됐다.[43]

쿠치마는 선거 승리를 발판으로 1996년 의회와 맺은 개헌 합의의 재협상에 나섰다. 먼저 그는 공산당에 친대통령 정당들로 구성된 새 의회 지도부를 받아들일 것을 요구했고, 이어서 대통령 권한으로 국민투표를 실시했다. 유권자의 81퍼센트가 투표에 참여한 가운데 단원제인 의회의 양원제 전환, 의원 수 3분의 1 감축, 의원의 형사기소 면책특권 폐지, 회기 시작 후 한 달 이내에 안정적 과반수가 형성되지 않을 경우 대통령에게 의회 해산 권한 부여 등 의회 제도의 전면 개편안에 대해 항목별로 83~91퍼센트의 지지를 보였다.[44]

쿠치마는 이제 옐친이 앞서간 길을 따라 우크라이나 헌법을 새로 쓸 준비를 마쳤지만, 국민투표 결과를 인정하지 않으려는 야당

의원들의 견제에 부딪혔다. 쿠치마는 국민투표를 통과한 헌법 개정안을 발의하기에 충분한 표수를 확보하지 못했다. 교착 상태는 2000년 11월 국회의장을 역임한 올렉산드르 모로스 사회당 당수가 쿠치마의 집무실에서 나눈 비밀 대화 테이프를 공개하면서 대형 정치 스캔들로 폭발했다. 쿠치마의 경호원 중 한 명이 만든 것으로 추정되는 이 테이프에는 대통령이 부정한 대가를 받고 국영 기업들을 민영화하며 정적들을 기소하려는 계획을 논의하는 내용이 담겨 있었다.

이 녹음에서 가장 치명적인 부분은 쿠치마가 내무장관에게 반정부 성향의 언론인 헤오르히 곤가제의 납치를 지시하는 대목이었다. 곤가제는 그해 9월 종적을 감춘 뒤 11월에 키이우 근처의 숲에서 목이 잘린 시신으로 발견된 터였다. 이 정치 스캔들은 쿠치마 정권의 근간을 흔들었다. 쿠치마는 곤가제를 살해하라는 지시를 내린 적이 없다고 부인했고 이는 사실인 듯했지만, 테이프에는 그가 유리 크라우첸코 내무장관에게 곤가제를 납치해서 국외로 추방하라고 요구하는 내용이 담겨 있었다. 나중에 크라우첸코의 명령을 받은 비밀 암살조가 곤가제를 살해한 것으로 드러났지만, 납치뿐만 아니라 살해 명령을 내린 사람이 누구인지는 밝혀지지 않았다. 크라우첸코도 얼마 뒤 결국 의문의 죽임을 당했는데, 겉보기에는 자살 같았지만 총을 한 방이 아닌 두 방이나 쏜 것으로 밝혀졌다.[45]

2000년 12월 모로스가 이끄는 사회주의자들과 율리아 티모셴코가 이끄는 포퓰리스트를 비롯한 야권은 키이우 거리로 나서서 대통령의 퇴진을 요구하고 '쿠치마 없는 우크라이나'라는 구호 아래 대규모 시위를 벌였다. 힘이 빠진 대통령은 개혁 노선을 포기했다. 율리아 티모셴코는 체포됐고, 서방의 지지를 받는 개혁 성향의 빅토르 유셴코가 총리로 교체됐다. 미국과 유럽의 지도자들이 곤가제 납치 살해 사건에서 대통령의 역할에 대한 공정한 조사를 요구하자 쿠치마는 유럽 통합의 야망을 포기하고 러시아와 새 대통령 푸틴에게 지원을 요청했다.[46]

쿠치마가 실제로 곤가제를 납치해서 강제 추방하도록 지시했다는 사실을 의심하는 사람은 거의 없었지만(녹음에는 쿠치마가 내무 장관에게 곤가제를 체첸으로 보내라고 명령했음을 알 수 있는 대목이 담겨 있었다) 누가 그를 죽이라고 명령했고 이유가 무엇이었는지는 여전히 불분명했다. 경호원 중 한 명인 미콜라 멜니첸코에 의해 녹음된 것으로 추정되는 당시 쿠치마의 상황은 오늘날까지도 여전히 베일에 가려 있다. 그러나 멜니첸코가 우크라이나 보안 기관의 최고 책임자들을 위해 일했고, 이후에는 러시아 보안 기관과도 협력했다는 사실은 논란의 여지가 없어 보인다. 또한 쿠치마 게이트의 최대 수혜자는 블라디미르 푸틴이었으며, 스캔들로 인해 쿠치마의 정치적 권위가 약화되고 미국과의 관계가 악화된 상황을 이용해 푸틴이 쿠치마로부터 많은 양보를 얻어낸 것 역시 분명한 사실이다. 그중에는 옛 소련 지역의 경제적 재통합을 위해 러시아가 주도하는 유라시아 지역 기구와 포럼에 우크라이나가 가입하는 것

도 포함됐다. 쿠치마는 또한 우크라이나의 군사 독트린에서 나토 가입 목표를 삭제했다.[47]

우크라이나 헌법이 대통령의 3선을 금지하는 상황에서 쿠치마는 첫 당선이 헌법 발효 이전이었다는 이유을 내세워 세 번째 임기에 도전하려던 생각을 버리고 고민 끝에 헌법을 준수하기로 결정했다. 다시 한번 쿠치마는 러시아의 선례, 좀더 구체적으로는 옐친이 남긴 선례를 따라 자신의 개인적 안전과 자산의 보전을 보장해줄 후계자를 찾아나섰다.

선택받은 사람은 우크라이나 최대 지역 파벌의 지도자로 의회 내 친대통령 세력 중 최대 그룹을 이끌어온 빅토르 야누코비치 도네츠크 주지사였다. 야누코비치는 2002년 11월 의회의 동의를 받아 총리에 임명됐다. 쿠치마의 지원을 받은 야누코비치가 의회 내 최대 파벌을 이끌던 빅토르 유셴코 전 총리와 대결한 2004년 대통령 선거전은 우크라이나 역사상 가장 혼탁하게 치러졌다. 야누코비치 캠프는 선거 승리를 위해 관영 매체와 행정적 압력, 취약계층에 대한 정부 지원금 살포를 활용한 것은 물론 도네츠크 지역 파벌의 자금까지 동원했다. 이뿐만 아니라 야누코비치 진영은 유셴코를 상대로 테러 행위까지 자행했다.[48]

2004년 9월 50세의 유셴코는 건강이 급격히 악화된 뒤 곧 다이옥신 중독 진단을 받았다. 테러를 사주한 것으로 의심되는 사람들은 이미 러시아로 도주해 안전한 피난처를 제공받은 뒤였다. 유셴코는 테러 공격에서 기적적으로 회복했고, 얼굴은 크게 상했지만 살아서 선거운동에 복귀할 수 있었다. 야당 후보인 유셴코에 대한 공격은 그를 쓰러뜨리기는커녕 오히려 그의 인기를 높여주었다. 10월 31일 투표소로 간 우크라이나 국민 대다수는 야누코비치가 아닌 유셴코에게 표를 던졌다.[49]

선거 당일 우크라이나의 여러 기관이 실시한 출구조사 결과는 분명 그랬지만, 쿠치마와 야누코비치가 통제하는 중앙선거위원회가 발표한 결과는 달랐다. 이 발표에 따르면 야누코비치가 49퍼센트의 득표율로 47퍼센트를 얻은 유셴코를 누르고 승리한 것으로 나타났다. 유셴코의 지지자들은 조작된 결과를 인정하지 않고 키이우의 중앙 광장인 마이단으로 대거 몰려나와 천막 도시를 세웠다. 지방에서 온 지지자들이 곧 키이우 시민들과 합류했다. 유셴코가 선거운동에서 사용한 색깔에서 이름을 따온 오렌지 혁명이 시작된 것이다.[50]

오렌지 혁명이 발발한 데는 여러 요인이 작용했다. 그중에는 해소되지 않고 장기간 이어져온 행정부와 입법부 간의 갈등, 언론 매체를 보유한 올리가키를 포함한 정치 엘리트 내부의 분열, 야누코비치를 후계자로 탐탁지 않게 여겼지만 어쩔 수 없이 그를 선택한 쿠치마의 미온적 지원도 있었다. 결국 우크라이나의 민주주의를 구해낸 것은 정치적·문화적 차이에 뿌리를 둔 우크라이나의 지역주의였다. 서부와 중부 지역 주민이 다수를 차지한 오렌지 혁명 지지자들은 우크라이나의 정체성과 언어, 문화를 지지하고 자유주의 서방을 지향했다.[51]

계속되는 대규모 시위와 지도층 내부의 분열에 직면한 쿠치마는 옐친의 선례에서 벗어나기로 결심했다. 야누코비치의 요구에도 불구하고 쿠치마는 1993년 모스크바에서 그랬던 것처럼 시위대에 대한 군대 동원과 발포를 거부했다. 대신 그는 타협을 선택했다. 야누코비치 캠프는 대통령 특권을 제한하는 헌법 개정을 유셴코 측이 약속하는 조건으로 선거를 재실시하는 데 동의했다. 12월 26일 3차 대통령 선거에서 유셴코는 52퍼센트의 득표율로 44퍼센트를 얻은 야누코비치를 꺾고 당선됐다.[52]

2000년 4월 쿠치마가 국민투표를 통해 대통령의 권한 강화를 시도하면서 시작된 위기는 2004년 12월 대통령 권한 약화라는 결과로 막을 내렸다. 대통령의 특권 일부가 총리에게 이양됐고, 총리의 임명과 정치적 운명은 의회 내 정치 세력 구도에 따라 결정됐다. 우크라이나는 대통령과 의회가 통치 권력을 분점하는 공화국으로 새로운 세기를 맞게 됐다. 새로운 체제에서는 대통령도 총리도 독자적으로 정책을 수행할 충분한 권한을 갖지 못했기 때문에 이상적인 결과라고는 할 수 없었다. 하지만 이는 우크라이나의 민주주의를 지켜낸 성과였다.

쿠치마는 재임 마지막 해에 『우크라이나는 러시아가 아니다』라는 의미심장한 제목의 회고록을 펴냈다. 러시아 모델을 몇 차례 시도했지만 원하는 결과를 얻지 못한 그는 자신이 무슨 말을 하는지 정확히 알고 있었다. 회고록은 키이우의 독자들이 우크라이나어 번역본을 읽을 수 있게 되기 전에 모스크바에서 먼저 출간됐다. 회고록에 담긴 메시지를 러시아에서는 거의 아무도 진지하게 받아들이지 않았고, 크렘린의 어느 누구도 수용할 준비가 돼 있지 않았다.[53]

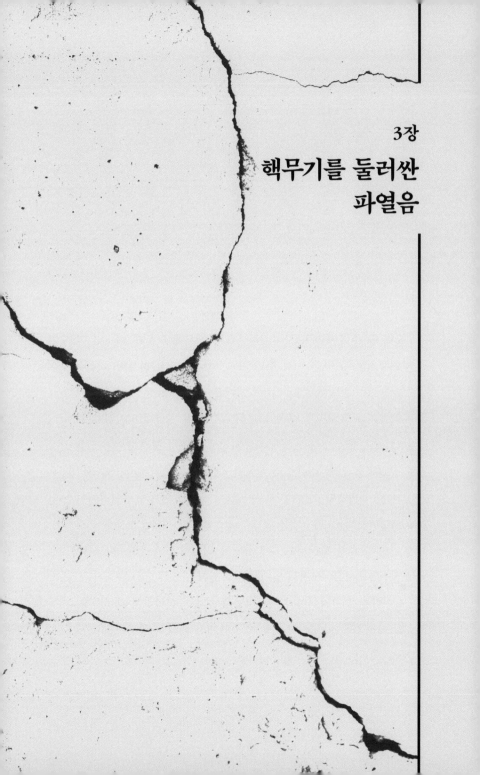

3장

핵무기를 둘러싼
파열음

독립 국가 우크라이나는 소련으로부터 세계에서 세 번째로 많은 핵무기를 물려받으면서 출발부터 핵보유국으로 탄생했다. 소련은 우크라이나 영토에 1900개에 가까운 핵탄두와 약 2500기의 전술 핵무기를 배치해둔 상태였다. 이 무기들이 미국에 심각한 문제로 대두된 것은 소련이 해체되는 과정에서 연방 붕괴가 핵무장을 한 공화국들 간의 내란으로 이어져 '핵무기가 동원된 유고슬라비아 내전'이 발생할 가능성 때문이었다. 러시아 의회가 우크라이나에 크림반도가 양도된 것은 불법이라 선언하고 세바스토폴을 러시아 연방에 속한 도시라고 주장하면서 러시아와 우크라이나 사이의 전쟁 가능성은 가정을 넘어 현실화됐다.[1]

러시아는 우크라이나의 핵무기들을 최대한 신속하게 자국의 영토로 이전해서 소련 해체 이후의 공간에서 배타적 영향력을 크게 강화하기를 원했다. 우크라이나는 이에 응할 생각이 전혀 없었다. 미사일 발사에 필요한 암호를 모스크바가 보유하고 있어 우크라이나는 핵무기에 대한 작전 통제권이 없었지만 물리적으로 핵무기를 보유하고 있던 터라, 우크라이나 의회와 정부 일각에서는 핵무기 양도를 정치적으로 받아들일 수 없다고 생각했다. 이유는 분명했다. 러시아가 크림반도의 영유권을 주장하고 있을 뿐만 아니라 앞으로 다른 우크라이나 영토에 대해서도 그럴 가능성이 있기 때문이었다.

핵무기에 대한 우크라이나의 입장은 시간이 지나면서 차츰 변했다. 우크라이나는 1990년 주권 선언과 함께 국제무대에 첫선을 보일 때부터 비핵화를 강력히 지지했는데, 그 이유는 크게 두 가지였다. 첫째, 우크라이나 영토의 상당 부분을 오염시킨 1986년 체르노빌 원전 사고의 영향으로 우크라이나 의회가 신규 원전 건설을 전면 중단하는 법안을 통과시켰기 때문이다. 둘째, 핵무기 통제권을 놓고 구소련의 구심점이었던 러시아와의 분쟁이 길고 지저분해지면 우크라이나의 완전한 독립이 지연될 가능성이 있다는 인식도 작용했다. 당시에는 우크라이나의 독립과 자체적인 군대 창설의 권리를 인정받는 대가로 핵무기를 내주는 것이 합리적이라고 여겨졌다. 1990년 여름 의회에서 채택된 우크라이나 주권 선언은 우크라이나의 비핵화를 약속했다.[2]

이런 약속에 대해 처음으로 의문이 제기된 것은 1991년 가을 우크라이나 의회의 독립 투표에 대해 러시아가 보인 반응 때문이었다. 옐친은 대변인 파벨 보샤노프가 발표한 성명에서 우크라이나 국경은 러시아와의 협력을 통해서만 보장될 수 있다고 선언했다. 키이우의 많은 사람이 핵 문제를 재고하기 시작했다. 우크라이나 의회의 영향력 있는 의원인 볼로디미르 필렌코는 1991년 9월 영국 언론과의 인터뷰에서 "대다수 의원이 러시아에 무기를 그냥 넘겨줄 수는 없다고 생각한다. 그렇게 되면 러시아와 우크라이나의 힘의 균형은 무너질 것"이라면서 "우리가 러시아를 두려워한다고 생각하면 그렇게 말해도 좋다. 우리는 러시아로부터 독립하기 위해 싸우고 있다. 핵 위협이 있다고 말할 수는 없지만 최근 러시아는 실제로 영유권 주장을 제기했다"고 지적했다.[3]

우크라이나 정치 엘리트들은 딜레마에 직면했다. 우크라이나 독립을 국제적으로 인정받는 가장 빠르고 어쩌면 유일한 방법은 핵무기를 포기하는 것이지만, 국가의 영속을 보장받는 가장 효과적이고 어쩌면 유일한 방법은 핵무기를 계속 보유하는 것이었기 때문이다. 1991년 10월 우크라이나 독립에 대한 미국의 지지를 확보하기 위해 우크라이나 의회는 비핵화를 약속하는 동시에 보유 중인 핵무기의 처분을 결정할 권리도 주장했다. 의회는 결의안을 통해 "우크라이나는 자국 영토에 위치한 핵무기의 비非사용을 통제할 권리를 강력히 요구한다"고 밝혔다. 1991년 12월 의회는 핵무기 폐기에 대한 국제적 통제를 보장함으로써 우크라이나가 비핵국가가 되는 것을 조건으로 독립국가연합 창설 문서를 비준하기로 의결했다.[4]

러시아 우크라이나 전쟁

크림 분쟁

영토 분쟁은 제국 해체의 전형적인 특징으로, 소련의 몰락도 예외가 아니었다. 러시아 정부는 우크라이나가 법적으로 독립해 소련을 떠나기 전부터 우크라이나의 영토 보전에 이의를 제기했다. 우크라이나 국경에 대한 첫 번째 위협은 1991년 8월 24일 우크라이나 의회가 독립을 선언한 직후 러시아 민주 정부로부터 나왔다. 이틀 뒤 러시아 대통령 대변인 파벨 보샤노프는 옐친을 대신해 성명을 발표했다.

"최근 들어 연방 공화국들이 잇달아 국가 주권을 선언하고 소련 탈퇴를 발표했습니다. 이와 관련해 저는 러시아 소비에트 연방 사회주의공화국RSFSR 대통령으로부터 권한을 위임받아 다음과 같이 선언합니다. 러시아 연방은 모든 국가와 국민의 자결권에 대한 헌법적 권리를 의심하지 않습니다. 그러나 조정되지 않은 국경 관련 문제들이 있으며, 이는 적절한 조약에 의해 연합 관계를 규정하는 조항이 마련될 때에만 허용될 수 있는 것입니다. 연합 관계가 폐기될 경우 RSFSR은 국경 개정 문제를 제기할 권리를 보유합니다."[5]

이 성명은 소련으로부터 독립을 선언할 가능성이 있는 모든 소비에트 공화국을 대상으로 한 것이었다. 그러나 좀더 구체적으로 말해달라는 기자들의 질문에 보샤노프는 우크라이나와 카자흐스탄을 지목했다. "이들 공화국이 러시아와 연합을 맺는다면 아무런 문제가 없다. 그러나 이들이 연합 관계를 철회한다면 우리는 그곳에 사는 주민들을 우려하지 않을 수 없으며 그 땅들이 러시아의 식민지였다는 사실을 잊지 말아야 한다. 러시아는 그 땅을 그렇게 쉽게 내주는 데 동의하지 않을 것이다." 우크라이나와 카자흐스탄에는 모두 러시아계 소수민족이 다수 거주하고 있어 알렉산드르 솔제니친 같은 인사도 우크라이나 영토 전체와 카자흐스탄 북부 지역을 미래 러시아 국가의 일부로 주목했다. 솔제니친은 그 전해에 소련의 주요 신문에 그런 국가의 설립을 옹호하는 글을 기고하기도 했다.[6]

우크라이나와 카자흐스탄은 반발했고, 옐친은 보샤노프의 발언과 자신은 관련이 없다며 선을 그었다. 보샤노프는 자제력을 잃고 옐친 행정부의 정책이 아닌 개인적 견해를 밝힌 대변인으로 묘사됐다. 그러나 사실 보샤노프는 앞으로 여러 해 동안 러시아 연방이 취할 새로운 정책을 공식화한 것이었다. 1990년 러시아와 우크라이나 사이에 체결된 조약처럼 구소련 공화국들의 국경을 인정하는 조약은 해당 공화국들, 그중에서도 특히 우크라이나가 러시아와 연합을 유지할 때만 적용되는 것이었다. 이러한 연합의 의미에 대한 이해는 고르바초프 시절의 소비에트 연방에서 옐친의 독립국가연합, 마침내 푸틴이 추진한 여러 유라시아 프로젝트에 이르기까지 시간이 지남에 따라 변화했다. 방식과 통치자는 바뀌었지만 기본 원칙은 유지됐다. 러시아가 구소련 국가들의 영토 보전과 주권을 인정하는 것은 모스크바와의 동맹을 전제로 한다는 것

이었다.[7]

보샤노프는 돈바스와 크림반도가 당시 러시아 지도부가 우려했던 우크라이나 영토였다고 훗날 회고했다. 크림반도는 1954년 우크라이나 본토 경제와 긴밀한 협력 없이는 경제가 효과적으로 작동하지 않는다는 이유를 고려해 러시아 연방에서 우크라이나 소비에트 사회주의 공화국에 양도됨으로써 가장 최근 우크라이나 영토에 편입된 지역이었다.[8]

크림반도는 우크라이나에서 유일하게 러시아계 주민이 다수를 차지하는 지역으로, 1989년 당시 러시아인이 163만5000명인 데비해 우크라이나인은 62만5000명, 크림타타르인은 3만8000명이었다. 1991년 12월 1일 국민투표에서는 크림반도 주민의 54퍼센트가 우크라이나 독립을 지지했다. 돈바스 지역의 도네츠크주는 독립 지지율이 77퍼센트, 인근의 루한스크주는 85퍼센트에 달했다. 우크라이나 전체 국민의 독립 지지율은 92퍼센트가 넘었다. 크림반도가 우크라이나에서 가장 취약한 지역으로 떠오른 것은 독립에 대한 대중의 지지가 낮을 뿐만 아니라 민주주의자와 공산주의자, 민족주의자를 막론하고 러시아 국민의 상당수가 크림반도에 대한 역사적 권리가 러시아에 있기 때문에 되찾아야 한다고 믿었기 때문이다.[9]

1992년 1월 러시아 의회는 크림반도를 러시아에서 우크라이나에 양도한 행위의 적법성에 문제를 제기했다. 의회는 소련 흑해 함대의 미래를 놓고 진행 중인 분쟁에서 우크라이나의 입지를 약화할 목적으로 이 같은 내용의 결의안을 채택했다. 우크라이나는 흑해 함대가 소련 군사 기반시설 중 자국의 몫에 해당되며, 나머지 소련 해군은 러시아가 차지하는 것이 합당하다고 주장했다. 반면 러시아 지도부는 흑해 함대가 (사실상 러시아의) 합동 지휘하에 배치될 전략군의 일부라며 맞섰다. 러시아의 주장은 흑해 함대뿐만 아니라 함대의 기지가 있는 세바스토폴까지 암묵적으로 포함하는 것이었다.

엘친 정부는 의회 결의안을 지지하지 않았지만, 엘친은 우크라이나 지도부가 어떤 입장을 취하든 흑해 함대가 러시아에 남아야 한다는 데 당시 푸틴의 상관이었던 아나톨리 솝차크 상트페테르부르크 시장 등 일부 협력자와 뜻을 같이했다. 그달 말 엘친은 러시아 노보로시스크 항구로 날아가 순양함 모스크바함(30년 뒤 러시아-우크라이나 전쟁 중 우크라이나 미사일을 맞고 침몰했다) 선상에서 흑해 함대 사령관 이고르 카사토노프 제독을 만났다. 흑해 함대를 러시아의 관할 아래에 남겨두겠다는 결의를 보여주기 위한 방문이었다.[10]

엘친과 그의 참모들은 러시아의 독립 후 초대 미국 대사를 지낸 블라디미르 루킨이 제안한 계획을 따랐다. 1992년 워싱턴 D.C.로 부임하기 전 루킨은 흑해 함대의 장래에 관한 협상에서 크림의 주권 문제를 이용해 우크라이나의 입지를 약화해야 한다는 제안서를 작성했다. 1992년 4월 레오니트 크라우추크 대통령이 우크라이나 영토 내의 구소련 군대에 대한 지휘권을 인수한 뒤 엘친은 흑해 함대를 자신에게 예속시키는 명령을 내렸다. 옐친 정부의 부통령 알렉산드르 루츠코이는 크림반도를 방문해 의회 편을 들며 크림반도를 우크라이나로 양도한 1954년의 결정을 취소해야 한다고 주장했다. 루츠코이는 "상식적으로 크림반도는 러시아의 일부가 되는 것이 맞다"고 선언하면서 "1954년 양도 결정에 서명한 사람들은 술에 취했거나 일사병에 걸렸던 것이 틀림없다"고 비난했다. 그는 흑해 함대가 러시아 함대였으며 앞으로도 계속 그럴 것이라고 주장했고, 옐친의 보좌관 세르게이 스탄케비치는 1954년 양도 조치의 적법성에 문제를 제기했다.[11]

당시 크림반도의 양도는 우크라이나 코사크의 헤트만 보흐단 흐멜니츠키가 러시아 차르의 보호국 지위를 수용했을 때 사용된 구호인 '우크라이나와 러시아의 통일' 300주년을 기념하는 선전 캠페인의 일환으로 이뤄졌다. 흐멜니츠키는 1654년 1월 우크라이나 도시 페레야슬라우에서 차르인 알렉세이 로마노프에게 충성을 맹세했다. 소련이 내세운 통일 패러다임은 제국주의 시대에서 차용한 것으로, 크림반도에서는 이 패러다임이 제국에 강한 뿌리를 둔 또 다른 오랜 신화, 즉 1853~1856년 크림전쟁 당시 영웅적인 방어를 통해 탄생한 러시아의 영광을 상징하는 도시라는 신화보다 더 큰 힘을 발휘했다. 두 신화는 러시아 중심주의가 지배하던 소련 시절에는 상호 보완적인 역할을 했지만, 우크라이나가 러시아의 영향권을 벗어난 뒤 충돌했다.[12]

1992년 5월 크림 의회(크림주는 한 해 전 우크라이나 내 자치공화국이 되면서 자체 의회를 갖게 됐다)가 크림 공화국을 독립 국가로 선포하면서 크림반도를 둘러싼 긴장은 위험 수위에 이르렀다. 의회는 크림이 우크라이나와의 관계를 연합 조약에 근거해 규정할 것이라고 선언하면서 헌법을 채택하고 크림 독립을 위한 국민투표 날짜를 정했다. 이러한 시도는 러시아 민족주의 세력의 지지를 받았고, 같은 달 러시아 의회는 1954년 크림반도를 우크라이나에 양도한 조치가 불법이므로 우크라이나에 크림반도의 지위에 관한 협상에 나설 것을 제안하면서 긴장을 더 고조시켰다.

우크라이나는 내부와 외부 두 전선에서 반격에 나섰다. 우크라이나 의회는 모스크바의 제안이 우크라이나에 대한 내정 간섭이라고 비난하며 협상을 거부했다. 다른 한편으로 우크라이나 정부는 크림 당국이 헌법을 개정하고 국민투표 제안을 철회하도록 설득했다. 이 법적 분쟁은 무력 사용 없이 해결됐지만, 이웃 몰도바는 상황이 달랐다. 러시아인 거주지 트란스니스트리아에서 발생한 친러시아 분리주의자들 간의 분쟁이 러시아 군대가 개입한 전쟁으로 번졌고, 그 결과 트란스니스트리아가 몰도바로부터 사실상 분리 독립했다. 그러나 크림반도 안팎의 긴장은 사그라들지 않았다. 러시아에서 크림 문제는 의회와 대통령 사이의 싸움으로 번졌다.[13]

1993년 7월 러시아 의회는 흑해 함대 기지가 있는 세바스토폴시가 러시아 연방 영토이자 관할권의 일부라고 선언하는 결의안을 채택했다. 이에 대해 옐친 대통령은 "의회의 결정에 부끄러움을 느낀다"며 "어쨌든 우크라이나와 전쟁을 시작할 수는 없는 일 아닌가"라고 반발했다. 다음 달 옐친은 크림반도의 마산드라 리조트에서 크라우추크와 만나 흑해 함대의 미래와 함께 러시아의 천연가스 공급에 따른 우크라이나의 대러시아 부채 증가 문제를 논의했다. 우크라이나는 함대의 일부를 '매각'해서 부채를 상환하지 않으면 가스 공급이 중단될 수 있다는 위협을 받았다. 크라우추크는 이 '제안'을 받아들이지 않을 수 없다고 생각했지만, 우크라이나 의회는 강압으로 맺은 합의를 비준하지 않을 것이 분명했다.14

마산드라 협정은 옐친이 국회의사당 건물에 탱크로 포격 명령을 내리기 불과 몇 주 전에 흑해 함대와 크림반도 문제에 대한 주도권을 의회로부터 빼앗아오는 데 도움이 됐다. 그러나 이 협정은 상황 해결에는 그리 도움이 되지 않았다. 1993년 가을 선거에서 승리를 거둔 공산주의와 민족주의 세력이 새 두마에 진출하면서 크림반도의 분리주의 운동은 더 거세졌다. 1994년 크림 자치공화국은 유리 메시코우를 대통령으로 선출했는데, 메시코우는 크림 독립 문제를 다시 정치적 쟁점으로 삼아 국민투표를 제안했다. 그해 말 흑해 함대의 기지로 재정적으로 여전히 모스크바에 의존하던 세바스토폴 시의회는 투표를 통해 러시아의 관할권을 받아들이기로 결정했다.

크림 위기는 우크라이나의 민주주의가 계속 작동했기 때문에 해소될 수 있었다. 1994년 선거 결과 크림 유권자들의 강력한 지지를 받은 후보가 우크라이나 대통령에 당선됐다. 레오니트 쿠치마는 크림반도 전체에서 90퍼센트, 세바스토폴에서는 92퍼센트의 득표율을 기록했다. 우크라이나 동남부 공업지대 출신으로 러시아어를 구사하는 쿠치마는 크림반도의 러시아인들에게 중앙 정부가 이들의 언어적·문화적 권리를 보호할 것이라고 약속했다. 우크라이나 정부는 크림 의회가 크림 대통령직을 폐지하고 크림의 헌법과 법률을 우크라이나 헌법 및 법률에 맞춰 조정한다는 내용의 비공식적인 권력 분담 협정을 크림 의회 지도부와 체결했다.[15]

크림반도의 긴장이 내전으로 치닫지 않은 또 다른 이유는 러시아가 몰도바와는 달리 흑해 함대 내의 충성파들을 이용해 분리주의 세력 편에 서서 개입하지 않았기 때문이다. 옐친이 크림 분리주의를 완전히 수용하기를 꺼린 데는 몇 가지 이유가 있었다. 크림반도의 분리 독립이 러시아 의회에서 민족주의와 공산주의 세력에 대한 양보로 인식되면 러시아 내에서도 자치권을 요구하는 목소리가 거세지고 이들에게 크림의 사례를 따를 법적 근거를 제공할 수 있기 때문이었다(특히 타타르스탄이 그럴 위험이 가장 높았다). 마찬가지로 중요한 문제는 러시아가 크림의 독립을 지원해서 사실상 러시아 연방으로 편입시킨다면 미국과의 관계를 강화하려는 옐친 정부의 노력이 위태로워질 수 있다는 점이었다. 이는 우크라이나가 소련으로부터 물려받은 핵무기를 포기하도록 설득하기 위한 모스크바와 워싱턴의 공동 노력과 직결된 문제였다.[16]

부다페스트 각서

우크라이나는 독립 선언 이후 줄곧 비핵화를 수용할 준비가 돼 있었지만, 핵무기를 파괴해서 우크라이나를 상대로 사용하지 않겠다는 보장 없이는 러시아에 핵무기를 넘겨줄 의사가 없었다. 1992년 3월 흑해 함대의 통제권을 둘러싼 긴장이 고조되기 시작하자 크라우추크 대통령은 전술 핵무기의 러시아 이전을 중단하라고 지시했고, 이에 대해 러시아뿐만 아니라 미국도 당혹과 우려를 감추지 못했다. 이전 작업은 러시아 영토 내에서 이들 무기가 파괴되는 현장을 우크라이나가 참관하도록 허용된 뒤에야 비로소 재개됐다.[17]

1992년 5월 미국의 거센 압력을 받은 크라우추크는 우크라이나가 비핵국가로서 핵확산금지조약NPT에 가입하는 것을 약속하는 리스본 의정서에 서명했다. 우크라이나는 또한 이 의정서에 따라 러시아, 벨라루스, 카자흐스탄 즉 핵무기를 보유한 구소련 3개 공화국과 함께 1991년 소련과 미국이 핵무기 감축을 위해 체결한 START-I(전략핵무기감축협정)의 조인국이 됐다. 그러나 의정서에 서명할 무렵 크림반도 문제를 놓고 러시아와 우크라이나 간의 긴장이 다시 고조되면서 우크라이나 의회는 의정서 비준에 소극적인 태도를 보였다. START-I의 비준은 1993년 7월 러시아 두마가 세바스토폴이 러시아 영토라고 선언하면서 난관에 부딪혔다. 옐친은 우크라이나가 러시아에 갚아야 할 천연가스 대금 부채를 탕감

받는 대가로 핵무기와 함께 흑해 함대에 대한 권리까지 포기하게 만들려고 했지만 우크라이나 의회에서 거부당했다. 크림반도를 둘러싼 긴장이 고조될수록 보유 핵무기에 대한 우크라이나의 집착은 더 강해졌다.[18]

미국은 조지 H. W. 부시 대통령의 임기 마지막 해인 1992년 소련 말기에 채택했던 노선을 고수했다. 즉 우크라이나를 비롯한 구소련 공화국들은 원하든 원치 않든 보유 핵무기를 해체해 러시아로 보내야 한다는 것이었다. 그러나 1993년 1월 빌 클린턴이 대통령에 취임하면서 우크라이나가 저항하는 원인을 이해하고 궁극적으로 이를 극복할 수 있도록 이 정책을 재고할 기회가 열렸다.

클린턴 대통령 취임 몇 달 뒤 저명한 정치학자이자 국제관계 전문가인 존 미어샤이머는 우크라이나가 핵무기를 포기하도록 압박하지 말고 계속 보유하도록 장려해야 한다고 주장하는 논문을 『포린어페어스』에 기고했다. 미어샤이머는 그것이 러시아와 우크라이나의 전쟁을 예방하는 가장 효과적인 방법이며, 양국 간 전쟁은 러시아의 우크라이나 재정복으로 "유럽 전체의 평화 전망을 해칠 우려가 있는" "재앙"이라고 규정했다. 그는 "우크라이나의 핵무기는 러시아의 침략을 막을 수 있는 유일하게 신뢰할 만한 억제 수단이다. 미국의 목표가 유럽의 안정을 강화하는 것이라면 우크라이나의 핵무장에 반대하는 주장은 설득력이 없다"고 주장했다.[19]

클린턴 행정부는 미어샤이머의 조언을 받아들일 준비가 돼 있지 않았지만 우크라이나의 우려를 좀더 신중하게 고려하게 됐다.

러시아 우크라이나 전쟁

미국은 우크라이나의 자국 영토 내 핵무기에 대한 소유권을 인정하고 핵무기 철거에 따른 재정적 보상을 논의한다는 데 동의했다. 안보상의 우려와 관련해 클린턴 행정부는 우크라이나에 안전 보장을 제공할 가능성을 검토할 준비가 돼 있었다. 더 중요한 것은 미국이 우크라이나의 가장 큰 안보 우려가 러시아라는 사실을 마침내 인식하고, 우크라이나의 핵 폐기를 위한 삼자 협상에서 러시아를 대신해 대표 협상자로 나서기 시작했다는 사실이다. 새로운 접근 방식은 효과를 냈다. 1993년 말 미국과 우크라이나는 우크라이나 비핵화의 조건에 대해 원칙적으로 합의했다,

새로운 합의에 따르면 미국은 우크라이나 핵무기에 대해 10억 달러 규모의 보상을 제공하기로 했다. 미국과 러시아는 제거된 우크라이나 핵탄두를 이용해 생산한 핵연료를 우크라이나 원자력 발전소에 공급하기로 약속했다. 양국은 또한 우크라이나의 주권과 영토 보전에 대한 보장을 제공하기로 합의했다. 이 합의는 1994년 1월 체결된 우크라이나 비핵화에 관한 미국-러시아-우크라이나 협약의 기초가 됐다. 1994년 2월 우크라이나 의회는 리스본 의정서를 비준했고, 그해 11월에는 우크라이나가 비핵국가로서 핵확산금지조약에 가입하는 안을 승인했다.[20]

1994년 12월 클린턴과 쿠치마는 미국과 러시아, 영국이 우크라이나에 제공할 안전 보장에 관한 부다페스트 안전보장 각서에 서명했다. 이후 중국과 프랑스도 이 각서에 추가 서명을 했다. 비핵화 대상인 다른 두 구소련 공화국인 벨라루스와 카자흐스탄의 정

상도 비슷한 문서에 서명했다. 보증자로 나선 국가들은 "우크라이나의 독립과 주권, 현재 국경을 존중"하고 "우크라이나의 영토 보전과 정치적 독립에 반한 무력 사용이나 위협을 자제하며, 우크라이나에 대해 어떠한 무기도 사용하지 않을 것"을 약속했다.

문제는 이 약속이 깨져 우크라이나가 공격받을 경우 우크라이나를 보호해주겠다는 약속이 빠졌다는 점이다. 우크라이나가 핵 공격을 받는다면 보증국들은 "우크라이나에 지원을 제공하기 위해 즉각 유엔 안전보장이사회에서 조치를 취하겠다"고 약속했다. 또한 "이러한 약속들에 대해 의문이 제기되는 상황이 발생할 경우" 협의를 약속했다. 이는 우크라이나가 요구한 철통같은 보장을 대신할 수준은 아니었지만, 장기간의 협상 끝에 얻어낼 수 있었던 최대치였다.[21]

쿠치마 대통령과 그의 참모들은 최상의 결과를 바라면서도 환상을 품지는 않았다. "만약 내일 러시아가 크림반도를 침공해도 아무도 눈썹 하나 까딱하지 않을 것이다." 유럽 최대 규모의 미사일 공장 책임자 출신으로 우크라이나가 START-I 협정의 적용을 받는 핵무기를 처분하더라도 나머지 핵무기는 자국의 안보를 위해 계속 보유해야 한다는 생각을 지지했던 쿠치마는 이렇게 단언했다. 그렇다면 왜 다른 사람도 아닌 쿠치마가 미국이 제안한 새로운 합의를 받아들이기로 결정한 것일까? 이유는 간단했다. 우크라이나 정치인들이 독립 이전에 취했던 입장으로 돌아갔기 때문이다. 다시 한번, 핵무기를 없애는 것이 우크라이나의 독립과 국제사회의 인정을 확보하는 가장 확실한 방법이 됐다. 1993년 당시 우크라이나는 러시아와 긴장이 이어지는 한편 미국의 압박을 받는 상황에서 경제가 사실상 붕괴되면서 독립을 위협받고 있었다. 부다페스트 각서가 체결된 1994년 우크라이나는 GDP가 4분의 1 가까이 감소했다.[22]

부다페스트 안전보장 각서는 우크라이나가 자의에 반해 핵무기를 폐기하면서 생긴 안보 공백을 핵 강대국들의 약속으로 메워주었다. 하지만 그 공백은 점점 커져갔고, 30년 뒤 러시아의 우크라이나 전면 침공으로 부다페스트 각서와 관련 조약들이 제공하는 보장은 실효성이 없는 것으로 드러났다. 그러나 체결 당시 이 각서와 조약들은 우크라이나의 경제와 국가 지위를 안정시키는 중요한 기능을 수행했다. 1994년 1월 클린턴과 옐친, 크라우추크가 핵 폐기에 관한 3자 협약에 서명한 직후 우크라이나에 미국의 재정 지원이 이뤄지기 시작했다. 핵 문제의 해결은 또한 쿠치마가 크림반도 상황을 안정시키는 데도 도움이 됐는데, 옐친이 이제 크림반도에서 친러시아 분리주의를 지지할 동기가 줄었고 러시아 의회의 지원 시도를 저지할 수 있을 만큼 강력한 입지를 다졌기 때문이다.[23]

1997년 5월 쿠치마와 옐친은 구소련 시절 국경 내에 있는 우크라이나의 영토 보전을 러시아가 인정한다는 내용의 우호 조약을 체결했다. 아울러 흑해 함대와 세바스토폴 해군 기지의 미래를 둘러싼 오랜 분쟁을 해결하는 여러 합의도 이뤄냈다. 우크라이나는 소련 시절 해군의 대부분을 러시아로 이전하고 함정의 18퍼센트만 보유하며 세바스토폴 해군기지를 러시아에 20년간 임대하기로 합의했다. 2014년 블라디미르 푸틴은 세바스토폴 기지의 통제권을 이용해 불과 며칠 만에 크림반도 전체를 장악할 수 있었지만, 당시 우크라이나로서는 러시아와의 협상에서 그 이상의 결과를 얻어낼 수 없었다. 러시아의 영유권 주장뿐만 아니라 우크라이나가 러시아산 석유와 천연가스에 계속 의존해야 하는 상황도 협상에서 우크라이나의 발목을 잡았다. 우크라이나는 가격이 상승하는 이 원자재들의 대금을 제때 전액 지불할 능력이 없었다.[24]

1994년 부다페스트 각서와 1997년 우호 조약을 통해 우크라이나는 러시아와 미국으로부터 우크라이나의 주권과 영토 보전 원칙을 문서로 약속받을 수 있었다. 그러나 러시아 의회가 민족주의와 포퓰리스트 세력의 강력한 반대를 물리치고 우호 조약을 비준하기까지는 2년이 걸렸다. 우크라이나 정부 내에서 우호 조약이나 부다페스트 각서가 우크라이나의 안보를 보장하기에 충분하다고 생각하는 사람은 거의 없었다. 1996년 마지막 핵탄두가 자국 영토를 떠난 뒤 우크라이나는 주권과 영토를 수호하기 위한 대안을 찾기 시작했다.[25]

이들이 찾아낸 유일한 대안은 북대서양조약기구(나토)였다. 우크라이나가 마침내 러시아와 우호 조약을 체결한 지 몇 달 뒤 우크라이나의 서쪽 이웃 국가인 폴란드와 체코는 나토의 가입 초청을 받으며 '러시아 문제'를 해결하는 데 성공했다.[26]

평화를 위한 동반자 협정

1993년 4월 21일 저녁 클린턴 대통령은 미국 홀로코스트 기념관 개관 리셉션에서 연설할 예정이었지만 제시간에 도착하지 못했다. 그날 저녁 귀빈들을 기다리게 만든 사람은 클린턴 대통령뿐만이 아니었다. 행사 참석을 위해 미국에 온 동유럽 국가 정상들도 클린턴과 함께 늦게 모습을 드러냈다. 클린턴은 "저는 이 세계 지도자들과 우리 모두의 관심사이자 오늘 여러분이 모두 여기에 모이게 된 행사와 관련이 깊은 사안에 대해 많은 시간을 할애해 이야기를 나누었습니다"라고 설명했다. 행사는 물론 홀로코스트 희생자들을 추모하는 자리였고, '우리 모두의 관심사'는 나토의 문호를 자국에 개방해달라는 동유럽 국가들의 요청이었다.[27]

그 지도자 중 한 명은 독립자치노동조합 연대 운동을 이끌다 폴란드 대통령이 된 레흐 바웬사였다. 바웬사는 폴란드의 나토 가입을 추진하고 있었다. 바웬사는 클린턴에게 "수십 년간 소련의 지배를 받았기 때문에 우리 모두는 러시아를 두려워하고 있다"며 "러시아가 또다시 호전적인 외교 정책을 편다면 이 호전성은 우크라이나와 폴란드를 향하게 될 것이다. 이를 막기 위해 미국이 필요하다"고 말했다. 바웬사는 자국 폴란드뿐만 아니라 서방 기구 가입을 위해 협력하기로 합의한 비셰그라드 그룹1991년 체코, 헝가리, 폴란드, 슬로바키아 4개국이 결성한 중유럽 지역 협력체의 다른 세 가입국인 헝가리, 체코, 슬로바키아에 대해 이야기하고 있었다. 역시 공산당에 항거한 반체제 인사 출신의 바츨라프 하벨 체코 대통령은 다른 자리에서 클린턴에게 체코가 "진공 상태에 놓여 있"으며 "이 때문에 나토 가입을 희망한다"고 밝혔다.[28]

이 동유럽 국가들은 1990년대 초 독일 통일 협상 과정에서 나토의 동구권 확장 문제가 제기됐을 때부터 나토의 문을 두드려왔다. 당시 협상 과정에서 제임스 베이커 미국 국무장관은 고르바초프에게 "통일 독일이 나토 밖에서 미군의 주둔 없이 독립적으로 존재하기를 원하십니까, 아니면 나토의 관할권이 현재 위치에서 1인치도 동쪽으로 이동하지 않는다는 보장과 함께 나토에 편입된 통일 독일을 원하십니까?"라고 질문했다. 고르바초프는 '나토의 영역'을 조금이라도 확장하는 데 반대했다. 결국 합의는 독일 통일 문제에 국한됐다. 1990년 9월 체결된 최종 합의에 따라 통일된 새 독일은 나토의 기반시설을 동독 지역으로 이전 배치하지 않는다는 조건으로 나토 가입이 허용됐다.[29]

1990년 3월 체코슬로바키아와 폴란드, 헝가리 대표들은 나토의 동구권 확대에 반대하는 크렘린을 비판했고, 5월 고르바초프는 소련의 위성 국가였던 이들 나라의 나토 가입 열망에 대한 미국의 지지를 알고 있다고 경고했다. 부시 대통령은 사실 베이커 국무장관이 협상 과정에서 취한 입장을 지지하지 않았지만, 소련이나 소련의 옛 동맹국들의 요구에 양보하지도 않았다. 고르바초프는 나중에 베이커의 발언이 오로지 독일 관련 협상의 맥락에서 이루어진 것임을 인정했다. 그럼에도 불구하고 푸틴을 비롯한 러시아 지

도자들은 베이커의 발언이 나토가 동독 너머로 확장하지 않기로 합의했다는 '증거'라고 주장해왔다.[30]

냉전 이후 나토의 존속을 주장한 조지 H. W. 부시 대통령이 나토의 독일 국경 너머 확대를 고려하지 않은 주요인은 동유럽 국가들의 나토 가입에 대한 소련과 러시아의 반대였다. 이는 클린턴 행정부의 많은 관계자가 동유럽 정상들의 나토 가입 요청을 거부한 주요 이유이기도 했다. 1993년에는 이러한 확대에 의문을 제기할 만한 이유가 하나 더 있었다. 우크라이나, 더 구체적으로는 우크라이나의 비핵화였다. 클린턴 정부의 워런 크리스토퍼 국무장관은 우크라이나 문제를 다음과 같이 표현했다. "우크라이나가 나토와 유럽, 러시아 사이에서 완충 역할을 하는 것을 어떻게 받아들일 수 있을지 모르겠다. 이는 우크라이나의 핵무기를 제거하려는 우리의 노력에 악영향을 미칠 것이다."[31]

핵무기와 동유럽 국가들의 나토 가입 필요성 사이의 직접적인 연관성은 1992년 폴란드의 일부 관리가 나토 가입이 허용되지 않으면 핵무기를 개발하겠다는 뜻을 미국 정부에 내비쳤을 때 입증됐다. 핵무장한 폴란드가 다시 호전적이 된 러시아와 대결할 가능성에 워싱턴 D.C.의 많은 사람은 두려움을 느꼈고, 일부는 우크라이나가 핵무기를 포기하도록 나토 가입을 당근으로 제시할 준비가 돼 있었다. 나토와 러시아 사이의 회색 지대에 갇힌 채 핵무기를 잃을 가능성에 두려움을 느낀 우크라이나 외교관들은 동유럽 국가들의 나토 가입 시도에 편승하려고 노력했다. 보리스 타라시우크 외무부 차관보는 "우크라이나가 정회원국이 되지 않은 상태에서 나토가 확장하는 것은 수용할 수 없다"고 밝혔다.[32]

1993년 4월 바웬사와 하벨이 클린턴 대통령과 워싱턴 D.C.에서 만나며 모두 나토 가입 문제를 제기하자 클린턴은 전임자의 좀더 신중한 정책을 재고하기 시작했다. 그러나 동유럽 국가들의 나토 가입에는 두 가지 큰 장애물이 있었다. 하나는 러시아의 반대였고, 다른 하나는 아직 핵무기를 폐기하지 않은 채 나토와 러시아 사이의 중간 지대에 놓일 상황을 극도로 걱정하는 우크라이나에 대한 우려였다.

나토 확장에 대한 러시아의 반대도 문제였지만, 클린턴 행정부는 옐친이 어떤 입장을 취하든 그 같은 확장이 옐친의 국내 비판세력을 자극할 것을 우려했다. 클린턴 행정부의 러시아 및 동유럽 담당 특별보좌관 스트로브 탤벗은 "나토가 새 회원국을 받아들이면서 반反러시아적 근거를 채택한다면 러시아 정치의 힘의 균형이 우리가 가장 우려했던 방향으로 기울어질 수 있다"고 지적했다. 러시아와 관련한 돌파구는 1993년 8월 바웬사가 옐친과 우크라이나 대신 폴란드의 나토 가입을 보장하기로 비공식 합의를 하면서 마련됐다. 합의 조건은 러시아가 폴란드의 나토 가입 신청에 반대하지 않는 대신, 폴란드는 우크라이나에 군사적 위기가 발생하지 않는 한 우크라이나 문제에 개입하지 않는다는 것이었다. 매우 비공식적이긴 했지만 이 합의는 유지됐다. 러시아는 동유럽 국가들의 나토 가입에 이의를 제기하지 않았지만, 우크라이나 국경에 경

러시아 우크라이나 전쟁

계선이 그어졌다.[33]

러시아의 불만이 수그러들자 미국의 주요 문제는 우크라이나 자체가 됐다. 탤벗은 우크라이나와 관련한 미국의 과제를 다음과 같이 표현했다. "[우리는] 이 일을 성사시키는 과정에서 우크라이나가 북쪽의 털복숭이 이웃러시아를 지칭과 함께 추위에 내던져졌다고 느끼지 않도록 주의해야 한다." 워싱턴 D.C.의 우크라이나 문제는 나토에 우크라이나와 러시아를 포함한 모든 동유럽 국가에 개방된 '평화를 위한 동반자 협정Partnership for Peace' 프로그램이 창설되면서 곧 해결됐다. 이 프로그램은 1993년 9월 옐친이 바웬사와 협정을 맺은 직후 미국 측에 보낸 서한에서 러시아가 참여할 수 있다면 나토 확대에 동의하겠다고 밝힌 데 대한 클린턴의 응답이었다. 또한 클린턴이 1994년 1월 우크라이나 핵무기의 러시아 이전에 관한 미국-러시아-우크라이나 3자 협약에 서명하기 위해 모스크바로 가는 길에 키이우에 들러 크라우추크에게 제안한 우크라이나에 대한 위로의 선물이기도 했다. 평화를 위한 동반자 협정 프로그램은 클린턴이 키이우에 들르기 전날 브뤼셀에서 발표됐다.[34]

이 새로운 프로그램은 동유럽 국가들이 나토 정회원 가입으로 가는 길에 거치는 대기실 역할을 했다. 반면 나토에 가입할 가능성이 없는 러시아와 우크라이나에는 다른 기능을 수행했다. 프로그램 가입은 나토가 러시아 연방에 대항해 음모를 꾸미는 것이 아님을 러시아에 보장하려는 의도였다. 우크라이나에게 이 프로그램은 불만에 가득 찬 채 호전적이 된 러시아와 일대일로 맞서지 않을 것이라는 보장이었다. 동유럽 국가들과 러시아가 신중한 태도를 보인 반면, 우크라이나는 선뜻 뛰어들었다. 우크라이나는 이 프로그램이 발표된 지 채 한 달도 되지 않아 프로그램에 가입한 첫 번째 국가가 됐다. 나토와의 파트너십은 우크라이나에게 러시아를 막아낼 수 있는 유일한 희망이 됐다.35

평화를 위한 동반자 협정은 오래가지 못했다. 1997년 7월 클린턴 대통령이 이끄는 나토 회원국 정상들은 마드리드에서 만나 폴란드, 체코, 헝가리에 나토 가입 초청장을 보냈다. 동시에 이들은 러시아와 우크라이나에 각기 다른 협정을 제안했다. 러시아에 제안한 협정에는 '나토-러시아 기본 협정'이라는 제목이 붙었다. 이 협정 초안의 목적은 평화를 위한 동반자 협정과 다르지 않았다. 러시아에는 나토가 러시아에 대항해 음모를 꾸미지 않을 것임을, 우크라이나에는 나토가 러시아를 견제할 것임을 보장하는 것이었다.

러시아는 1993년 의회 포격 사건 이후 민주주의의 자질에 물음표가 따라붙고 경제 규모도 의심할 여지 없이 작은 상황에서 민주주의 경제 강국들의 모임인 주요 7개국 정상회담(G7)에도 가입 초청을 받았다. 클린턴은 나중에 쿠치마 대통령에게 러시아에 G7(러시아의 가입으로 G8이 됐다) 이사회 의석을 내준 것은 우크라이나를 염두에 두고 한 행동이라고 설명했다. 클린턴은 쿠치마에게 "G8과 아시아태평양경제협력체APEC에 러시아를 끌어들인 데 대해 비판을 받았다"면서 "그러나 나는 그들이 우크라이나 같은 국가들을 지배하는 것보다 다른 국가와의 협력을 통해 더 많은 이득을 발견하게 되기를 바랐다"고 밝혔다. 옐친은 G7 가입을 수락했지만 나토-러시아 기본 협정에 나토가 향후 확대를 시도할 경우 러시아가 언제든 거부권을 행사할 수 있다는 조항을 추가하려고 노력했다. 옐친은 이를 거부당했지만 국민에게는 러시아가 그러한 권리를 획득했다고 선언했다.[36]

러시아와 나토의 관계는 체코, 폴란드, 헝가리가 나토에 공식 가입한 직후인 1999년 봄 결정적으로 악화됐다. 직접적인 원인은 나토 확장과는 무관하게 나토가 몬테네그로와 함께 유고슬라비아의 주요 구성 국가였던 세르비아를 폭격하기로 한 결정에서 비롯됐다. 나토 회원국들은 세르비아 내에서 무슬림이 다수를 차지하는 코소보 시민을 상대로 한 유고슬라비아군의 잔혹 행위를 막기위해 폭격 작전을 시작했다. 클린턴을 비롯한 서방의 지도자들은 대량 학살을 막아야 한다고 믿었지만, 유엔 안전보장이사회는 러시아와 중국의 반대로 공습을 승인하지 않았다. 이 때문에 나토가 군사작전의 책임을 맡게 됐다. 하룻밤 사이에 나토는 방어적 동맹에서 공세적 동맹으로 탈바꿈했고, 러시아는 이런 변화를 간과하지 않았다.[37]

1998년 러시아 금융 위기 이후 대외정보국장 출신의 예브게니 프리마코프 총리가 이끌게 된 러시아 정부나, 프리마코프 정부를 지지하는 공산당 및 민족주의 야당 모두 세르비아에서 벌어지고 있는 일을 받아들일 준비가 돼 있지 않았다. 비록 옐친은 슬로보단 밀로셰비치처럼 소련의 통합을 지키기 위해 군대를 사용해 '핵무기가 동원된 유고슬라비아 내전'을 일으키지 않았지만, 러시아와 세르비아는 1990년대 후반 들어 우호관계를 발전시켰다. 1940년대 말 스탈린-티토 결별로 시작된 오랜 적대관계와 1991년 8월 모스크바에서 발생한 쿠데타를 밀로셰비치가 지지하면서 시작된 불신의 시기는 완전히 잊혀갔다. 동일한 슬라브족의 뿌리와 정교회 유산, 19세기 오스만 제국의 지배에 맞서 싸운 남슬라브족에 대한 러시아 제국의 지원을 바탕으로 한 오랜 유대관계가 회복됐다. 낡은 마르크스주의 이념과 흔들리는 자유민주주의를 대체해 범슬라브주의와 민족주의, 종교가 새로운 러시아 정책의 중요한 요소가 됐다. 러시아 민족주의자들이 보기에 '형제의 나라' 세르비아는 러시아와 마찬가지로 제국 상실의 충격을 견디고 있었다.

프리마코프는 1999년 3월 24일 나토의 세르비아 폭격 소식을 접했을 때 비행기를 타고 미국으로 향하고 있었다. 그는 미국의 악랄한 선제공격에 화가 난 나머지 조종사에게 대서양 상공으로 항로를 바꿔 모스크바로 돌아가라고 명령했다. 이후 러시아는 자국의 이해 지역에 대한 미국의 개입에 항의하기 위해 나토와의 관계를 단절했다. 시간이 지나면서 이 사건은 러시아 외교 정책이 급작스럽게 미국과의 협력관계를 단절하고 방향을 전환하는 것을 빗대는 비유가 됐다. 78일간 지속된 폭격으로 세르비아군과 민간인 수천 명이 부상을 입거나 사망했고, 유고슬라비아의 사회기반시설이

러시아 우크라이나 전쟁

광범위하게 파괴됐다. 폭격이 끝난 뒤 러시아군은 코소보의 수도 프리슈티나로 진격했고, 마케도니아에서 진격해온 나토군과 맞닥뜨린 뒤 이 지역의 공동 점령을 주장했다. 프리슈티나에서 러시아와 나토는 형식적으로는 동맹이었지만 사실상 적수로 함께 있으면서 동시에 떨어져 있었다.[38]

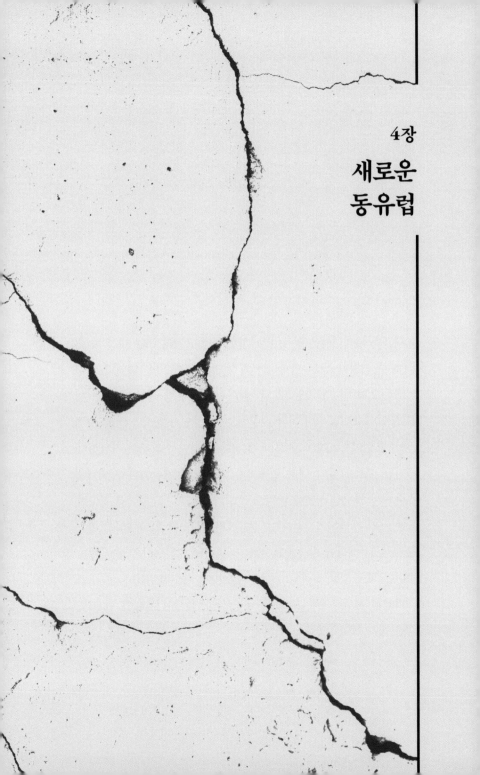

4장

새로운
동유럽

새로운 밀레니엄은 러시아와 미국, 서방 전체의 관계 개선 및 이를 통한 러시아-나토 관계 개선의 기대와 함께 막을 열었다. 이런 기대는 2001년 9월 9일 몇 달 전 러시아 대통령 취임 1주년을 치른 블라디미르 푸틴이 미국 대통령으로 첫 임기를 시작한 지 10개월이 채 안 된 조지 W. 부시에게 전화를 걸면서 싹트기 시작했다. 푸틴은 모스크바의 핵심 협력자가 탈레반에 암살당한 아프가니스탄에서 입수한 정보를 바탕으로 뭔가 큰일이 "곧 일어날 것이며, 오랜 시간 준비된 일 같다"고 경고했다. 이틀 뒤 알카에다의 공격으로 9·11 테러가 발생했고, 이로써 부시의 대통령직은 물론 향후 수년간 미국 외교 정책의 우선순위와 방향까지 바뀌었다.

기회를 포착한 푸틴은 부시 행정부에 아프가니스탄과 급진 이슬람 세력이라는 공동의 위협에 맞서 싸우면서 이를 기반으로 지역 협력을 넘어서는 파트너십을 구축하자고 제안했다. 2001년 11월 워싱턴 D.C.를 방문한 푸틴은 "우리의 '운명이 다시 역사를 만난' 오늘 우리는 협력자일 뿐만 아니라 친구가 될 수 있을 것이라고 확신한다"고 선언했다. 푸틴의 비전에는 러시아가 세계 정치에서 소련이 차지했던 지위를 회복하고, 나토의 확장을 끝내고, 구소련 영토를 러시아의 세력권으로 인정하는 것 등이 포함돼 있었다. 푸틴의 미국 방문은 당시 백악관의 주요 관심사였던 아프가니스탄에 대한 추가 정보를 제공하려는 의도도 있었다.[1]

부시 행정부는 고마워했지만 푸틴의 제안을 받아들일 준비가 돼 있지 않았다. 아프가니스탄 관련 정보를 비롯한 러시아의 우호적 제스처에 대한 답례로 미국은 '테러와의 전쟁'에 대한 자체 정보를 공유하고, 러시아가 테러 조직으로 지정한 체첸을 무자비하게 진압한 데 대해 공개적으로 침묵을 유지하며, 러시아의 세계무역기구WTO 가입을 지원할 준비가 돼 있었다. 파트너십은 한동안 효과를 냈지만, 공동의 관심사인 탈레반과의 전쟁에서도 갈등은 분명히 존재했다. 미국은 중앙아시아에 군사 기지가 필요했지만, 푸틴은 미국을 자신의 독자적 세력권 안으로 들이기를 꺼렸다. 상당히 주저한 끝에 비로소 푸틴은 우즈베키스탄과 키르기스스탄에 미군 기지 두 곳을 건설하는 데 동의했다.[2]

이는 시작에 불과했다. 2002년 6월 부시 대통령은 이란과 같은 불량 국가의 위협에 대응하기 위해 미사일 요격 방위 체제를 개발해야 한다며 1972년 체결한 탄도탄요격미사일제한협정ABM

에서 탈퇴했다. 푸틴은 부시의 진짜 목표가 러시아라고 생각하고 1993년 조지 H. W. 부시 대통령과 옐친 대통령이 서명한 제2차 전략무기감축협정START-Ⅱ에서 탈퇴했다. 2002년 5월 창설된 나토-러시아 협의회NRC를 통해 나토에 영향력을 행사하려던 푸틴의 시도도 별다른 성공을 거두지 못했다. 그해 11월 나토는 동유럽 국가들, 특히 1940년 소련에 강제 병합됐던 발트 3국을 새 회원국으로 받아들이기로 결정하면서 푸틴이 자신의 세력권으로 인정받고 싶어하는 영역을 침범했다. 2003년 부시의 이라크 침공 결정은 워싱턴 D.C.와 모스크바 사이의 또 다른 쟁점이 됐다.3

그러나 미국과 러시아가 정면충돌하게 된 결정적 계기는 부시 행정부가 전 세계적으로 민주주의를 증진하고 지원하기 위해 구상한 '민주주의를 위한 성전聖戰' 정책이었다. 푸틴 정권은 민주주의 증진이 러시아의 국내 안정과 국외의 정치적 목표에 위협이 된다고 느꼈다. 구소련 시절 서부 지역 공화국이었던 새로운 동유럽은 냉전 기간에 '옛' 동유럽과 마찬가지로 대립하는 이해관계가 충돌하는 곳이 됐다. 새로운 경쟁의 중심지는 2004년 가을 민주적 오렌지 혁명에 성공한 우크라이나가 됐다. 오렌지 혁명보다 몇 달 앞선 2004년 3월 발트 3국을 포함한 동유럽 7개국(모두 민주주의 국가였다)이 나토에 공식 가입했다. 우크라이나가 그다음이 될 수 있을까?

민주주의를 위한 성전

러시아 입장에서 2004년 우크라이나 오렌지 혁명의 승리는 국내외적으로 크렘린의 이익에 큰 타격을 입혔다. "오렌지 혁명은 우리의 9·11 테러였다"라며 크렘린과 가까운 정치분석가 글레프 파블롭스키는 단언했다. 우크라이나 출신인 파블롭스키는 키이우로 가 야누코비치 총리와 그의 선거운동을 자문하기도 한 인물이었다. 오렌지 혁명은 한때 푸틴의 후원자였다가 정적이 돼 결국 푸틴 정권을 피해 망명한 보리스 베레좁스키의 지원을 받았기 때문에 푸틴에게는 개인적 패배이기도 했다. 크렘린은 친서방 성향의 유셴코 대통령 재임 중에 우크라이나가 러시아의 영향권을 영원히 벗어나 서방 진영에 합류할 수 있음을 우려했다.[4]

공산주의의 몰락과 함께 민주적 통치는 유럽연합 같은 정치 기구나 특히 나토 같은 군사 기구 등 서방 기구에 가입하기를 희망하는 탈공산주의 구소련 국가들에게 필수 조건이 됐다. 혼란스럽지만 발전 가능성이 있는 민주주의를 실천하고 있는 우크라이나가 두 기구 모두 가입 후보 자격을 갖춘 반면, 민주주의 시험에서 잇달아 떨어지며 결국 권위주의 통치의 길로 들어선 러시아는 그렇지 못했다. 우크라이나 민주주의의 성공과 지속 가능성이 푸틴 정권에 위협이 된 것은 러시아에 남아 있는 민주화 세력을 고무하고 지정학적으로 민주주의 제도를 러시아 국경에 더 가깝게 만들기 때문이었다. 푸틴 입장에서 이는 바람직하지 않을 뿐만 아니라 용납할 수 없는 일이었다.

2004년 무렵 푸틴은 미래 독재 정권의 토대를 마련하는 작업을 순조롭게 진행 중이었다. 2003년 12월 선거에서 소속 정당인 통합러시아당이 공산당보다 세 배나 많은 표를 얻어 의회 다수당이 되면서 푸틴은 러시아 두마를 장악했다. 그는 이어 2004년 9월 체첸의 급진주의자들이 베슬란의 한 학교를 공격하며 일으킨 인질극을 이용했다. 러시아 보안 기관의 잘못된 대처로 학교로 진입하는 과정에서 학생 186명을 포함해 인질 314명이 목숨을 잃었다. 이 사건은 푸틴이 그나마 남아 있던 러시아 민주주의에 개입해 이를 더욱 훼손할 기회를 제공했다. 지역 주지사 선거가 폐지됐고, 정당과 비정부기구의 활동을 제한하는 새로운 법이 도입됐다.[5]

푸틴은 우크라이나에도 비슷한 정치체제가 구축되기를 열망하며 공개적으로 야누코비치를 지지하고 비밀리에 쿠치마에게 무력 사용을 촉구했다. 하지만 두 시도 모두 실패로 돌아갔다. 2005년 초 우즈베키스탄과 키르기스스탄 등 여러 구소련 국가에서 대규모 시위가 발생하면서, 키르기스스탄에서는 소련 말기부터 집권해온 아스카르 아카예프 대통령이 '튤립 혁명'으로 권좌에서 물러났다. 오렌지 혁명 1년 전 조지아에서는 '장미 혁명'으로 젊고 카리스마 넘치는 친서방 개혁주의자 미하일 사카슈빌리가 집권했다. 러시아에서는 이 모든 저항 운동을 '오렌지'라고 불렀다. 수세에 몰린 러시아는 오렌지 혁명 당시 야당이 사용한 전술을 모방하기 시작해 친정부 청년 조직을 만들고 자금을 지원했는데, 그중 가장 악

러시아 우크라이나 전쟁

명 높은 조직은 '우리'라는 뜻의 '나시Nashi'였다. 나시는 외국 세력이 조장한 것으로 추정되는 혁명적 격변에 맞서 대통령을 보호하기 위해 설립된 조직이었다. 외국의 사주라는 점에서 우크라이나는 예외적이었지만, 모스크바의 이론가들은 우크라이나 뒤에서 서방의 위협적인 그림자를 보았다.[6]

실제로 오렌지 혁명은 러시아의 예상대로 키이우에 큰 지정학적 변화를 일으켰다. 유센코 대통령은 2001년 멜니첸코 테이프 스캔들이 터지기 전에 쿠치마가 시작했던 친유럽 정책으로 돌아갔다. 여기에는 유럽연합에서 나토에 이르는 유럽 구조로의 점진적 통합 계획이 포함됐다. 유센코는 '회원가입행동계획MAP' 나토 가입을 원하는 국가를 위한 사전 준비 프로그램의 형태로 나토 가입 초청을 받기를 원했다. 이에 호응해 나토는 우크라이나에 회원 가입 가능성에 대해 '심층 대화Intensified Dialogue' MAP의 사전 단계를 시작하자고 요청했다. 우크라이나의 서쪽 이웃 국가인 체코와 슬로바키아, 헝가리, 폴란드는 1990년대만 해도 우크라이나와의 관계 때문에 자국의 나토 가입 노력이 좌절되는 것을 원치 않았지만, 이제는 모두 우크라이나의 가입 열망을 지지했다. 러시아의 잠재적 공격에 취약한 나토의 동쪽 전선이라는 자국의 위치를 기꺼이 우크라이나에 넘겨주고 싶었던 것일까?[7]

유센코는 대통령 취임 몇 주 뒤인 2005년 2월 브뤼셀에서 열린 나토 회원국 정상회의에 참석해 정상들이 우크라이나를 동맹의 미래 회원국으로 여겨주기를 바란다고 공개 선언했다. 자신이 주도한 오렌지 혁명과 자신을 대통령으로 선출한 국민의 이름으로 한 발언이었다. "친애하는 여러분, 저는 키이우의 광장과 거리로 나선 사람들이 우크라이나가 유럽의 이웃이 아닌 유럽에 속한 나라가 되기를 원하는 마음에서 힘을 얻었다고 확신합니다. 우크라이나 는 유럽의 중심에 위치한 국가이기 때문입니다. 그래서 우리는 우 크라이나가 유럽연합과 북대서양 동맹에 통합되는 것을 보고 싶습 니다." 연설을 마치기 전 유셴코는 자신과 자국의 나토 가입 열망 이 러시아를 겨냥한 것이 아니라며 거듭 러시아를 안심시켰다. 유 셴코는 "러시아는 우리의 전략적 파트너"라며 "우크라이나의 나토 가입 정책이 러시아를 포함해 다른 나라의 이익에 반하는 일은 결 코 없을 것"이라고 단언했다.[8]

우크라이나는 최선을 다해 안보 딜레마를 해소하려 노력하고 있었다. 나토가 러시아와 전략적 파트너십을 맺었기 때문에 우크 라이나가 러시아의 반감을 사지 않고 나토에 가입한다는 구상이 1990년대에는 이론적으로 실현 가능했다. 그러나 오렌지 혁명 이 후 우크라이나는 어려운 선택에 직면했다. 오랫동안 우크라이나를 자신들의 영토라고 주장하면서 우크라이나 대통령 선거에 직접 개입하기도 한 러시아를 수용할 것인지, 아니면 우크라이나의 영 토 보전과 주권을 보장할 수 있는 군사 동맹의 보호를 받을지 선 택해야 했다. 러시아의 위협은 실질적이고 즉각적인 반면, 나토 가 입은 가정에 불과하고 기약도 없는 일이었다. 오랜 고민 끝에 우크 라이나는 과감하게 나토를 선택했다.[9]

러시아는 유센코의 외교 정책 변화를 예의 주시했지만 우크라이나의 나토 가입 열망에 대해서는 공개적으로 언급하지 않았다. 대신 우크라이나의 러시아산 가스 의존과 러시아산 가스의 유럽 수출을 위한 경유국 역할을 이용해 우크라이나가 서방으로 기우는 것을 방해했다. 2005년 3월 유센코가 브뤼셀을 방문해 회원가입행동계획을 요청한 직후 러시아는 우크라이나에 판매하는 가스 가격을 인상했다. 이는 구소련 공화국들에 대한 보조금 삭감 정책의 일환이었지만, 러시아에 우호적인 벨라루스가 더 좋은 조건을 적용받았기 때문에 기껏해야 선별적 대우에 불과했다. 이후 러시아는 우크라이나가 높은 가격을 지불할 능력이 없다는 이유로 우크라이나에 대한 가스 공급을 여러 차례 중단해 가스 위기를 유발했다(결국 우크라이나는 중부 유럽의 다른 국가들보다 비싼 가격을 지불하게 됐다).

'가스 전쟁'으로도 불린 이런 위기들이 겨울철에 맞춰 발생하는 바람에 우크라이나는 러시아가 중부 유럽 국가들에 공급하는 가스 물량 중 일부를 사용할 수밖에 없었다. 러시아는 우크라이나가 유럽의 가스를 훔친다고 비난하며 유럽으로의 공급을 전면 중단하겠다고 위협했다. 2006년 1월 헝가리에 대한 가스 공급을 40퍼센트, 프랑스와 오스트리아에 대한 공급을 30퍼센트, 이탈리아에 대한 공급을 24퍼센트 감축한 것이 바로 그런 상황이었다. 이는 우크라이나에 악영향을 미쳤고 EU가 러시아와 우크라이나의 가스 전쟁에 직접 개입하기에 이르렀지만, 친서방 정책을 채택하려는

유셴코 정부의 의지를 꺾지는 못했다. 오히려 그 의지는 더 강해졌다.[10]

부쿠레슈티 정상회의

러시아와 미국의 관계는 2007년 2월 푸틴이 뮌헨 안보 포럼 연단에 올라 세계 정치 지도자로서 미국에 공개적으로 도전장을 내밀면서 위기 국면으로 접어들었다.

푸틴은 이라크 전쟁으로 인해 세계에서 미국의 입지가 크게 약화된 상황을 최대한 활용할 준비가 돼 있었다. 그는 미국이 이라크를 침공하는 일방적 행동으로 국제질서의 근간을 파괴했다고 비난했다. 그는 나토의 확장에도 이의를 제기했다. 푸틴은 "나토의 확장이 동맹 자체의 현대화나 유럽의 안전 보장과는 아무 관련이 없다는 것은 명백한 사실이라고 생각한다"면서 "오히려 이는 상호 신뢰의 수준을 떨어뜨리는 심각한 도발 행위"라고 주장했다. 이어 그는 1990년 나토 지도부가 독일 너머로 나토를 확장하지 않겠다고 한 약속을 언급했다.[11]

야프 더호프 스헤퍼르 나토 사무총장은 푸틴의 뮌헨 연설이 "실망스럽고 유익하지도 않았다"며 불편한 심기를 드러냈다. 푸틴의 발언에 대한 미국의 반응은 공화당의 대표 인사인 존 매케인 상원의원이 공식화했다. 그의 발언은 상호 신뢰나 안보가 아닌 민주주

의의 언어로 표현됐다. 매케인은 "러시아는 자신의 국내외적 행동
이 유럽-대서양 민주주의의 핵심 가치와 근본적으로 충돌하는 한
서방과 진정한 동반자 관계를 누릴 수 없다는 사실을 깨달아야 한
다"고 지적했다.[12]

유셴코 대통령을 비롯한 우크라이나 지도자들이 2008년 1월
브뤼셀의 나토 본부로 우크라이나를 위한 회원가입행동계획MAP
을 요청하는 서한을 보내면서 가장 강조한 대목 역시 민주주의였
다. 유셴코는 "유럽의 민주주의 가치를 전적으로 공유하는 우리
나라는 유럽-대서양 안보 지역의 일부임을 자임하며 나토 및 그
파트너들과 함께 동등한 조건에서 공동의 안보 위협에 대응할 용
의가 있다"고 썼다. 이 서한은 2008년 4월 부쿠레슈티 정상회의에
서 나토가 우크라이나에 MAP를 제공하는 방안을 검토해달라고
요청했다.

러시아는 불쾌감을 감추지 않았다. 푸틴은 우크라이나가 나토
미사일을 들여올 경우 우크라이나에 미사일 공격을 가하겠다고
위협했다. 그는 "우크라이나 영토에 미사일 시스템을 배치하는 것
에 대응해 러시아가 우크라이나로 미사일을 겨냥할 수 있다고 생
각하니 끔찍하다"면서 "한번 상상해보라. 내가 걱정하는 일은 바
로 그것"이라고 말했다. 유셴코는 나름의 상상력을 발휘해 러시아
를 진정시키려고 노력했다. 그는 "세바스토폴에 나토 기지가 들어
선다고 상상할 수 있을까? 물론 아니며 앞으로도 결코 그런 일은
없을 것"이라고 단언했다. 유셴코는 러시아가 우크라이나의 나토

가입에 대한 반대를 철회하도록 설득할 수 있다는 희망을 여전히 버리지 않았다.

그러나 러시아는 우크라이나의 나토 가입을 러시아와의 우호관계를 저버리는 행위로 간주했다. 러시아 외무부는 우크라이나의 MAP 요청 소식에 "오늘날 우크라이나 지도부는 분명 러시아 연방과의 선린관계에 대한 대안으로 나토와 더 긴밀한 관계를 고려하고 있다"는 성명으로 대응했다. 같은 달 발표된 러시아의 '외교 정책 개념'은 나토의 확장, 우크라이나와 조지아의 나토 가입 가능성, '나토 군사 기반시설'의 동쪽 이동이 '평등 안보의 원칙'을 위반하는 것으로 간주된다면서 그 결과 "유럽에 새로운 경계선이 그어질 것"이라고 평가했다. 이 문건은 "우리는 적절한 조치를 취하지 않을 수 없을 것"이라고 선언했다.[13]

러시아는 우크라이나는 물론 2003년 장미 혁명으로 민주화의 길에 접어들며 러시아와 대립각을 세운 또 다른 구소련 공화국 조지아의 나토 가입도 막겠다는 의지가 확고했다. 나토와의 관계가 좋지 않은 상황에서 러시아는 관계를 더 악화시키겠다고 위협했다. 드미트리 로고진 유엔 주재 러시아 대표는 "현재 러시아와 나토의 관계가 매우 어려운 상황에서 나토가 우크라이나를 가입 초청할지 확신할 수 없다"고 밝혔다.[14]

2008년 4월 2일 정상회의를 위해 루마니아의 수도 부쿠레슈티에 도착한 나토 지도자들은 우크라이나와 조지아의 가입에 대한 러시아의 강력한 항의를 의식했다. 러시아-나토 정상회의에 참석하기 위해 부쿠레슈티를 직접 방문한 푸틴은 나토 회원국들에게 두 구소련 공화국에 가입 초청을 보내지 말라고 경고했다. 푸틴은 부시 대통령에게 "우리 국경에 강력한 군사 블록이 출현한다면 러시아 안보에 직접적인 위협으로 간주할 것"이라고 말했다. 부시 대통령은 크게 개의치 않았다. 부쿠레슈티로 오는 길에 키이우에 들른 부시는 우크라이나 국민에게 "여러분의 국가는 대담한 결정을 내렸다. 미국은 여러분의 요청을 강력히 지지한다"고 말했다.[15]

그러나 나토의 주요 유럽 회원국, 특히 프랑스와 독일은 미국이 주장하고 새로운 동유럽 회원국들이 지지하는 우크라이나와 조지아에 대한 MAP 제공 결정을 저지했다. 정상회의 선언문은 "우리는 오늘 이들 국가가 나토 회원국이 될 것이라는 데 동의했습니다"라는 말로 시작됐지만, 가까운 시일 내에 가입이 이루어지지 않을 것임을 분명히 했다. 두 잠재적 가입 신청국이 자격을 갖추려면 여전히 몇 가지 특정한 기준을 충족해야 한다는 이유로 MAP를 약속하면서도 이를 즉각 제공하지는 않기로 한 것이다. 선언문은 "이제 우리는 MAP 신청과 관련해 아직 해결되지 않은 문제들을 해소하기 위해 두 국가와 정부 고위급 차원에서 집중 논의의 시간을 갖기 시작할 것"이라고 밝혔다.[16]

우크라이나와 조지아의 가입은 연기됐고 다음 정상회의나 그 다음 회의에서도 다시 나토의 의제로 제기되지 않을 전망이었다. 두 구소련 공화국에 대한 MAP 불허 결정이 이들의 이전 지배자인 러시아에 대한 양보라는 사실을 모르는 사람은 없었다. 그것

말고는 부쿠레슈티 정상회의에서 크로아티아와 알바니아를 나토에 가입하도록 초청한 이유를 설명할 길이 없었다. 이제 러시아가 위협으로 간주하는 두 나라에 대해 나토가 가입 결정을 유보한 것은 정상회의에서 나올 수 있는 최악의 결과였다. 가입 신청이 무기한 연기되면서 두 나라는 가입 의사를 공개적으로 표명한 동맹으로부터 어떠한 보호도 받지 못하게 됐다. 러시아는 감히 나토를 공격하지는 못했지만, 나토 가입을 희망하는 국가는 쉽게 공격할 수 있었고 실제로 그렇게 했다.

부쿠레슈티 정상회의 몇 달 뒤인 2008년 8월 8일 러시아는 조지아를 상대로 전쟁을 개시했는데, 표면적인 이유는 1990년대 초 조지아에서 분리 독립한 소수민족 거주지 남오세티야를 방어한다는 것이었다. 러시아의 공격은 조지아가 남오세티야에 군대를 투입한 데 따른 대응이라고 주장했지만, 이 전쟁이 부큐레슈티 정상회의 결과와 직접적인 연관이 있다는 데는 의심의 여지가 없었다. 러시아는 푸틴이 부큐레슈티 정상회의에서 귀국한 직후 조지아의 두 자치주 남오세티야 및 압하지야와 공식 관계를 수립한 뒤 이들을 '방어'하기 위해 나선 것이다. 조지아는 우크라이나와 미국에서 교육을 받은 미하일 사카슈빌리 대통령의 지휘 아래 반격에 나섰지만, 수적으로나 질적으로나 조지아 군대를 압도한 러시아군은 조지아 영토 깊숙이 진격해 수도 트빌리시를 점령하겠다고 위협했다.

8월 12일 유셴코는 폴란드 및 발트 3국 지도자들과 함께 트빌리시로 날아가 사캬슈빌리와 조지아에 대한 지지를 표명했다. 이날 러시아군의 진격은 니콜라 사르코지 프랑스 대통령이 중재한 휴전 협정에 따라 중단됐다. 러시아군은 결국 점령지에서 상당 부분 철수했지만 압하지야와 남오세티야에 남았고, 조지아로부터 두 자치주의 독립을 보호한다는 명분을 내세워 영토 분할을 영구화했다. 나토는 영토 문제가 해결되지 않은 국가를 받아들이기를 꺼렸기 때문에 조지아의 나토 가입 가능성은 약화됐다. 러시아의 조지아 침공은 러시아가 국경을 넘어 대규모 전쟁을 일으킨 첫 번째 사례가 됐다. 이 전쟁은 러시아가 나토의 확장을 막기 위해 군사력을 사용할 준비가 돼 있다는 분명한 신호를 서방측에 보냈다. 또한 러시아가 공격하더라도 나토가 구하러 오지 않을 것이라는 사실을 다른 구소련 공화국들에 보여주었다.[17]

부쿠레슈티 나토 정상회의의 결정은 러시아-조지아 전쟁의 결과와 맞물리면서 우크라이나의 나토 가입 열망에 치명적인 타격을 입혔다. 2009년 1월 워싱턴의 정권이 교체되고 버락 오바마가 대통령에 취임하면서 미국은 외교 정책을 전면 재수정하고 미국과 러시아의 관계를 '리셋'하려고 시도했다. 2010년 1월 실시된 우크라이나 대통령 선거 1차 투표에서는 유셴코가 푸틴의 총애를 받아온 빅토르 야누코비치에게 패해 자리에서 물러났다. 새 대통령 야누코비치는 우크라이나 외교 정책의 의제에서 나토 가입을 삭제하고, 러시아 흑해 함대의 세바스토폴 주둔을 2042년까지 연장하는 우크라이나 안보에 치명적인 협정에 서명했다.[18]

부쿠레슈티 정상회의로 우크라이나는 독립 선언 이후 가장 취

약한 상황에 놓였다. 핵무기를 내주고 나토 가입에도 실패하면서
우크라이나는 부쿠레슈티 정상회의에서 우크라이나에 제시된 모
호한 가입 제안을 자국 안보에 대한 위협으로 여긴 러시아에 속수
무책으로 휘둘릴 수밖에 없었다. 허허벌판에서 홀로 적들에게 쫓
기던 외로운 전사 우크라이나는 안전한 요새를 발견하고 피신하기
위해 달려갔지만 성을 지키던 사람들 간의 의견 충돌로 성문이 닫
히는 모습을 바라봐야 했다.

유라시아 연합

러시아 안보에 대한 푸틴의 생각은 과거 차르나 공산당 서기장
과 다를 바 없었다. 러시아의 안전을 지키려면 완충 국가 벨트를
만들고 유지해야 한다는 것이었다. 푸틴은 구소련 공화국 대부분
을 러시아의 주도 아래 두기를 원했는데, 물론 소련이 부활한 형태
가 아니라 유라시아 연합이라고 알려진 정치, 군사 그리고 가장 중
요한 경제 블록의 형태를 추구했다. 우크라이나는 그 규모와 경제
적 중요성을 고려할 때 새로운 연합의 핵심이 될 수밖에 없었다.

러시아가 이름을 고쳐 부른 뒤 전 세계에 유라시아로 알려진 구
소련 공간의 재통합은 1990년대 보리스 옐친이 러시아, 벨라루스
와 몇몇 중앙아시아 국가 간의 시장 공동체 창설에 관한 여러 협
약을 체결하면서 시작됐다. 푸틴은 옐친이 만든 독립국가연합이

1990년대 초반 모스크바가 기대했던 것과 달리 구소련 공간을 러시아의 통제하에 통합하지 못했다는 암묵적 인식을 바탕으로 유라시아경제공동체EAEC를 창설해 재통합 절차에 다시 박차를 가했다.

푸틴의 통합 노력은 자신들이 창설에 기여한 독립국가연합 가입을 거부했던 우크라이나가 2003년 러시아, 벨라루스, 카자흐스탄과 공동 경제 공간에 관한 협정을 체결하면서 성공을 거두었다. 이는 멜니첸코 테이프 스캔들로 입지가 약화된 쿠치마 대통령이 친유럽 노선에서 친러시아 노선으로 전환하는 움직임의 일환이었다. 그러나 2004년 오렌지 혁명으로 우크라이나는 러시아가 주도하는 유라시아 통합 프로젝트 참여를 중단했다. 유센코 대통령은 우크라이나가 유럽에 통합하는 방안을 모색하고 있었다. 하지만 2010년 빅토르 야누코비치가 우크라이나 대통령이 되면서 어떤 형태로든 유라시아 협력체가 실현될 가능성이 훨씬 더 높아졌다.

2008년 푸틴은 러시아 헌법에 명시된 대통령 연임 금지 조항을 지키기 위해 드미트리 메드베데프 전 총리와 자리를 맞바꿨다. 2011년 10월 이제는 총리가 된 푸틴은 대국민 기고문을 통해 유라시아 통합 비전을 제시했다. 그는 2012년 1월 1일자로 러시아, 벨라루스, 카자흐스탄을 아우르는 공동 경제 공간을 구성하겠다는 계획을 발표했다. 이는 러시아가 주도하는 유라시아 연합 발족의 신호탄으로 받아들여졌다. 기고문에서 푸틴은 "우리는 현시대의 한 축이 될 수 있는 강력한 초국가 연합 모델을 제안하며, 이를 통해 유럽과 역동적인 아시아-태평양 지역 간의 효과적인 '연결 고리' 역할을 할 수 있을 것"이라고 밝혔다. 그는 러시아가 서쪽의 유럽연합, 동쪽의 떠오르는 중국과 경쟁할 수 있는 강력한 블록을 주도하는 미래를 꿈꿨다.[19]

이 글은 러시아 대중만을 대상으로 한 것이 아니었다. 푸틴은 자신이 제안한 유라시아 연합의 새 회원국을 끌어들이기 위해 애쓰고 있었다. 많은 구소련 국가가 유럽연합 가입의 가능성을 저울질하고 있었기 때문에 푸틴은 경쟁에 직면해 있었다. 푸틴은 "일부 이웃 국가는 구소련 공간의 발전적 통합 프로젝트에 참여하지 않으려는 이유로 유럽에 밀착하려는 선택과 상충된다는 주장을 내세우고 있다"고 썼다. 그에게는 이 문제에 대한 해결책이 있었다. "나는 그것이 잘못된 이분법이라고 생각한다. 우리는 누구와도 거리를 두거나 맞설 생각이 없다. 유라시아 연합은 자유, 민주주의, 시장 원칙이라는 공통의 가치로 하나가 될 더 큰 유럽Greater Europe의 불가분한 일부로서 보편적 통합주의 원칙에 기초해 구축될 것이다."[20]

이 기고문은 푸틴의 대선 전 프로그램의 일환으로, 기고문이 발표됐을 때 푸틴은 이미 대통령직 복귀 계획을 발표한 상태였다. 2012년 5월 대통령에 복귀한 푸틴에게 유라시아 재통합은 주요 목표가 됐다. 이념적 측면에서 유라시아 연합은 옛 러시아 제국과 소련의 공간을 초국가적으로 재통합하고자 하는 유라시아와 신유라시아 사고의 산물이었다. 경제적 측면에서 유라시아 연합은 미래의 경제 충격과 위기를 예방하기 위해 국제 경쟁력이 없는 러시아 산업을 위한 시장을 확보하려는 시도였다. 유럽연합 및 떠오르는 중국과 효과적으로 경쟁하기 위해 러시아는 새로운 기술이 필요했지만, 그 기술을 얻을 수 있는 곳은 서방뿐이었다. 이 때문에 러시아는 처음에는 우크라이나를 비롯한 구소련 공화국들의 유사한 노력을 방해하지 않고 자체적으로 EU와 협상을 진행했다.[21]

그러나 2013년 중반이 되자 EU와 러시아의 협상에서 별다른 성과가 나지 않은 반면, EU가 구소련 국가들에 제공할 준비가 된 연합 협정이 이들 국가의 유라시아 연합 회원국 가입과 양립할 수 없다는 사실이 분명해졌다. 푸틴이 유럽연합과 연합 협정에 관심을 보인 구소련 국가들에 계획을 철회하라고 압박하자, 이웃 아제르바이잔과의 전쟁에서 러시아의 지원에 의존했던 아르메니아는 이에 응했지만 조지아와 몰도바는 그러지 않았다. 우크라이나는 모스크바와 브뤼셀 사이에서 흔들리는 모습을 보였다. 푸틴 입장에서는 우크라이나가 열쇠를 쥐고 있었다. 구소련 공화국 중 두 번째로 큰 우크라이나가 없으면 유라시아 연합이 현시대의 축으로 기능할 수 없기 때문이었다.

우크라이나의 새로운 대통령 빅토르 야누코비치는 전임자의 정책 중 상당 부분을 폐기했다. 그는 의회 내 우호 세력과 지지자들을 이용해 헌법을 개정해서 유셴코 당선 당시 채택된 대통령 권한 제한 조항을 삭제했다. 이렇게 강화된 대통령의 권한으로 야누코비치는 권위주의 통치의 요소들을 조성하기 시작했고, 이어 국가 예산에서 수십억 달러를 대통령과 그 가족, 측근, 참모의 비밀 계좌로 빼돌릴 수 있도록 매우 부패한 정부 시스템을 구축했다. 외교정책에서 야누코비치는 우크라이나가 나토 가입 열망을 버리고 비동맹 국가로 돌아간다고 공개적으로 선언했다. 러시아의 세바스토폴 해군 기지 임차 기간을 25년 연장하기로 한 야누코비치의 결정은 새 정부가 브뤼셀에서 모스크바로 방향을 선회했음을 보여주는 또 다른 신호였다.[22]

유셴코의 정책 중 야누코비치가 이어받은 몇 안 되는 것이 유럽연합과 긴밀한 경제 및 무역 관계를 구축하는 것으로, 유럽연합은 야누코비치의 고향인 돈바스를 중심으로 하는 금속업 등 우크라이나의 수출 지향적 경제 분야를 위한 거대 시장이었다. 야누코비치를 지지한 신흥 올리가키들은 러시아 기업들과의 경쟁을 두려워하며 자신들이 생산한 제품을 위해 유럽 시장을 개척하고 싶어했다. 이들은 또한 야누코비치의 권력과 함께 다른 사람의 자산을 탈취하려는 욕구가 커져 자신들의 사업적 이익에 위협을 받는 상황에서 EU를 우군으로 삼아 정부의 권위주의적 성향을 견제할 수 있기를 기대했다.[23]

EU는 민주주의와 법치에 대한 야누코비치의 공격을 우려했지만 정치범, 그중에서도 아이러니하게 야누코비치가 러시아와 경제적으로 손해가 되는 가스 계약을 체결한 혐의를 씌워 투옥한 율리야 티모셴코 전 총리를 석방하는 대가로 우크라이나에 연합 협정 체결을 제안할 준비가 돼 있었다. EU의 주된 요구 사항은 시장 개

러시아 우크라이나 전쟁

혁을 지속하라는 것이었다. 개혁을 원치 않았고 약탈적인 지대 징수 시스템을 구축 중이던 야누코비치에게는 난처한 요구였다. 그럼에도 야누코비치와 그의 측근들은 개혁을 흉내 내고 러시아로부터 사업적 이익을 지켜내면서 유럽 시장에 진출하기를 희망했다. 여론조사 결과 야누코비치는 EU와 연합하겠다는 공약을 이행할 경우 2015년으로 예정된 대통령 선거에서 승리할 것으로 예상됐다. 민주화를 바라는 진보적 성향의 유권자들은 그의 나머지 흠결들을 눈감아줄 기세였다.[24]

야누코비치는 망설였다. EU가 티모셴코의 석방과 개혁을 요구하는 동안, 러시아는 전혀 그런 요구를 하지 않았기 때문이다. 하지만 러시아는 야누코비치가 EU와 연합 협정에 서명하면 경제 봉쇄를 단행하겠다고 위협했다. 푸틴은 허풍이 아님을 증명하기 위해 우크라이나와 제한적인 무역 전쟁을 시작했고, 우크라이나 제품의 러시아 판매를 금지해서 우크라이나의 전체 수출이 10퍼센트 감소하는 상황을 야기했다. 러시아의 관세 규정 '강화'에 따른 비용은 14억 달러로 추산됐다. 러시아는 무기고에 채찍뿐만 아니라 당근도 가지고 있었다. 푸틴은 우크라이나가 EU가 제안한 협정에 서명하지 않으면 현금을 제공하겠다고 제안했다. 나중에 150억 달러로 밝혀진 이 돈은 약탈적 통치로 우크라이나를 재정 파탄 일보직전까지 몰고 간 야누코비치에게는 생명줄이나 다름없었다. 야누코비치는 마침내 선택을 했다.[25]

2013년 11월 야누코비치는 리투아니아 빌뉴스에서 열린 EU 정상회담 초청을 수락해서 그곳에서 연합 협정을 체결할 것으로 예상됐지만 돌연 이를 거부했다. 그는 측근들에게 결정 번복이 EU나 나토가 러시아와 국경을 맞대는 것을 결코 용납하지 않겠다고 말한 푸틴과의 대화 결과라고 설명했다. 만약 야누코비치가 EU와의 협약에 서명하면 푸틴은 크림반도와 돈바스를 포함한 우크라이나 동남부의 상당 부분을 점령하겠다고 위협했다. 큰 충격을 받은 야누코비치는 EU 연합 협정을 포기하기로 결정했다.[26]

야누코비치는 유럽의 협상 상대들에게 러시아로부터 받을 돈에 대해 말하지 않았다. 몇 주 뒤 야누코비치가 모스크바로 푸틴을 방문했을 때 푸틴은 자신이 한 약속을 이행했다. 그는 야누코비치에게 러시아산 천연가스의 할인가 제공과 함께 150억 달러의 차관을 제공했다. 푸틴은 "우크라이나는 의심할 여지 없이 우리의 전략적 파트너이자 진정한 의미의 동맹"이라고 선언했다. 푸틴의 유라시아 통합 프로젝트는 건재한 듯했다. 적어도 당시에 보기에는 그랬다.[27]

존엄 혁명

모스크바에서 금전적 보상을 손에 넣을 무렵 야누코비치는 이미 키이우에서 큰 곤경에 처해 있었다. 우크라이나 정부가 빌뉴스 EU 정상회담 결과를 발표하자마자 키이우의 젊은이들은 야누코비치의 협약 서명 거부에 항의하기 위해 키이우의 독립 광장 마이단에 모여들었다. 우크라이나 사회의 대다수가 그렇듯 이들은 협약 체결 약속에 유럽의 법률 및 사업 관행이 우크라이나에 도입되길 원했다. 이들에 이어 학생들도 광장에서 야영을 시작했다. 우크라이나 국민을 유럽으로 더 가까이 이끌겠다는 약속을 파기한 야누코비치를 규탄하는 유로마이단 시위가 시작된 것이다.

11월 30일 새벽 진압 경찰이 학생들을 구타하며 광장에서 쫓아내려 하자 유로마이단 시위는 이후 '존엄 혁명'으로 알려진 대규모 운동으로 바뀌었다. 12월 1일 50만 명이 넘는 키이우 시민이 경찰의 잔혹한 진압에 항의하기 위해 도심으로 몰려나왔다. 시민들은 학생들을 지키기 위해서뿐만 아니라 심각한 권위주의에 맞서 사회를 지키기 위해 모인 것이었다. 12월 11일 정부 경찰이 마이단의 시위대 캠프를 공격하기 시작했다. 시위대는 압박을 견뎌냈고 경찰 부대는 철수했다. 시위대에 대한 정부의 공격은 빅토리아 뉼런드 미국 국무부 차관보가 캐서린 애슈턴 EU 대표와 함께 위기 해결을 돕기 위해 키이우를 방문하는 동안 일어났다. 두 사람은 마이단으로 가 시위대에 대한 지지를 표명했다.[28]

경찰이 작전을 벌인 시기는 결코 우연이 아니었다. 무엇보다 미국의 개입이 달갑지 않다는 신호를 보내려는 의도가 담겨 있었다. 푸틴은 나중에 뉼런드의 마이단 방문이 시위를 선동하는 데 미국이 역할했다는 증거라며 비난했다. 일주일도 지나지 않아 야누코비치는 EU와 연합 협정을 체결하지 않는 대가로 푸틴의 뇌물을 받고자 모스크바로 날아갔다. 정교회 크리스마스 이튿날인 2014년 1월 8일 야누코비치는 푸틴과의 또 다른 회담을 위해 모스크바로 갔다. 이후 보도에 따르면 러시아는 시위대가 해산될 때까지 150억 달러 차관의 다음 분할금 송금을 보류하고 있었다. 1월 중순 야누코비치 지지자들이 다수를 차지한 우크라이나 의회는 서방의 자금 지원을 받는 비정부기구NGO의 활동을 금지하고 특정 형태의 시위를 불법화하는 이른바 독재법을 채택했다.[29]

하지만 우크라이나는 러시아가 아니었다. 새 법은 야당과 시위대에 겁을 줘 굴복시키는 대신 대중의 저항을 불러일으켰다. 키이우에서 수만 명의 시위대가 거리로 나선 가운데 그중 과격한 무리가 평화적 시위의 전통을 깨고 정부 건물을 공격했다. 주민의 절대다수가 존엄 혁명을 지지한 우크라이나 서부 주들에서는 시위대가 정부 건물들을 장악하기 시작했다. 야누코비치는 키이우에서 경찰력을 동원해 시위대에 맞섰지만, 지방 정부가 시위대 편에 선 우크라이나 서부 지역에서는 속수무책으로 상황 전개를 지켜볼 수밖에 없었다.

그달 말에 야누코비치는 전술적 후퇴를 시작했다. 의회는 '독재법'의 일부 조항을 폐기했고, 야누코비치는 학식이 높은데도 우크라이나어를 배울 능력이나 의지가 없다며 강한 비판을 받아온 러시아 태생의 미콜라 아자로프를 오랫동안 재임해온 총리직에서 해임했다. 2월 중순 정부는 이전에 체포한 230여 명의 시위대를 석방했고, 시위대는 점거했던 정부 건물 일부에서 철수했다. 새로운 정부 구성을 즉각적인 목표로 하고 새로운 헌법 초안을 만드는 것을 중기 목표로 하는 타협안이 마련되고 있었다.

그러나 2014년 2월 18일 수천 명의 시위대가 우크라이나 국회의사당을 향해 행진하면서 정부와 시위대 간의 휴전 협정이 무너졌다. 시위대는 야누코비치가 이끄는 집권 지역당 본부를 공격하고 불을 질렀다. 진압 경찰은 이에 맞서 실탄을 발사하고 최루탄을 사용하며 시위대를 전면 공격해 군중을 다시 마이단으로 밀어냈다. 시위대가 본부로 삼은 노동조합 건물이 보안국 요원들에 의해 불탔고, 경찰이 광장 일부를 점거하는 데 성공했다. 이 화재로 최소한 민간인 11명과 경찰관 7명이 목숨을 잃었다. 정부는 폭력배를 고용해 시위대에 테러를 가하기도 했다.[30]

2월 18일의 폭력은 존엄 혁명과 우크라이나의 정치 과정 전반의 향방을 바꿔놓았다. 1990년대부터 2004년 오렌지 혁명을 거쳐 존엄 혁명의 첫달까지 이어진 평화적 시위는 이제 과거의 일이 됐다. 이후 며칠 동안 시위대가 마이단을 탈환하려고 했지만 경찰 특공대와 아직도 신원이 밝혀지지 않은 저격수들의 총격을 받으면서 훨씬 더 많은 폭력이 발생했다. 총격으로 사망한 사람 중에는 경찰관도 13명 있었지만, 그날 하루 총격으로 목숨을 잃은 시위대는 108명으로 그보다 훨씬 더 많았다.[31]

2월 20일 밤 사태를 중재하기 위해 키이우로 날아온 프랑스와 독일, 폴란드 외무장관이 지켜보는 가운데 야누코비치는 야당 지도자들과 새 정부 구성, 대통령 선거 조기 실시, 대통령 권한이 축소된 2004년 헌법으로의 복귀 등을 포함하는 합의에 이르렀다. 러시아 대표 중 한 명인 블라디미르 루킨도 참석했다. 미국 주재 대사를 역임한 루킨은 당시 러시아의 인권 감찰관을 맡고 있었다. 그는 푸틴의 승인을 받지 못했음을 시사하며 키이우에서 이뤄진 합의문에 서명을 거부했다. 사태 초기에 러시아 대표들은 야누코비치에게 시위를 강경 진압하지 않으면 부다페스트 각서 조항에 따라 우크라이나의 주권을 지키기 위한 러시아의 개입을 감수해야 할 것이라고 촉구한 바 있었다.[32]

야누코비치가 야당과 협상하는 동안 우크라이나 의회는 시위대에 대한 경찰력 사용을 금지하는 결의안을 표결에 부쳤다. 채택된 결의안은 2월 21일 오전에 발효됐다. 정오가 되자 경찰 부대가 키이우 시내를 떠나기 시작했다. 야누코비치도 이날 저녁 늦게 키이우 인근 메지히리아의 호화 별장을 버리고 그 뒤를 따랐다. 그는 측근에게 "키이우에 무장한 사람이 많고 폭도가 다수 몰려들어 목숨이 위험하기 때문에 키이우를 떠날 수밖에 없다"고 말했다. 마이단의 일부 시위대는 야누코비치와 야당 지도자들의 합의를 받아들이지 않았고, 시위대가 대통령 집무실이나 메지히리아 별장을 습격하기로 결정할 경우 야누코비치를 보호할 경찰 병력은 더 이상 없는 상황이었다.[33]

야누코비치가 키이우를 떠난 이튿날인 2월 22일 이제 야당이 주도하게 된 의회는 야누코비치가 직무를 태만히 하며 직분을 버리고 떠났다는 이유로 대통령직 해임을 의결했다. 야당 지도자로

마이단 시위를 이끈 사람 중 한 명인 올렉산드르 투르치노우가 대통령 권한대행에 선출됐고, 또 다른 야당 지도자 아르세니 야체뉴크가 새 총리에 임명됐다. 의회는 정족수가 부족한 상황에서 3분의 2 이상의 찬성이 필요한 탄핵 절차를 밟지 않고 단순 다수결로 야누코비치 해임안을 가결했다. 야누코비치는 사임과 키이우 복귀를 모두 거부했다. 며칠 뒤 그는 우크라이나를 떠났다.

마이단에서는 희생자들을 애도하고 승리를 축하하는 행사가 열렸다. 혁명이 승리하고 새 정부가 구성돼 EU와 연합 협정 체결을 약속한 반면, 독재를 꿈꾸던 대통령은 내내 자신을 지지해온 유라시아 독재국가 러시아로 망명했다. 마이단을 지킨 사람들은 미처 알지 못했지만 2014년 2월 21일 밤 빅토르 야누코비치의 키이우 탈출은 며칠 뒤 러시아의 크림반도 병합으로 이어지는 일련의 사건을 촉발했고, 이는 결국 러시아-우크라이나 전면전의 첫 단계인 양국 간 군사 충돌의 도화선이 됐다.[34]

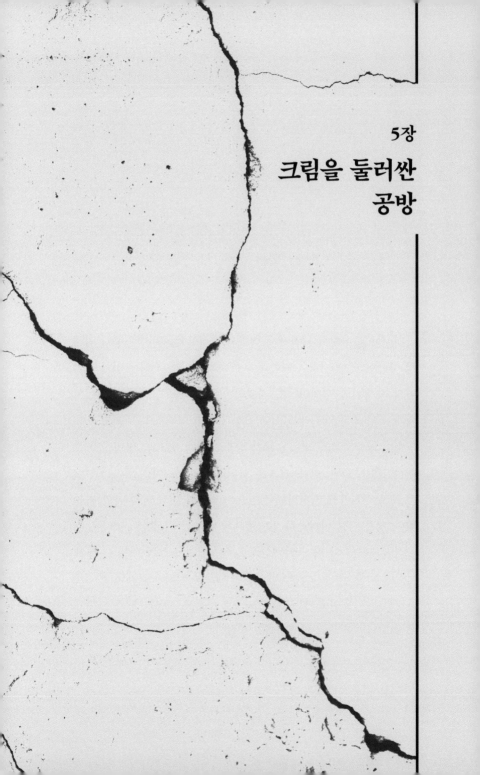

러시아는 어디서 시작해서 어디서 끝나는지, '러시아 땅의 역사적 집합'에 어느 지역이 포함돼야 하는지는 여러 세대에 걸쳐 러시아의 사상가와 정치인들을 사로잡아온 오래된 질문이다. 소련의 해체로 이 질문은 전례 없이 시급한 정치적 의제로 다시 떠올랐다. 구소련 공화국들의 새로운 국가 경계로 인해 3000만 명에 달하는 러시아계 주민과, 같은 민족은 아니더라도 러시아어를 사용하면서 주로 러시아를 지지하는 사람들이 러시아 연방 국경 바깥에 놓였다. 냉전 시절 미국으로 망명했다가 1992년 러시아로 돌아온 대표적인 민족주의 작가 알렉산드르 솔제니친은 소련 해체 이후 새 국경에 의한 '러시아 민족'의 분열을 새로운 러시아 문제의 본질로 규정하며 이를 비판했다. 같은 이유로 푸틴도 소련의 붕괴를 20세기 최대의 지정학적 비극이라고 불렀다.[1]

보리스 옐친과 그의 참모들은 지난 2세기 동안 프랑스 혁명 및 뒤이은 혁명들을 통해 확립된 모범에 따라 소련 해체 이후 러시아를 유럽식 민족국가로 변모시켜야 하는 난제에 맞닥뜨렸다. 이는 영국계 체코 철학자 어니스트 겔너가 "정치 단위와 민족 단위가 일치해야 한다고 주장하는 정치 원리"라고 규정한 민족주의의 정의에 기반한 것이었다. 러시아 연방 국경 내에 수백만 명의 비러시아인과 비슬라브인이 존재하고 국경 너머에는 수천만 명의 '러시아인'과 다양한 유형의 소비에트인들이 존재한다는 점을 고려할 때, 러시아의 국가 건설 과업은 유럽의 민족국가 체제를 구축하는 데 주된 수단으로 사용됐던 대규모 전쟁 없이는 불가능에 가까웠다. 1990년대 들어 가장 최근 사례로는 슬로보단 밀로셰비치가 내세운 '위대한 세르비아 건설'이 이에 해당됐다.[2]

옐친과 그의 정부는 그런 전쟁을 감당할 여력이 없었고 전쟁을 원하지도 않았다. 사실 러시아가 비슬라브계이자 비기독교 세력인 체첸과 전쟁을 벌인 것은 또 다른 원칙(체첸 분리주의의 도전을 받는 러시아 연방 국경의 불가침성)을 지키기 위해서였다. 격렬했던 두 차례의 체첸 전쟁으로 러시아 정치와 사회가 잔혹성을 띠면서 초민족적, 초문화적 러시아 정체성이라는 제국주의 모델이 강화됐다. 이는 부분적으로는 공산 국가 시절에 형성된 소비에트 정체성의 토대 위에서 이루어졌지만, 동시에 소비에트 정체성을 훼손하기도 했다. 공산주의에 반기를 들고 집권해 소련의 붕괴에 크게 기여한 러시아의 새로운 지도자들은 이제 자신들의 통치에 저항하는 공산주의자들의 반대에 직면했다. 이들은 소비에트의 정체성을 러시아 국가 건설의 도구나 소비에트 이후 공간에 대한 러시아의 통제력을 유지하는 수단으로 활용하기를 거부했다. 대신 이들은 대안을 찾았고, 옐친은 새로운 러시아 이념 모델을 요구하기도 했다.[3]

1990년대에는 소비에트 모델에 기반하지 않은 여러 정치·문화·이념적 개념들이 등장했다. 이 개념들은 러시아 연방과 더 이상 러시아의 통치를 받지 않는 구소련 공화국들의 정치적 구성 요소를 통합할 가능성이 있는 수단으로 소비에트 모델과 경쟁했다. 그런 개념 중 하나가 소비에트 이후 공간에서 여러 재통합 프로젝트와 기관의 이름으로 사용된 유라시아주의Eurasianism였다. 볼셰비키 혁명 이후 망명한 니콜라이 트루베츠코이와 표트르 사비츠키를 비롯한 러시아 지식인들의 저술에 뿌리를 둔 유라시아주의는 러시아 제국의 유산과 러시아 문화, 기독교 정교회를 바탕으로 옛 러시아 제국이었던 구소련 공간을 재창조해 옛 제국 중 러시아 이외의 지역을 현재의 러시아 연방으로 통합하고자 했다.

러시아 망명객들이 만들어낸 낡은 유라시아주의는 옐친의 측근들이 적극 수용한 자유민주주의 담론에 불만을 품은 일부 지식 엘리트의 상상력을 자극했고, 그 지지자와 연구자 중 일부는 푸틴 집권 이후 크렘린과 손을 잡았다. 유라시아 제국 건설을 주장해 러시아 파시즘의 창시자로 간주돼온 신유라시아주의자 알렉산드르 두긴은 세르게이 나리시킨의 고문이 됐다. 당시 대통령 비서실장이던 나리시킨은 이후 러시아 하원 두마 의장에 오른 데 이어

푸틴이 몸담았던 대외정보국 국장에 임명된 인물이었다.[4]

푸틴은 되살아난 유라시아주의의 전통적 요소 중 상당 부분을 자기 세계관의 일부로 채택했다. 그는 공식 성명을 발표할 때마다 러시아가 단순히 서구와 다른 것이 아니라 역사와 문화, 가치 면에서 서구와 대립되는 독특한 다민족 문명이라고 반복해서 언급했다. 그러나 그는 러시아를 주로 유라시아 슬라브 또는 러시아 문명으로 서구와 병치시킨 다른 러시아 사상가들의 생각 역시 적극적으로 또는 더 열렬하게 수용했다. 알렉세이 호먀코프, 이반 키리옙스키, 콘스탄틴 악사코프와 같은 인물로 대표되는 이런 사상적 경향은 유라시아주의보다 앞선 19세기 초반에 형성돼 러시아 지성사에서 가장 결정적인 분열 중 하나인 서구화주의와 슬라브 숭배주의의 분열을 낳았다. 서구화주의가 러시아의 운명이 서구에 달렸다고 주장한 반면, 슬라브 숭배주의는 역사와 언어, 문화, 민족성에 뿌리를 둔 러시아의 고유성을 강조했다.

슬라브 숭배주의자들이 러시아라고 부른 민족은 사실 동슬라브족이었다. 제정 러시아의 용어에 따르면 이 동슬라브계 민족 집단은 대러시아인 또는 러시아인 자체, 소러시아인 또는 우크라이나인, 백러시아인 또는 벨라루스인으로 구성됐다. 러시아 역사가 알렉세이 밀레르가 '댓러시아 민족'이라고 이름 붙인 3자 러시아 민족 모델은 19세기 후반 제국 엘리트들에 의해 채택돼 많은 정치, 종교, 군사 지도자의 이념적 신조와 개인적 신념, 정체성의 일부를 이루었다. 러시아 혁명은 러시아 정치와 민족 사상에서 3자주의의 우위에 마침표를 찍었다. 1922년 레닌은 러시아 이외의 공화국들을 러시아 연방에 통합하려는 스탈린의 시도에 저항하며 이 공화국들이 러시아와 동등한 권리를 갖는 별개의 정치체제를 갖춘 국가 연합을 만들자고 주장했다.[5]

대러시아 민족 개념은 볼셰비키의 붉은 군대에 패한 백군 장군들과 러시아는 나뉠 수 없는 하나라는 이들의 비전을 지지한 지식인들과 함께 러시아 망명자들에게 퍼져나갔다. 망명자 중에는 회고록을 통해 푸틴에게 강렬한 인상을 남긴 안톤 데니킨 장군과 파시즘을 찬양한 철학자 이반 일리인도 있었는데, 일리인의 글 「러시아의 분할이 세계에 약속하는 것」은 푸틴을 비롯한 러시아 관료들이 연설과 성명에서 자주 인용하는 자료가 됐다. 일리인은 언젠가 러시아가 자국의 영토를 회복할 것이라고 주장했다.[6]

과거의 제국주의적 사고를 소련 해체 이후의 도전 및 현실에 대처하기 위한 러시아의 계획과 연결시킨 핵심 인물은 알렉산드르 솔제니친이었다. 솔제니친은 1990년 에세이『러시아 재건: 반성과 잠정적 제안Rebuilding Russia; Reflections and Tentative Proposals』에서 소련 내 비슬라브 공화국에서 동슬라브족을 분리해 러시아, 우크라이나, 벨라루스와 카자흐스탄 북부로 구성된 '러시아 연방Russian Union'을 결성할 것을 촉구했다. 정치적 경계와 민족적 경계의 일치성 확립이라는 어니스트 겔너의 민족주의 정의에 따르면, 솔제니친이 주장한 '재건된' 러시아는 4자로 구성된 국가가 될 터였다. 그러나 그의 구상은 실현되지 않았고, 몇 년 뒤 솔제니친은 우크라이나 국경의 정당성에 의문을 제기하기 시작했다. 솔제니친은 산문집『붕괴하는 러시아』(1988)에서 우크라이나가 "레닌 이전에는 결코 우크라이나가 아니었던 도네츠의 2개 주와 신러시아의 남부 벨트(멜리토폴-헤르손-오데사)와 크림반도 전체로 과도하게 확장됐다"고 비난하며 우크라이나 동부와 남부 지역의 병합을 주장했다.[7]

푸틴은 이 모든 저자를 숭배하며 이들의 많은 아이디어를 공유했다. 조지아 침공 1주년을 앞둔 2009년 5월 푸틴은 러시아 제국 사상가들에 대한 존경심을 공개적으로 드러냈다. 그는 비 오는 날씨에도 불구하고 많은 기자와 함께 모스크바 돈스코이 수도원 묘지에 나타나 데니킨 장군과 그의 부인, 이반 일리인과 역시 러시아 출신 망명 작가로 유해가 러시아로 송환된 이반 시멜레프의 무덤에 꽃을 바쳤다. 푸틴은 한 해 전 모스크바에서 사망한 솔제니친의 무덤에도 헌화했다.[8]

푸틴은 가장 먼저 참배한 데니킨 장군을 언급하며 행사에 동행한 기자 중 한 명에게 데니킨의 회고록을 읽어보라고 권유했다. 푸틴은 "데니킨은 대러시아와 소러시아, 즉 우크라이나에 대해 이야기한다"면서 "그는 누구도 우리 사이의 관계에 간섭할 수 없으며, 그것은 언제나 러시아 자체의 문제였다고 썼다"라고 말했다. 사실 데니킨은 1830년 러시아가 제국에 반기를 든 폴란드를 무력 진압하자 이를 비난하는 서방을 공격했던 알렉산드르 푸시킨을 따르고 있었다. 푸시킨이 러시아-폴란드 관계를 언급했다면, 데니킨은 러시아-우크라이나 관계를 언급했다. 푸틴이 보기에 러시아가 약한 이웃 국가와 관계를 어떻게 맺을지는 러시아가 결정할 문제였다. 두 민족의 슬라브족 뿌리는 푸틴이 우크라이나에 대한 서방의 지원은 무엇이 됐든 규탄하는 구실이 됐다.[9]

당시 푸틴의 정신적 스승이라는 소문이 돌았던 티혼 총대주교는 푸틴이 데니킨과 일리인, 시멜레프의 묘비 건립 비용을 개인적으로 지불했다는 사실을 기자단에 공개했다. 총대주교는 또한 푸틴이 "능력 있고 헌신적인 국가주의자"라고 부르는 솔제니친을 존경한다고 기자단에 설명했다.[10] 솔제니친은 강한 러시아 국가를 신봉했을 뿐만 아니라 러시아, 우크라이나, 벨라루스를 아우르는 범러시아 제국주의 모델에 기반한 동슬라브 국가로서 러시아를 지지한 인물이었다. 이는 러시아 민족의 정체성에 대한 소련식 사고와 제국식 사고의 어색한 타협이었다. 우크라이나 혈통이 절반 섞인 솔제니친은 소련의 전통에 따라 우크라이나인을 별개의 민족으로 일컬었지만, 제국의 전통에 따라 우크라이나인을 러시아인과 동일한 하나의 민족으로 간주했다.

푸틴은 2008년 부시 대통령에게 밝혔듯 우크라이나 동부와 남부의 일부는 우크라이나의 역사적 영토가 아니며 러시아 볼셰비키의 선물이라는 솔제니친의 신념을 공유했다. 솔제니친의 절충적 견해는 러시아-우크라이나 통합이라는 정치적 목표와 3자 러시아 민족의 제국주의 모델이 실현되는 한 푸틴에게는 큰 문제가 되지 않았다. 솔제니친처럼 푸틴도 러시아 민족을 러시아인, 우크라이나인, 벨라루스인으로 나눈 소련 시절의 구분을 수용하면서도 이들이 본질적으로 하나의 민족이라는 생각을 버리지 않았다. 러시아에 대한 솔제니친의 비전은 러시아 언어와 문화, 정체성에 대한 제국주의적 관념과 블라디미르 푸틴이 크렘린에 입성하면서 러시아 정계에서 인기를 얻기 시작한 견해를 잇는 가교 역할을 했다.

러시아는 자국에 대한 비전과 이웃 국가들과의 관계에서 소비에트의 유산을 뛰어넘을 준비가 돼 있었지만, 그 움직임은 역사의 후퇴로 나타났다. 푸틴이 지도자로 등장한 것이다. 푸틴은 옛 제국 공간에 대한 러시아의 지배를 정당화하는 유라시아주의자, 동슬라브 공동 국가를 원하는 대러시아 민족a big Russian nation 지지자, 그리고 마지막으로 다른 통합 기획이 실패할 경우 역사적으로나 민족적으로 러시아 영토인 땅들을 합병하는 '위대한 러시아Greater Russia' 패권주의를 받아들일 준비가 된 사람들의 생각을 마음대로 활용할 수 있었다.

크림을 향한 질주

푸틴은 2014년 2월 23일 밤 국방부와 정보기관 수장 등 소수의 참모들과 대화한 뒤 자신이 직접 크림반도 병합을 결정했다고 훗날 주장했다. 그는 "우리 정보기관과 국방부 수장들을 크렘린으로 초대했다"며 자신을 빼면 참석자는 네 명뿐이었다고 당시를 회상했다. 회의는 이튿날 아침 7시까지 계속됐다. 푸틴은 결국 "우리는 크림반도를 러시아의 일부로 되돌려놓는 작업에 착수하지 않을 수 없었다"고 주장했다. 이는 독재자의 단독 결정이었다. 장관이나 의회 의원은 물론 국가안보위원회 위원조차 그에게 조언하지 못했다.[11]

우크라이나에서 유일하게 러시아계가 다수를 차지하는 지역이자 소련 말기부터 러시아와 우크라이나의 분쟁 지역이었던 크림반도는 오랫동안 크렘린이 병합을 위해 눈독을 들여온 곳이었다. 1994년 당시 우크라이나 유권자들이 친러시아 성향의 레오니트 쿠치마를 대통령으로 선출하고 우크라이나 정치인들이 크림 자치공화국 지도층과 협상할 때 보리스 옐친은 우크라이나의 내정에 개입하지 않기로 결정했다. 이제 푸틴은 키이우의 추종자 쿠치마를 잃은 데다 우크라이나와 EU의 연합 협정 체결이 거의 확실시되면서 러시아 주도의 관세동맹과 유라시아 연합에 우크라이나를 참여시키려던 계획이 수포로 돌아가자 크림반도를 무력으로 점령하기로 결심했다.

1994년과 달리 분리주의 움직임은 보이지 않았지만, 푸틴이 유리하게 활용하려고 한 다른 요소들이 있었다. 우크라이나의 권력 교체, 야누코비치를 권좌에서 몰아낸 의회 결정의 적법성에 대한 의문, 마찬가지로 의문스러운 후계자의 자질, 새 정부가 불과 며칠 전까지 화염병을 던지며 맞섰던 우크라이나 보안 기관들의 신뢰를 얻지 못한 점 등이었다. 얼마 지나지 않아 우크라이나 의회는 우크라이나어 사용을 지지하는 새 법을 졸속 채택해 러시아계 소수민족의 권리에 대한 공격이라는 우크라이나 내 친러시아 정치인들의 비난을 사서 푸틴에게 정치적 선물을 안겨주었다. 러시아는 이 법을 이용해 러시아 민족주의와 분리주의를 부추기고 병합을 정당화했다.

키이우에서 발포가 시작된 2월 18일부터 양측의 대치가 최악의 유혈 사태로 번진 2월 20일까지 마이단 시위가 최고조에 달한 기간 내내 푸틴은 야누코비치와 연락을 취했다. 라도스와프 시코르스키 폴란드 외무장관은 자신을 비롯한 유럽 국가 대표들이 야누코비치와 사태 해결 방안을 협상하던 2월 20일 밤 야누코비치가 푸틴과 통화하기 위해 회의장을 나갔고 푸틴의 승인을 받고 나서야 조기 대선 실시에 합의했다고 회고했다.[12]

푸틴은 당시 오바마 대통령과도 전화 통화를 했다고 나중에 회고했다. "우리는 문제들에 대해 논의했다. 합의 이행을 어떻게 촉진할 것인지에 대해 이야기했다. 러시아는 일정한 의무를 떠안았다. 내 미국 동료 역시 일정 부분 의무를 떠안을 준비가 돼 있다고 했다." 푸틴과 여러 차례 만난 적 있는 러시아 신문 발행인 콘스탄틴 렘추코프는 "오바마는 시위대가 마이단에서 철수하도록 하고, 푸틴은 야누코비치에게 무장 경찰을 막사로 돌려보내라고 제안하기로 했다. 그리고 새로운 우크라이나 대통령 선거를 2014년 가을에 실시하기로 했다"고 회고했다.

오바마 정부의 전략 커뮤니케이션 및 연설문 작성 담당 국가안보 부보좌관 벤 로즈에 따르면 두 대통령은 실제로 "우크라이나의 신속한 선거 실시를 포함한 중재안에 합의했다. (…) 그러나 야누코비치는 국외로 탈출해버렸고 시위대가 키이우를 장악했다". 렘추코프에 따르면 푸틴은 오바마를 비난하며 "오바마는 푸틴에게 다시 전화하지 않았다. 그는 '어이, 친구. 모든 것이 잘못돼 미안하네'라고 사과조차 하지 않았다. 그는 그냥 전화를 하지 않았고 그걸로 끝이었다"라고 말한 것으로 알려졌다. 로즈는 두 대통령이 이후 며칠 그리고 몇 주에 걸쳐 우크라이나에 대해 많은 이야기를 나눴다고 회상했다. 푸틴은 미국이 시위를 선동했다고 비난하면서 키이우에서 일어난 사건을 쿠데타라고 불렀다.[13]

푸틴은 야누코비치가 시위대에 맞서 대규모 무력 사용과 군대 투입을 거부한 것에 대해 불만을 감추지 않았다. 푸틴은 야누코비치가 자신에게 "나는 무력 사용 명령에 서명할 수 없었다. 내 손이 움직이지 않았다"고 말한 것으로 기억했다. 푸틴은 이렇게 말했다. "그런 그를 비난할 수 있을까? 글쎄…… 좋은 일이든 나쁜 일이든 행동하지 않은 결과는 엄중하다." 푸틴은 2월 21일 밤 야누코비치에게 키이우를 떠나지 말라고 설득하려 했지만, 야누코비치는 고집을 꺾지 않았고 푸틴에게 다시 전화를 걸어 자신의 결정을 알렸다. 푸틴은 "최소한 경찰 병력을 해산하지는 마라"라고 야누코비치에게 충고했다. "아, 물론 완전히 이해한다"라는 대답이 돌아왔다. 사실 진압 경찰 부대는 의회 표결에 따라 이미 키이우를 떠나고 있었다. 이에 대해 야누코비치가 할 수 있는 일은 아무것도 없

었다.[14]

이튿날인 2월 22일 야누코비치는 우크라이나 수도를 하르키우로 이전하고 그곳에서 야누코비치가 국가를 통치하기를 희망한 우크라이나 동부와 남부 의회 대의원 회의에 모습을 드러내지 않았다. 대신 야누코비치는 푸틴에게 회담을 요청했고, 푸틴은 우크라이나 국경 근처 로스토프온돈시에서 회담을 열기로 합의했다. 그러나 우크라이나 국경수비대가 키이우의 명령에 따라 야누코비치의 고향 도네츠크에서 러시아로 향하려던 그의 비행기의 출발을 막았다. 앞서 언급했듯 그날 늦은 오후 우크라이나 의회는 야누코비치를 대통령직에서 해임하기로 의결했다. 야누코비치는 다시 한번 푸틴에게 전화를 걸어 도움을 요청하는 한편, 크림반도에 거점을 마련할 수 있을지 살펴보기 위해 크림으로 발길을 돌렸다.[15]

푸틴이 급박하게 전개되는 상황을 논의하기 위해 크렘린에서 보안 기관 수장들을 만나 내린 첫 번째 지시는 야누코비치를 러시아로 탈출시키라는 것이었다. 푸틴은 "나는 (…) 이들에게 우크라이나 대통령의 목숨을 구하는 임무를 부여했다. 그대로 놔두면 그들[우크라이나인들]이 그를 죽여버렸을 것"이라고 회상했다. "우리는 육해공 경로를 총동원해 그를 도네츠크에서 곧바로 구출해내기 위한 준비를 했다." 푸틴은 보안군에 주권 국가인 우크라이나로의 진입을 명령했고, 보안군은 그의 명령을 따랐다. 헬리콥터들이 국경 너머로 투입됐고, 러시아군은 도네츠크 공항에서 항공편으로 크림반도로 향하려다 거부당한 뒤 공항을 떠난 야누코비치의 차

량 행렬을 무선 감청 시설을 이용해 추적했다.[16]

한편 푸틴은 이미 크림반도를 우크라이나로부터 빼앗기로 결정한 상태였다. 유일한 문제는 러시아 헌법이 주권 국가의 영토를 병합하는 행위를 허용하지 않는 상황에서 그러한 행위에 형식적 정당성을 부여하는 방법이었다. 한 크렘린 내부자에 따르면 대다수는 2008년 러시아가 조지아의 소수민족 거주지인 남오세티야를 공격한 뒤 시험한 시나리오, 즉 남오세티야가 독립을 선언하고 러시아가 이를 승인했던 방식을 선호했다. 크림반도 역시 같은 방식으로 상황을 전개한 뒤 병합하는 방안이 가능했다. 푸틴은 이런 시나리오에 대한 반대 의견을 일축하며, 작전의 세부 사항을 해결하는 것은 참모들의 몫이라고 말한 것으로 알려졌다.[17]

푸틴은 참모들에게 크림반도를 러시아에 "반환"할 수밖에 없는 이유는 급진 우크라이나 민족주의자들이 주민들에게 가하는 위협 때문이라고 말했다. "[우리는] 그 영토와 그곳에 살고 있는 주민들을 운명에 내맡겨 민족주의자들에게 짓밟히도록 내버려둘 수는 없다." 그런 위협은 존재하지 않았지만 야누코비치가 합법적인 대통령으로 키이우에 복귀하기 위해 크림반도를 거점으로 삼는다면 크림반도를 러시아에 병합하려는 푸틴의 더 큰 목표는 물거품이 될 수 있었다. 야누코비치가 크림반도에 진을 치지 못하게 막거나 아니면 아예 크림반도로 들어가기 전에 저지해야 했다. 야누코비치가 크림반도로 향할 때 그의 경호원들과 연락을 취하고 있던 러시아 정보기관들은 야누코비치에게 매복조가 그를 기다리고 있다고 알려주었다. 야누코비치는 크림반도 바로 앞에서 멈춘 채 러시아 헬리콥터가 자신을 태워주기를 기다려야 했다.

"우리 전파 추적 팀이 사실상 그의 차량 행렬을 이끌기 시작했다"라며 푸틴은 그날 밤의 상황을 회상했다. "그가 경로를 따라 이동하는 동안 우리는 그의 위치를 계속 확인했다. 하지만 그들이 내게 지도를 보여주었을 때 그가 곧 매복 습격을 받을 것이라는 사실이 분명해졌다. 이뿐만 아니라 우리가 가진 정보에 따르면 그곳에는 그를 단숨에 해치우기 위해 대구경 기관총이 설치돼 있었다." 러시아 정부 외에 크림반도로 향하는 야누코비치를 막아선 세력이 있었다는 증거는 아직 밝혀지지 않았다. 우크라이나 보안 기관들이 야누코비치를 암살할 계획을 세웠다고 해도 당시에는 그런 일을 시도하기에는 무척 혼란스러운 상황이었다. 그러나 야누코비치는 모스크바에서 걸려온 전화에서 시키는 대로 행렬을 멈췄고, 곧이어 도착한 러시아 군용 헬기 세 대에 나눠 탑승했다. 놀랍게도 그는 자신이 향하던 크림반도가 아니라 러시아로 이송됐는데, 조종사는 급유를 해야 한다는 이유를 댔다.[18]

러시아 영토에서는 푸틴이 그를 기다리고 있지 않았고, 야누코비치는 자신을 다시 우크라이나, 더 구체적으로는 크림반도로 데려가달라고 요구했다. 야누코비치의 경호원 중 한 명에 따르면 야누코비치는 흑해 연안의 러시아 도시 아나파로 날아갔다가 그곳에서 다시 크림반도의 러시아 해군 기지로 비행했다. 크림반도의 한 요양 시설에서 그는 대통령 비서실장 안드리 클류예우를 비롯한 정치 동지들을 만났다. 상황은 불확실했다. 새로 임명된 우크라이나 국가보안국장 발렌틴 날리바이첸코와 내무장관 아르센 아바코우가 이미 크림반도에 와서 야누코비치를 찾고 있었다. 보안 특수대 요원들이 여전히 야누코비치에게 충성하는 상황에서 마이단 시위의 지도자였던 두 사람은 야누코비치를 체포하라는 명령을 우크라이나 국가보안국과 내무부 관리들에게 내리면 이들이 따를지 확신할 수 없었다. 하지만 야누코비치는 운을 시험하지 않고 크림반도를 떠나기로 결심했다. 야누코비치는 나중에 한 기자에게 "상황을 고려했을 때 우크라이나에 계속 남아 있으면 목숨이 위험해지리라는 사실을 깨닫고 우크라이나를 떠나기로 결심했다"고 말했다.[19]

푸틴의 말은 달랐다. 푸틴은 "키이우의 상황이 정신없이 전개됐기 때문에, 그런 상황에서 그가 키이우로 돌아가봐야 이미 의미는 없었다"고 주장했다. 한편 크림 주민들은 "사태 전개를 지켜보다가 즉시 무기를 집어들고 자신들이 취하려는 조치를 승인해달라고 우리에게 호소했다"고 푸틴은 주장했다. 즉 푸틴의 주장에 따르면 야누코비치는 키이우에서 미래가 없을뿐더러 이제는 크림반도 상황에도 걸림돌이 됐고, 지역 주민들의 선동에서 비롯된 상황이 푸틴이 명령한 러시아로의 '크림반도 반환'으로 이어졌다는 것이다.[20]

야누코비치는 2월 23일 저녁 우크라이나를 떠나 먼저 세바스토폴의 러시아 해군 기지로 갔다가 그곳에서 배로 갈아타고 러시아로 향했다. 그가 떠나면서 러시아의 크림반도 점령의 중요한 정치적 장애물은 제거됐다. 2월 23일은 소련 시절 붉은 군대의 날이었는데, KGB 요원 출신인 푸틴은 여전히 이날을 기념하고 있었다. 이날 푸틴은 동계 올림픽 개최의 기쁨을 만끽했다. 러시아는 1980년대에 소련이 그랬던 것처럼 주요 국제 스포츠 행사를 조직할 능력을 입증하며 세계무대에 복귀했다. 이제 러시아의 과제는 소련이 1980년 올림픽 개막을 불과 몇 달 앞두고 아프가니스탄을 침공하며 빠졌던 함정을 피할 수 있는 능력을 입증하는 것이었다.

야누코비치가 축출되고 EU와 연합 협정 체결을 약속한 새 우크라이나 정부가 출범하면서 유라시아 연합을 새로운 세계질서의 한 축으로 세우려던 푸틴의 계획에 큰 차질이 생겼다. 어쩌면 훨씬 더 큰 위험에 처한 것은 우크라이나를 러시아와 슬라브 연합의 일원으로 묶으려던 그의 비전이었다. 우크라이나 전체를 자신의 영향권 아래에 두는 데 실패한 푸틴은 러시아계가 다수를 차지하는 땅을 러시아 연방에 통합하는 것을 목적으로 하는 자신의 '위대한 러시아 프로젝트'를 진전시키기 위해 우크라이나 영토 일부를 병합하는 방법을 선택했다. 위대한 러시아의 건설이 자신의 범러시아 및 유라시아 통합 프로젝트를 구할 수 있을 것이라는 희망 때문이었다.

병합

크림반도를 점령하기 위한 러시아의 군사 작전은 2월 27일 새벽 인식표를 달지 않은 훈련복 차림으로 중무장한 한 무리의 군인들이 수도 심페로폴의 크림 의회 건물에 들이닥쳐 건물을 장악하면서 시작됐다. 우크라이나 내무장관 출신으로 야누코비치가 임명한 크림의 총리 아나톨리 모길레우가 이들이 전문가임을 깨닫는 데는 몇 분이면 충분했다. 특수부대는 철저히 매뉴얼에 따라 행동하며 의사당 곳곳에 자리를 잡았다. 무력 탈취 행위였기 때문에 모길레우는 키이우에 보고했지만 명확한 지시를 받지 못했다. 새 정부는 아직 군대나 보안 기관을 완전히 장악하지 못한 상태였다.[21]

인식표를 달지 않은 군인 무리가 크림 자치공화국 내각과 의사당을 장악하는 사이 또 다른 무리의 군인들은 심페로폴 시내를 누비며 의회 의원들을 점거한 의사당으로 끌고 와 모길레우의 축출과 42세의 의회 의원 세르게이 악쇼노프의 크림 총리 임명을 승인하는 준비된 결의안에 투표하도록 강요했다. 악쇼노프는 범죄자들 사이에서 '고블린'으로 불리는 크림 암흑가의 보스였다. 그는 러시아 보안 기관의 지원을 받는 러시아통합당을 이끌고 있었다. 크림 위기 직전 몇 달 동안 크림반도의 고속도로 광고판은 야누코비치와 악쇼노프의 초상화로 도배됐다. 야누코비치는 이런 경쟁을 용인할 수밖에 없었다. 악쇼노프의 당은 크림 의회 선거에서 4퍼센트를 얻는 데 그쳤지만, 칼라시니코프 자동소총으로 무장한 사

람들이 유권자들의 생각을 바로잡고 있었기 때문에 득표율은 더 이상 중요하지 않았다.[22]

겁에 질린 크림 의회 의원들은 군인들의 지시에 따라 악쇼노프를 새 크림 총리로 임명했다. 의원들은 또한 우크라이나와 크림 자치공화국이 연방 관계를 수립해서 우크라이나 내에서 크림반도에 더 폭넓은 자치권을 부여하는 헌법 개정안에 대한 주민투표 실시를 의결했다. 크렘린은 아직 크림의 독립 문제를 의회 안건으로 상정하지 않았는데, 크림반도와 주변 상황에 대한 반응을 살피고 싶었기 때문이다. 심페로폴에서는 크림타타르족 주민들이 의회 건물 담장에 모여 "우크라이나에 영광을!"이라고 외쳐댔다. 러시아 기관들이 자금을 대며 동원한 친모스크바 시위대는 "러시아!"를 하고 외쳤다.

푸틴의 측근 세르게이 글라제프는 러시아가 오랫동안 "먹여 살린" 악쇼노프를 비롯한 친러시아 정치인들이 집회에 나타나지 않는다고 전화로 불만을 토로했는데 이 대화가 우크라이나 보안 기관에 포착됐다. 블라디미르 콘스탄티노프 크림 의회 의장은 의회가 독립 투표를 원한다는 소문을 "도발"이라며 비난했다. 그러나 러시아 정보기관은 물밑에서 독립 요구를 꾸며냈다. 세바스토폴에서는 러시아 요원들이 조직한 집회에서 세바스토폴을 러시아로 반환하라는 요구가 제기됐다. 케르치시에서 열린 또 다른 집회에서는 우크라이나의 연방화(의회가 승인한 목표)를 요구하며 이것이 받아들여지지 않는다면 분리 독립을 하겠다고 위협했다.[23]

2월 28일 우크라이나 대통령 권한대행 올렉산드르 투르치노우는 국가 영토 보전을 논의하기 위한 국가안보회의를 소집해 참석자들에게 러시아 당국이 크림반도 병합을 고려하고 있다고 말했다. 그날 인식표 없는 군복을 입은 러시아 특수부대가 심페로폴과 세바스토폴 두 공항을 장악했다. 투르치노우는 그 시점에 새 정부의 모든 구성원이 극한 상황에서 일할 준비가 돼 있지 않다는 사실을 인정하면서도 우크라이나 국민이 대응 조치를 요구하고 있다고 주장했다.

국가보안국장 발렌틴 날리바이첸코는 크림반도에서 우크라이나의 행정력이 완전히 상실됐다고 보고했다. 신임 총리 악쇼노프뿐만 아니라 러시아 침공 이전부터 의회 의장을 맡아온 블라디미르 콘스탄티노프도 러시아군 및 해군 지휘관들과 협력하고 있었다. 경찰 부대, 그중에서도 특히 진압 경찰 부대원들은 존엄 혁명 승리 이후 키이우에서 돌아오자마자 분리주의 세력에 가담한 상태였다. 군대는 사기가 떨어져 있었다. 사령관이 사임한 우크라이나 해군의 상황은 더 안 좋았다. 날리바이첸코는 발포와 민간인 사망으로 이어질 우려가 있는 도발이 러시아군의 크림반도 전면 무력 점령의 구실로 이용될 수 있다고 경고했다.[24]

국방장관 대행을 맡은 이호르 테뉴흐 제독은 러시아군이 동부 국경을 넘어 우크라이나를 침공할 준비를 하고 있다고 지도부에 보고했다. 4만 명에 달하는 장교와 병사들이 군사 훈련을 구실로 우크라이나 동부 국경으로 이동한 상태였다. 테뉴흐 제독은 "솔직히 말해 현재 우리에게는 군대가 없다. 군은 러시아 보안 기관의 지시를 받은 야누코비치와 그의 일당들에 의해 체계적으로 파괴됐다"고 말했다. 그는 러시아가 전투태세를 갖춘 부대들을 크림반도로 이동시키고 있으며 병력 수는 2만 명에 달한다고 보고했다. 우크라이나는 크림반도에 1만5000명의 병력을 보유하고 있었지만 대부분 반도 자체에서 징집한 병사들인 탓에 충성도가 불확실했다. 테뉴흐의 명령에 따라 군사 임무를 수행할 수 있는 장교와 사병의 수는 5000명을 넘지 않았다. 그의 유일한 희망은 당시 흑해에 배치된 미국의 프리깃함이었다. 테뉴흐는 그 함정이 우크라이나 영해에 진입해 우크라이나에 대한 미국의 지지를 보여주길 원했다.

투르치노우에게는 아이디어가 하나 있었다. 나토가 우크라이나를 동맹의 '준회원국'으로 받아들이는 방안이었다. 이는 1990년대에 처음 우크라이나가 제안한 아이디어였지만 나토에는 그런 지위가 존재하지 않았다. 야누코비치 정권에 의해 투옥됐다가 막 석방된 율리야 티모셴코 전 총리도 "즉각적인 나토 가입은 러시아의 더 강력한 침공을 유발할 수 있으므로 논의해서는 안 된다"며 이 아이디어에 반대했다. 아르세니 야체뉴크 신임 총리는 러시아가 2008년 조지아의 나토 회원가입행동계획 개시를 문제 삼아 조지아를 침공했고 이제 우크라이나에서도 같은 행동을 하고 있다고 설명했다. 당시 서방이 우크라이나에 제공하기를 거부한 MAP는 이제 "완전히 비현실적인 일"이 됐다.

야체뉴크는 부다페스트 각서 서명국(미국·영국·프랑스·중국)으로부터도 큰 도움을 기대하지 않았다. 야체뉴크는 "우리는 오로지 우리 자신에게 의지해서 문제를 해결해야 할 것"이라고 말했다. 그는 상황을 다음과 같이 요약했다. 러시아 정부도 잘 알고 있듯이 우크라이나는 군사적 대결을 할 준비가 돼 있지 않았고, 새로운 크림 지도부와의 협상과 양보를 통해 사태를 해결하려는 시도는 러시아에 의해 저지될 가능성이 높았다. 유일한 희망은 국제사회의 지지를 모으는 것이었다. 야체뉴크는 러시아의 국제 협약 위반 사항을 문서화해서 침략 행위를 막고자 유엔 안전보장이사회를 소집하자고 제안했다.

회의 도중에 투르치노우는 다른 방에서 전화를 한 통 받았다. 전화를 건 사람은 푸틴의 측근인 세르게이 나리시킨 러시아 두마 의장이었다. 그가 전달한 푸틴의 메시지는 노골적인 협박이나 다름없었다. 크림반도에서 러시아인이 한 명이라도 목숨을 잃는다면 러시아는 새 우크라이나 지도부를 전범으로 선언하고 세상 끝까지 쫓겠다는 것이었다. 나리시킨은 한 가지 경고를 더 했다. 러시아인과 러시아어를 사용하는 사람에 대한 박해를 러시아가 용납하지 않겠다는 것이었다. 투르치노우는 이를 우크라이나가 크림반도에서 저항할 경우 우크라이나의 다른 지역을 침공하겠다는 위협으로 받아들였다. 그는 러시아 지도부가 우크라이나를 침공함으로써 이미 전범이 됐으며 국제 법정에 서야 할 것이라고 맞받아쳤다.

푸틴의 협박은 통하지 않았다. 그러나 핵무기도 나토 회원 자격도 이렇다 할 군대도 없는 우크라이나가 침략을 막을 방법은 없었다. 날리바이첸코 국가보안국장은 미국과 독일 관리들이 우크라이나에 크림반도에서 러시아에 저항하지 말 것을 요청하고 있다고 보고했다. 그들의 정보에 따르면 러시아가 그 같은 저항을 우크라이나 전면 침공의 구실로 이용하려 한다는 것이었다. 국제사회에 호소하고 유엔에서 러시아를 규탄하는 것이 우크라이나 정부가 국가의 영토를 보전하기 위해 동원할 수 있는 유일한 수단이었다.[25]

3월 1일 크림의 신임 총리 악쇼노프는 푸틴에게 "평화와 안정을 지키기 위해 지원을 제공해줄 것"을 요청했다. 같은 날 푸틴은 러시아 상원인 연방평의회에 우크라이나 영토에 러시아 군대를 배치할 수 있도록 승인을 요청했다. 유엔 안전보장이사회에서 크림 총리에게는 다른 국가에 우크라이나 문제에 개입을 요청할 권한이 없다는 지적이 나오자, 유엔 주재 러시아 상임대표 비탈리 추르킨은 당시 러시아에 망명 중이던 빅토르 야누코비치가 서명한 문서를 제시했다. 이제 완전히 러시아의 통제를 받게 된 야누코비치는 푸틴 대통령에게 러시아 군대를 동원해 우크라이나의 질서를 회복하고 마이단 혁명으로 빚어진 위협으로부터 우크라이나 국민을 보호해달라고 호소했다. 야누코비치는 크림반도뿐만 아니라 우크라이나 남부와 동부 지역도 위협을 받고 있다고 주장했다.[26]

우크라이나에 대한 개입 요청과 러시아 군대 동원 허용은 이미 진행 중이던 크림반도의 무력 점령에 형식적 정당성을 부여하려는 뒤늦은 시도에 불과했다. 3월 4일 푸틴은 기자회견을 열어 존엄 혁명을 쿠데타로 규정하며 크림반도 점령에서 러시아군의 역할을 부인하고 현지 자위 부대에 의해 이뤄진 일이라고 주장했다. 그는 이어 우크라이나군이 저항할 경우 러시아군이 사용할 전술에 대해 이야기했다. 푸틴은 "군인 중 누구라도 자국민을 향해 발포하려 한다면 그 사람들 뒤에 우리가 서 있을 것"이며 "앞이 아니라 뒤에 서 있을 것이다. 여성과 아이들에게 총을 쏘게 내버려두라"고 거듭 경고했다. 그가 말한 것은 다름 아닌 전쟁 범죄 행위였다.[27]

푸틴은 크림반도 병합 계획을 부인했지만, 이틀 뒤 완전히 러시아의 통제를 받게 된 크림 의회가 앞서 내린 결정을 번복하고 3월 16일로 예정된 주민투표의 안건 내용을 변경했다. 이제 주요 안건은 크림반도와 러시아의 '통일'이었다. 러시아 당국은 여론의 비난을 피하기 위해 세르비아 등 친러 우익 유럽 동맹국 기자들 외에는 언론의 주민투표 취재를 금지했다. 독립 기관들의 전망에 따르면 투표율은 30~50퍼센트로 예상됐다. 같은 전망에서 투표에 참여한 사람의 50~80퍼센트가 '통일'에 찬성할 것으로 예상됐다. 그 정도만 해도 푸틴이 목적을 달성하기에 충분했지만 러시아는 압승을 원했다. 공식 발표된 주민투표 결과는 소련 시절 치러진 많은 선거를 떠올리게 했다. 96.77퍼센트가 통일에 찬성표를 던진 것이다. 투표율은 83퍼센트로 발표됐다.[28]

이튿날인 3월 17일 '개표'가 완료됐고, 크림 의회는 러시아 당국에 크림반도를 영토의 일부로 받아들일 것을 요청했다. 주민투표

전날 발표한 글에서 모스크바국립국제관계대학 교수인 역사학자 안드레이 주보프는 크림반도의 계획된 병합을 1938년 히틀러의 오스트리아 병합에 비유했다. 그는 히틀러가 내세웠던 위대한 독일 비전과 러시아가 앞세운 통일이라는 미사여구의 유사점에 주목하며, 두 행위 모두 (체코슬로바키아의) 독일인과 러시아인 등 핍박받는 소수를 보호해야 한다는 이유로 대중에게 정당화됐다는 사실을 지적하고, 강제 병합을 위한 법적 근거를 마련하고자 엉터리 주민투표가 기획됐다고 언급했다. 주보프는 곧 해임돼 러시아 최고의 외교 관련 학교에서 명망 높은 지위를 잃었다. 그러나 그가 논쟁에서 패한 것은 아니었다.[29]

크림반도의 '통일'과 오스트리아 병합 그리고 여기에 영감을 준 위대한 독일과 위대한 러시아의 비전 사이에는 많은 유사점이 발견됐다. 두 행위에 대한 대중의 인식에도 상당한 유사점이 있었다. 1938년 나치 독일의 오스트리아 병합은 히틀러의 영토 확장 욕구가 독일계 주민이 거주하는 땅에 국한된 것으로 여겨졌기 때문에 영국과 러시아에서 거의 우려를 불러일으키지 않았다. 푸틴의 크림반도 병합에 대한 독일의 반응도 마찬가지로 차분했는데, 독일 국민의 40퍼센트가 그의 행동에 반대하지 않았다. 두 경우 모두 침략자가 더 이상은 나아가지 않을 것이라는 희망이 있었다. 하지만 이는 최악의 낙관론에 불과했다.[30]

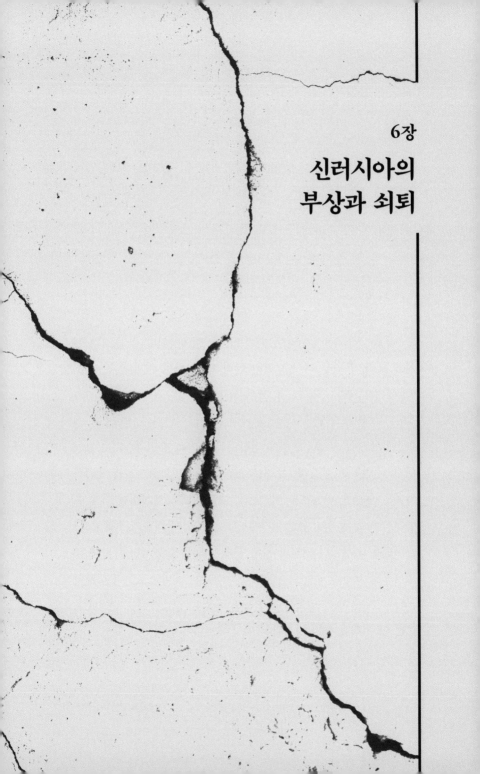

6장

신러시아의
부상과 쇠퇴

2014년 3월 18일 블라디미르 푸틴은 생애에서 가장 중요한 연설을 했다. 푸틴은 러시아 의회 상하 양원 합동 회의(국가 두마와 연방평의회 의원, 지역 지도자, 크렘린의 통제를 받는 관제 시민단체 대표들이 참석했다) 연설에서 의원들에게 우크라이나의 크림반도와 세바스토폴시를 러시아 연방에 병합하는 법안을 승인해달라고 요청했다. 주민투표 이틀 뒤 푸틴은 크림반도를 병합함으로써 크림의 짧았던 독립에 마침표를 찍었는데, 이는 제2차 세계대전 이후 유럽에서 외국 국가가 주권 국가의 영토를 병합한 최초의 사례였다.[1]

푸틴은 연설에서 크림의 자위 부대가 통일을 달성하기 위해 주도적으로 행동했으며, 크림반도의 주민들은 세바스토폴이 나토의 군사 기지가 되지 않도록 자신들의 운명을 결정했다고 선언했다. 그는 이 기회를 틈타 나토와 서방이 세르비아 폭격부터 코소보 독립 승인에 이르기까지 국제법을 어기고 러시아에 맞서 저지른 온갖 불의를 상기시키면서 크림반도에서 러시아의 행동을 정당화했고, '색깔 혁명'2000년대 이후 구소련 국가들을 중심으로 전 세계에서 일어난 민주주의 혁명을 서방이 사주한 쿠데타라고 비난했다.

푸틴은 전에 없이 러시아 민족주의에 호소했다. 루스키예russkie 순수 혈통 러시아인가 아닌 로시야네rossiiane 민족과 관계없는 러시아 국민로 지칭되는 러시아 연방 시민이 구현하는 다민족 정치 국가를 주요 대상이자 판단 기준으로 삼았던 이전의 발언과 성명에서 크게 벗어난 것이었다. 이제 그는 러시아와 러시아인이 세계에서 가장 큰 분단 민족이라고 주장했다. 푸틴은 소련 몰락 이후 "크림반도가 결국 다른 나라의 일부가 됐을 때 (…) 러시아는 크림을 단순히 빼앗긴 것이 아니라 약탈당했다는 것을 깨달았다"면서 "지금까지 시민들과 많은 유명 인사가 이 문제를 다시 언급하며 크림반도는 역사적으로 러시아의 땅이고 세바스토폴은 러시아의 도시라고 말해왔다"고 선언했다. 푸틴이 우크라이나를 공격해 영토 일부를 병합했음에도 불구하고 러시아-우크라이나의 통일성에 호소하는 요소들도 연설에 포함됐다. 푸틴은 "정교회가 러시아와 우크라이나, 벨라루스 민족을 하나로 묶는 문화와 문명, 인간 가치의 전반적인 기초를 운명지었다"고 주장했다. 그는 심지어 러시아가 크림반도를 점령한 것은 러시아인과 우크라이나인 모두를 위해 크림반도가 제3자에게 넘어가는 것을 막기 위한 목적이었다고 선언했다. 푸틴은 이어 "크림반도는 우리 공동의 역사적 유산이자 지역 안정의 매우 중요한 요소"라며 "따라서 이 전략적 영토는 강력하고 안정적인 주권 국가의 일부가 돼야 하고, 오늘날 그 유일한 선택지는 러시아 뿐이다. 그러지 않는다면 친애하는 친구 여러분(우크라이나인과 러시아인 모두에게 하는 말이다), 여러분과 우리(러시아인과 우크라이나인)는 크림반도를 완전히 잃을 수 있으며 가까운 역사적 시점에 그렇게 될 수도 있다"고 주장했다.

푸틴은 크림반도 병합에 대해 러시아의 역사와 영토, 정체성에 호소하면서 러시아 종족 민족주의의 기치 아래 제국의 유산을 앞세워 크림반도에 대한 권리를 호소하는 한편, 러시아인과 우크라이나인이 슬라브 형제라고 하는 등 병합에 대해 복합적인 주장을 펼쳤다. 후자는 러시아와 우크라이나 국민 다수가 지지하는 러시아-우크라이나의 동질감을 이용하기 위한 것이었다. 푸틴은 크림이 독특한 사례, 즉 역사적·문화적·민족적으로 러시아에 속하는 우크라이나의 일부라며 우크라이나인들을 안심시켰다. 나머지 우크라이나 영토는 안전하다는 것이었다. 푸틴은 "다른 지역들도 크림반도처럼 될 것이라며 러시아를 두려워하게 만들려는 사람들을 믿지 마라"라면서 "우리는 우크라이나를 분열시키고 싶지 않고 그럴 필요도 없다"고 선언했다. 실제로 우크라이나의 분열은 바로 푸틴이 크림반도에 대한 연설 이후 몇 주, 몇 달에 걸쳐 추진한 일이었다.[2]

연설을 마무리 지으며 푸틴은 러시아 의회 의원들에게 협약 비준과 함께 러시아 연방 내에 크림반도와 세바스토폴을 위한 선거구 두 곳의 신설을 요청했다. 의회는 이에 응했고, 3월 21일 푸틴은 크림반도와 세바스토폴을 러시아 연방에 통합하는 법에 서명했다. 러시아 헌법에는 부합하지만 1994년 부다페스트 안전보장 각서와 1997년 러시아-우크라이나 우호 조약 등 러시아가 체결한 조약과 국제법을 노골적으로 위반하며 진행된 크림반도 병합은 이제 기정사실이 됐다.[3]

신러시아

크림반도 병합으로 제국주의와 민족주의는 러시아 외교 정책의 핵심 요소이자 원동력이 됐다. 이 병합은 푸틴이 '위대한 러시아 프로젝트'(러시아계 주민이 정착했거나 역사적 또는 문화적 근거에 따라 러시아로 간주되는 영토의 병합)를 러시아-우크라이나 통합이나 유라시아 통합 프로젝트보다 우선시해왔음을 드러냈다. 사실 푸틴은 두 가지 모두를 추구하거나 심지어 크림반도 병합을 이용해 우크라이나의 나머지 지역을 러시아의 영향권 아래 두려고 했다. 어떻게 그런 일이 가능할까?

그 답은 크림반도의 주민투표 이튿날이자 푸틴의 크림반도 관련 연설 하루 전인 2014년 3월 17일 러시아 외무부 웹사이트에 올라온 제안서에서 찾을 수 있다. 이 제안은 일주일 전에 미국과 유럽 강국들에 제공된 것으로 알려졌다. 제안은 야누코비치를 우크라이나 대통령에 복귀시키고, 우크라이나 의회령으로 '모든 우크라이나 지역'을 대표하는 제헌 의회를 구성하며, 이 의회에서 우크라이나를 "정치적·군사적" 중립을 표방하는 "연방" 국가로 전환하는 새 헌법을 제정할 것을 요구했다. 아울러 러시아어를 우크라이나의 두 번째 공용어로 지정하고, 각 지역이 자체적으로 경제·문화·교육 문제를 관리하며 "지역 간 대외 관계"를 수립해 외교 정책 수립과 실행에서 중앙 정부의 독점적 지위를 깰 것을 요구했다.[4]

이 제안은 연방화에 대해 이야기했지만 사실 우크라이나를 각 지역이 국제 문제에 관해 독자적으로 정책을 결정하는 반半독립 지역 연합으로 바꾸자는 것이었다. 그렇게 되면 주권 국가로서의 우크라이나는 소멸돼 키이우의 중앙 정부가 (마이단 시위대의 핵심 요구였던) 유럽연합과의 연합 협정 협상을 할 수 없게 됐을 것이다. 키이우의 새 우크라이나 정부는 새 헌법 채택이나 연방화 개념을 거부했다. 새 정부는 그러나 지역 정부를 개혁하고 이에 맞춰 우크라이나 헌법을 개정할 준비가 돼 있었으며, 4월에 제네바에서 러시아와 미국, 유럽연합과 가진 회담에서 양보안으로 이를 제시했다. 예상대로 러시아는 불쾌감을 드러냈고, 우크라이나가 러시아의 조종을 순순히 받아들이는 사실상 통치권을 상실한 국가가 되는 것을 거부할 경우 '우크라이나 문제'에 관한 한 러시아가 또 다른 해결책을 가지고 있음이 곧 분명해졌다. 그 해결책은 바로 분할이었다.[5]

러시아가 크림반도를 병합한 직후인 3월 하순 폴란드와 루마니아, 헝가리 정부는 러시아의 국수주의 정당인 자유민주당 지도자이자 원내대표인 블라디미르 지리놉스키가 서명한 제안서를 받았다. 지리놉스키는 전간기와 제2차 세계대전 기간에 우크라이나의 일부를 지배하거나 점령했던 이들 국가 정부에 해당 영토를 '반환' 받을 것인지 여부를 묻는 국민투표 실시를 요청했다. 그는 1939년 나치 독일과 소련이 몰로토프-리벤트로프 조약을 체결하기 전에 존재했던 유럽의 국경을 복원하자고 제안했다. 제안서에는 "역사적 오류를 바로잡는 일은 언제 해도 결코 늦지 않는다"라고 쓰여 있었다. 지리놉스키가 크렘린을 대신해 편지를 쓴 것인지는 분명하지 않았다.[6]

폴란드 외무부 대변인은 지리놉스키의 편지를 "아주 기괴한 일"이라고 일축했지만, 몇 달 뒤 그의 상관인 라도스와프 시코르스키 외무장관도 푸틴에게 같은 제안을 들었다고 밝혔다. 제안은 우크라이나가 나토 회원가입행동계획을 신청하던 2008년 2월 폴란드 공식 대표단이 모스크바를 방문했을 때 이루어졌다. 폴란드는 물론이고 어떤 중부 유럽 국가도 러시아의 제안에 관심을 보이지 않았다. 하지만 만약 이들 국가가 이 제안을 고려할 준비가 돼 있었다면 어떤 일이 일어났을까? 푸틴이 폴란드 대표단에게 제안할 무렵 "모스크바의 학계라고 할 수 없는 일부 인사들"(이 보고서를 제공한 러시아 정치학자 드미트리 트레닌의 표현이다)은 우크라이나 남부와 몰도바의 일부 지역에 '신러시아'라는 완충 국가를 만드는 방안을 논의하고 있었다. 신러시아라는 이름은 18세기 말 예카테리나 2세 여제가 흑해 북부 지역에 설립한 제국의 주 이름에서 따온 것이었다.7

2008년 모스크바에서 이뤄진 논의에서 몰도바의 분리주의 소수민족 거주지인 트란스니스트리아를 새로운 국가의 일부로 만들자는 제안이 있었지만, 2014년 봄에는 상상 속 지역의 지형도에 변화가 있었다. 4월 초 한 영국 기자는 예카테리나 2세의 옛 속주에서 멀리 떨어진 도네츠크시에서 반우크라이나 시위대가 "신러시아"를 외치는 소리를 들었다. 4월 중순에는 푸틴이 자신이 '신러시아'라고 부르는 지역의 지리적 범위에 대한 정의를 직접 내렸다. 푸틴은 텔레비전으로 중계된 마라톤 전화 회견 중 질문에 답하면서 '신러시아'는 하르키우와 루한스크, 도네츠크, 헤르손, 미콜라이우, 오데사 등 우크라이나 주들(우크라이나 동부와 남부 지역 전체에 해당된다)이라고 정의했다. "이곳들은 모두 1920년대 소련 정부에 의해 우크라이나에 양도된 영토다. 그들이 왜 그렇게 했는지는 아무도 모른다. 이 모든 일은 노보로시스크를 중심으로 벌어진 잘 알려진 전쟁에서 포템킨과 예카테리나 2세가 승리를 거둔 뒤에 일어났다. 그래서 [러시아 이름인] 노보로시야['신러시아']라고 불리게 된 것이다. 그 후 여러 이유로 이 영토들은 [소비에트 러시아를] 벗어났지만 사람들은 그곳에 그대로 남아 있다."8

푸틴의 '신러시아'에 대한 지리적 정의는 18세기 당시 속주가 흑해 북부 스텝 지대에 국한됐고 하르키우나 루한스크, 도네츠크까

러시아 우크라이나 전쟁

지는 미치지 않았기 때문에 반역사적이었다. 그러나 이 정의는 솔제니친이 우크라이나에 포함되긴 됐지만 제대로 속한 적이 없기에 역사적으로나 언어적으로 러시아 땅이라고 주장한 목록과 일치했다. 솔제니친의 역사 고찰은 푸틴의 주장만큼이나 잘못된 것이었다. 과거 예카테리나 2세가 속주로 지정했고 오늘날 푸틴이 역사적 이유를 들어 러시아 연방의 '신러시아' 주라고 주장하는 땅은 볼셰비키 혁명 이후 전체 인구 중 러시아인이 17퍼센트에 불과했다. 1920년대에 이 지역이 우크라이나 소비에트 사회주의 공화국에 할당된 것은 구성원의 다수가 우크라이나인이었기 때문이다. 푸틴이 막 18세기 제정 러시아가 크림반도와 우크라이나 남부를 병합한 사실을 언급하고 나선 것은 역사적으로뿐만 아니라 민족적으로도 훨씬 더 넓은 지역에 대한 영유권을 주장하기 위함이었다.[9]

푸틴이 '신러시아'의 지리적 범위를 설명할 무렵 해당 지역들은 이미 러시아 연방이 사주하고 조직하고 자금을 지원하는 집회와 폭동의 현장이 돼 있었다. 4월 7일에는 크림반도에서 군사 작전이 종료된 뒤 우크라이나 본토로 옮겨온 러시아 민족주의자들이 조직한 군중이 도네츠크를 중심으로 하는 도네츠크 인민공화국의 수립을 선포했다. 그달이 끝나기 전에 돈바스의 또 다른 중심지인 루한스크에서 루한스크 인민공화국이 선포됐다. 폭도들이 정부 건물을 점거한 하르키우에서도 같은 일이 벌어졌다. 우크라이나군이 반격에 나서 하르키우의 정부 청사를 탈환했다. 5월 2일에는 역사적으로 신러시아의 심장부인 오데사에서 친우크라이나와 친러시아 활동가들 사이에 충돌이 일어났다. 양측의 대립은 비극으로 막을 내렸다. 반우크라이나 활동가 42명이 친우크라이나 세력과 대치 끝에 퇴각한 건물에서 발생한 화재로 목숨을 잃었다.[10]

5월 초 키이우 정부는 현지 활동가와 기업가들의 지원을 받아 하르키우와 오데사, 자포리자, 드니프로페트로우스크를 비롯한 우크라이나 동남부 중심지(4월 중순 푸틴이 '신러시아'라고 언급한 지역)에서 러시아의 사주와 자금 지원으로 발생한 반란을 진압하는 데 성공했다. 그러나 키이우 정부는 도네츠크와 루한스크 지역 등 돈바스 공업지대 대부분에 대한 통제력을 잃었다. 현지 분리주의 세력의 지원을 받은 러시아 용병들이 비교적 쉽게 우크라이나의 돈바스 지역을 점령하고 대부분 우크라이나에 남기를 원했던 주민들을 인질로 붙잡을 수 있었던 데는 여러 이유가 있었다.

그중 하나는 키이우 과도 정부가 유약하며 보안군의 충성심을 이끌어낼 능력이 없었다는 점이다. 존엄 혁명 당시 반反마이단 진영을 지지했던 경찰 부대들은 새 정부를 전혀 신뢰하지 않았다. 뿐만 아니라 돈바스는 축출된 빅토르 야누코비치 전 대통령의 본거지였기 때문에, 지역 엘리트와 일반 주민 모두 자신들이 키이우에서 성공한 유로마이단 혁명의 패배자라고 생각했다. 특히 기계 제작 공장 관리자들은 유럽연합과 새 협정을 체결할 경우 회사의 미래가 우려된다며 러시아 시장에 자사 제품을 판매할 수 있기를 바랐다. 야금과 광산 붐이 일었던 19세기 후반부터 우크라이나는 물론 소련 전체의 산업 중심지로 자리매김했던 돈바스는 탈공업화 경제의 중심지로 변신하지 못하면서 주민들이 경제적 기회를 박탈당한 전형적인 사양산업 지대로 쇠락하고 있었다.

도네츠크와 루한스크주의 생활수준은 우크라이나에서 가장 열악한 상태로, 지역 주민들은 표를 노린 정치인들이 러시아어를 사용하는 유권자들을 상대로 우크라이나어를 사용하는 우크라이나 서부 지역에 대한 적개심을 부추기는 데 수년째 선동당해왔다. 이 지역의 민족 구성(지역 최대 도시 도네츠크의 경우 전체 인구의 48퍼센트가 러시아인이었다) 때문에 그런 선전선동은 먹혀들었다. 2014년 4월 우크라이나 돈바스주에서 실시한 여론조사에서는 주민의 30퍼센트가 러시아와의 통합을 지지했다. 결코 다수라고 할 수는 없지만 이 지역으로 이동한 러시아 용병과 민족주의자 그룹이 지지를 얻기에는 충분한 숫자였다.[11]

푸틴과 러시아 민족주의자들의 '신러시아'는 이제 우크라이나 돈바스에서 새로운 지리적 경계를 찾아냈다. 러시아와 분리주의자들은 5월 초 오데사에서 발생한 비극을 이용한 선전선동을 통해 도네츠크주와 루한스크주 독립에 대한 찬성 투표를 이끌어냈다. 같은 달 실시된 주민투표는 크림반도의 주민투표보다 훨씬 더 급하게 준비됐지만, 주최 측은 예상대로 독립 찬성 쪽의 승리를 선언했다. 주민투표에 참여한 사람들은 푸틴의 '신러시아'의 독립이 아니라 두 개의 분리된 '인민공화국' 도네츠크와 루한스크의 독립에 투표했다. 이러한 공화국 아이디어는 러시아 제국이 아닌 소련 초기 시절, 특히 러시아 혁명 당시 볼셰비키 통제하에 만들어졌다가 단명한 정치체제인 도네츠크-크리비리흐 소비에트 공화국으로 거슬러 올라간다. 소비에트의 신화는 제국에 대한 먼 기억보다 훨씬 더 강하게 현지 주민들의 공감을 불러일으켰다.

'신러시아'는 곧 자신들이 꿈꾸는 정치체제를 만들겠다는 희망을 품고 이 지역으로 몰려든 러시아 유라시아주의자와 러시아 민족주의자, 정교회 군주제주의자, 네오나치주의자들의 정체성의 상징이자 슬로건이 됐다. '신러시아'의 주요 지지자 중 한 명인 신유라시아주의 지도자 알렉산드르 두긴은 '대러시아'의 존재를 유라시아의 일부로 포용하기 위해 자신의 이론까지 수정하면서 유라시아주의와 러시아 민족주의 사상의 기묘한 혼종을 만들어냈다. 러시아의 자금 지원과 러시아 정보기관의 지침 및 지시를 받는 러시아 민족주의자와 유라시아주의자들이 곧 새로 선포된 공화국들을 장악했다.[12]

러시아의 정치 컨설턴트 알렉산드르 보로다이는 새로 선포된 도네츠크 인민공화국의 총리가 돼 이 지역에 새로 들어온 사람 중 가장 극적인 경력 상승을 기록했다. 그러나 이제 우크라이나 돈바스를 이끌게 된 러시아인 중 가장 유명한 인물은 스트렐코프라는 가명으로 불리는 이고르 기르킨이었는데, 러시아 보안국 장교 출신인 기르킨은 도네츠크 공화국 국방장관에 올랐다. 두 사람 다 러시아 민족주의자였으며, 기르킨은 몰도바부터 체첸까지 구소련 공간의 지역 분쟁에 참여한 경력이 있는 열혈 군주제주의자였다.

기르킨은 유고슬라비아 전쟁에도 참전했다. 돈바스 지역에 불안을 조성해서 분리주의 소수민족 거주지로 만드는 과정에서 러시아 요원들이 수행한 역할은 아무리 높게 평가해도 지나치지 않았다. 한 예로 기르킨은 러시아 용병들을 이끌고 도네츠크주 슬로비안스크의 주요 교통 중심지를 점령했다. 그는 또한 우크라이나 보안군 장교에게 발포해 한 명을 사살함으로써 돈바스에서 가장 먼저 교전을 시작했다.[13]

민스크 협정

러시아의 크림반도 병합과 돈바스 지역의 사실상 점령은 우크라이나의 '권력 공백기'(2014년 2월 말 야누코비치의 축출과 5월 말 페트로 포로셴코 신임 대통령 선출 사이의 기간)에 일어났다. 역사적으로 볼 때 권력 공백기는 국가의 역사에서 가장 위험한 시기로, 보편적으로 인정되는 규칙의 부재로 인한 기회를 틈타 경쟁국의 영토를 장악하려는 이웃 국가들의 약탈적 행동을 유발한다. 이는 중세와 근대 초기를 연구하는 역사가들에게 익숙한 이야기지만, 2014년 봄 돈바스에서 러시아가 취한 행동으로 다시 한번 재현됐다.

그러나 권력 공백기는 끝나기 마련으로, 우크라이나에서는 5월 25일 정치인이자 사업가로 2013년 여름 푸틴이 우크라이나와 EU의 연합 협정 체결을 막기 위해 벌인 무역 전쟁의 피해자였던 페트로 포로셴코가 대통령에 당선되면서 공백기가 막을 내렸다. 대통령 권한대행에서 물러난 올렉산드르 투르치노우는 새 대통령 아래에서 국가안전보장회의 의장을 맡았다. 포로셴코는 선거운동 기간에 대통령으로서 자신의 목표는 두 돈바스주에 대한 키이우의 통제권을 회복하는 것이라고 여러 차례 공언했다.

포로셴코가 취임한 6월 초 키이우에서는 러시아의 크림반도 병합과 사실상 돈바스를 잃은 충격으로 투쟁의 결의를 다지는 분위기가 형성됐다. 존엄 혁명 활동가들로 구성된 첫 자원 부대가 내무부에 의해 결성돼 우크라이나 올리가키들의 자금 지원을 받았다. 이 부분에서 주목할 만한 인물은 올리가키로 돈바스와 접한 드니프로페트로우스크 주지사에 임명된 이호르 콜로모이스키였다. 자원 부대는 5월에 돈바스의 농촌 지역 일부를 장악해 러시아 용병과 그 지지자들을 물리칠 수 있음을 보여주었다. 다년간 방치돼 사기가 땅에 떨어졌던 정규군 중 일부 부대는 분리주의 세력의 시위에 대응하는 방법을 몰라 2014년 4월 무기를 반납하기도 했지만 마침내 다시 전투태세를 갖추었다. 우크라이나 기업들은 자원 부대뿐만 아니라 정규군을 위해 식량과 보급품을 지원했고, 수만 명의 자원봉사자가 이를 최대한 전선으로 실어 나르기 위해 애썼다.[14]

키이우 정부는 4월 중순부터 대테러 작전의 기치 아래(아이러니하게도 야누코비치도 마이단 시위 동안 존엄 혁명 활동가들과 맞서 싸우기 위해 같은 법을 적용했다) 분리주의 반군과 맞서 싸워왔다. 그러나 이제 작전은 방어에서 공격으로 전환됐다. 정부군의 첫 승리는 포로셴코 당선 직후인 5월 26일 공군의 지원을 받은 우크라이나 국가방위군이 도네츠크 공항을 점거 중이던 분리주의 민병대를 공격해 주요 교통 요충지인 공항을 되찾으면서 이뤄졌다. 분리주의자들은 수십 명이 사망하는 등 큰 손실을 입었는데, 전사자 대부분이 러시아에서 온 용병으로 밝혀졌다. 6월 중순에는 아조우 자원 부대가 내무군과 함께 6시간에 걸친 전투 끝에 아조우해의 주요 산업 중심지이자 항구인 마리우폴을 탈환하면서 훨씬 더 큰 성공을 거두었다.[15]

돈바스에서 우크라이나의 반격의 주요한 진전은 7월 5일 도네츠크 인민공화국 국방장관을 자처한 이고르 기르킨이 우크라이나 군의 공격을 받고 자신의 거점인 슬로비안스크를 버린 뒤 군대와 함께 도네츠크로 달아나면서 이뤄졌다. 크렘린과 관련된 선전 사이트에서는 슬로비안스크를 포기한 기르킨에게 비난이 쏟아졌다. 그러나 모스크바도 분리주의 부대에 제공한 경화기와 견착식 미사일로는 우크라이나의 공세를 막기에 역부족임을 깨달았다. 분리 독립을 선언한 공화국들이 버텨내려면 중포와 자주포, 지대공 미사일과 함께 가능하면 러시아 지상군이 있어야 했다. 러시아는 이 모든 것을 제공할 준비가 돼 있었지만 구실이 필요했다. 7월 13일 러시아 언론은 우크라이나가 쏜 포탄이 국경을 넘어 러시아 도시에 떨어졌다고 주장했다. 이에 대응해 같은 날 러시아는 토네이도 다연장 로켓 발사기로 우크라이나 진지에 대규모 포격을 퍼부었

다.[16]

전쟁은 이제 새로운 국면에 접어들었다. 7월 14일 우크라이나 항공기 한 대가 지대공 미사일에 격추됐다. 나흘 뒤인 7월 17일 우크라이나는 무선 감청을 통해 분리주의 지휘관 두 명이 또 다른 우크라이나 비행기 격추에 대해 나눈 대화를 확인했다. 암스테르담에서 쿠알라룸푸르로 향하던 말레이시아항공 MH 17편으로 밝혀진 이 비행기는 고도 1만 미터 상공을 비행 중이었다. 러시아제 부크 텔라 자주식 지대공 미사일 발사 장치에서 발사된 미사일에 맞아 비행기는 추락했고, 승객 283명과 승무원 15명이 사망했다. 나중에 이 발사 장치와 운용 요원들은 러시아에서 왔으며 우크라이나 국경 근처 쿠르스크에 주둔한 제53대공미사일 여단 소속인 것으로 밝혀졌다. 말레이시아항공 여객기에 탑승했다가 목숨을 잃은 사람들의 비극은 크림반도에서 오래전 우크라이나 본토로 옮겨와 진행 중인 전쟁에 대해 전 세계의 경각심을 일깨웠다. 미국과 유럽연합, 서방의 동맹국들은 제재 조치로 대응했다. 그러나 이러한 제재는 장기적으로 러시아의 행동에 영향을 미칠 만큼 강력하지 않았고, 따라서 단기적 행동에도 거의 영향을 주지 못했다.[17]

러시아는 말레이시아항공 여객기 공격에 대한 개입을 부인하며 우크라이나를 비난했다. 러시아는 민간인을 상대로 한 그 같은 공격이 되풀이되는 것을 방지하고 이어질 전쟁 수행의 직접적인 책임을 피하기 위해 자칭 독립 공화국의 총리 알렉산드르 보로다이를 본국으로 소환하고 국방장관 이고르 기르킨을 해임한 뒤 그 자리에 현지인을 임명했다. 러시아가 돈바스 괴뢰 국가들에 개입했다는 가장 명백한 징후가 제거되자 푸틴은 러시아군 부대를 이 지역에 보내 우크라이나군의 대공세로부터 분리주의 거주지를 구하려고 시도했다. 8월 초까지 우크라이나는 분리주의 세력이 장악하고 있던 영토의 절반을 되찾고 러시아 국경에 이르렀지만 그곳에서 러시아군 포병의 공격을 받았다.[18]

러시아의 우크라이나 동부 직접 침공은 국방장관을 자처하던 기르킨이 해임된 지 열흘도 지나지 않은 2014년 8월 24일 우크라이나 독립기념일에 시작됐다. 러시아군 탱크와 장갑차, 야포, 트럭 수백 대와 정규군 수천 명이 여러 지점에서 동시에 우크라이나 국경을 넘었다. 8월 26일에 이미 우크라이나는 러시아 정규군이 공격에 투입됐다는 증거를 확보했다. 러시아 공수부대원 10명이 포로로 잡혀 텔레비전 카메라 앞에 선 것이다. 러시아 측은 러시아 국경에서 20킬로미터 떨어진 지점에서 생포된 이 병사들이 그저 길을 잃은 것뿐이라며 반박했다. 공세는 계속됐다. 진격하는 러시아군은 일로바이스크의 주요 철도 중심지 근처에서 우크라이나군을 포위했다. 우크라이나 부대 중 하나가 패배를 인정하고 안전한 통행권을 협상하고 있을 때 러시아군이 발포해 우크라이나군 대열을 학살했다. 우크라이나군은 366명이 전사하고 429명이 부상을 당했으며 128명이 포로로 잡히는 전례 없는 손실을 입었다. 이 패배는 러시아군의 힘과 함께 우크라이나군이 새로운 침공을 막을 수 없음을 보여주었다.[19]

돈바스 탈환을 위한 포로셴코 대통령의 군사 작전은 이제 끝이 났다. 그는 최악의 조건에서 협상을 해야 했다. 2014년 9월 5일 포로셴코는 우크라이나와 러시아, 유럽안보협력기구OSCE 대표와 두 돈바스 '공화국' 지도자들이 이날 벨라루스 수도에서 서명한 민스크 협정의 조건에 동의했다. 협정은 적대 행위 중단, 우크라이나 영토에서 불법 무장단체와 용병의 철수, 러시아-우크라이나 국경 간 이동을 감시하는 OSCE 대표부 설립(새로운 러시아군 유입을 방지하기 위한 조치였다)을 요구했다. 표면적으로는 우크라이나에 유리한 조건이었지만, 협정은 우크라이나 영토 내에서 키이우의 통제를 받지 않는 새로운 단체의 존재도 인정했다. 우크라이나 정부는 분리주의자들이 점령한 지역의 특별 지위에 관한 법률 제정에 동의했다. 이는 우크라이나를 '연방화'하려는 러시아의 당초 계획의 일부였다. 앞서 지역 정부를 개혁하기로 합의했던 우크라이나 정부는 이제 러시아와 그 대리인들이 요구하는 조건들을 받아들일 수밖에 없었다.[20]

민스크 협정은 체결 직후 러시아에 의해 파기됐는데, OSCE가 국경을 감시하지 못하거나 러시아군의 지속적인 유입을 보고하는 임무가 무시됐기 때문이다. 2015년 1월 러시아는 최전선에서 괴뢰 정부의 상황을 개선하고 민스크 협정에 따라 우크라이나에 부과된 조건의 이행을 압박하기 위해 대규모 군사 작전을 재개했다. 그 달에 분리주의 부대는 우크라이나가 장악하고 있던 폐허가 된 도네츠크 공항을 점령하는 데 성공했다.('사이보그'로 널리 알려진 우크라이나 병사들의 수개월에 걸친 영웅적 공항 방어 작전은 우크라이나에 중요한 전쟁 신화의 서사를 제공했다.) 같은 달 러시아 장교들에 의해 조직된 지역 분리주의 세력의 지원을 받는 직업 계약 군인이 대부분인 러시아 병력 8000명이 우크라이나가 장악한 데발체베시(분리주의 루한스크 공화국과 도네츠크 공화국이 점령한 영토 사이에 위치한 주요 교통 요충지)에서 대규모 작전을 개시했다. 러시아군은 일로바이스크에서 성공했던 포위 작전을 반복하는 데 실패했고, 우크라이나군은 이 지역에서 퇴각했다.[21]

2015년 2월 중순 우크라이나 동부의 눈 덮인 들판에서 데발체베를 차지하기 위한 전투가 계속되는 가운데 블라디미르 푸틴은 새로운 협상을 성사시키기 위해 페트로 포로셴코 우크라이나 대통령과 앙겔라 메르켈 독일 총리, 프랑수아 올랑드 프랑스 대통령을 만났다. 회담이 민스크에서 열리면서 새로운 협정은 제2차 민스크 협정으로 불리게 됐다. 우크라이나는 협상이 끝난 뒤에도 한동안 계속 싸웠고, 푸틴은 앞서 2014년 9월 일로바이스크 사태로 얻은 포로셴코에 대한 영향력을 더 이상 발휘할 수 없었지만 여전히 공세를 계속하며 입지를 개선해나갔다. 우크라이나는 분리 독립을 선언한 공화국의 지위에 관한 법률 제정뿐만 아니라 이 법을 수용하기 위한 헌법 개정을 약속했다.

새 협정은 우크라이나가 러시아와의 국경에 대한 통제권을 회복한다고 명시했지만, 먼저 우크라이나가 돈바스의 분리 독립 지역에서 지방 선거를 실시해야 비로소 국경에 대한 통제권을 갖도록 규정했다. 이 조항은 선거가 러시아의 통제 아래 치러지고, 우크라이나는 개정된 우크라이나 헌법에 따라 유럽연합 가입을 저지할 충분한 힘을 갖게 될 지역에서 러시아가 임명한 당국을 상대하게 될 것임을 시사했다. 우크라이나의 국경 통제권(즉 주권)과 선거 중 어느 것이 우선시돼야 하는지가 민스크 협정 이행의 걸림돌이 되리라 점쳐졌다. 그러나 당장은 민스크 협정이 우크라이나에 오랫동안 기다려온 평화의 약속을 가져다주었다. 이후 수년간 국경을 사이에 두고 전투와 포격이 계속되면서 2022년 초까지 돈바스 지역의 전체 전쟁 사상자는 1만4000여 명으로 늘었다. 이 수치는 이후 그해 2월 전쟁이 재개된 뒤 발생한 사상자 수에 비하면 훨씬 더 적은 것이었다.[22]

민스크 협정이 체결될 무렵 '신러시아'는 모스크바의 공식 어휘집에서 이미 사라진 상태였다. 푸틴이 마지막으로 이 단어를 언급한 것은 일로바이스크 전투가 벌어지던 2014년 8월이었다. 푸틴은 신러시아 프로젝트를 보류하고 대신 우크라이나의 부분적 '연방화' 프로젝트를 들고나왔다. 새로운 계획에 따르면 돈바스의 두 괴뢰 국가는 분리된 상태로 유지되다가 나중에 러시아식 해석에 따라 민스크 협정을 이행해 우크라이나에 재통합될 예정이었다. 우크라이나 국민은 돈바스와 루한스크주가 우크라이나의 일부가 되면 특별한 지위를 이용해 우크라이나가 정치·경제적으로 유럽 구조에 통합되는 것을 가로막아 우크라이나의 EU 가입 열망에 종지부를 찍을 것이라며 우려했다.

크림반도 병합과 돈바스 지역에서 러시아가 벌인 전쟁은 푸틴의 기회주의와 지정학적·이념적 사고의 유연성을 보여주었다. 자신이 추진해온 유라시아 연합을 위해 우크라이나 전체를 점령하지 못하게 되자 그는 우크라이나의 일부를 점령하고 나머지 지역의 점령 계획은 연기하기로 결정했다. 2014년 여름 보로다이와 기르킨의 해임으로 돈바스 지역 상황에 대한 영향력을 잃은 민족주의자들은 자신들이 적극 지지해온 푸틴에게 배신감을 느꼈다. 그럼에도 불구하고 이들은 상상 속에서 그려볼 뿐 결코 현실화하지 못한 신러시아의 민족주의 비전을 포기하지 않았다. 기르킨은 FSB가 발급한 세르게이 루노프라는 이름의 여권을 가지고 이곳저곳을 자유롭게 여행했다. 또한 그는 존재하지 않는 국가인 신러시아의 깃발을 내걸고 우크라이나의 상황을 전하는 유튜브 영상을 만드는 일을 2022년 2월 러시아가 새로운 전쟁을 시작할 때까지 이어갔다.[23]

새로운 우크라이나

민스크 협정에 의해 분할된 돈바스 지역에서 러시아가 우크라이나를 상대로 벌인 8년간의 하이브리드 전쟁군사적 수단과 비군사적 수단을 섞어 수행하는 전쟁은 우크라이나를 2014년과는 다른 국가와 사회로 변화시켰다. 크림반도 병합 당시 역사와 문화, 정체성 문제로 분열됐던 국가는 이제 어떤 대가를 치르더라도 주권과 민주적 질서, 삶의 방식을 지키겠다는 열망으로 하나가 됐다.

전쟁은 우크라이나의 선거 판도를 바꿔놓았다. 2014년 5월에 치러진 첫 전시 대통령 선거는 전례 없는 결과를 낳았다. 페트로 포로셴코가 1차 투표에서 55퍼센트의 득표율로 승리를 확정지었는데, 이는 1991년 이후 처음 있는 일이었다. 더 중요한 것은 우크라이나가 통제권을 유지하고 있는 188개 선거구 중 포로셴코가 187개 선거구를 차지했다는 점이다. 친유럽 후보와 친러시아 후보로 우크라이나를 반으로 갈라놓았던 이전 대선의 구분선은 이제 사라졌다. 돈바스 전쟁은 훨씬 더 동질적인 국가를 만들어냈다.[24]

러시아가 크림반도를 병합하고 우크라이나 돈바스의 상당 부분을 점령하면서 전통적으로 친러시아 성향이 가장 강하고 러시아계와 러시아어를 사용하는 주민이 가장 많은 지역들은 우크라이나의 정치와 문화 공간에서 사라졌다. 이 지역들은 러시아에 우호적인 정당들의 근거지 역할을 해온 곳이기도 했다. 러시아는 축출된 빅토르 야누코비치 전 대통령을 지지해온 동맹 세력을 지원하기 위해 최선을 다했지만, 이들은 유권자 기반을 상당 부분 잃은 뒤 분열되고 약화됐다. 푸틴과 가까운 우크라이나 사업가이자 정치인 빅토르 메드베드추크가 이끄는 세력도 러시아가 자금을 대는 텔레비전 채널과 신문의 지원에도 불구하고 약세를 면치 못했다.[25]

우크라이나의 정치적 정체성의 발전은 과거 소비에트의 상징을 거부하는 데서 시작됐다. 2014년 마이단 시위는 공산당의 주요 상징이자 많은 사람에게 러시아의 우크라이나 지배를 상징하는 블라디미르 레닌 동상의 일제 철거를 촉발했다. 2014년 상반기에만 500개가 넘는 레닌 동상이 반공산주의 활동가들에 의해 끌어내려졌는데, 그중 대부분은 우크라이나 중부 지역에 있던 것이었다. 키이우의 통제를 받는 우크라이나 동남부 지역에 남아 있던 1500개가 넘는 나머지 동상들도 공산주의 상징물의 공개 전시를 금지하는 이른바 '탈공산화법'을 채택한 의회의 결정에 따라 이후 몇 년에 걸쳐 철거됐다.[26]

우크라이나 국민은 전쟁의 첫 단계인 2014~2015년 민족과 언어, 종교, 문화의 차이를 넘어 단결함으로써 러시아의 맹렬한 공격을 견뎌냈다. 전쟁 자체가 우크라이나 언어와 문화에 대한 대중의 일체감을 촉진하기도 했다. 푸틴의 공식적인 우크라이나 침공 이유가 러시아어를 사용하는 사람들을 보호한다는 것이었기 때문에, 우크라이나어를 알지만 러시아어를 선호해온 우크라이나인과 러시아인 상당수는 저항의 의미로 우크라이나어로 전환하기 시작했다. 2014~2015년 가정과 직장에서 우크라이나어를 사용한다고 스스로 밝힌 사람의 수는 급증했다. 전면 침공의 즉각적 위험이 사라지자 그 숫자는 이전 수준으로 되돌아갔지만, 우크라이나어를 정부와 교육의 주요 언어로 채택하려는 준비는 변함없이 이어졌다. 2019년 의회는 정부 공무원과 공공 부문 종사자들의 우크라이나어 사용을 의무화하는 새로운 법을 채택했다. 러시아 외무부는 이 법이 우크라이나 사회의 분열을 심화시킬 것이라고 주장하며 항의했다. 하지만 실제로 그런 일은 일어나지 않았다.[27]

도시와 마을 서점에 우크라이나어로 된 책이 넘쳐나면서 러시아어로 된 출판물은 구석으로 밀려났다. 우크라이나 역사와 문화에 대한 책들이 베스트셀러에 오르기 시작했다. 전쟁 전까지만 해도 우크라이나 정부는 해외에 우크라이나 문화를 홍보하는 데 돈을 거의 또는 전혀 쓰지 않았지만, 이제는 외무부가 후원하는 우크라이나 전문 연구소가 설립됐다. 이 연구소의 임무는 독일의 괴테 연구소 등 다른 나라의 유사 기관을 본보기로 삼아 외국에 우크라이나 언어와 문화를 알리는 것이었다. 국내에서는 우크라이나 문화 기금과 우크라이나 도서 연구소가 문화 행사를 지원하고 우크라이나어 출판물을 홍보하는 임무를 맡았다.[28]

2018년 정부는 여전히 우크라이나 정교회에 대한 지배권을 행사하는 모스크바 총대주교청으로부터 독립한 우크라이나 정교회 두 분파의 통합을 강력하게 지원하는 한편 두 분파 간의 경쟁을 억제하기 위해 노력했다. 포로셴코 대통령은 콘스탄티노플 총대주교구 관할로 옮긴 두 교회의 통합 공의회에 참석했는데, 이는 러시아 정교회가 계속 주도권을 행사할 가능성에 큰 타격을 주었다. 러시아는 이에 항의하며 콘스탄티노플 총대주교구와의 관계를 단절했지만 지위를 유지하기 위해 더 이상 취할 수 있는 조치는 없었다. 새로 통합된 우크라이나 정교회OCU는 대중의 큰 지지를 받았고, 러시아와 선전포고 없는 전쟁을 계속하는 상황에서 많은 우크라이나 정교회 신자는 모스크바에서 독립한 교회를 더 선호했다. 모스크바 총대주교청에서 OCU로 교구를 이전하는 작업은 2019년 초에 시작됐다.[29]

언어와 기억의 정치, 종교 문제에 대한 정부의 적극적 개입은 전통적으로 친러시아 성향을 보여온 정치 세력뿐만 아니라 우크라이나의 자유주의 진영 일부로부터도 상당한 비판을 받았다. 그럼에도 불구하고 국민 대다수는 이를 지지하거나 수용했다. 2014~2015년 러시아가 문화와 역사 문제를 공격적으로 무기화한 뒤 대다수 국민은 새로운 법과 정책이 러시아의 추가 도발을 막기 위한 국가 건설의 필수 요소라는 데 동의했다.[30]

새 우크라이나 정부는 EU와 나토를 비롯한 유럽-대서양 기구에 더 가까이 다가감으로써 존엄 혁명의 약속을 이행했다. 2013년 마이단 시위를 촉발한 연합 협정은 2014년 6월에 체결됐다. 2017년 3월 EU 이사회는 우크라이나 국민의 EU 국가 무비자 여행을 허용했다. EU 회원국들은 우크라이나가 영토와 인구, 경제적 자산의 손실을 극복할 수 있도록 총 140억 달러에 달하는 절실히 필요한 재정 지원을 제공했다. 미국에서도 추가로 22억 달러를 지원했다. 미국은 우크라이나 안보 분야 개혁의 가장 큰 후원자가 돼 이 분야에만 16억 달러를 제공했다. 우크라이나는 전문성을 갖춘 새로운 군대를 빠르게 확보했고, 정부는 우크라이나 헌법에 나토 가입을 포함시켜 이를 다시 의제로 설정했다. 이런 상황은 물론 크렘린의 마음에 들지 않았다.[31]

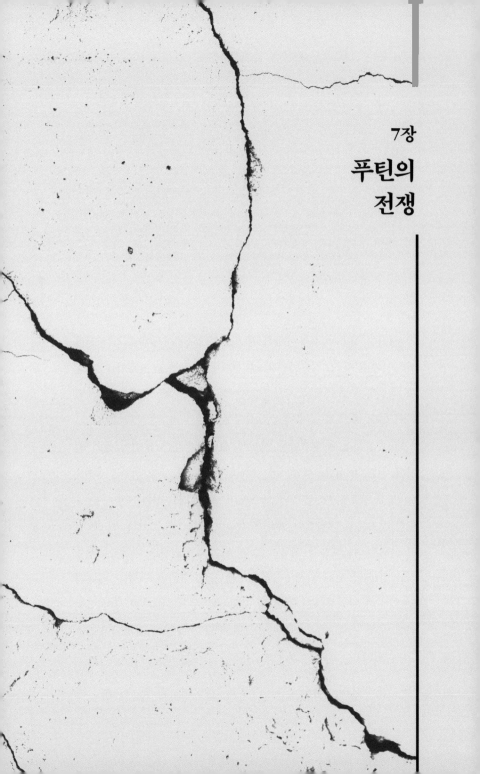

7장

**푸틴의
전쟁**

2008년 가을 대통령직에서 막 퇴임한 푸틴 러시아 총리는 진보 성향임에도 당국이 용인해온 라디오 방송국 '모스크바의 메아리'의 보도국장 알렉세이 베네딕토프에게 자신의 두 차례 대통령 임기의 어떤 면이 학교 역사 교과서에 실릴 것 같은지 물었다.

역사 교사로 사회생활을 시작한 베네딕토프는 푸틴이 해외 러시아 정교회(1917년 혁명 이후 볼셰비키에 반기를 들고 국외로 망명해 로마노프 왕조에 충성했다)와 모스크바 총대주교구청의 재통합을 주도한 것이라고 대답했다. 푸틴은 뜻밖이라는 듯 "그게 다인가?"라고 물었다. 이 대화를 나눈 지 7년 뒤이자 크림반도 병합 1주년을 맞은 2015년 푸틴은 베네딕토프에게 같은 질문을 던졌다. 베네딕토프는 한 인터뷰에서 "푸틴은 러시아와 우크라이나 학교의 역사책에 모두 '흐루쇼프가 크림반도를 내줬고 푸틴이 되찾았다'라고

기록되리라는 것을 아주 잘 알고 있다"고 말했다.[1]

푸틴은 스스로를 흐루쇼프 같은 소련 지도자뿐만 아니라 표트르 1세나 예카테리나 2세, 알렉산드르 2세 같은 러시아 황제들과도 비교했다. 이들의 흉상과 초상화가 크렘린의 푸틴 집무실에 걸려 있고, 그의 대변인 드미트리 페스코프는 푸틴이 역사에 많은 관심을 보인다고 증언했다. 페스코프는 "푸틴이 손에서 거의 책을 놓지 않는다"며 "주로 러시아 역사에 관한 책들이다. 회고록, 특히 러시아 역사상 국가적 인물에 관한 회고록을 읽는다"라고 털어놓기도 했다. 푸틴의 역사책 탐독은 2020~2021년 코로나19 봉쇄 기간에 더 강해졌다. 이번에는 읽기뿐만 아니라 쓰기에도 열중했다.[2]

2021년 7월 푸틴은 장문의 역사 에세이를 발표해 전 세계 러시아 연구자들을 놀라게 했는데, 약간의 도움은 받았어도 어느 모로 보나 그가 직접 쓴 글임이 분명했다. '러시아인과 우크라이나인의 역사적 통일성에 대하여'라는 제목의 에세이는 역사에 대한 장황한 여담과 함께 익히 알려진 그의 견해를 상세히 담고 있었다. 푸틴은 키이우에서 유라시아 통합 프로젝트에 실패하고 크림반도 병합으로 위대한 러시아 시나리오를 실천에 옮긴 뒤 알렉산드르 솔제니친 등이 지지한 범러시아 프로젝트인 '대ᄉ러시아 민족'이라는 제국주의적 비전으로 돌아가고 있었다. 푸틴은 긴 에세이의 머리말에서 "나는 러시아인과 우크라이나인이 하나의 민족, 즉 단일한 전체라고 말했다"라며 "이는 단기적 고려나 현재의 정치 상황 때문

에 한 말이 아니다. 내가 여러 차례 언급한 내용이며 굳게 믿는 바다"라고 밝혔다.[3]

이어 러시아와 우크라이나 역사에 대한 광범위한 논의가 이어졌는데, 그 기본 전제는 19세기에 세르게이 우바로프 백작과 그가 러시아 역사 교과서 집필을 의뢰했을 만큼 가장 좋아했던 역사가 니콜라이 우스트리얄로프가 확립한 노선을 따르고 있었다. 우스트리얄로프와 마찬가지로 푸틴은 러시아 민족이 같은 대공의 통치를 받고 같은 정교회에 속할 뿐 아니라 같은 언어를 사용했다고 알려진 중세에 확립된 대러시아 민족의 근본적 통일성을 강조했다. 키이우 루스는 사실 수천 킬로미터에 걸친 영토를 보유한 다민족 국가였다. 그러나 푸틴은 우스트리얄로프와 그의 주장을 따르는 많은 사람과 마찬가지로 러시아의 통일성 상실을 나쁜 통치자와 외적의 탓으로 돌렸다.[4]

푸틴은 "최근 몇 년 동안 러시아와 우크라이나 사이에, 본질적으로 동일한 역사적·문화적 공간인 지역 사이에 생겨난 벽은 내 생각에 우리 공동의 큰 불행이자 비극"이라면서 "이는 무엇보다 서로 다른 시기에 우리 자신이 저지른 실수의 결과다. 그러나 이는 또한 항상 우리의 통합을 약화하려는 세력들의 의도적인 노력의 결과이기도 하다"라고 주장했다. 푸틴은 '우리 자신이 저지른 실수'에 관해서는 무엇보다 볼셰비키, 특히 블라디미르 레닌이 저지른 것으로 알려진 실수를 가장 먼저 지적했다. 역사적으로 러시아의 적이었던 나라의 목록은 13세기 몽골 제국부터 15~16세기 폴란

러시아 우크라이나 전쟁

드, 19세기 오스트리아-헝가리 제국과 다시 한번 폴란드, 20세기 독일에 이르기까지 매우 길었다.

폴란드는 모든 러시아 제국 서사에서 통일 러시아 민족의 분열에 책임이 있는 국가로서 남다른 역할을 담당했는데, 푸틴의 주장도 그 오랜 전통에서 벗어나지 않았다. "우크라이나인을 러시아인과 별개의 민족으로 보는 견해는 폴란드 엘리트들과 [러시아 제국 시절 우크라이나를 지칭한 용어인] '말로로시야Malorussia 소러시아'라는 뜻의 지식인층 사이에서 처음 형성돼 갈수록 더 강해졌다." 푸틴은 1863년 러시아 제정 당국이 우크라이나어 출판물을 금지하면서 근거로 내세웠던 주장을 그대로 따라 이렇게 썼다. 그런 다음 그는 우크라이나 운동 지도자들에 대한 러시아 제국의 기소, 특히 우크라이나어 출판물 금지를 다시 한번 폴란드 탓으로 돌려 설명하려고 노력했다. 푸틴은 "이런 결정들은 폴란드에서 일어난 극적인 사건들과 '우크라이나 문제'를 자신들에게 유리하게 활용하려는 폴란드 민족운동 지도자들의 욕구를 배경으로 내려진 것"이라고 주장했다.5

푸틴이 전임자들의 역사적 도식을 충분히 이어받은 부분은 우크라이나를 반反러시아 또는 푸틴 자신의 표현을 빌리면 "유럽과 아시아 사이의 장벽, 러시아에 대항하는 발판"으로 보는 개념이었다. 이는 사악한 서방 세력이 꾸며낸 계략이었다. 푸틴은 "필연적으로 '우크라이나는 러시아가 아니다'라는 개념이 더 이상 통용되지 않는 시기가 왔다"면서 "우리는 결코 수용하지 않을 '반反러시아' 개념에 대한 요구가 있었다. 이 프로젝트의 주도자들은 '반모스크바 러시아'를 만들기 위해 폴란드-오스트리아 공론가들의 낡은 개념을 기초로 삼았다"고 비난했다. 푸틴은 행동을 약속했다. "우리는 우리의 역사적 영토와 그곳에 살고 있는 우리와 가까운 사람들이 러시아에 대항하는 데 이용되는 것을 결코 허용하지 않을 것이다."

푸틴은 우크라이나 독립을 위해 헌신하는 정치 지도자들을 끊임없이 배출하는 우크라이나 민주주의에 대해 불편한 심기를 감추지 않았다. 그는 "대통령과 국회의원, 장관들이 바뀌어도 러시아에서 분리 독립을 꾀하고 러시아를 적대시하는 태도는 변함없다"고 불평했다. 이는 "서방의 반러시아 프로젝트 입안자들"이 구축한 정치체제의 산물이었다. 푸틴은 볼로디미르 젤렌스키 우크라이나 신임 대통령의 이름을 거론하지 않은 채 그가 유권자들에게 거짓말을 했다고 비난했다. 푸틴은 "평화 달성이 현 대통령의 주요 선거 슬로건이었다"면서 "그는 이 슬로건으로 집권했다. 약속은 거짓으로 밝혀졌다. 아무것도 변하지 않았다. 그리고 어떤 면에서 우크라이나와 돈바스 주변의 상황은 더 악화됐다"고 주장했다.[6]

국민의 일꾼

코미디언이자 기업가, 방송인인 41세의 볼로디미르 젤렌스키는

2019년 봄 우크라이나 대통령에 당선됐다. 몇 년 전 그는 「국민의 일꾼」이라는 텔레비전 시리즈에서 정직하고 결단력 있는 대통령 역을 연기했다. 많은 사람이 젤렌스키가 만들어낸 TV 속 인물을 좋아했고 그의 대선 출마를 지지했다. 다른 사람들, 특히 젊은 유권자들은 낡은 정치와 정치인에 지쳐 변화를 원했다.

현직 대통령 페트로 포로셴코는 친유럽, 반러시아 후보로 선거 운동을 펼치며 젤렌스키가 야누코비치 같은 후보가 차지했던 친러시아의 틈새 영역을 차지한 것으로 유권자들에게 인식되기를 바랐다. 그러나 유권자를 친러시아 진영과 친우크라이나 진영으로 나누려는 시도는 더 이상 통하지 않았다. 우크라이나는 이제 상당히 통합된 상태였고, 부패 척결을 공약으로 내세운 젤렌스키는 경제적 올리가키의 대표로 널리 인식된 포로셴코를 꺾고 손쉬운 승리를 거두었다. 대통령 대선 2차 투표에서 73퍼센트가 넘는 득표율을 기록한 젤렌스키는 단 한 곳을 빼고 우크라이나의 모든 지역에서 승리했다.[7]

우크라이나 사회는 새로운 언어적·문화적 정체성과 직업 군대 창설을 수용하며 정부에 힘을 실어줬지만, 대부분의 우크라이나 시민은 계속된 정부의 부패를 용납할 생각이 없었다. 포로셴코 대통령 재임 기간에 어느 정도 억제되기는 했지만, 그럼에도 이 문제는 국내외에서 여전히 주요 우려 사항으로 남았다. 포로셴코 자신도 올리가키의 영향력으로부터 자유롭지 못한 시스템 실패의 전형적인 사례였다. 2012년 당시 억만장자였던 그는 전쟁이 시작되면서 그 지위를 잃었지만 대통령 취임 후 이를 회복했다. 더 중요한 것은 우크라이나의 반부패 운동가들이 포로셴코가 계속되는 부패 행위와 공무원들의 횡령에 안일하고 미온적으로 대처한다고 생각했다는 점이다.[8]

젤렌스키가 우크라이나를 러시아에 팔아넘기거나 푸틴에게 대항하지 못할 것이라는 포로셴코 지지자들의 우려는 현실화되지 않았다. 젤렌스키의 리더십 아래에서 우크라이나의 나토 가입 의지는 변함없었고, 포로셴코가 시작한 국가 건설 계획과 문화 정책은 그대로 유지됐다. 대중의 분위기를 읽는 데 능숙한 젤렌스키는 전쟁이 우크라이나 사회를 변화시켰다는 사실을 잘 알고 있었다. 그는 곧 우크라이나어뿐만 아니라 정치 기술도 완전히 터득했다. 우크라이나 동부 출신의 러시아어를 사용하는 유대인인 그는 우크라이나 혈통 주민과 우크라이나어를 주로 사용하는 유권자들의 확고한 지지를 받아 당선됐고 어떤 전임자보다 더 오래 인기를 유지했다.[9]

젤렌스키는 우크라이나에 항구적인 평화를 정착시키겠다고 약속하며 대통령에 당선됐다. 당선 직후 그는 "우리는 민스크 [평화] 회담의 방향을 유지하면서 휴전 체결을 향해 나아갈 것"이라고 선언했다. 젤렌스키는 푸틴과의 개인적 만남에 평화에 대한 희망을 걸었다. 실제로 두 사람은 2019년 12월 파리에서 앙겔라 메르켈 독일 총리와 회담을 주최한 에마뉘엘 마크롱 프랑스 대통령이 동석한 가운데 만났다. 두 사람은 기존의 교착 상태를 타개하기 위해 새로운 휴전에 합의했다. 당시 돈바스의 전선에서는 수년째 무의미한 포격 공방과 함께 포로 교환이 이어지고 있었다. 그러나 민스크 협정의 근본적인 문제(돈바스의 지역 선거와 러시아의 철수 중 어느 것을 우선해야 하는지)에 대한 진전은 없었다. 푸틴은 협상 결과에 대해 "민스크 협정에서 구상한 대로 휴전을 이루는 것과 우크라이나의 정치 개혁 이행을 병행할 필요가 있다"고 말했다. 모스크바에 인맥이 있는 일부 러시아 망명자는 푸틴이 젤렌스키가 러시아의 조건을 받아들일 것이라고 단언했던 측근들, 특히 블라디슬라프 수르코프에게 배신감을 느꼈다고 훗날 주장했다. 파리 회담 이후 푸틴은 수르코프를 해임했을 뿐만 아니라 우크라이나와의 전쟁을 생각하기 시작한 것으로 알려졌다.[10]

젤렌스키는 우크라이나 영토를 평화와 맞바꾸지 않겠다는 말을 거듭 되풀이했다. 그러나 그는 푸틴이 구상한 헌법 개혁의 이행 문제에서는 마음이 흔들렸다. 러시아가 선거를 주도하도록 허용한다면 개혁을 통해 돈바스에 특별한 지위를 부여하고 러시아 영토로 만들 수 있었을 것이다. 포로셴코도 우크라이나 의회에서 이런 내용의 법을 통과시키려 했지만 오히려 대규모 시위를 불러일으켰을 뿐이다. 젤렌스키도 2019년 10월 러시아·독일·프랑스가 지지한 돈바스 재통합 방식에 동의했을 때 비슷한 어려움에 부딪혔다. 거의 즉각적으로 우크라이나 전역에서 "항복은 안 된다"는 구호 아래 대규모 시위가 벌어졌다. 난국에서 벗어날 방법을 찾던 젤렌스키는 파리에서 푸틴에게 "아니오"라고 말했다. 이제 그에게는 서쪽

으로 가서 나토의 문을 두드리는 것 말고는 다른 길이 없었다.[11]

젤렌스키가 파리에서 푸틴을 만난 2019년 12월 젤렌스키가 이끄는 '국민의 일꾼' 당이 장악한 우크라이나 의회는 우크라이나의 나토 가입을 재확인하는 결의안을 채택했다. 젤렌스키는 우크라이나를 북대서양 동맹의 일원으로 만들겠다는 취임 서약을 고수하면서 새로운 국가 안보 전략의 채택을 포함한 여러 조치를 시행해 나토에 더 가까이 다가가기 위해 노력했다. 2020년 12월 돈바스 지역 분쟁이 진정될 기미가 보이지 않는 가운데 안드리 타란 우크라이나 국방장관은 키이우 주재 나토 회원국 대사와 군사 무관들을 대상으로 한 연설에서 나토 회원가입행동계획MAP 문제를 제기했다. 타란은 "2021년 차기 나토 정상회의에서 이러한 결정[우크라이나에 MAP 부여]에 대한 전폭적인 정치적·군사적 지지를 기대한다는 점을 여러분 정부에 알려주길 바란다. 이는 부쿠레슈티 정상회의 결정에 대한 실질적 조치이자 결의의 표시가 될 것"이라고 요청했다.[12]

러시아가 모스크바의 지원을 받는 텔레비전 채널들을 통해 우크라이나 문제에 지속적으로 간섭하는 데 화가 난 젤렌스키는 곧 러시아의 자금 지원을 받는 채널들과 이들의 사실상 소유자인 빅토르 메드베드추크를 단속하면서 러시아에 대항하는 또 다른 전선을 열었다. 우크라이나 정치인이자 기업가로 푸틴과 가까운 메드베드추크는 포로셴코 대통령이 크렘린과 협상할 때 막후 중재자 역할을 하기도 했다. 2021년 2월 젤렌스키는 국가안보국방회의의

NSDC의 권한을 이용해 메드베드추크가 통제하는 여러 텔레비전 채널을 폐쇄했다. 젤렌스키는 트위터로 팔로어들에게 "우크라이나는 언론의 자유를 강력히 지지한다"는 메시지를 보내면서 "EU와 유럽-대서양 통합으로 나아가는 우크라이나에 위해를 가하는 침략 국가의 선전 매체는 지지하지 않는다. 독립을 위한 투쟁은 진실과 유럽의 가치를 위한 정보 전쟁의 싸움"이라고 밝혔다.[13]

미국은 젤렌스키의 조치를 지지했지만 푸틴은 불쾌해했다. 러시아가 우크라이나의 공적 공간에서 존재감을 잃어가면서 우크라이나 대중에게 영향을 미치고 우크라이나 정치 엘리트들을 위협할 능력에 제한을 받고 있었기 때문이다. 언제나 그랬듯 푸틴은 키이우의 조치 뒤에 서방의 영향력이 있다고 생각했다. "보라, 우크라이나의 주요 채널 세 곳을 장악하고 폐쇄해버렸다! 서명 한 번으로 말이다. 그런데도 모두 침묵을 지키고 있다! 게다가 일부는 잘했다며 등을 두드려주고 있다. 이에 대해 무슨 말을 할 수 있을까? 그들이 지정학적 목적을 위해 이런 수단을 사용한다는 것 말고는 달리 할 말이 없다." 젤렌스키가 국가안보국방회의를 통해 조치를 취하고 몇 주 지나 2021년 2월 푸틴은 이렇게 선언했다.[14]

그로부터 몇 주 뒤인 2021년 4월 러시아는 전례 없이 많은 수의 병력을 우크라이나 국경으로 이동시켰다. 2014~2015년 전쟁 이후 최대 규모의 병력과 무기 배치였다. 서방 국가의 수도들에서 경고음이 울렸고, 젤렌스키는 나토에 우크라이나의 가입 요청을 재검토해달라고 촉구했다. 러시아는 갑작스런 긴장 고조의 이유를 밝히지 않았고, 그 이유가 즉각 드러나지도 않았다. 우크라이나의 한 분석가는 젤렌스키 정부가 우크라이나의 MAP 개시를 문의한 것이 병력 배치를 촉발했으며, 이는 그 문의의 궁극적 대상인 조 바이든 신임 미국 대통령에 대한 경고의 의미라고 설명했다.

갑작스런 병력 증강을 우려한 젤렌스키는 나토에 자국의 동맹 가입을 조속히 추진해줄 것을 다시 한번 촉구했다. 바이든은 젤렌스키에게 전화를 걸어 우크라이나의 주권에 대한 미국의 지지를 재확인했고, 미국은 나토 동맹국들과 상황을 논의했다. 2021년 4월의 위기는 5월 들어 러시아가 병력 대부분을 우크라이나 국경에서 철수하면서 사라졌지만, 러시아군의 기반시설과 장비 일부는 해당 지역에 그대로 남았다. 다시 돌아올 수 있다는 명확한 신호였다.[15]

국제적 위기

미국과 영국의 정보기관은 협력을 통해 2021년 봄 위성사진에서 러시아 군대가 우크라이나 국경에 집결한 사실을 확인하고 우크라이나 침공 준비 징후를 감지하기 시작했다. 바이든 대통령은 2021년 6월 제네바에서 푸틴과 만나 사이버 보안 문제(미국이 러시아의 소행으로 지목한 미국 기업에 대한 랜섬웨어 공격과 미국 정부 기관에 대한 사이버 공격으로 인해 미-러 관계의 주요한 걸림돌이 돼왔다)에 대해 일부 진전을 이루었다. 우크라이나 문제도 의제에 올랐지만 돈바스에서 현재진행형인 분쟁을 해결하기 위한 진전을 이끌어내지는 못했다.[16]

바이든과 푸틴의 회담에 즈음해서 미국과 영국의 정보기관은 러시아 군사 전략가들이 우크라이나 전면 침공 계획을 세우기 시작했다는 첫 번째 보고를 받았다. 10월이 되자 미국 정보기관은 푸틴이 우크라이나를 침공해 영토 대부분을 점령하기로 결심했다고 보고했다. 마크 밀리 합동참모본부 의장은 바이든 대통령에게 "우리는 그들이 우크라이나에 대한 중대한 전략적 공격을 여러 방향에서 동시에 수행할 계획이라고 평가한다"면서 "그들 식의 '충격과 공포shock and awe' 전략냉전 종식 후 미국이 도입한 군사 전략이 될 것"이라고 보고했다. 겨울로 계획된 공격에는 젤렌스키 대통령의 '제거'도 포함됐다.[17]

백악관은 이처럼 침공을 암시하는 정보가 늘어가는 상황을 지켜볼 수만은 없다고 판단했다. 정보 수집의 출처와 방법이 드러날 수도 있는 전례 없는 조치로 미국과 영국 정부는 푸틴을 저지할 연합을 구축하기 위해 동맹국들과 정보를 공유하기 시작했다. 11월 초 윌리엄 번스 미 중앙정보국CIA 국장은 모스크바로 날아가 러시아 정보 당국에 그들의 계획이 더 이상 비밀이 아니라고 말했다. 푸틴은 미국이 수집한 정보에 의문을 제기하지 않았다. 대신 그는 나토의 확장에 불만을 토로했다. 12월 초에는 러시아군 17만 5000명이 동원된 침공 계획에 관한 『워싱턴포스트』의 보도가 나

왔다.[18]

전 세계가 크리스마스 연휴 전 마지막 주말을 맞은 2021년 12월 17일 러시아 당국은 서방 국가들에 뜻밖의 최후통첩을 보냈다. 긴 요구 사항에는 나토가 동맹의 추가 확장을 중단하고, 폴란드와 발트해 연안 국가에서 나토의 다국적군을 철수하며, 유럽에서 미국의 핵무기를 철수하겠다고 서면으로 약속하라는 내용이 포함됐다. 가장 중대한 요구는 우크라이나의 나토 가입을 절대 허용하지 않겠다고 공식 약속하라는 것이었다. 이런 요구가 이뤄진 맥락, 특히 우크라이나 국경에서 가까운 거리에 20만 명에 달하는 러시아군 병력이 집결한 상황을 고려할 때 서방이 이에 응하지 않는다면 러시아가 우크라이나에 대규모 군사 공격을 감행해 2014년에 시작된 전쟁에 다시 불을 붙이겠다는 뜻으로 풀이됐다.[19]

바이든과 참모진이 해결하고자 했던 핵심 과제를 밀리 합참의장은 다음과 같이 요약했다. 엄청난 핵전쟁 수행 능력을 갖춘 국가에 맞서 "어떻게 하면 제3차 세계대전으로 가지 않고" "규칙에 기반한 국제질서를 지키고 집행할 것인가?" 그가 메모 카드에 남긴 답은 다음과 같았다. "첫째, 미군과 나토가 러시아와 물리적 충돌을 일으키지 말 것. 둘째, 전쟁을 우크라이나의 지리적 경계 내로 억제할 것. 셋째, 나토의 통합을 강화하고 유지할 것. 넷째, 우크라이나에 힘을 실어주고 싸울 수 있는 수단을 제공할 것."[20]

침공이 일어나기 전 몇 달 그리고 몇 주 동안 바이든 대통령은 러시아의 공격 가능성에 대해 양면 정책을 구사했다. 한편으로 바이든 행정부는 우크라이나 국경으로 집결하는 러시아군의 병력 수에 대해 귀담아들을 준비가 된 모든 사람과 정보를 공유하며 푸틴의 공격 의도와 계획에 대해 전 세계에 계속 경고 메시지를 보냈다. 이 정보에는 침공 예상 날짜도 포함돼 있었다. 다른 한편으로 미국은 자신들과 나토 회원국들이 우크라이나에서 전투에 참여하지 않을 것이라고 반복해서 말함으로써 군사적 선택 가능성을 배제하고 푸틴이 우크라이나에서 무슨 짓을 하든 군사적 대응은 없을 것이라며 그를 안심시키려고 노력했다.

바이든은 미국이 미국 시민을 구출하기 위한 목적으로도 우크라이나에 군대를 보내지 않을 것이라고 선언했다. 많은 사람이 군사적 개입의 위협을 제거하는 것은 푸틴에게 우세한 세력을 맞닥뜨릴 염려 없이 침공할 자유를 주었기 때문에 실수라고 생각했다. 그러나 바이든은 러시아가 우크라이나를 상대로 새로운 전쟁을 벌일 가능성에 대한 미국의 반대가 전 세계적 분쟁과 잠재적 핵분쟁으로 이어지지 않을 것이라고 자국민과 서방 대중 모두를 안심시키고 싶었던 것 같다. 푸틴의 침공 야욕을 꺾을 수 있는 카드는 서방이 일치단결해서 러시아 경제에 개인 및 부문별 제재를 가하겠다고 위협하는 것이었다. 서방 국가들은 푸틴이 기습 공격으로 이득을 얻을 가능성을 차단하고 어쩌면 그에게 망신을 줘서 침공을 취소하거나 연기하게 만들기 위한 여론전을 시작했다.[21]

이 모든 것이 실패로 돌아간다면 미국은 러시아 점령군에 맞서 봉기할 우크라이나 반군을 지원하겠다고 푸틴을 위협했는데, 이는 미국과 영국을 비롯한 어떤 서방 정부도 우크라이나 군대가 며칠 이상 버틸 것이라고 예상하지 않았기 때문이다. 이 때문에 미국은 전쟁이 장기화할 경우 우크라이나에 무기를 대량으로 보낼 계획이 없었다. 무기를 보내더라도 조만간 러시아의 손에 넘어갈 것이라고 우려했기 때문이다. 미국과 동맹국들이 제한적인 수량을 보낸 무기 중에는 냉전 말기 아프가니스탄 반군이 스팅어를 사용했던 것처럼 소규모 게릴라 부대가 어렵지 않게 관리하면서 점령군을 상대로 사상자를 낼 수 있는 강력한 대전차 및 대공 미사일인 재블린과 스팅어가 포함됐다.[22]

2021년 12월 러시아가 나토에 최후통첩을 보내 동맹의 국경을 1997년 당시로 되돌려놓을 것을 요구함에 따라 바이든과 푸틴은 12월 30일 화상 회담을 가졌다. 두 사람은 대화를 이어가기로 합의했지만 어떤 진전도 이루지 못했다. 러시아는 협상의 모양새 외에 실질적인 진전에는 관심이 없었다. 이후 미국, 러시아, 나토 대표와 유럽안보협력기구 회원국 자격으로 우크라이나가 참여한 회담 역시 아무런 소득이 없었다. 미국은 러시아의 요구를 고려할 가치조차 없다고 여겼고 나토의 모든 회원국 역시 수용 불가 입장을 보였다. 러시아 문제에 관한 견해차로 종종 갈등을 빚어온 나토에서 보기 드문 만장일치 합의였다. 모든 회원국은 어떤 외부 세력도 동맹에 가입할 국가를 결정할 수 없다는 데 동의했다.[23]

협상이 실패로 돌아가자 우크라이나 공식 웹사이트에 대한 해킹 공격이 시작됐는데, 우크라이나 정부는 이를 러시아의 소행이라면서 비난했다. 미국 상원은 러시아의 금융 부문과 푸틴 대통령을 비롯한 고위 관료들에게 대대적인 제재를 가하는 법안을 검토하기 시작했다. 러시아가 미국과 나토에 '비대칭적 대응'으로 위협하자 워싱턴 D.C.에서는 핵미사일이 미국 해안 가까이에 배치될지 모른다는 소문이 돌기 시작했다. 러시아 관리들이 쿠바와 베네수엘라에 군대 파견을 제안하자 핵미사일이 잠수함에 탑재되는 것은 물론 지상에 배치될 수도 있다는 우려가 커졌다. 1962년 쿠바 미사일 위기가 재현될 수 있다고 한 푸틴의 지난 몇 달간의 위협이 갑자기 새로운 의미와 긴박함을 띠었다.[24]

이제는 서방이 역사책을 펼쳐 과거로부터 교훈과 영감을 얻을 차례였다. 우크라이나를 둘러싼 긴장 고조는 1938년 서방 민주주의 국가들이 체코슬로바키아 문제를 놓고 히틀러의 독일과 벌인 협상과 유사한 측면이 있었다. 모든 사람의 관심사는 1938년 영국, 프랑스가 독일, 이탈리아와 맺은 뮌헨 협정(침략 세력에 대한 서방의 유화책)이 또다시 반복될 것인가였다. 앞선 1월 넷플릭스가 공개한 독일과 영국의 합작 영화 「뮌헨: 전쟁의 문턱에서」는 전 세계의 주목을 받았다. 『뉴욕타임스』는 이 영화가 제2차 세계대전이 파국으로 치닫던 시기에 상당한 논란을 빚으며 유화 외교 전략을 펼쳤던 네빌 체임벌린 영국 총리를 시종일관 미화하려 했다고 평가했다.[25]

프랑스와 독일은 어땠는지 몰라도 미국은 유화 정책을 전혀 고려하지 않았다. 토니 블링컨 미 국무장관은 11월 초 젤렌스키 대통령에게 전쟁이 임박했다는 미국의 정보를 처음 알렸다. 몇 주 뒤에는 국무부 고위 관리가 미국을 방문한 드미트로 쿨레바 우크라이나 외무장관에게 "참호를 파라"고 조언했다. 2022년 1월 12일 키이우를 방문한 윌리엄 번스 CIA 국장은 젤렌스키 대통령에게 러시아가 우크라이나 수도 키이우 인근 호스토멜 공항을 강습해 키이우를 점령하려고 계획 중임을 알렸다. 그는 또한 젤렌스키 대통령에게 대통령 자신과 가족의 안전을 심각하게 고려하라고 말했다. 며칠 뒤 키이우를 방문한 블링컨 장관은 젤렌스키 대통령으로부터 키이우를 떠나지 않겠다는 말을 들은 뒤 추가 경고를 했다.[26]

젤렌스키는 미국의 경고에 별다른 감명을 받지 않은 듯했다. 나중에 그는 당시 자신의 태도를 다음과 같이 설명했다. "이봐요, '침공이 있을지도 몰라요'라는 말을 백만 번도 더 할 수 있다. 좋다, 침공이 있을 수도 있다. 그럼 우리에게 비행기를 줄 것인가? 방공망을 줄 것인가?' '아, 우크라이나는 나토 회원국이 아니잖아요.' 아 그렇군요. 그럼 도대체 지금 우리가 무슨 말을 하고 있는 것인가?" 1월 말 바이든 대통령이 젤렌스키에게 전화를 걸어 다음 달에 러시아가 침공할 것이 거의 확실하다고 알렸을 때, 젤렌스키는 바이든에게 "메시지 톤을 낮춰달라"고 요청했다. 젤렌스키는 "내일 전쟁이 일어날 것"이라는 끊임없는 신호가 "시장과 금융 부문에 공포심"을 일으켰다고 이후 언론에 밝혔다. 그는 전쟁이 임박했

다는 공개 성명으로 인해 우크라이나가 155억 달러의 손실을 입은 것으로 추정했다.[27]

　미국의 잇따른 경고, 경제적 손실과 함께 임박한 군사 분쟁에 서방이 개입할 가능성이 전혀 보이지 않는 상황에서 우크라이나는 러시아와의 협상을 강화했다. 안드리 예르마크 우크라이나 대통령실 비서실장이 우크라이나 출신으로 푸틴의 신임을 받는 측근인 드미트리 코자크 러시아 대통령 행정실 부실장을 만나 돈바스 분쟁의 해결책을 논의했다. 언론은 회담이 결렬됐다고 보도했지만 비공식 협의는 계속됐고, 그 결과 우크라이나가 나토에 가입하지 않겠다고 크렘린에 약속하고 러시아는 침공 계획을 철회하는 합의 초안이 도출됐다.[28]

　한편 우크라이나 국민은 훨씬 더 심각해진 상황을 완전히 부정하는 듯 태연한 모습을 유지했다. 1월 말 미국을 비롯한 서방 대사관들이 키이우에서 철수하고 워싱턴 D.C.와 런던이 러시아의 공격이 임박했음을 끊임없이 경고하는 가운데, 올렉시 레즈니코우 우크라이나 국방장관은 "오늘 현재로서는 [러시아가 침공할 것이라고] 믿을 이유가 없다" "걱정 말고 잘 자길 바란다. 피란 짐을 꾸릴 필요는 없다"며 우크라이나 의회와 국민을 안심시켰다. 그러나 막후에서 우크라이나 정부는 우방국들에게 무기를 요청하고 있었다. 올렉시 다닐로우 국가안보국방회의 서기는 서방의 동맹국들에 다음과 같은 메시지를 보냈다. "너무 소란 떨지 마라. 위협이 보이는가? 우리에게 하루에 비행기 열 대씩을 보내달라. 한 대가 아니라 열 대씩 보내주면 위협은 사라질 것이다."29

이것이 침공 사흘 전인 2월 19일 뮌헨안보회의에 참석하기 위해 키이우를 떠나 모두를 놀라게 한 젤렌스키가 취한 입장이었다. 젤렌스키는 "무슨 일이 있어도 우리는 아름다운 우리 땅을 지킬 것이다. 어느 나라 군대든 우리 국경에 5만 명, 15만 명, 100만 명이 몰려오더라도 상관없다"고 선언했다. "우크라이나를 진정으로 돕겠다면 군인과 장비가 얼마나 많이 집결했는지를 말할 필요는 없다. 말해야 할 것은 우리가 얼마나 많은지다. 우크라이나를 진정으로 돕겠다면 침공 예상 날짜에 대해 계속 말할 필요가 없다. 우리는 2월 16일이든 3월 1일이든 12월 31일이든 우리 땅을 지킬 것이다. 우리에게 필요한 것은 다른 날짜들이다. 그리고 그게 어떤 날짜인지는 모두가 잘 알고 있다." 그는 무기가 전달되는 날짜를 언급한 것이었다.30

젤렌스키는 또한 회의 참석자들에게 1994년 부다페스트 각서에 서명하고 우크라이나에서 핵무기를 제거함으로써 강대국들이 떠안은 책임을 상기시켰다. 그는 "우크라이나는 세계 3위의 핵 능력을 포기하는 대가로 안전을 보장받았다"면서 "우리에게는 핵무기가 없다. 우리는 안전도 보장받지 못하고 있다. 우리는 또한 스위스나 네덜란드, 벨기에보다 더 넓은 면적의 영토를 잃었다. 그리고 가장 중요한 것은 우리가 수백만 명의 시민을 잃었다는 사실이다. 이 모든 것이 이제 우리에게는 없다. 이 때문에 우리가 가진 것이 있다. 유화 정책에서 벗어나 안전과 평화를 보장하는 정책으로의 전환을 요구할 권리다."[31]

뮌헨안보회의에 참석한 우크라이나 대표단 중 한 관계자에 따르면 일부 서방 국가 지도자들은 젤렌스키에게 침공이 임박한 상황에서 우크라이나로 돌아가지 말고 망명 정부를 구성하라고 조언했다. 우크라이나의 확고한 유럽 동맹국의 수도인 런던이나 바르샤바가 후보지로 거론됐다. 젤렌스키는 이를 거절한 것으로 알려졌다. 젤렌스키는 "오늘 아침 우크라이나에서 아침을 먹었으니, 저녁도 우크라이나에서 먹겠다"고 대답했다. 코미디언 출신으로 정치 경험이 전혀 없는 상태에서 곤경에 처한 국가의 대통령을 맡아 러시아와의 계속되는 갈등을 가능한 한 빨리 끝내겠다고 약속한 그에게서 이런 대답을 기대한 사람은 거의 없었다.[32]

선전포고

푸틴의 건강 악화 소문이 러시아 안팎에서 다시 강하게 돌기 시작한 2021년 말 약물 복용의 영향 때문인지 얼굴이 부풀어오르는 등 그의 외모에서 변화가 감지되기 시작했다. 그리고 코로나 19를 비롯한 감염병으로부터 스스로를 보호하겠다면서 푸틴이 자신을 만나러 온 외국 고위 인사들을 터무니없이 긴 테이블의 반대편 끝에 앉히는 모습도 간과하기 힘들었다. 이 때문에 러시아의 정치 평론가들은 푸틴이 남길 업적 문제에 관심을 갖게 됐고, 그중에서도 크림반도와 우크라이나가 두드러진 주목을 받았다. 우크라이나 문제에 정통한 정치 컨설턴트로 크렘린과 가까운 세르게이 마르코프는 "우크라이나가 점령된 상태에서 푸틴이 물러날 수는 없다. 그곳의 러시아인들이 두려움 때문에 반反러시아로 돌아서고 있기 때문"이라고 말했다. 그는 이어 "우크라이나는 사실 루스 국가의 일부이기 때문"이라며 범러시아 프로젝트의 측면에서 자신의 생각을 설명했다.[33]

푸틴은 2013년 여름 키이우를 방문했을 때 처음으로 대러시아 민족이라는 제국주의적 발상을 공개 지지하면서 러시아인과 우크라이나인이 단일 민족이라고 선언했다. 그의 방문에는 키이우 루스의 세례 1025주년을 기념하기 위해 러시아 정교회 키릴 총대주교가 동행했다. 푸틴은 회의에 참석한 우호적인 청중에게 걸맞은 '슬라브 정교의 가치: 우크라이나의 문명적 선택의 기초'라는 제목의 연설에서 "우리는 오늘날의 현실을 이해하고 있다"면서 "우리에게는 우크라이나 국민과 벨라루스 국민 그리고 다른 국민들이 있고 그 모든 전통을 존중하지만 그 바탕에는 의심할 여지 없이 우리를 하나의 민족으로 만드는 공통의 정신적 가치가 있다"고 주장했다.[34]

이후 푸틴은 러시아인과 우크라이나인이 단일 민족이라는 말을 주문처럼 되풀이했지만, 마르코프는 이제 푸틴이 자신의 말을 행동으로 옮길 때가 왔다고 주장했다. 그러나 러시아 민족주의 진영에는 러시아와 우크라이나 사이의 전쟁이 좋은 생각은 아니라고 믿는 사람들도 있었다. 전 러시아장교회의 의장인 레오니트 이바쇼프 상장上將은 러시아의 국익과 슬라브족의 단결을 이유로 전쟁에 반대한다는 공개서한을 푸틴에게 보냈다. 이바쇼프는 "우크라이나에 대한 군사력 사용은 우선 국가로서 러시아의 존재 자체에 의문을 제기하게 될 것이다. 둘째, 러시아인과 우크라이나인을 영원히 원수로 만들 것이다. 셋째, 양측 모두 수천 명(또는 수만 명)의 건강한 젊은이들의 목숨을 잃을 것이며, 의심할 여지 없이 이는 이미 소멸 국면으로 접어든 양국의 미래 인구 상황에 악영향을 미칠 것"이라고 썼다.[35]

블라디미르 푸틴은 전쟁이 시작되기까지 며칠, 몇 주, 몇 달 동안 자신에게는 전쟁을 시작하려는 의도가 없다고 공개적으로 부인했다. 침공을 채 2주도 남겨두지 않은 2월 12일 그는 러시아 군대가 우크라이나 국경으로 계속 집결 중이며 그 수가 10만 명을 넘어 15만 명에 육박한다는 미국 언론의 계속된 보도에도 불구하고 전쟁을 개시하려는 어떤 계획도 없다고 부인했다. 미국의 추산에 따르면 침공 당시 크렘린은 120개 대대전술단을 동원했고 전체 병력은 15만~19만 명에 달했다. 푸틴은 "사실 미국인들이 러시아의 침공 계획이라며 인위적으로 히스테리를 불러일으키고 심지어 침공 날짜까지 제시하고 있다"고 단언했다.[36]

푸틴은 2월 21일 러시아 국가안보회의 회의에서 민스크 협정의 사실상의 파기와 우크라이나 돈바스의 두 괴뢰 국가의 '독립'을 승인하면서 공식적으로 전쟁에 나서기로 결정했다. 푸틴은 카메라 앞에서 내비친 것처럼 민스크 협정 파기와 돈바스 '공화국'의 독립 승인 결정을 사전에 국가안보회의 위원들과 논의하지 않았다. 그가 원한 것은 위원들의 의견을 듣는 것뿐이었다. 심하게 편집돼 텔레비전으로 방영된 회의 장면을 보면 독자적인 의견을 가진 사람은 거의 없었다는 데 의심의 여지가 없었다. 참석자 대부분은 이미 내려진 결정에 찬성하는 논거를 제시하기 위해 최선을 다했고, 세르게이 나리시킨 대외정보국장은 처음에는 두 '인민공화국'의 승인에 대해 우유부단한 태도를 취한다고 푸틴의 질책을 받더니 이어 두 공화국을 러시아에 병합하자고 제안해 도가 지나치다고 또다시 푸틴의 질책을 받기도 했다.[37]

회의 영상은 전쟁 개시 결정을 푸틴 스스로 내렸음을 강하게 시사했다. 나머지 위원들은 지지 표명을 위해 참석했을 뿐이다. 참석자 중에는 세르게이 라브로프 러시아 외무장관도 있었는데, 탐사 저널리스트 크리스토 그로제프에 따르면 푸틴은 우크라이나와 전쟁을 벌이는 문제에 대해 그와 전혀 상의하지 않은 것으로 알려졌다. 서방의 러시아 연구자들이 공유한 일화에 따르면 푸틴의 측근이 누구냐는 질문에 라브로프는 18~19세기 러시아 황제들인 표트르 대제, 예카테리나 2세 여제, 알렉산드르 2세라고 답했다고 한다.[38]

러시아 텔레비전은 국가안보회의 회의 장면을 보여준 뒤 푸틴이 2015년 민스크 협정을 파기하기로 한 자신의 결정을 설명하는 장황한 연설을 방송했다. 이 연설에서 푸틴은 돈바스의 괴뢰 국가들이 공식적으로 독립을 선언하든 아니면 나리시킨의 제안대로 완전히 병합되든 돈바스에 만족하지 않겠다는 뜻을 내비쳤다. 푸틴은 우크라이나 전체를 노리고 있었다. 그는 2021년 7월 발표한 역사 에세이의 주제로 돌아가 국가와 민족으로서 우크라이나의 존재를 모두 비합법화하려고 했다.

푸틴은 "현대 우크라이나는 전적으로 러시아에 의해, 더 정확히는 볼셰비키가 이끄는 공산주의 러시아에 의해 만들어졌다"고 선언하고 "이 과정은 사실상 1917년 혁명 직후부터 시작됐으며, 레닌과 그의 측근들은 역사적으로 러시아 땅을 분리하고 단절하는 등 러시아에 매우 가혹한 방식으로 이를 진행했다"라고 주장했다. 이 같은 논지는 안톤 데니킨 장군 같은 러시아 백위군 망명자들의 글에 깊이 뿌리를 둔 것으로, 솔제니친의 생각과 글의 중요한 요지이기도 했다. 푸틴은 기록보관소 문서들을 바탕으로 이 주제를 연구했다는 점을 지적하며 자신의 주장에 무게를 더하려 했다.[39]

푸틴의 발언에 대해 우크라이나의 소셜미디어에 나타난 반응은 조롱이었다. 몇 시간 만에 페이스북에는 자신이 우크라이나를 창조했다는 사실을 알게 돼 놀란 레닌의 이미지가 넘쳐났다. 또 다른 합성 사진에는 키이우의 전설적인 창시자인 키이, 셰크, 호리우 삼형제와 여동생 리비트가 서 있는 동상에 레닌이 삽입됐다. 레닌은 우크라이나 수도의 창시자들을 태운 배의 뱃머리에 리비트를 대신해 앉았다. 이 동상은 국가의 뿌리가 중세 시대로 거슬러 올라간다는 우크라이나 사람들의 믿음을 담은 상징물이다. 푸틴은

우크라이나의 반응에는 별 관심이 없었다. 이미 결정을 내린 상태였기 때문이다.[40]

국가안보회의가 소집된 2월 21일 푸틴은 또 다른 연설을 녹화했는데, 이 연설은 러시아가 공격을 개시하는 날 아침에 공개될 예정이었다. 연설에서 그는 임박한 침공이 "2014년 우크라이나에서 쿠데타를 일으킨 세력"이 돈바스 지역 주민 수백만 명을 상대로 저지른 "대량 학살"에 대한 대응이라고 정당화했다. 그는 우크라이나 당국의 행동 때문에 러시아 역시 행동할 수밖에 없었다고 주장했다. 푸틴은 "이런 상황에서 우리는 대담하고 즉각적인 조치를 취해야 한다. 돈바스의 인민공화국들이 러시아에 도움을 요청했다"고 주장했다. 이는 러시아가 점령한 돈바스 지역에서 최근 모스크바로부터 독립을 승인받은 괴뢰 국가 지도자들이 한 요청을 언급한 것이었다. 이들의 요청은 푸틴에게 공식적인 개전 이유를 제공하고, 러시아 침공의 최소한의 목표(돈바스 전역 점령)를 설정하고, 우크라이나 측이 전쟁은 돈바스에 국한될 수 있다고 오판하게 만들었다.

연설의 다른 부분에서는 돈바스가 그저 구실에 불과하다는 사실이 드러났다. 푸틴은 자신의 침공을 "특별 군사 작전"이라고 부르면서도, 스탈린의 '위대한 애국전쟁'독소전쟁을 일컫는 말의 전통에 따라 이를 적대적인 서방과 서방의 지지를 받는 우크라이나 파시즘에 대항하는 전 세계적인 투쟁이라고 규정했다. 푸틴은 "나토의 주요 국가는 자국의 목표에 치중한 나머지 크림반도와 세바스토폴 주민들이 러시아와의 재통합을 자유롭게 선택한 것을 결코 용서하지 않을 우크라이나의 극우 민족주의자와 네오나치주의자들을 지원하고 있다"면서 "이들은 의심할 여지 없이 돈바스에서 그랬던 것처럼 크림반도에서도 전쟁을 일으키고, 위대한 애국전쟁 당시 우크라이나 민족주의자와 히틀러의 공범들로 구성된 형벌부대처럼 무고한 사람들을 죽이려 할 것이다. 이들은 러시아의 다른 여러 지역에 대한 영유권을 공공연히 주장해온 사람들"이라고 주장했다.[41]

푸틴은 '특별 군사 작전'의 목표를 다음과 같이 공식화했다. "우크라이나를 비무장화하고 탈나치화하며, 러시아 연방 국민을 포함해 민간인을 상대로 수많은 잔혹 범죄를 저지른 자들을 재판에 회부한다." 비무장화의 의미는 매우 분명했다. 러시아가 마음대로 휘두르도록 우크라이나를 무방비 상태로 만들겠다는 것이다. 그러나 '탈나치화'의 의미는 무엇이었을까? 푸틴은 몇 년째 선전선동을 통해 2014년 당시 우크라이나의 일부 자원 부대를 나치로 묘사해왔다. 그러나 위험에 처한 사람들은 이 부대 외에도 많았다. 며칠 전 미국은 러시아 정보기관이 "사살하거나 수용소로 보낼" 사람들의 명단을 작성하고 있다며 유엔에 경고했다. 이 명단에는 "우크라이나에 망명 중인 러시아와 벨라루스의 반체제 인사, 언론인, 반부패 활동가, 소수 종교 신도와 소수민족, 성소수자 등 취약 계층"이 포함됐다. 또한 침공에 저항하는 사람은 누구라도 살해되거나 재판에 넘겨질 것이라는 점도 의심의 여지가 없었다. 푸틴은 우

크라이나군에 "즉시 무기를 내려놓고 집으로 돌아가라"고 촉구했다.[42]

침공

푸틴의 연설은 2014년 크림반도 병합을 결정한 지 8주년이 되는 2월 24일 새벽에 러시아 텔레비전을 통해 방영됐다. 그는 2014년 당시처럼 이번에도 신속하고 단호하면서 긍정적인 결과가 나올 것으로 기대했다.

푸틴은 연설을 끝내면서 러시아 국민에게 "나는 여러분의 지지와 조국에 대한 사랑에 뿌리를 둔 불굴의 힘을 믿는다"고 호소했다. 우크라이나의 탈나치화를 포함한 연설의 핵심 주제는 이후 며칠, 몇 주 동안 러시아 언론의 보도로 널리 퍼져나갔지만, 당장 선전 노선을 바꾸기는 어려웠다. 러시아 국가 두마 외교위원장 레오니트 슬루츠키는 침공이 시작된 당일에도 침공을 부인했다. 그는 기자들에게 "우리에게는 전쟁을 일으킬 의도가 없다. 우리는 우크라이나 내부를 비롯해 곳곳에서 일고 있는 비난처럼 우크라이나를 침공하지 않을 것"이라고 말했다. 그가 이런 말을 하는 동안 러시아군 행렬은 우크라이나 수도를 향해 진군하고 있었다.[43]

우크라이나에 대한 러시아의 공격은 키이우 시간으로 2022년 2월 24일 새벽 4시 직전에 여러 전선에서 동시에 시작됐다. 주요 지역 중심지만 해도 키이우와 하르키우, 오데사, 자포리자, 지토미르, 미콜라이우, 헤르손의 시민들이 러시아 항공기와 미사일이 전국 곳곳의 비행장과 군사 시설을 공격하면서 내는 폭발음에 잠에서 깼다. 라디오와 텔레비전은 우크라이나 전역에서 올라온 소셜 미디어 게시물을 바탕으로 뉴스를 전했다. 흑해의 오데사와 아조우해의 마리우폴에 러시아 수륙양용함이 상륙했다는 보도도 있었다. 이 보도는 나중에 사실이 아닌 것으로 밝혀졌다.[44]

러시아군은 공중과 해상에서 100발이 넘는 탄도 미사일을 발사해 우크라이나의 지휘 통제 본부와 방공망, 주요 인프라를 폭격했다. 러시아 탱크와 병력 수송 차량 대열이 벨라루스에서 키이우 방면을 향해, 러시아에서 하르키우를 향해, 남쪽에서는 점령지 크림반도에서 헤르손과 노바카호우카를 향해 우크라이나 국경을 넘었다. 수만 명의 병력이 갑자기 이동하기 시작한 것이다. 정부와 일반 국민 모두 러시아의 대규모 침공 가능성을 믿지 않았던 우크라이나는 불의의 일격을 당했다.[45]

우크라이나 민족은 존재하지 않으며 우크라이나인들이 러시아의 통치하에 살고 싶어한다는 푸틴의 믿음을 기반으로 한 전체 군사 작전은 러시아의 크림반도 점령을 모델로 삼았다. 공수부대 바로 뒤에서 키이우로 진격한 지상군의 첫 편대는 진압 경찰 부대였고, 불에 탄 탱크와 차량 안에서 우크라이나 사람들은 키이우의 중심가인 흐레시차티크 거리에서 승리의 행진을 벌이려고 열병식용 제복을 입은 러시아 병사들을 발견했다. 이 병사들은 우크라이나에서의 작전이 오래 걸리지 않을 거라는 약속을 받았기 때문에 고작 2~3일 분량의 전투식량을 가지고 있었다. 침공을 해방 작전이라고 선전했기 때문에 장교와 병사들에게는 현지 주민들에게 절대 적대감을 보이지 말라는 명령이 내려졌다. 이들은 우크라이나 내에 나토 기지가 설치되는 것을 막기 위해 군사 작전 명령이 내려졌다는 말을 들었다.[46]

"러시아군에 도시나 주민을 공격하지 말라는 명령이 내려졌다. 러시아 국방부 수뇌부는 형제 국가의 주민들은 러시아 군대를 두려워할 이유가 전혀 없다고 강조하고 있다"고 정치 컨설턴트 세르게이 마르코프는 침공 이틀째인 2022년 2월 25일 기자에게 말했다. 추가 작전 계획과 관련해 마르코프는 "우크라이나 군대의 모든 조직이 (주로 공중을 통해) 포위되고 최후통첩을 받을 것이다. 이들은 무기를 내려놓고 항복해야 할 것이다. 모든 일이 정상적으로 진행되면 무장 해제 절차가 시작될 것이다. 정상적으로 이행하지 않는 집단은 괴멸될 것이다. 우크라이나군의 대다수 하위 부대는 무기를 내려놓을 것으로 생각된다. 일부는 계속 저항할 것이다. 이들이 바로 네오나치 부대원들이다"[47]라고 말했다.

이는 마르코프뿐만 아니라 푸틴의 계획이기도 했다. 전쟁 시작에 맞춰 방영된 연설에서 푸틴은 우크라이나군에 무기를 내려놓으라고 호소했다. 그러나 우크라이나군은 계속 싸웠다. 단 한 부대도 항복하거나 러시아 쪽으로 편을 바꾸지 않았다. 푸틴과 마르코프 같은 선동가들에게는 불의의 일격이었다.

러시아 우크라이나 전쟁

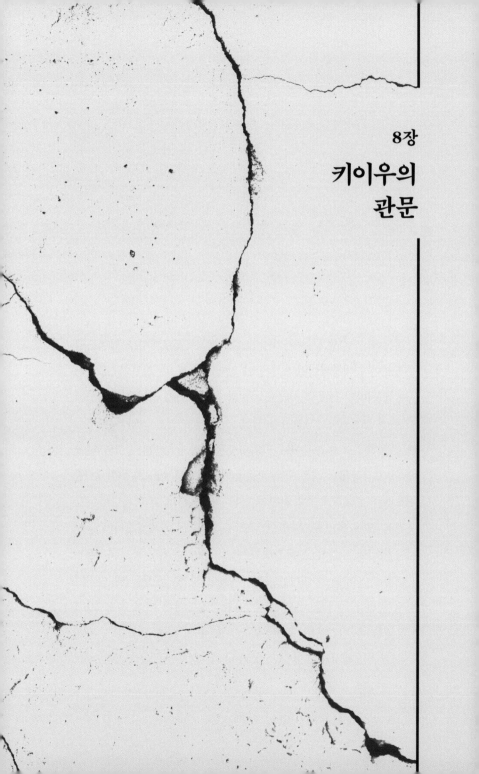

8장

키이우의
관문

러시아의 전면 침공에 가장 놀란 사람은 볼로디미르 젤렌스키 우크라이나 대통령이었다. 침공이 일어나기 몇 주 전부터 그는 침공이 일어나지 않을 것이라고 자신과 우크라이나 국민을 안심시키기 위해 노력했다. 그날 아침 젤렌스키와의 만남을 기억하는 루슬란 스테판추크 우크라이나 국회의장은 이렇게 말했다. "그의 얼굴에 담긴 감정은 두려움이 아니었다. 의문이었다. 어떻게 이럴 수 있지?라는." 스테판추크를 비롯한 다른 우크라이나 고위 지도자들도 충격에 휩싸였다. 스테판추크는 몇 주 뒤 "우리는 세계질서가 무너지고 있다고 느꼈다"고 회상했다.

대통령 영부인 올레나는 그날 아침 일찍 눈을 떴을 때 남편이 곁에 없다는 사실을 깨달았다. 그녀는 옆방에서 이미 옷을 갖춰 입은 남편을 발견했다. 젤렌스키는 아내에게 "시작됐다"고 말했다.

무엇이 시작됐는지는 설명할 필요가 없었다. 상상할 수 없는 일이 벌어진 것이다. 볼로디미르와 올레나는 열일곱 살짜리 딸과 아홉 살짜리 아들을 깨웠다. 곧 대통령 관저에서 폭발음이 들렸다. 이틀 전 젤렌스키는 정보기관으로부터 러시아가 자신의 암살을 계획하고 있다는 경고를 받았다. 그의 반응은 냉소적이었다. 이제 상황이 달라졌다. 가족은 피신해야 했고, 대통령은 자리를 지켰다.[1]

"자 그럼? 싸워야죠!" 대통령 집무실에 도착한 젤렌스키가 올렉시 다닐로우 국가안보국방회의 서기에게 인사말처럼 건넸다. "암살 위협에도 불구하고 대통령이 아무 데도 가지 않고 우크라이나에 머물 것이라는 사실이 즉각 분명해졌다"고 다닐로우는 회상했다. 다닐로우는 젤렌스키에게 최신 소식을 보고했다. 오전 3시 40분 다닐로우의 집무실에 도달하기 시작한 최초의 보고에 따르면 러시아는 러시아 점령 돈바스와 우크라이나가 여전히 지키고 있는 돈바스 지역의 경계에 있는 밀로베 마을을 공격하면서 침공을 시작했다. 이제 시간은 오전 5시를 지나고 있었다. 오전 5시 30분에 국가안보국방회의 위원들이 계엄령 선포를 의결했다.[2]

그날 아침 어느 순간 젤렌스키는 나토에 가입하지 않겠다고 약속하며 크렘린을 달래려던 자신의 바람이 헛된 일이었음을 깨달았을 것이다. 전날 우크라이나의 주요 기업인들을 만났을 때 그는 전쟁을 피하기 위해 모든 노력을 다하고 있다며 이들을 안심시켰다. 기업인 중 모스크바 총대주교와 긴밀한 관계를 맺고 있던 바딤 노빈스키가 자신도 전적으로 동의한다면서 대통령을 안심시켰다.

마지막 순간까지만 해도 젤렌스키의 비서실장 안드리 예르마크와 푸틴의 측근 드미트리 코자크 간의 협상을 통해 전쟁을 피할 수 있으리라는 희망이 있었다. 그러나 코자크는 나토에 가입하지 않겠다는 우크라이나의 약속을 받아들이도록 푸틴을 설득하지 못했고, 그날 아침 예르마크에게 전화를 걸어 항복을 요구했다. 예르마크는 욕설을 퍼붓고는 전화를 끊었다. 협상은 끝났다.[3]

젤렌스키는 국가안전보장회의를 마친 뒤 우크라이나 국민에게 차분한 대응을 당부하며 자신과 정부, 군대가 제 역할을 다하고 있음을 확인하는 짧은 대국민 영상 연설을 녹화했다. 그는 영상 보고를 통해 계속 소식을 전하겠다는 약속으로 연설을 마무리했다. 오전 7시 48분에 공개된 다음 영상에서 젤렌스키는 이번 침공에 대해 "우크라이나 국가를 파괴할 목적으로 시작된 푸틴의 우크라이나 침략 전쟁"이라고 언급했다. 그는 우크라이나 국민에게 온 힘을 다해 군대를 도와달라고, 해외 거주 우크라이나인들에게는 우크라이나와 민주주의를 구하기 위한 전 세계적인 반푸틴 연합이 구성되도록 힘을 보태달라고 호소했다. 젤렌스키는 이미 바이든 미국 대통령과 보리스 존슨 영국 총리, 안제이 두다 폴란드 대통령을 비롯한 여러 정상과 전화 통화를 했다고 보고했다. 그는 이들에게 지원과 함께 "우크라이나 영공 폐쇄"를 요청했다.[4]

러시아의 공중 지배는 젤렌스키와 우크라이나군의 가장 큰 우려 사항으로 이후 몇 주, 몇 달 동안 그런 상황이 이어졌다. 그러나 우크라이나 국민과 끊임없이 소통을 유지하면서 대통령이 키이우

러시아 우크라이나 전쟁

에 있고 무슨 일이 있어도 자리를 지키겠다는 확신을 심어주는 것이 젤렌스키가 그날 정한 최우선 과제였다. 이는 말 그대로 전쟁의 향방을 바꿀 결정이었다. 그 첫날 깜짝 놀랄 만한 소식 두 가지가 있었다. 첫 번째는 키이우를 충격에 빠뜨린 러시아의 우크라이나 전면 공격과 수도 폭격이었다. 두 번째 소식은 모스크바를 크게 놀라게 했다. 야누코비치와 달리 젤렌스키는 달아나기를 거부했고, 크림반도와 돈바스의 많은 사람과 달리 우크라이나 전역의 국민은 집 안에 갇혀 있기를 거부했다. 이들은 맞서 싸우는 쪽을 선택했다.

키이우 쟁탈전

전면 침공은 정치인과 일반 시민뿐만 아니라 군대에도 충격으로 다가왔다. "우리는 여전히 상대가 루한스크와 도네츠크주 일부의 점령지에서 적극적인 군사 조치를 시작할 것이라고 생각했고 그렇게 되기를 바랐다고 해도 과언이 아니다"라며 우크라이나 북부작전사령부 총사령관 드미트로 크라실니코우 장군은 회상했다. "다시 말하지만 '루한스크와 도네츠크 인민공화국'의 불법 군사 조직의 하위 부대를 앞세워 파견군과 자원병, 용병에 정규군이 일부 섞인 기본 편성을 숨길 것으로 예상했다. 어쩌면 말이다. 끝까지 우리는 적이 모든 전선을 넘어 대규모 침공을 감행하지는 않을 것이라고 믿었다."[5]

우크라이나군은 직전 전쟁, 즉 2014년부터 돈바스에서 계속돼온 전쟁에 대비해왔다. 국경의 긴장이 갈수록 고조되는 상황에서도 우크라이나군 부대들은 아직 전시 기준에 따라 병력을 배치하지 않았다. 공격이 돈바스에 국한되지 않을 것이라고 거듭 경고한 서방 정보기관들의 판단은 옳은 것으로 판명됐다. 사실 러시아 공세의 주력 부대 중 하나는 전선의 동북쪽 구간에 위치한 키이우를 향하고 있었다. 침공 둘째 날 크렘린과 가까운 정치 컨설턴트 세르게이 마르코프는 기자들에게 "키이우 점령이 필요한 것은 그곳에서 러시아 군인을 죽이라는 명령이 내려오면 안 되기 때문이다. 지금 그런 명령이 내려지고 있다. 우리는 키이우에서 다른 명령을 내릴 사람이 필요하다. 이것이 바로 키이우를 점령해야 하는 이유"라고 주장했다.[6]

우크라이나군에 명령을 내리는 장교는 우크라이나군 총사령관 발레리 잘루지니 중장이었다. 둥글둥글한 얼굴로 테디 베어를 떠올리게 하는 외모의 마흔여덟 살의 장군은 소련군에서 단 하루도 복무한 적이 없었다. 그는 나토 표준에 따라 훈련받은 신세대 우크라이나 장교를 대표하는 인물로, 이들은 동부 지역에서 벌어진 러시아와 그 위성국과의 전투에서 능력을 입증하고 있었다. 잘루지니는 키이우 방어를 맡은 지상군 사령관 올렉산드르 시르스키 상장과 함께 지휘소를 기존 위치에서 러시아 국경에 더 가까운 곳으로 옮겼다. 또한 제트기와 헬리콥터를 보조 공항으로 이동시켜 기습 공격으로 이 항공기들을 탐지하고 파괴하기 어렵게 만들었다. 시르스키는 이어 키이우를 둘러싸는 두 개의 방어망을 구축하고 키이우시 자체를 키이우 군사학교 지휘관들이 이끄는 방어 구역들로 나눴다. 이러한 조치는 우크라이나군뿐만 아니라 키이우를 구하는 데 도움이 됐다.[7]

러시아 군대가 키이우에 도달할 수 있는 가장 빠른 경로는 세계 최악의 원전 사고 현장인 체르노빌의 출입 금지 구역을 통과하는 길이었다. 침공 전에 '동맹 결의 2022' 군사 작전의 일환으로 3만 명에 가까운 러시아군 병력이 배치돼 있었다. 2월 24일 이들 중 일부가 체르노빌 원자력 발전소와 함께 손상된 4호기 원자로와 사용후핵연료 저장 시설 위에 15억 유로를 들여 설치한 격납 건물인 '아치'가 있는 인근의 출입 금지 구역을 장악했다. 경무장한 우크라이나 경비대는 원자력 시설 구역 내에서 압도적인 적군에 대항할 준비가 돼 있지 않았기 때문에 싸우지 않고 투항했다.

안톤 헤라시첸코 우크라이나 내무장관 보좌관은 자신의 페이스북 페이지를 통해 우크라이나 경비대가 이 지역에서 공격을 받은 사실을 알렸다. 그는 포격으로 사용후핵연료 저장 시설이 손상돼 방사능 낙진이 우크라이나와 벨라루스, 유럽연합 국가들의 상당 부분을 뒤덮을 가능성이 있다고 경고했다. 우크라이나 경비대가 압도적인 병력에 맞서 싸우지 않고 항복했기 때문에 그런 일은 일어나지 않았지만, 벨라루스 국경에서 체르노빌 출입 금지 구역을 통해 진격하는 러시아군 탱크와 중화기들이 1986년 폭발로 남

아 있던 방사성 먼지를 휘젓고 지나갔다.[8]

오후 8시 30분 우크라이나 원자력규제위원회는 체르노빌 구역의 모든 시설에 대한 통제력을 상실했다. 우크라이나 경비대는 훨씬 대규모에 더 잘 무장한 침략군의 포로가 됐고, 아치를 비롯한 체르노빌 구역 시설의 운전요원들도 인질로 잡혔다. 우크라이나는 빈에 본부를 둔 국제원자력기구IAEA에 원전이 외국 군대의 공격을 받았다고 알렸다. 젤렌스키는 트위터를 통해 체르노빌에 대한 공격을 "유럽 전체에 대한 선전포고"라고 비난했지만, 유엔 산하 국제기구인 IAEA가 유엔 안전보장이사회 상임이사국 군대의 원자력 시설 강탈을 막기 위해 할 수 있는 일은 아무것도 없었다. IAEA 관계자는 사태에 관한 최초 성명에서 러시아를 언급조차 할 수 없었다. 침략자는 손목 한 대 맞지 않고 교묘히 빠져나갔다. 전선에서 고조되는 핵 위기에 대처하는 것은 오로지 우크라이나의 몫이었다.[9]

새로운 전쟁의 첫 번째 대규모 전투는 키이우 중심부에서 서북쪽으로 35킬로미터 떨어진 호스토멜시에 있는 안토노우 국제공항에서 벌어졌다. 세계 최대의 화물 수송기 안토노우 An-225의 격납고가 있는 이 공항은 키이우에서 가까울 뿐만 아니라 러시아 공군이 운용하는 모든 종류의 비행기를 수용할 수 있는 곳이었다. 러시아군 사령부는 비교적 소규모의 공수부대와 특수부대의 지원을 받아 공항을 점령할 계획을 세웠다. 그러면 훨씬 더 큰 규모의 공수부대가 키이우 인근에 강하해 드니프로강을 가로지르는 도시의 다리들을 장악해서 우크라이나군이 키이우의 교통 요충지인 공항을 통해 작전을 수행하고 이동하는 능력을 제한할 수 있게 된다. 소문으로 떠돌던 젤렌스키 대통령 생포 또는 사살 작전도 이곳에서 수행될 예정이었다. 러시아의 지원을 받는 독재자 람잔 카디로프에게 충성하는 체첸 전사들이 나중에 육로를 통해 호스토멜에 파견돼 그 임무를 수행하게 될 것으로 알려졌다.[10]

'앨리게이터'라는 별칭을 가진 러시아 Ka-52 공격용 헬리콥터와 공수부대가 탑승한 Mi-8 수송용 헬리콥터 편대가 2월 24일 오전 10시 30분경 항공기들과 함께 호스토멜의 공항에 접근했다. 그 시각 러시아는 공습을 통해 공항 주변의 우크라이나 방공망 파괴를 완료한 상태였다. 윌리엄 번스 CIA 국장이 젤렌스키 대통령에게 러시아군이 호스토멜 공항에 착륙할 것이라고 경고했음에도 이 전략 공항에는 우크라이나 정규군 부대가 배치되지 않고 방위군 신속대응 여단의 분견대 하나만 경무장한 채 배치돼 있었다. 여단 병력의 대부분은 돈바스 지역에 파견된 상태였지만, 공항에 남아 있던 병력(징집병을 포함해 300명가량)은 완강하게 저항했다. 이들은 약 35대의 러시아 헬리콥터 중 3대를 격추하고 3대에 타격을 입혔다. 나머지 Mi-8 헬리콥터들은 간신히 병력을 내려놓는 데 성공했지만 적의 사격 때문에 공중 지원 없이 떠나버렸다.

러시아로서는 계획대로 일이 진행되지 않았다. 이들은 공항을 점령하는 데는 성공했지만 활주로를 겨냥한 우크라이나군의 포격 때문에 대형 수송기를 착륙시킬 수 없었다. 제95여단 소속 우크라이나 공수부대원들이 자체 헬기를 동원해 들어왔고, 수도를 방위하는 주요 부대인 제72기동여단 병사들은 이후 며칠 동안 호스토멜에 대한 통제권을 장악한 러시아에 맞서 싸웠다. 이들의 노력으로 키이우는 기습 공격을 면했고 젤렌스키와 정부 인사들은 포로가 되거나 살해될 위험에서 벗어날 수 있었다. 우크라이나군이 이르핀강 댐을 파괴해 러시아군 병력이 호스토멜에서 키이우로 진입하지 못하게 차단하면서 키이우에 대한 공세는 교착 상태에 빠졌다. 호스토멜시와 공항은 전쟁 초기 최초의 전투이자 가장 긴 전투의 현장이 돼 4월까지 총성이 이어졌다.[11]

며칠 뒤 키이우 중심부에서 40킬로미터가량 떨어진 바실키우에 있는 또 다른 전략 공항을 점령하려는 러시아의 시도 역시 우크라이나 방공 부대의 효과적 대처 덕분에 실패로 돌아갔다. 소규모 러시아 부대가 비행장에 착륙하는 데 성공했지만 우크라이나 지상군에게 괴멸됐다. 호스토멜 공항에서 격전이 벌어지고 바실키우 점령 시도가 실패하자 키이우에 대한 러시아의 공격은 3월 중순 키이우 동북쪽 모스춘 마을 근처에서 중단됐다.[12]

러시아군 병력은 벨라루스에서 체르노빌 구역을 거치는 경로뿐만 아니라 러시아 영토에서 우크라이나 수도 동쪽의 수미와 체르니히우를 통한 경로를 이용해서도 키이우로 이동했다. 이 지역에 주둔 중이던 우크라이나 보병과 전차 여단은 러시아의 공격이 시작되기 전에 자리를 떠나 공습에서 살아남았고, 예비군으로 병력을 보강해 키이우로 진격하는 러시아군 행렬과 맞서 싸우기 시작했다. 우크라이나의 북부 전선을 책임진 크라실니코우 사령관은 "첫 번째 공습은 우리가 철수한 지역을 겨냥했기 때문에 적의 입장에서 소득이 없었고 우리는 기본적인 전투력을 보존할 수 있었다"면서 "이어진 추가 작전 과정에서 우리는 심각한 손실을 입힐 수 있었다"고 회상했다. 우크라이나군은 키이우에서 동북쪽으로 150킬로미터 이내에 위치한 인구 25만 명이 넘는 체르니히우시와 키이우에서 동쪽으로 350킬로미터 이상 떨어진 비슷한 인구의 지역 중심지 수미시를 거점으로 삼았다.[13]

러시아군 지휘관들은 북쪽에서 키이우를 향해 진격할 때 12대 1의 병력 우위를 보였지만 전술 역량 부족으로 이런 우위를 승리로 바꿔내지 못했다. 러시아군 대열은 도시들을 우회해 이동해야 했고, 좁은 숲길에서 러시아군 병력과 차량, 무기, 장비는 우크라이나군 기동 부대의 손쉬운 표적이 됐다. 기동 부대는 재블린 휴대용 대전차 미사일과 함께 이와 비슷한 우크라이나제와 소련제 미사일을 사용하면서 지역 주민들의 도움을 받아 러시아 탱크와 병력 수송용 장갑차를 파괴해 동쪽에서 키이우로 향하는 러시아의 접근을 지연시켰다. 이 지역에서 촬영된 영상에는 포격과 드론, 경무장한 우크라이나 기동 부대의 공격을 받고 불타버린 러시아군 탱크 행렬의 모습이 담겨 있었다. 러시아군 장교와 병사들이 버리고 떠난 차량과 장비는 대부분 고장 나거나 연료가 떨어진 상태였다. 침략군은 불과 며칠 분량의 연료와 식량만 가지고 있었다.[14]

키이우로 진격하는 러시아군 병력에 대한 공중 지원은 제한적이었다. 서방의 전문가들이 예상했던 러시아의 완전한 공중 지배는 결코 실현되지 않았다. 러시아는 미국이 이라크전에서 그랬던 것처럼 장기간 공습을 가하는 대신 공습과 지상 공세를 하나의 단계로 통합하는 등 서두르고 있었다. "러시아는 분쟁 초기 며칠 동안 우크라이나의 전략 방공 시스템을 제압하거나 파괴할 수 없었기 때문에 전술 항공 지원으로 지상 작전을 지원하는 능력이 제한됐고 이는 키이우 진격에 실패하는 결과를 낳았다"고 영국 정보 전문가들은 우크라이나 북부에서 러시아의 공세가 중단된 원인을 평가했다.[15]

저항

침공 이틀째인 2월 25일 크렘린은 언론 브리핑을 통해 우크라이나군에 보내는 푸틴의 새로운 호소문을 발표했다. "우크라이나 군대에 복무 중인 군인들에게 다시 한번 직접 호소한다. 네오나치와 반데라이트가 여러분의 자녀와 부인, 노인들을 인간 방패로 활용하도록 내버려두지 마라. 여러분 자신의 손에 권한을 쥐어라. 키이우에서 호의호식하며 우크라이나 국민 전체를 인질로 삼고 있는 마약 중독자와 네오나치 집단보다 여러분과 합의하는 것이 더 쉬울 것이다." 이 호소문은 러시아군 지휘관들이 우크라이나군 지휘관들에게 보내는 같은 성격의 개인 메시지와 우크라이나군 내의 거의 모든 영관급 장교에게 보내는 익명의 편지에 이어 발표됐다. 이후 보도에 따르면 러시아 정보기관은 우크라이나 정부에 대한 군사 쿠데타를 준비해왔지만, 호스토멜을 신속하게 장악하려던 러시아의 시도가 실패하자 쿠데타 가담자들이 행동을 거부한 것으로 알려졌다.[16]

우크라이나 군부의 봉기를 촉구한 푸틴의 거듭된 호소는 아무런 반향을 일으키지 못했다. 우크라이나군은 사기가 충천해 용감하게 싸웠다. "우리는 모스크바가 우크라이나의 저항 능력과 함께 잘못된 계획, 사기 문제, 상당한 병참 문제 등 우리가 목격 중인 내부의 군사적 문제들을 과소평가했다고 판단한다"고 애브릴 헤인스 미국 국가정보국DNI 국장은 침공 2주째로 접어든 3월 초 의회에 보고했다. 이는 정곡을 찌르는 판단이었다. 푸틴과 그의 '특별 군사 작전'은 그의 왜곡된 역사관과 우크라이나 사회 및 그 민주적 기반에 대한 몰이해의 희생양이 됐다.

러시아 스파이들, 특히 우크라이나에서 비밀공작을 담당한 연방보안국FSB 특수 작전 부서는 우크라이나 정부와 러시아에 대한 우크라이나 국민의 태도에 대해 푸틴의 역사적 환상에 부합하는 설명을 그에게 제공하고 있었다. FSB는 우크라이나 국민이 러시아 해방군을 환영할 것이라고 보고했다. 2014년 봄 우크라이나 크림반도와 돈바스 점령 당시 상황을 본떠 우크라이나 정부와 군대, 국민에 관한 첩보를 수집하고 러시아 해방군을 지지하는 대중 시위를 조직해서 러시아군이 진주하는 대로 주요 정부 시설을 장악

할 목적으로 우크라이나 내에 방대한 스파이 네트워크가 구축됐다.[17]

푸틴은 우크라이나 국민이 나치주의와 민족주의로부터 자신들을 해방시키기 위해 파견된 러시아군을 꽃을 들고 환영할 것으로 기대했다. 그러나 우크라이나 국민은 꽃 대신 재블린과 스팅어, 우크라이나가 자체 개발한 스키프(스키타이)와 스투흐나 대전차 미사일을 들고 러시아군을 맞았다. 거센 저항에 맞닥뜨린 '해방군'은 겁에 질린 채 혼란스러워하며 허둥댔다. 만약 푸틴이 역사적으로나 다른 측면에서 자기 망상의 희생자라면, 그의 군대는 그의 선전 활동의 희생자가 됐다. 푸틴은 러시아인과 우크라이나인이 단일 민족이라고 주장함으로써 자신의 병사들을 전 국민이 침략군에 반대하며 자국 군대를 지지하는 전쟁에 무방비 상태로 내몰았다.

푸틴과 측근들의 기대와는 달리 우크라이나 정부와 국민은 야누코비치 축출로 정부가 무력화되고 사회가 분열됐던 2014년과는 딴판으로 하나가 되었다. 젤렌스키는 국외 망명을 거부했다. 미국이 키이우에서 탈출하도록 돕겠다고 제안했을 때 젤렌스키는 이렇게 대답한 것으로 알려졌다. "싸움은 여기서 벌어지고 있다. 나는 탄약이 필요하지 탈것이 필요한 것이 아니다." 그는 키이우의 한 건물 앞 거리에서 촬영한 우크라이나 국민을 향한 화상 연설에서 동포들에게 이렇게 말했다. "나는 여기 있다. 우리는 무기를 내려놓지 않을 것이다. 우리는 우리 나라를 지킬 것이다. 왜냐면 우리의 무기는 진실이고, 우리의 진실은 이곳이 우리 땅, 우리 나라, 우리 아이들이기 때문에 우리는 이 모든 것을 지킬 것이다."18

일각에서는 그가 최대 라이벌인 페트로 포로셴코가 키이우를 떠나지 않기로 한 결정에 영향받은 측면이 있다고 주장하기도 했지만, 다닐로우 국가안보국방회의 서기에 따르면 키이우에 남기로 한 젤렌스키의 결정은 상당수가 공격 발생 몇 시간 만에 키이우를 떠날 준비를 하고 있던 정부 인사들에게 큰 영향을 미쳤다. 침략에 저항하도록 시민들을 규합하는 젤렌스키의 영상 역시 그에 못지않게 중요한 역할을 했다. 침공 전날인 2월 23일 우크라이나에서 발표된 자료에 따르면 젤렌스키는 42퍼센트의 지지를 얻어 우크라이나에서 가장 인기 있는 정치인으로 평가됐다. 이제 그는 그런 신뢰를 최대한 활용해 그들의 믿음이 틀리지 않았음을 보여주었다.

러시아의 침공 위협을 경시하는 젤렌스키의 과거 발언에 실망했던 많은 사람이 이제 그를 지도자로 생각하기 시작했다. 배우 출신의 젤렌스키는 많은 직업 정치인이 꿈꾸지만 갖지 못한 재능을 가지고 있었다. 그는 청중과 친밀한 관계를 형성했고, 특정 순간에 사람들이 무엇을 원하는지 알았다. 평시에나 전시에나 그는 사람들 곁에서 사람들의 목소리를 증폭시켰다. 우크라이나 국민의 절대다수는 전쟁이 임박했다는 사실을 믿지 않았고, 젤렌스키는 그 같은 불신을 분명히 표현해주었다. 그러나 침공이 시작되자 우크라이나 국민은 최초의 충격을 받아들인 뒤 싸울 준비가 돼 있었고, 젤렌스키는 그 같은 메시지를 증폭해서 국내외 청중에게

전달했다.[19]

전쟁 3~4일째인 2월 26~27일 실시한 전화 여론조사 결과 우크라이나 국민의 79퍼센트가 승리를 믿고, 남성의 90퍼센트는 무기를 들고 조국을 방어할 준비가 돼 있다고 답했으며, 여성의 70퍼센트도 같은 반응을 보였다. 러시아의 진격으로 위험에 처한 동부 지역에서는 60퍼센트가 군에 입대할 준비가 돼 있었고, 남부 지역에서는 그 수치가 80퍼센트에 달했다. 전국적으로 우크라이나 국민의 86퍼센트가 EU 가입을 원했고, 76퍼센트는 나토 가입 계획을 지지했다. 3월 초 러시아의 '전격전'은 주춤해졌지만 우크라이나의 승리가 가시화되지 않는 상황에서도 승리를 믿는 국민의 비율은 88퍼센트로 급증했다. 98퍼센트가 우크라이나 군대를 지지했고, 44퍼센트는 우크라이나가 원하는 조건의 평화를 보장할 수만 있다면 전쟁의 고난을 감내할 준비가 돼 있다고 답했다.[20]

젤렌스키의 지지율은 역대 최고인 93퍼센트까지 치솟았다. 지방 정부 수장들에 대한 지지도도 84퍼센트로 그 뒤를 이었다. 우크라이나 역사상 전례 없는 수치였다. 정부 당국을 중심으로 단결할 필요성이 그 이유 중 하나였다. 훨씬 더 중요한 이유는 러시아의 침공에 맞서 정부 관리들이 보인 행동이었다. 젤렌스키뿐만 아니라 지극한 예외를 빼면 지방 정부 수장들도 도망치지 않고 국민 곁을 지켰다. 우크라이나는 중앙에서 지방으로 더 많은 권한과 자원을 이양하는 지방 정부 개혁을 진행 중이었다. 아이러니하게도 이 개혁은 우크라이나를 '연방화'하라는 러시아의 요구에 대한 우크라이나의 대응이었다. 이 개혁은 우크라이나 국가 기관에 대한 국민의 신뢰를 강화했고, 이는 전쟁 초기 며칠과 몇 주 동안 러시아군이 점령한 도시와 마을에서 충분히 입증됐다. 주민들은 점령군에 납치된 시장을 지키기 위해 우크라이나 국기를 들고 거리로 나섰다.[21]

공항을 차지하기 위한 전투가 계속된 호스토멜 인근뿐만 아니라 러시아 특공대가 정부 청사와 군 사령부, 주요 기반시설에 접근하려다 방어군에 저지당한 도시 내부에서도 총격이 들려오면서 키이우시에서는 밤새도록 총소리가 끊이질 않았다. 사람들은 일제히 도시를 떠나기 시작했지만, 가장 긴 줄은 영토 방위 부대에 입대하려고 군 모병 사무소 앞에 늘어선 남성들의 행렬이었다. 군 복무 경력이 없는 사람들은 종종 되돌려 보내졌지만, 여전히 모병 사무소가 받아들이고 무기를 지급할 수 있는 인원보다 더 많은 지원자가 몰려들었다.[22]

우크라이나와 전쟁을 시작하지 않겠다고 한 약속을 깼다는 바이든의 비난에 대해 푸틴이 계속 공개적으로 반응하자 많은 장교와 병사는 당혹감을 느꼈다. 병사들이 러시아인 형제들과 러시아어를 사용하는 주민들을 해방시키기 위해 전쟁을 벌이고 있다고 믿게 하려는 막판 선전 활동도 문제가 많았다. 실패로 돌아간 키이우 점령 작전에 동원된 러시아군 장교와 병사의 수는 3만5000명에서 4만 명에 달했다. 3월 말이 되자 러시아는 우크라이나에서 1300명 이상의 병력을 영구적으로 잃었다고 선언했다. 나토의 추산은 1만 명에 가까웠고, 우크라이나는 러시아군 2만 명을 사살했다고 주장했다. "러시아는 키이우 점령이라는 목표 달성에 실패했다. 우크라이나를 정복하려는 목표도 이루지 못했다"고 당시 미국 국가안보회의 대변인이던 존 커비는 선언했다.[23]

자신의 계획이 실패할 위기에 직면한 푸틴은 다른 사람들, 특히 자신이 듣고 싶어하는 것을 보고해온 스파이들을 비난했다. 세르게이 베세다 장군이 이끄는 FSB 부서는 수백만 달러를 들여 스파이를 고용하고 특별 작전에 대비해 비밀 조직을 운영해왔지만, 이 스파이들조차 실제로 일어날 것이라고 예상하지 못했던 침공이 발생하자 이들의 작업은 아무 소용이 없었다. 우크라이나의 현재 상황과 우크라이나가 즉각 붕괴할 가능성에 대해 매우 편향된 정보를 보내온 이들은 2014년 빅토르 야누코비치와 함께 우크라이나를 탈출한 그의 전 측근들이었다.

3월에는 푸틴이 자신에게 잘못된 정보를 제공했을 뿐만 아니라 존재하지도 않는 스파이와 조직을 지원한다는 명목으로 수백만 달러의 예산을 횡령해 아파트와 고급 저택, 자동차, 휴가를 위해 쓴 장성과 장교들에 대해 체포 명령을 내렸다는 소문이 모스크바에 퍼졌다. 이 소문은 러시아 권부의 핵심에서 보안 기관 수장들이 서로 대립하는 내부 투쟁이 커진 데 따른 것이었다.[24]

점령

우크라이나 '해방'이라는 사명에 대한 푸틴의 환상과 우크라이나 정부를 나치 집단으로 묘사하는 선전 활동에도 불구하고 많은 우크라이나 국민은 러시아 침략자들이 진정한 나치라고 생각했다. 우크라이나 도시와 마을에 대한 러시아의 점령은 제2차 세계대전 당시 나치가 우크라이나를 점령했던 상황을 연상케 했다. 이 기억은 한 세대에서 다음 세대로 이어지며 우크라이나인들의 뇌리에서 결코 사라지지 않았다. "그들은 사람들을 불러 모아놓고 촌장(러시아어로 스타로스티starosty)을 선출하라고 요구했다. 촌장이라니! 마을 주민들은 의미심장한 눈빛을 주고받으며 이내 독일 점령 시절의 그 단어를 떠올렸다." 저명한 우크라이나 변호사 스비틀라나 무시이엔코는 체르노빌 지역 인근의 작은 마을 오부호비치에서 러시아 점령 아래에서 겪은 일을 떠올리며 이렇게 말했다.

한 러시아 정치 장교가 지역 주민들에게 한 연설도 제2차 세계대전 당시 우크라이나를 떠올리게 했다. 예브게니라는 이름의 이 장교는 주민들에게 다음과 같이 말했다. "대체로 말하면 우리는 평화 유지군이다. 하지만 러시아 군인의 머리에서 머리카락 하나라도 떨어지면 당신들은 모두 끝장날 것이다. 그 외에는 좋을 대로 살아라. 우리도 당신들을 귀찮게 하지 않을 테니 우리를 귀찮게 하지 마라. 그냥 마을 경계 밖으로 나가지 말고, 돌아다닐 때는 흰색 완장을 차고, 이 밭 저 밭 넘나들지 말고, 건물마다 문 앞에 거주자 명단을 걸어둬라. 우리가 확인할 테니까." 그래서 지역 주민들은 전시에 '다윗의 별'을 달아야 했던 게토 유대인들처럼 흰색 완장을 차고 앞문에 거주자 명단을 걸어야 했다. 유대인 혈통인 스비틀라나 무시이엔코는 러시아 점령 당시 거주했던 집의 주민 명단 옆에서 흰색 완장을 찬 자신의 사진을 저장해두었다.[25]

러시아군이 점령한 우크라이나 마을에서는 지역 지도자들이 표적이 돼 군 당국에 협조할 것을 요구받았다. 이를 거부한 사람들은 납치되거나 심지어 살해당할 수도 있었다. 이번 전쟁의 첫 대규모 전투가 벌어진 호스토멜시의 유리 프릴립코 시장은 시민들에게 식량과 보급품을 전달하기 위해 차를 몰고 가다가 자동소총에 맞아 사망했다. 그의 시신에는 누구든 그를 돕거나 시신을 묻으려는 사람을 노린 부비트랩이 설치됐다. 한 정교회 사제가 죽은 시장을 장사 지내기 위해 다가오는 모습을 본 러시아 병사가 부비트랩을 제거했다. 키이우에서 서쪽으로 45킬로미터 떨어진 모티진 마을에서는 러시아군이 올하 수헨코 시장을 남편, 아들과 함께 체포했다. 세 사람 모두 점령군에 의해 처형돼 구덩이에 묻혔다.[26]

민간인 학살로 전 세계에 알려진 인근 부차시의 아나톨리 페도루크 시장은 점령군이 작성한 지역 관리와 활동가들 명단에 이름이 잘못 기재된 덕에 가까스로 목숨을 건질 수 있었다. 호스토멜 바로 남쪽에 위치한 인구 3만5000명이 넘는 도시 부차는 2월 27일 대규모 전투의 현장이 됐다. 이날 우크라이나 포병 부대는 호스토멜에서 키이우를 향해 부차 시내 거리를 따라 이동하던 러시아 탱크와 병력 수송 장갑차 행렬을 파괴했다. 전투 직후 페도루크 시장은 현장으로 가 불에 탄 러시아 장갑차를 배경으로 시민들에게 전투로 파괴된 모든 것을 재건하겠다고 약속하는 영상 연설을 녹화했다.

나흘 뒤인 3월 3일 러시아군이 다시 부차를 점령했다. 페도루크 시장은 부차를 탈출하는 길에 개인 용품을 챙기러 집으로 돌아갔다가 한 손에는 기관총을 들고 다른 손에는 부차 관리들의 명단을 든 러시아군 장교와 맞닥뜨렸다. 러시아군은 그를 찾고 있었다. 페도루크는 시장이 부차를 떠난 뒤 시장의 집을 감시하는 이웃인 척했다. 러시아군 장교가 여권을 요구하자 페도루크는 집에 두고 왔다고 말했다. 페도루크가 자신의 집이라고 한 곳으로 두 사람이 걸어가던 중 장교가 무전 연락을 받고 페도루크를 풀어주었다. 페도루크 시장은 여권을 가지고 돌아와야 했지만 결코 그러지 않았다.[27]

점령 초기 부차에 있었던 미술평론가 레나 치체니나는 점령군이 지역 주민을 대하는 태도의 변화를 기록했다. 처음에 이들은 민족주의자들에게 억압받는 우크라이나 국민이 러시아 군대에 의해 해방되기를 기다려왔다고 믿으며 우호적으로 행동했다. 치체니나가 머물고 있던 집의 한 노인이 러시아 군인에게 다가가자 그는 곧 마을에서 대규모 전투가 벌어질 테니 민간인들은 지하실로 들어가 며칠 머무르라고 충고했다. 러시아군이 마을에서 무엇을 할 것인지 묻자 그 군인은 "모르겠다. 우리 대부분은 여기서 무슨 일이 벌어지고 있는지 모른다"고 대답했다.

며칠 뒤 러시아 군인 두 명이 집을 살펴보더니 여권과 휴대전화를 요구했다. 치체니나는 군인 중 한 명과 함께 지하실로 갔는데, 그는 분명히 전투 연령대의 남성을 찾고 있었다. 하지만 그런 사람은 없었다. "그러는 동안 그 병사는 놀라울 정도로 솔직해졌다"고 치체니나는 회상했다. "그는 '여기 사흘만 있으면 된다'는 약속을 받고 왔는데 일주일 반이 지나갔다'며 푸틴과 지휘관들에 대해 불만을 늘어놓았다. 식량도 부족해서 여섯 명이 전투식량 세트 하나뿐이었다. 그나마도 유통 기한이 지난 것들이었다. 잠을 잘 곳도 마땅치가 않았다." 러시아군이 마을에 진주한 첫날 치체니나는 굶주린 군인들이 지역 식료품점에 침입하는 모습을 목격했다. "그들은 거기서 감자칩과 빵 조각 같은 것을 들고 나와 걸어가면서 먹기 시작했다. 누가 봐도 배고픈 모습이었다"고 그녀는 회상했다. 군인들은 자기 임무에 대해 혼란스러워했다. "여기서 대체 무슨 일이 벌어지고 있는지, 자기 임무가 무엇인지 그들도 알지 못했다"고 치체니나는 지하실을 검문한 군인들과 한 대화를 요약하며 말했다.[28]

그러나 주민들에게 친절하던 군인들의 태도는 곧 분노와 폭력으로 변질되기 시작했다. 부차 점령 이틀째인 3월 4일 키이우에 머물고 있던 스비틀라나 키질로바는 러시아군이 부차에 있는 시아버지 발레리를 살해했다는 사실을 알게 됐다. 발레리는 부인과 함께 은퇴 후의 여생을 보낼 예정인 부차 집의 보수를 막 마친 상태였다. 부부는 "이곳은 우리 집이고 우리 땅이다. 우리 것은 우리가 지켜야 한다"며 피란을 거부했다. 발레리는 코로나19에서 회복 중이라 몸이 편치 않은 상태였다. 그가 마당에 있는데 러시아 군인들이 경고도 없이 그의 머리에 총을 쐈다. 그런 다음 집으로 들이닥쳐 낡은 사냥총을 한 자루 발견하고는 일흔 살의 발레리가 군인이었다고 주장했다. 그들은 발레리의 아내를 지하실에 가두고 집 안으로 들어가 그곳을 지휘소로 삼았다. 그곳에서 그들은 부차에서 키이우로 가는 길에 있는 마지막 마을인 이르핀과 연결되는 다리를 또렷이 볼 수 있었다.29

발레리는 야블룬스카 거리 모퉁이가 내다보이는 집에서 살해됐는데, 그 거리에서 죽은 민간인들의 모습이 위성 영상에 잡혔다. 한 남성은 자전거를 타고 가다 살해됐고, 다른 남성들은 두 팔이 등 뒤로 묶인 채 무참히 처형됐다. 위성 영상에서 거리의 주검이 처음 포착된 것은 3월 11일이었다. 시신들은 3월 31일 러시아군이 부차를 떠날 때까지 그 자리에 그대로 놓여 있었다. 누구도 시신을 치울 수 없었다. 부차 인근에서 친구들과 함께 신분을 숨긴 채 머물고 있던 아나톨리 페도루크 부차 시장은 "당시에는 거의 매일 저녁 자동화기와 기관총 사격 소리가 들렸다"고 회상했다. 그는 러시아군의 태도가 바뀐 이유를 알지 못했지만 그럴듯한 가설이 있었다. "내가 내린 결론은 키이우를 점령할 수 없다는 사실을 깨달으면서부터 태도 변화가 시작됐다는 것이다." 치체니나의 설명은 달랐다. "그들은 부차에 머무는 시간이 길어질수록 더 분노가 끓

어올랐다. 자신들의 통치자뿐 아니라 우리 모두에게 말이다. 그리고 상급자들에게 아무것도 할 수 없다는 점을 감안하면 '우크라이나 문제'를 해결하는 것 외에 다른 선택지는 없었다. 그들은 꽃을 들고 자신들을 반겨줄 사람이 아무도 없다는 사실을 금방 알아차렸다. 이것은 분명 그들의 기대가 완전히 무너진 것이었다."[30]

1917년 러시아 혁명의 역사에 관한 우크라이나 최고의 전문가인 일흔두 살의 역사학자 블라디슬라우 베르스티우크는 3월의 대부분을 보르젤 마을의 야블룬스카 거리에 있는 한 집에 머물렀다. 야블룬스카 거리는 보르젤과 부차를 통과하는 긴 거리로, 무참히 살해된 우크라이나 시민들의 시신이 부차 해방 후 발견된 곳이기도 했다. 베르스티우크와 부인 이리나 그리고 모두가 호스토멜에 있는 그의 부친 이름 다닐로비치로 부르는 고령의 이리나의 아버지에게 전쟁은 충격으로 다가왔다. 며칠 만에 이들은 당시로서는 더 안전해 보이는 보르젤에 있는 베르스티우크의 아들 보흐단의 집으로 피신했다. 하지만 곧 보르젤에도 전쟁이 닥쳤다.

위성 영상에 야블룬스카 거리의 시신들이 포착되기 하루 전인 3월 10일 베르스티우크는 러시아 장갑차 한 대가 아들 집 앞에 멈춰 서는 것을 보았다. "군인들이 들판 전체로 흩어져 집집마다 마당을 뒤지기 시작했다. 우리 집 마당도 뒤졌다. 그러고는 허공에 총을 쏘아댔다"고 베르스티우크는 점령군과 맞닥뜨린 순간을 일기에 적었다. 베르스티우크는 이어 "보흐단이 이들과 긴장된 대화를 나누었다. 군인들은 분명히 신경이 곤두서 있었다. 그들은 식량과 연료가 떨어졌다고 말했다. 알타이 지역 출신 군인들이었다"고 적었다. 만남은 기적적으로 폭력 없이 끝났다. 베르스티우크는 "그들이 장갑차를 타고 떠났다. 다시 평온이 찾아왔다. 하지만 다음 상황은 어떻게 끝날까?(조만간 또 일이 벌어질 게 틀림없다)"라고 썼다. 베르스티우크와 그의 가족은 3월 14일 야블룬스카 거리에 있는 집을 떠나 키이우로 돌아올 수 있었다.[31]

3월 22일에 시작된 우크라이나의 반격이 성공을 거두면서 러시아군은 3월 말 부차를 떠났다. 점령군은 키이우 교외와 체르니히우, 수미 주변 지역을 떠나면서 체르노빌 출입 금지 구역도 포기했다. 3월 31일 러시아군은 우크라이나인 현장 관리자들에게 현장을 보호해준 자신들에게 불만이 없다는 문서에 서명하도록 강요했다. 관리자들은 선택의 여지가 없다고 여겨 문서에 서명했다. 사실 러시아군의 체르노빌 구역 점령은 군사 작전 과정에서 송전 선로가 손상돼 체르노빌 부지의 사용후핵연료 냉각에 필요한 전기 공급이 끊기면서 핵 재앙으로 끝날 뻔했다.

송전 선로가 손상되면서 2000년에 가동 중단된 체르노빌 원전 3호기 원자로에서 꺼낸 핵연료 집합체가 들어 있는 냉각 수조에 물을 공급하는 펌프가 작동을 멈췄다. 이 핵연료 집합체들은 여전히 매우 온도가 높아 과열 방지를 위해 지속적인 물 공급이 필요한 상태로, 파열돼 방사선이 외부로 방출될 수도 있었다. 디젤 발전기를 가동하고 벨라루스에서 전력을 공급받아 체르노빌과 전 세계를 또 다른 원전 사고로부터 구해낼 수 있었다. 러시아군이 떠난 뒤 우크라이나인들이 현장에서 발견한 것들은 체르노빌 오염 이야기가 끝나려면 아직 멀었음을 보여주었다. 러시아 군인들은 발전소를 점령한 뒤 여전히 방사능에 오염된 '붉은 숲'_{체르노빌 구역 내에서 방사능 오염이 가장 심해 소나무가 붉게 말라 죽은 숲} 바로 옆에 참호를 팠다. 이 과정에서 유출된 방사성 물질이 앞으로 몇 년 뒤 이 군인들의 건강에 해를 끼친 것으로 판명될 수도 있다.[32]

4월 1일 우크라이나군은 부차를 비롯한 키이우 교외 지역에 진입했다. 이튿날 아나톨리 페도루크 부차 시장은 러시아 점령군이 300명에 달하는 시민을 살해했다고 발표했다. 민간인의 시신을 찍은 사진이 전 세계 소셜미디어에 공유되자 바이든 대통령이 "집단 학살"이라고 비난한 러시아군의 만행에 대한 분노를 불러일으켰다. 4월 4일이 되자 부차에서 살해된 것으로 추정되는 민간인 수는 340명으로 늘었다. 키이우 지역에서는 해방 한 달 뒤에 사망자 숫자가 1000명으로 늘었는데, 그중 650명 이상이 러시아 군인들의 근거리 사격에 목숨을 잃었고 나머지는 양측의 포격으로 인한 희생자였다. 키이우 지역 경찰은 7월에 소속 경찰관들이 침략군에게 살해된 민간인 1346명의 시신을 찾아내고 신원을 확인했다고 발표했다. 300명가량은 행방불명됐다.[33]

바이든이 러시아군의 집단 학살을 비난한 지 며칠 뒤인 4월 18일 블라디미르 푸틴은 학살 당시 부차에 주둔했던 부대 중 한 곳에 '근위 여단'이라는 명예 칭호를 수여하는 대통령령에 서명했다. 같은 달 휘하 병사들이 자신들이 죽인 우크라이나 희생자들의

휴대전화로 집에 전화를 걸었던 제234공습연대 사령관 아르티옴 고로딜로프 중령은 대령으로 승진했다.[34]

부차에서 들려온 소식으로 인해 3월 29일 이스탄불에서 마지막으로 벌였던 러시아와 우크라이나의 협상은 끝장났다. 우크라이나는 휴전을 요청했지만 러시아는 관심을 보이지 않았다. 실망한 우크라이나는 나토 가입 계획을 포기하고 미국과 튀르키예를 포함한 여러 국가가 제공하는 안전 보장을 받는 대가로 중립국 전환을 수용하는 협상을 할 준비가 돼 있었다. 최종 문서를 두고 푸틴과 젤렌스키가 협상을 벌일 예정이었다. 그러나 며칠 뒤 젤렌스키는 부차를 방문해 러시아군이 자행한 범죄 때문에 모스크바와의 협상이 더 어려워졌다고 선언했다. 러시아의 공세가 주춤하고 우크라이나군이 키이우와 체르니히우 주변 지역을 탈환하면서 협상도 교착 상태에 빠졌다. 우크라이나 정부는 독립을 유지하고 영토를 되찾을 수 있는 최선의 기회는 협상 테이블이 아닌 전장에 있다는 것을 깨달았다.[35]

대탈출

러시아의 우크라이나 침공은 제2차 세계대전 종전 이후 유럽에서 가장 큰 난민 위기를 초래했다. 피란길에 오른 우크라이나 국민 대다수는 동부와 북부, 남부 지역에서 중부와 서부로 이동하며 국내에 머물렀다. 국내 피란민의 수는 5월 중순 800만 명 이상으로 추산됐다. 2022년 8월 말 기준 700만 명이 넘는 우크라이나 국민은 나라 밖에서 임시 피란처를 찾았다. 폴란드가 350만 명에 가까운 우크라이나 피란민을 받아들여 주거와 식량을 제공했고, 루마니아가 9000명 이상, 독일이 70만 명, 헝가리가 62만 명, 몰도바는 우크라이나 난민을 수용한 국가 중 자국 인구당 비율이 가장 높은 46만6000명을 받아들였다. 슬로바키아는 43만 명, 체코는 35만 명을 수용했다.

남성들은 싸우기 위해 남거나 60세 미만이면 출국이 허용되지 않았던 터라 유럽 국가들로 간 우크라이나 전쟁 난민의 성별과 연령 분포는 제2차 세계대전 종전 이후 발생한 모든 난민과 확연히 달랐다. 우크라이나 난민은 대부분 여성과 어린이들이었고, 특히 어린이가 전체 난민의 40퍼센트에 달했다. 이뿐만 아니라 이들은 이전의 난민들과 다르게 행동했다. EU 회원국들은 아이들이 학교에 들어가고 부모들이 머물면서 일할 수 있게 도왔다. 상당수가 이 기회를 받아들였지만, 대부분은 고향 마을이 해방되거나 전선이 고향에서 멀어지거나 위험이 줄었다는 소식을 듣자마자 집으로 돌아가고 싶어했다. 5월 중순까지 180만 명의 우크라이나 국민이 돌아왔는데, 당시 하루 3만 명꼴로 우크라이나 국경을 서쪽이 아닌 동쪽으로 넘어 다시 국내로 들어왔다. 2022년 8월 말이 되자 350만 명 중 136만 명만이 폴란드에 남았고, 나머지는 러시아의 진격이 우크라이나군에 의해 저지되자 우크라이나로 돌아갔다.[36]

난민들에게는 너 나 할 것 없이 독특하면서도 전형적인 사연이 있었다. 이들은 모두 러시아의 침공으로 인한 파괴를 피해 탈출한 사람들로, 목숨을 구하기 위해 가진 것을 전부 버리고 떠나야 했다. 이들을 몰아낸 것은 전쟁의 고난이 아닌 죽음의 두려움이었고, 피란 과정에서 종종 목숨을 걸어야 했다. "그들은 모든 것을 파괴했다. (…) 건물은 남김없이 손상됐고 화재가 발생했다. (…) 도시를 탈출하다 죽임을 당할까 두려웠다. 민간인 두 명이 숨겨 있는 차를 보기도 했다." 3월 24일 브뤼셀에서 열린 기자회견에서 우크라이나 난민 올렉산드르가 증언한 내용이다. 그는 두 어린 자녀를 포함한 가족과 함께 부차시를 탈출했는데, 기자회견 당시만 해도 부차는 우크라이나 지도 위에 있는 또 다른 낯선 지명일 뿐이었다. 그 뒤 채 일주일이 지나지 않아 부차에서 촬영된 사진들이 인터넷에 폭발적으로 퍼지면서 올렉산드르가 무엇을 두려워해 도망쳤는지 모두가 정확히 알게 됐다.

"포격과 폭격 때문에 살이 떨릴 지경이었다. 방공호에서 보낸 첫날밤은 내 인생에서 가장 추운 밤이었다. 잠을 이룰 수도 눈을 감을 수도 없었다. (…) 폭탄이 쉼 없이 계속 떨어졌다"고 하르키우 출신의 학생 디아나는 같은 기자회견에서 증언했다. 마리우폴에서 온 난민 마리아는 러시아군의 드라마 극장 폭격 당시 남성 친구의 경험을 언급하며 "내 동료가 건물 안에 있었다"고 회상했다. 극장은 건물 앞 광장에 페인트로 '어린이'라고 크게 써놨는데도 폭격을 당했다. 어린이를 포함해 600명이 폭격으로 목숨을 잃었다.

마리아는 "친구가 건물 잔해에 깔린 아이들의 비명을 들었다고 말했다"며 "폭격이 멈추지 않아 응급 구조대가 아이들에게 다가갈 수 없었다"고 회상했다. 마리아는 러시아군 검문소를 지날 때마다 보드카와 담배를 뇌물로 주면서 포위된 마리우폴에서 탈출했다.[37]

러시아 점령이나 포격을 피해 탈출한 사람들은 폴란드와 슬로바키아, 헝가리, 루마니아, 몰도바와 맞닿은 우크라이나 서부 국경에서 엄청나게 늘어선 줄과 맞닥뜨렸다. 키이우 서쪽의 대도시 지토미르에서 온 난민 타마라 쿨만은 전쟁 이틀째 폴란드 국경에서 서방 기자에게 "우리는 여기 오랜 시간 머물고 있다. 아마 벌써 6~7시간은 됐을 것"이라고 말했다. 타마라는 끝이 보이지 않는 줄에 선 모든 이의 심정을 대변하듯 "어떻게 내 조국을 떠나야 할지 모르겠다"면서 "사실 조국을 떠나고 싶지 않지만 침략자들 때문에 최대한 빨리 떠나야 한다"고 말했다.[38]

이후 며칠 그리고 몇 주 동안 줄은 점점 더 길어졌고, 난민들이 국경 통과를 위해 기다리는 시간도 24시간에서 며칠 밤낮으로 늘어났다. 긴 기다림에 대한 유일한 보상은 국경 반대편에서 이들을 맞은 폴란드와 루마니아를 비롯한 국가 자원봉사자들의 환영이었다. 몇 년 전만 해도 시리아 난민과 관련해 '철옹성 유럽'으로 변했던 동유럽은 이제 '호텔 유럽', 국경 없는 유럽이 되어가고 있었다. 물리적 국경은 여전히 존재했지만 문화적·정서적 국경은 사라졌다. 동유럽 사람들은 과거에 러시아 탱크를 경험해봤기 때문에 우크라이나 국민이 어떤 일을 겪고 있는지 누구보다 더 잘 알았다.

이들은 우크라이나 남성들이 맞서 싸우기를 바랐고, 그들의 아내와 자녀들을 보살필 준비가 돼 있었다. 이제 이들은 모두 같은 배(러시아의 침공이라는 폭풍을 만나 위험에 처한 배)를 타고 있었다.

2022년 5월 유엔은 우크라이나 난민으로 인해 전 세계 난민 수가 10억 명을 넘어섰다고 발표했다. 필리포 그란디 유엔 난민기구 대표는 "결코 달성하지 말았어야 할 기록"이라고 말했다. 『뉴욕타임스』는 '푸틴은 자신이 우크라이나 난민들에게 무슨 짓을 하고 있는지 알고 있다. 이는 세계의 큰 시험'이라는 제목의 사설을 통해 세계 여론에 호소했다. 이 사설은 난민을 수용한 국가들을 지원하기 위한 전 세계적 연대를 촉구했다. 편집자들은 러시아의 침략에 반대하고 우크라이나의 독립 투쟁을 지지하는 서방 국가들의 단결력 부족을 주로 우려했다. 또한 향후 세계정세의 불안정을 예견하며 시리아 난민을 비롯한 다른 난민들에 대해서도 우려했다. 사설은 "세계가 더 큰 불안정의 시기로 접어들면서 세계 지도자들은 전쟁을 비롯한 절박한 상황을 피해 탈출한 모든 사람에게 조직적이고 인도적으로 대응해야 할 필요성을 더 이상 무시할 수 없게 됐다"고 호소했다.[39]

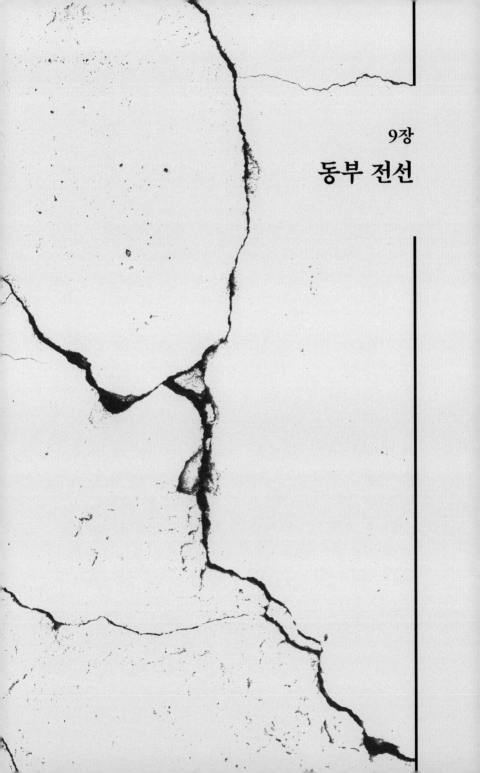

9장
동부 전선

러시아군이 키이우 점령에 실패하자 모스크바 당국은 공격의 주축을 동쪽으로 돌려 고도로 도시화된 우크라이나 돈바스 지역을 점령하기 위한 대규모 전투를 준비했다. 도네츠크와 루한스크 지역 영토의 점령은 '특별 군사 작전'의 공표된 목표일 뿐만 아니라 3월 말 이스탄불 회담에서 러시아가 우크라이나의 휴전 요청을 거부한 이유였던 것으로 보인다. 이는 러시아에 유리한 조건으로 전쟁을 끝낼 수 있는, 크렘린이 다시는 얻지 못할 기회였다.

개전 후 첫 몇 달 동안 러시아가 우크라이나를 상대로 벌이는 전쟁이 향후 맞을 새로운 국면의 몇 가지 특징이 드러났다. 그중 하나는 러시아군이 군사 목표물을 폭격할 수 있는 항공 자원이 제한적이어서 미사일에 의존했지만, 그중 상당수는 정확도가 떨어져 민간인 목표물을 타격하곤 한다는 것이었다. 일부의 기대나 우려와는 달리 러시아 공군은 우크라이나에서 결코 공중 우위를 확보하지 못했다. 우크라이나는 서방 동맹국들이 제공했을 가능성이 큰 정보 자료들의 경고에 따라 2월 24일 새벽 우크라이나 비행장에 대한 러시아의 미사일 공격 직전에 항공기 대부분을 이동시킬 수 있었다. 동원 가능한 항공기가 아무리 적고 구식이어도 파괴를 면한 덕에 하늘에서 러시아에 맞설 수 있었다.

우크라이나의 대공 방어망 역시 탄력적인 것으로 판명됐다. 스팅어(침공 몇 주 전 서방 동맹국들이 제공한 미국제 휴대용 대공 방어 시스템)는 우크라이나의 대공 자산을 강화해주었다. 러시아군은 점점 더 많은 비행기와 헬리콥터를 잃고 미사일에 의존하게 됐는데, 그중 일부는 카스피해의 군함에서 발사한 것이었다. 이 미사일들은 종종 목표물을 명중하지 못하고 군사 목표물이 아닌 민간 물체를 타격했다. 우크라이나군은 도시를 보호하기 위해 러시아 순항 미사일을 격추하려고 안간힘을 썼다.[1]

러시아군이 우크라이나 도시들을 그토록 무차별적으로 공격한 데는 다른 이유도 있었다. 러시아는 포격으로 도시 기반시설을 파괴하고 우크라이나군의 방어 진지를 무력화했는데, 마리우폴을 비롯한 돈바스 지역의 여러 우크라이나 도시를 공격할 때 이 같은 전략을 최대한 활용했다. 러시아군은 또한 포격과 미사일을 테러 무기로 사용해 우크라이나 국민의 저항 의지를 꺾으려 했다. 테러 폭격의 주요 피해자는 주요 전장인 우크라이나 동부의 도시들로, 주민 대다수가 러시아어를 사용하고 러시아계 주민의 비율이 우

크라이나에서 가장 높은 곳이었다. 러시아군이 해방하러 왔다고
주장한 러시아계와 러시아어를 사용하는 주민들이 이 소모전의
가장 큰 피해자가 됐다.

최초의 수도

진격하는 러시아군의 직접적인 공격을 가장 먼저 받은 우크라
이나 도시 중 하나는 우크라이나에서 두 번째로 큰 대도시이자 소
련 시절 첫 수도였던 하르키우였다. 인구 150만 명의 주요 행정 및
문화 중심지인 하르키우는 러시아 국경에서 불과 50킬로미터 떨
어진 곳에 위치해 있다. 하르키우는 처음에는 지상군의 공격을 받
은 뒤 끊임없는 폭격을 받았다.

하르키우는 17세기 중반 이 지역에 코사크족 정착촌인 '슬로보
다 우크라이나'가 건설된 이래 그 중심지 역할을 해왔다. 로마노프
왕조가 여전히 권력을 유지하던 19세기 들어 러시아 지배하의 우
크라이나 최초의 대학이 하르키우에 설립됐다. 1830년대에 하르
키우는 우크라이나 낭만주의 문학의 중심이 됐고, 그 추종자들이
현대 우크라이나 운동의 문화적 토대를 형성했다. 1920년대에 소
비에트 우크라이나의 수도가 된 하르키우는 우크라이나 문화 르
네상스의 현장이 돼 정부 청사 등 구성주의 건축 걸작과 모더니즘
작가들의 작품이 다음 세대까지 이어졌다. 1930년대 들어 하르키

우의 작가 상당수가 스스로 목숨을 끊거나 스탈린의 테러 기계들에 의해 살해당하면서 문화 부흥은 '처형된 르네상스'로 불리며 단명으로 끝났다. 1991년 우크라이나의 독립 선언 이후 하르키우는 우크라이나 출판의 수도이면서 시인이자 소설가, 연주자인 세르히 자단 등 우크라이나를 대표하는 문화계 인사의 고향이 됐다.[2]

러시아가 우크라이나 동부의 다른 거점 도시들을 건너뛰면서 하르키우 장악을 절실히 원한 데는 몇몇 이유가 있었다. 첫째, 하르키우는 군사 작전에 필요한 주요 교통 요충지였다. 둘째, 하르키우는 주민의 대부분이 러시아어만 사용하는 도시로, 우크라이나뿐만 아니라 러시아 작가와 시인, 배우가 많이 거주했다. 이 때문에 모스크바에서는 이 전쟁의 이념적 구호(우크라이나의 탄압을 받는 러시아어 사용자 보호)에 부응해 러시아군이 이곳에서 환영받을 것이라는 희망이 컸다. 최근의 역사도 작용했다. 2014년 하르키우는 돈바스의 다른 도시와 정착촌처럼 러시아의 지원을 받는 분리주의 세력의 손에 넘어가기 직전까지 몰렸다. 셋째, 하르키우는 러시아 국경과 가까워 러시아군이 보급로를 과도하게 늘리지 않고도(러시아군이 키이우를 공격하는 데 최대 약점이었다) 도달할 수 있었다.

이 모든 이유로 모스크바의 전쟁 기획자들은 하르키우를 바람직할 뿐만 아니라 손쉬운 목표물로 생각했을 것이다. 그러나 다른 많은 경우처럼 이곳에서도 작전은 계획대로 진행되지 않았다. 사실상 개방된 상태인 벨라루스 국경을 따라 키이우 북쪽의 우크라이나 영토를 지키던 방어군과 달리 하르키우 인근에 주둔한 우크라이나군은 다가올 공격에 더 잘 대비하고 있었기 때문에 처음부터 러시아군의 진격에 저항했다. 러시아 지상군은 2월 24일 아침 국경을 넘어 하르키우 인근의 우크라이나군 방어 진지를 포격하며 공세를 시작했다. 이와 함께 하르키우시 자체를 직접 공격해 러시아군의 포격으로 어린이를 포함한 첫 민간인 희생자가 발생했다.

2월 25일 러시아군 선발대가 하르키우 외곽에 다다랐다. 우크라이나군이 반격에 나섰지만 이튿날 러시아군은 하르키우 시내로 진입했고, 러시아 국방부는 도심에 있던 우크라이나군의 항복을 접수하고 있다고 발표했다. 이 발표는 기껏해야 시기상조였을 뿐 그날이 다 가기도 전에 우크라이나군은 러시아 침략군을 몰아냈다. 하르키우는 우크라이나 영토로 남았다.[3]

전쟁 나흘째인 2월 27일 저항이 계속되자 러시아군은 정복에 실패한 하르키우를 폭격하기 시작했다. 수십 명의 민간인 사상자가 발생했다. 이는 시작에 불과했다. 이튿날 더 치명적인 공습이 주로 주거 지역에 집중되면서 더 많은 사람이 목숨을 잃었다. 러시아군은 집속탄을 사용했는데, 집속탄은 공중에서 터져 수백 개의 자탄子彈으로 나뉘면서 넓은 지역에 무차별적으로 흩어져 축구장 몇 개에 해당되는 반경 안에 있는 사람을 모두 죽이는 무기다. 이런 포탄의 사용은 2008년 체결돼 100개국 이상이 서명한 집속탄 금지 협약에 따라 금지됐다. 이 협약에 가입하지 않은 러시아는 이제 인구 150만 명의 도시에 집속탄을 사용하고 있었다.[4]

러시아 우크라이나 전쟁

CNN 탐사 보도에 따르면 2월 27일과 28일 이틀 동안 하르키우에서 열한 차례의 집속탄 공격이 이뤄졌다. 모두 러시아군 제79로 켓포병여단의 스메르치(토네이도) 다연장 로켓 발사기에서 발사된 것이었다. 하르키우가 러시아 국경과 가까운 점을 감안하면 공격은 러시아 영토에서 감행된 것으로 보였다. 탐사 저널리스트들은 발사 명령을 내릴 수 있는 사람이 러시아 서부군관구 사령관 알렉산드르 주라블료프 상장뿐이라고 결론 내렸다. 주라블료프는 시리아에 파견된 러시아군 특수부대 사령관을 두 차례 역임하며 잔혹한 군사 작전을 주도했던 인물이다. 2월 28일에는 주라블료프가 발사한 로켓탄에 하르키우에서 어린이 세 명을 포함한 민간인 수십 명이 목숨을 잃었다.[5]

"하르키우 클로치키우스카 거리. 시신들은 이미 수습됐다. 하르키우 민간인 시신들"이라고 하르키우 주민인 출판 편집자 카테리나 노바크는 2월 28일 페이스북에 썼다. 그녀는 2014년 전쟁이 시작된 뒤 우크라이나 역사 논픽션 출간의 부흥을 이끌어온 인물이다. 카테리나는 피와 시신 파편, 아파트 입구 근처의 아스팔트에 박힌 집속탄 미사일 탄피 등 현장에서 촬영한 동영상 링크를 첨부했다. 그녀는 "남은 것은 피와 '이것'뿐"이라며 유해들을 언급했다.

카테리나의 남편은 하르키우 영토방위대에 입대했다. 그녀는 연로한 어머니와 딸을 놔두고 동료와 이웃들처럼 방공호로 가거나 하르키우 외곽으로 피할 수 없어서 가족과 함께 집에 머물렀다. 카테리나는 수시로 사이렌이 울려댈 때마다 아파트 건물에 미사일이 떨어질까 두려워하면서 아파트에 머물렀다. 2월 28일 이전에는 주로 다른 사람들이 올린 사진이나 영상, 게시물을 공유했던 카테리나는 이제 포위당한 삶을 소개하는 일기를 페이스북에 올리기 시작했다.[6]

3월 1일 카테리나는 "점령군들이 이틀 연속으로 나의 하르키우를 대단히 잔인하게 위협하고 있다. 폭격과 로켓 공격이 멈추는 것은 길어야 두 시간이 고작"이라고 썼다. "글을 쓰는 지금도 사이렌이 울리고 있다. 폭탄이 이틀째 도시의 주택가를 때리고 있다. 교외 지역은 불타고 있어 보기에 끔찍할 정도다. 도심에서는 폭발음이 들린다. 폴즈필드와 클로치키우스카 거리 등 내 근처에서 폭발음이 들린다. (…) 이름을 알 수 없는 포탄 껍데기들이 유리창이 산산조각 난 정육점 앞 피나무에 박혀 있다. '해방군'들은 아이들을 죽이고 민간 건물을 파괴하고 내 도시의 삶에 필수적인 시설들을 노리고 있다. (…) 이들은 우리를 때리고 때리고 때리고 또 때리고 있다! 점령군은 도시를 점령할 수 없으니까 이제 우리를 파괴하고 우리를 우리 삶에서 '해방'하고 우리를 말살하는 데 열중하고 있다! 나는 집에 있다. 우리 가족도 나와 함께 있다. 남편은 나가 싸우고 있다. 우크라이나에 영광을!"

카테리나는 전쟁이 벌어지는 날들을 세기 시작했다. 3월 2일에 그녀는 이렇게 썼다. "7일째. 이제 나는 비행기가 공습하기 전 저공비행할 때 내는 소리를 구별할 줄 안다. 비행기가 곧장 내 머리를 향해 날아오는 것 같고, 심지어 머릿속이 아니라 머리를 뚫고 지나가는 것 같다. 공습을 받으면 건물이 어떻게 흔들리는지도 안다. 그리고 지하철역으로 피신한 동료들에게 '나오지 마! 곧 또 공습이 있을 거야!'라고 메신저로 연락하는 것이 어떤 기분인지도 안다. 어제는 강력한 공습이 있었는데 끔찍하고 잔혹했다. 그 뒤로 우리는 문화 거리의 총소리를 들으며 잠들었다. 우리 군이 적의 파괴 공격과 정찰 부대를 몰아내고 있다. 아침에는 그들[러시아 군]이 경찰청 건물과 카라진대학을 공격했다. 끔찍한 폭발음과 함께 연기가 피어올랐다. 그들은 우리를 공포로 몰아넣고 있다! 하지만 남편은 오늘 아침 전화를 걸어 무사하다고 했다. 우크라이나에 영광을!"

전쟁 8일째인 3월 3일. 카테리나의 일기는 이어졌다. "하르키우는 버텨내고 있다. 공포는 계속되고 있다. 교외 지역은 황폐화됐다. 그들은 민간인을 죽이고 있다. 도시를 폐허로 만들고 있다. 동료들은 지하철역에서 며칠을 보냈다. 다연장로켓 공격이 다시 시작됐다. 비행기들이 다시 머리 위로 날아다닌다. 이제 하늘이 적으로, 잠재적 위협으로 느껴진다. 하늘이 싫어지기 시작했다! 이건 정상이 아니다. 하늘을 닫아달라. 무슨 수를 써서라도. 우리를 지지하는 나라들에 호소하는 것이다. 어떤 종류가 됐든 최신 방공 부대와 항공기 (…) 뭐라도 좋다. 하지만 지금 당장!" 카테리나는 유럽에 있는 친구들에게 호소하기 위해 게시물을 우크라이나어뿐만 아니라 독일어로도 썼다. 그녀의 게시물에 달린 댓글 중 하나는 무척 짧지만 명확했다. "우리에게는 제2전선이 필요하다." 제2전선은 존재하지 않았고, 우크라이나의 서방 협력국들은 항공기나 대공 시스템 제공을 거절했다. 결국 이 무기들이 제공되기는 했지만 한참 뒤의 일이었다.

카테리나는 자기 삶과 다른 사람들의 죽음에 대해 계속 글을 썼다. "폐허들을 보는 것도 끔찍하지만, 그 폐허 아래에서 아이들이 끊임없이 죽어간다는 사실을 생각하면 가슴이 찢어진다!" 이어 그녀는 하르키우와 그 주변 지역에 최근 가해진 공격들을 나열했다. "하르키우주의 야코울리우카 마을에 대한 공습의 영향." 그곳은 3월 3일 밤 폭격으로 마을 건물 45곳이 모두 파손되고 그중 21개는 완전히 파괴됐다. 2명이 사망하고 2명이 실종되고 11명이 부상을 당했다. 이어 카테리나는 "하르키우 도심에 대한 공격의 영향"에 이어 "노동 궁전" 상황을 소개했다. 3월 2일 러시아 순항 미사일 한 방이 시의회 건물을 타격했다. 비행기가 폭탄을 떨어뜨려 1916년 건립돼 소련 시절부터 '노동 궁전'으로 알려진 하르키우의 랜드마크 건축물이 반파됐다.7

하르키우와 그 주변 지역에 대한 폭격은 3월과 4월 내내 그리고 5월까지 계속됐는데, 러시아 포병 부대가 하르키우 전역을 겨냥할 수 있을 만큼 도시 가까이에 배치돼 있었다. 4월 말까지 2000개에 가까운 건물이 파손되거나 완전히 파괴됐고 시민 수백 명이 살해됐다. 그러나 하르키우와 이를 지키는 방어군은 공격을 견뎌냈다. 5월 중순 서방의 관측통들은 우크라이나군이 하르키우 전투에서 승리했다고 선언했다. 영국 정보기관은 이 지역의 주요 러시아 지휘관 중 한 명인 세르게이 키셀 제1근위전차군 사령관이 하르키우 점령 실패의 책임을 지고 파면됐다고 보고했다.[8]

이호르 테레호우 하르키우 시장은 러시아에 대한 시민들의 태도가 급격히 부정적으로 바뀌어 푸틴이 우크라이나 민족주의의 온상이라고 여기는 우크라이나 서부 지역보다 러시아에 대한 감정이 더 나빠졌다고 공개 언급했다. 하르키우 폭격은 러시아어를 사용하는 주민들을 해방시킨다는 명분 아래 이들을 집단 학살한 첫 번째 사례였다.[9]

아조우의 전사들

인구 43만 명이 넘고 대형 금속 기업 두 곳이 위치한 아조우해 최대의 항구도시 마리우폴('마리아의 도시'라는 뜻이다)은 러시아 침공의 주된 목표 중 하나였다. 2014년 5월 우크라이나 GDP의 7퍼센트를 차지하던 이 도시는 러시아의 지원을 받는 분리주의 민병대에 의해 점령당했다. 하지만 그해 6월 우크라이나군이 마리우폴 탈환에 성공했는데, 우크라이나 내무부가 조직한 2개 자원 대대의 활약 덕이 컸다. 그중 하나인 드니프로 1대대는 인근 드니프로페트로우스크주 지역 정부가 모집한 부대였다. 다른 하나인 아조우 대대에는 초대 사령관이 된 안드리 빌레츠키가 이끄는 급진 민족주의자 그룹을 비롯한 존엄 혁명 당시의 활동가들이 포함돼 있

었다.[10]

2015년 2월, 이제는 우크라이나 국가방위군 소속이 된 아조우 대대는 친러시아 반군으로부터 마리우폴 동쪽의 5개 정착촌을 탈환해 최전선을 부대 본거지가 된 마리우폴에서 더 멀리 밀어냈다. 그 무렵 빌레츠키는 민족주의 성향의 일부 부관과 마찬가지로 이미 부대를 떠난 상태였다. 이후 몇 년간 연대아조우 대대가 아조우 연대로 확대됐다의 구성은 크게 바뀌었다. 아조우 연대는 극우 정당 및 이념과 관계를 단절했지만 여전히 존엄 혁명과 그 결과로 탄생한 우크라이나 정부를 "파시스트"로 규정하고 아조우 전사들을 "나치"라고 일컫는 러시아의 선전 공격의 주된 표적이 됐다.[11]

2월 24일 아침 아조우 연대의 장교와 병사들은 마리우폴 전투에서 우크라이나군 대열에 합류했다. 2015년 아조우 연대가 설정한 경계선에서 서쪽으로 불과 40킬로미터 떨어진 마리우폴은 전쟁 첫날 집중 폭격을 받았다. 2월 24일 시작된 마리우폴에 대한 지상 공격은 방어군에 의해 격퇴됐고, 이어 러시아군이 육해군 공동 작전을 벌여 도시 서쪽에 상륙했다. 목표는 마리우폴을 점령하고 이 지역에 있는 우크라이나군으로부터 도시를 차단하는 것이었다. 2월 27일 크림반도에서 온 러시아군에 의해 베르댠스크가 함락되고 우크라이나군이 마리우폴 북쪽의 볼노바하에서 중요한 방어 진지를 빼앗기면서 마리우폴의 운명은 거의 확정된 듯했다.[12]

3월 2일이 되자 마리우폴 포위가 완료됐다. 러시아군은 점령 중

러시아 우크라이나 전쟁

인 돈바스 지역에서 서쪽으로 진격하고 서쪽에서는 최근 함락한 베르댠스크에서 이동해오면서 도시의 모든 출구를 봉쇄했다. 러시아군은 마리우폴 내에 정규군과 돈바스 '공화국'에서 모집한 부대를 투입한 데 이어 러시아가 임명한 체첸 주지사 람잔 카디로프에게 충성하는 체첸 분견대를 증원군으로 배치했다. 이 모든 부대는 미하일 미진체프 장군의 지휘를 받았는데, 시리아에서 알레포를 초토화해서 명성을 얻은 그는 이제 마리우폴에서도 같은 일을 하려고 했다.[13]

마리우폴 방어군은 진격하는 러시아군에 큰 손실을 입히면서 3월 중순에는 러시아군 제151차량화보병사단 사령관 올레크 미티아예프를 사살했다. 그러나 적군의 전력은 막강했다. 1939~1940년 겨울전쟁에서 러시아에 맞서 싸운 핀란드 군인의 손자인 서른 살의 데니스 프로코펜코 중령이 이끄는 아조우 연대는 볼로디미르 바라뉴크 대령이 이끄는 제35독립해병여단과 데니스 실레하 대령이 지휘하는 우크라이나 국토방위군 제12작전여단과 함께 포위된 상황을 맞았다. 국경수비대와 지역 경찰 분견대도 마찬가지 신세가 됐다.

마리우폴 방어군들을 진지에서 몰아내지 못하자 러시아군은 전쟁 첫날부터 시작한 도시에 대한 포격을 강화했다. 공중 폭격과 포 사격, 미사일 공격으로 도시를 블록 단위로 하나씩 체계적으로 파괴해나가면서 군인과 민간인을 구분하지 않아 민간인도 끊임없는 폭격에 시달렸다. 민간인들은 식량 부족으로 고통받던 중 포위 공격이 시작되고 며칠 뒤 난방과 전기까지 끊기면서 추운 날씨로도 가장 큰 고통을 겪었다.

3월 5일 민간인 대피를 시작하기 위한 휴전이 성사됐지만 러시아군은 계속 도시를 포격하면서 이를 위반했다. 이런 양상은 이후로도 되풀이됐다. 민간인 대피를 위한 이른바 '녹색 통로'가 열렸지만 대피 개시 전이나 대피 중에 폐쇄돼 주민들은 마리우폴을 떠나 우크라이나가 통제하는 영토로 이동하기 어려웠다. 한편 러시아 점령군은 2만~3만 명에 달하는 마리우폴 시민을 러시아가 통제하는 지역으로 대피하도록 권고(우크라이나 입장에서는 강요)했다.[14]

러시아군 항공기는 마리우폴 공습에 비非유도 미사일을 사용했고, 포격과 미사일 공격은 군사 목표물을 겨냥한 것이라 해도 전혀 정확하지 않았다. 3월 9일 러시아군은 마리우폴의 한 산부인과 병원을 폭격해 수십 명의 사망자를 냈다. 반쯤 파괴된 건물에서 탈출하는 임신부들의 사진은 전 세계에 충격을 안겼다. 일주일 뒤인 3월 16일 더 끔찍한 사진들이 전 세계의 미디어를 강타했다. 민간인 대피소로 사용되던 마리우폴 드라마 극장이 도시에 대한 공습으로 파괴된 것이다. 시간과 자원이 부족한 당국은 사망자들을 집단 매장하기 시작했다.

4월 초가 되자 시신들이 거리에 나뒹굴었다. 시 정부는 시신을 수습할 인력이나 자원이 전혀 없었고 전투가 도심 한복판까지 번지면서 시신을 수습하기에는 지나치게 위험한 상황이었다. 러시아군에 점령된 도시 일부에서는 시신을 화장하기 위해 이동식 화

러시아 우크라이나 전쟁

장장이 동원됐다. 4월 7일 마리우폴을 탈출한 비탈리 리우보미르스키는 미국 기자에게 "썩은 고기 냄새를 알지 모르겠는데 이건 더 심했다. 시체 썩는 냄새와 화장터에서 시체 태우는 냄새가 사방에 가득했다"고 말했다. 바딤 보이첸코 시장은 사망자 수가 2만 1000명이 넘는 것으로 추산했다.[15]

3월에 우크라이나군은 마리우폴 봉쇄를 돌파하려고 시도했지만 동원 가능한 기갑 부대가 너무 약해 목표를 달성하지 못하고 후퇴해야 했다. 3월 마지막 주에 우크라이나군 정보 당국은 우크라이나가 통제하는 영토에서 마리우폴에 포위된 우크라이나군 쪽으로 헬리콥터 공습을 준비하기 시작했다. 3월 말부터 4월 초까지 Mi-8 헬리콥터 6대가 일곱 차례에 걸쳐 작전을 펼침으로써 아조우 연대 자원병 72명을 탈출시키고 무기 및 의약품 공급과 부상자 후송을 도왔다. 이 대담한 작전은 헬기 세 대를 잃은 뒤에 끝났다. 4월 첫 주 우크라이나군이 항공 또는 포병 지원을 제공하지 못하고 방어군의 탄약과 의약품, 식량이 부족한 틈을 타 러시아군은 마리우폴 도심을 장악하고 우크라이나군을 항구 지역과 아조우 제철소(아조우스탈) 쪽으로 몰아내는 데 성공했다.[16]

4월 11일 밤 바라뉴크 대령이 해병대를 이끌고 러시아군 봉쇄선을 돌파하려고 필사적으로 시도했지만, 돌격 작전에 실패하면서 병력에 큰 손실을 입고 바라뉴크 자신을 포함한 생존자들은 항복해야 했다. 남은 해병대원들은 마리우폴에서 두 번째로 큰 제철소인 일리치 야금 공장에 있던 진지를 떠나 아조우스탈에 있는 프로코펜코의 아조우 연대에 합류했다. 이어 항구 지역에서 퇴각한 국토방위대와 남은 경찰 부대원, 국경수비대원들도 합류하면서 아조우스탈 단지는 우크라이나가 통제하는 마리우폴의 마지막 구역이 됐다. 단지의 지하 시설에는 우크라이나군과 이들의 가족 그리고 폭격을 피해 도시에서 탈출한 다른 민간인들이 모여들었다.[17]

4월 마지막 주, 안토니우 구테흐스 유엔 사무총장이 크렘린에서 푸틴을 만나 방문객이 가진 병균으로부터 러시아 지도자를 보호할 목적으로 만든 엄청나게 긴 테이블을 사이에 두고 협상을 벌인 끝에 아조우스탈에 있는 민간인들을 대피시키기 위한 인도주의 통로를 설치하는 데 푸틴의 동의를 얻어냈다. 4월 30일 첫 번째 그룹 20명이 도시를 떠났다. 대피는 공장에 대한 집중 폭격과 공격이 멈추는 틈을 타 이어지는 주 내내 계속됐다. 5월 7일까지 500명에 가까운 사람이 지옥 같은 제철소 지하 공간을 빠져나오며 대피가 끝이 났다.[18]

민간인들이 탈출한 뒤 남은 우크라이나군 병력은 전투를 계속했지만, 이들이 오래 버티지 못할 것은 분명한 사실이었다. 젤렌스키 대통령은 이들을 구하기 위해 최선을 다하고 있다고 여러 차례 공개 선언했다. 레제프 타이이프 에르도안 튀르키예 대통령은 우크라이나 방어군을 자국으로 대피시켜 전쟁이 끝날 때까지 머무르게 하겠다고 제안했다. 스위스도 비슷한 제안을 했다. 5월 11일 아조우 연대 지휘관 데니스 프로코펜코의 부인인 27세의 카테리나 프로코펜코가 아조우스탈에 있는 방어군의 또 다른 부인 한 명과 함께 프란치스코 교황을 만나 남편들을 위해 직접 푸틴과 중재에 나서줄 것을 요청했다. 카테리나는 "러시아군의 포로가 되는 것은 선택지가 아니다"라고 단호하게 말했다. 이들이 염두에 둔 것은 젤렌스키와 다른 유럽 지도자들이 논의한 일종의 '구출'이었다.

푸틴은 중재자들이 내놓은 제안을 일거에 거절했다. 우크라이나 정부는 아조우스탈의 방어군이 러시아군에 항복한 뒤 나중에 우크라이나가 구금 중인 러시아 전쟁 포로와 교환하는 조건으로 러시아와 협상하는 것 외에 다른 대안은 없었다. 젤렌스키는 협상 중재를 위해 프랑스와 튀르키예, 이스라엘, 스위스, 유엔과 협의하고 있다고 발표했다. 그는 또한 서방 협력국들에 우크라이나가 마리우폴 봉쇄를 돌파하도록 무기를 제공해달라고 호소했지만 응답이 없어 이 같은 협의를 시작했다고 공개했다.[19]

5월 16일 아조우스탈 방어군 중 처음으로 부상자 53명이 항복하고 러시아가 점령한 지역으로 이동했다. 항복은 우크라이나군 총참모부의 승인 아래 이뤄졌고, 총참모부는 성명을 통해 전쟁 포로가 될 예정인 장교와 병사들의 영웅적 행위를 치하했다. 성명은 "마리우폴 방어군은 우리 시대의 영웅들이다. 이들은 역사에 영원히 남을 것"이라고 밝혔다. 이들은 러시아군을 꽁꽁 묶어 "자포리자를 신속하게 점령하려던 [러시아의] 계획 이행"을 저지한 공로를 인정받았다.[20]

5월 20일 러시아군 당국은 아조우스탈 우크라이나 방어군의 마지막 그룹이 항복했으며 전체 전쟁 포로의 수는 장교 2349명으로 집계됐다고 발표했다. 당시 관측통들이 포로가 된 우크라이나 군인 수가 부풀려졌다고 평가한 이 성명은 아조우 연대의 장교와 병사들을 "나치"라고 불러 과연 러시아가 협상 조건을 지켜 프로코펜코 중령과 그의 전우들을 러시아 전쟁 포로들과 교환하도록 허용할 것인지 의문이 제기됐다. 러시아 의회 의장은 의원들이 아조우 연대원들의 교환을 금지하는 법안을 아마 통과시킬 거라고 발표했다.[21]

아조우스탈 방어 마지막 날인 5월 20일 우크라이나에서 가장 오래된 고등교육 기관인 오스트리흐대학에 재학하다 학업을 중단하고 군에 입대한 아조우 연대 공보 담당 장교 드미트로 코자츠키는 트위터에 "자, 이제 끝이다. 내 죽음과 삶의 장소가 돼준 아조우스탈 피난처에 감사드린다"며 마지막 메시지를 남겼다. 이 글에는 코자츠키가 현장에서 찍은 사진들이 첨부됐다. "빛이 승리할 것이다"라는 설명과 함께 병사 한 명이 머리 위 높이 폭격으로 부서진 지붕에서 새어나온 한 줄기 빛 속에 서 있는 사진 등 많은 사진이 이미 우크라이나 소셜미디어에 널리 퍼진 것들이었다. 하지만 새로운 사진도 있었다. 코자츠키는 사진에 댓글을 달며 글을 이어갔다. "그건 그렇고, 내가 포로로 잡혀 있는 동안 고품질 사진 몇 장을 여러분에게 맡겨두겠다. 이 사진들을 모든 저널리즘 상과 사진 콘테스트에 출품해달라. 상을 받는다면 풀려난 뒤 큰 기쁨이 될 것이다. 여러분 모두의 성원에 감사드린다. 다시 만날 날을 기약하며."[22]

코자츠키는 이후 9월에 집으로 돌아와 자신의 사진이 파리에서 열린 국제 전시회에서 금상과 은상을 받았다는 소식을 들었다. 그는 폴란드 세계보도사진전에서도 수상했다. 코자츠키는 우크라이나 내 러시아 로비 총책임자이자 푸틴의 개인적 친구로 알려진 빅토르 메드베드추크와 우크라이나 전장에서 생포된 러시아군 54명을 아조우 전사 108명을 포함한 우크라이나 전쟁 포로 215명과 맞바꾸는 포로 교환의 일환으로 석방됐다. 아조우 연대 사령관 프로코펜코 중령은 석방됐지만 아조우 전사 대다수는 여전히 러시아 포로로 남았다. 이들 중 40명 이상이 7월 말 돈바스 점령지의 올레니우카 포로수용소에 있는 포로 막사에서 발생한 고의적인 폭발로 사망했다.[23]

푸틴 입장에서 아조우스탈 함락은 돈바스 지역에서 우크라이나의 거점을 점령하고 아조우 연대의 '나치들'을 항복시켰다는 점에서 전쟁 초기에 바라던 종류의 승리였다. 그러나 이는 공격을 시작한 지 거의 석 달이 지나고 나서야 얻은 것으로 좋게 평가해도 지나치게 큰 희생이 따른 승리였다. 마리우폴 건물의 90퍼센트가 파손되고 주택의 40퍼센트가 완전히 파괴되는 등 주요 도심이 폐허로 변한 뒤에야 승리할 수 있었다. 러시아군의 맹공격으로 민간인 수만 명이 사망하고 수십만 명은 난민이 됐다. 이 모든 것이 전쟁 전 러시아계가 전체 주민의 44퍼센트를 차지하고 러시아어가 모든 삶에서 지배적인 언어인 도시에서 벌어진 일이었다.[24]

돈바스 쟁탈전

마리우폴 함락으로 러시아군 사령부는 모스크바 당국이 전쟁의 새로운 단계의 주요 목표로 간주해온 임무에 집중할 수 있게 됐다. 바로 돈바스의 나머지 지역 점령이었다. 이 목표는 앞선 3월 말 세르게이 쇼이구 러시아 국방장관이 우크라이나 북부에서 병력을 철수하며 "핵심 목표인 돈바스 해방 달성에 기본적인 관심과 노력"을 집중하라고 역설하면서 공식화됐다. 몇 주 뒤 쇼이구의 동료인 세르게이 라브로프 외무장관은 돈바스와 관련해 러시아 정부와 군부가 괴뢰 정부가 통제하는 일부 지역이 아니라 루한스크와 도네츠크주의 우크라이나 영토 전체를 염두에 두고 있다고 설명했다. 라브로프는 국제사회의 인정을 받지 못하고 있는 돈바스 주민투표를 언급하며 "중요한 것은 2014년 실시된 주민투표의 안건이 이전 주들의 영토 전체에 관한 것이었다는 사실"이라고 설명했다.[25]

러시아의 공세는 4월 마지막 주에 본격적으로 시작돼 2014년의 기존 경계선을 따라 광범위한 전선에서 진행됐다. 키이우와 우크라이나 북부에서 철수하고 마리우폴 방어군을 아조우스탈의 지하실로 밀어넣어 병력 운용에 상당한 여유가 생긴 러시아군 사령부는 광범위한 새 공세를 위해 67개 대대전술단BTG의 6만 명 병력을 집결시켰다. 당시 우크라이나군 총참모부는 우크라이나 전체에 87개의 러시아 대대전술단이 배치됐다고 밝혔기 때문에, 이제 전체 러시아 병력의 4분의 3이 한 방향으로 진격하는 데 투입된 것이다. 젤렌스키 대통령에 따르면 여단 편제로 전투를 벌이는 우크라이나군은 돈바스에 4만4000명에 가까운 병력을 보유하고 있었고, 서방은 그 숫자를 4만~5만 명으로 추산했다. 전쟁의 두 번째 단계인 돈바스 쟁탈전이 전체 분쟁의 결과를 좌우할 것이라는 전망이 일반적이었다.[26]

돈바스에서 우크라이나군은 2014년 도네츠크시 인근과 루한스크 동쪽에 형성된 경계선을 지키면서 8년째 이를 요새화해왔다. 실제로 러시아군이 이 경계선을 돌파하기는 매우 어려운 것으로 드러났다. 러시아군은 5월 둘째 주 루한스크 동쪽의 우크라이나 방어선 중앙에 있는 포파스나와 루비지네 마을을 점령하면서 첫 성공을 거두었다. 포파스나는 러시아군의 포격으로 폐허로 변했는데, 우크라이나군이 대응할 수 없을 만큼 엄청난 공세였다. 우크라이나군의 후퇴에 대해 우크라이나 관리들의 설명은 단순하면서도 끔찍했다. 방어 진지들이 초토화돼 더 이상 방어할 대상이 남지 않았다는 것이었다.[27]

우크라이나는 제2차 세계대전 당시 동부 전선 전투에서 자주 사용된 전술처럼 러시아군이 우크라이나군을 둘러싸 포위망 안으로 밀어넣는 협공 작전을 구사할 것으로 예상했다. 러시아군은 그렇게 하려고 했지만, 북쪽의 이지움과 남쪽의 아조우해 북쪽 해안에서 각각 협공을 시도해 큰 포위망을 만들려는 시도는 이지움 근처에서 우크라이나군이 반격에 성공하며 러시아의 진격을 저지하면서 수포로 돌아갔다. 협공 작전으로 좀더 작은 규모의 포위망을 만들려는 러시아군의 추가 시도 역시 시베르스키도네츠강 도하에 실패하면서 좌절됐다. 5월 11일 우크라이나군 포병 부대는 빌로호리우카 마을 근처에서 제74차량화보병여단 소속 1개 대대를 전멸시켰다. 강을 건너려던 장교와 병사 550명 중 485명이 사살되거나 부상을 당했고 차량과 장비 80대가 파괴됐다.[28]

공세를 개시한 뒤 한 달이 다 되도록 포위망 구축에 실패한 러시아군은 마리우폴에서 경험했던 것과 같은 유형의 시가전을 벌여야 했다. 5월 말 러시아군은 우크라이나군 방어선을 뚫고 루한스크주 동부의 세베로도네츠크시까지 진격했다. 집집마다 전투가 벌어졌고, 러시아군은 다시 한번 공습과 포격을 이용해 우크라이나군 방어 진지를 파괴했다. 속도가 느리고 많은 피를 흘려야 하지만 전쟁에서 승리할 수 있는 확실히 검증된 방법으로, 공격을 가하는 쪽에서도 엄청난 희생을 감수해야 했지만 러시아군은 또 한 번 성공을 거두었다. 우크라이나군은 6월 24일 세베로도네츠크를 떠나 인근 리시찬스크시에 진지를 구축했다.[29]

리시찬스크는 세베로도네츠크의 쌍둥이 도시로 강둑 높은 곳에 위치해 방어하기는 쉽고 함락하기는 어려운 곳이었다. 그러나 러시아군은 이번에는 리시찬스크 포위라는 실제적인 위협을 가하며 우크라이나군과 대치했다. 러시아군은 우크라이나 방어선을 뚫고 히르스케와 졸로테 마을 근처의 우크라이나 부대를 포위해서 이들이 이면 도로를 따라 퇴각하지 않을 수 없게 만들었다. 러시아군이 리시찬스크를 거의 포위하자 우크라이나군은 도시를 포기할 수밖에 없었다. 루한스크주에서 여전히 우크라이나가 통제하는 마지막 주요 거점 도시였던 리시찬스크는 우크라이나군이 세베로도네츠크를 포기한 지 채 열흘도 지나지 않은 7월 2일 러시아군과 공식적으로는 루한스크 인민공화국에 소속된 부대에 함락됐다.[30]

이후 추산에 따르면 돈바스 전투 기간에 우크라이나군은 포병 화력에서 10대 1의 열세를 보인 것으로 나타났다. 우크라이나군 탄약고는 침공 초기 며칠간 러시아 미사일 공격의 주요 표적이 됐고, 이제 우크라이나는 탄약이 거의 바닥나 러시아군과 포격전을 벌일 수 없게 됐다. 우크라이나군 사상자는 점점 늘어 전투 기간 내내 하루 100~200명의 병사가 전사하고 800명이 부상을 당했다. 이제는 우크라이나군 보병이 러시아군 포병과 맞서 싸우는 형국이었다. 젤렌스키 대통령을 비롯한 우크라이나 관리들은 몇 주째 위급한 상황을 경고했지만, 우크라이나의 서방 동맹국 중 구소련 국가들은 공유할 소련제 탄약이 거의 없었고, 나토식 포대와 포병 로켓 시스템은 아직 우크라이나 전선에 도착하지 않았다.[31]

모스크바에서 쇼이구 국방장관은 푸틴에게 리시찬스크 인민공화국의 "해방"이 완료됐다고 보고했다. 푸틴은 무척 기뻐하며 중부군관구 사령관과 그의 부관 한 명에게 러시아 연방 영웅 훈장을 수여했다. 그는 러시아군에 휴식을 취하라고 지시했다. 4월 말 돈바스 작전이 시작된 이래 러시아군이 받은 첫 번째 주요 포상이

자 첫 휴식이었다. 세베로도네츠크와 루한스크 점령이 큰 승리로 찬사를 받았지만, 공세의 목표가 아직 달성되지 않았다는 사실에 의문을 제기하는 관측통은 거의 없었다. 2022년 2월 이전에도 러시아가 대부분의 영토를 장악하고 있던 루한스크주만이 '해방'됐기 때문이다. 우크라이나 남부와 트란스니스트리아로 가는 다리는 물론 인근 '도네츠크 인민공화국'에서도 이렇다 할 진전이 이뤄지지 않았다.[32]

돈바스 전투는 많은 사람의 기대나 우려와 달리 전쟁의 전환점이 되지 못했다. 7월 하순 영국의 정보기관 MI6의 리처드 무어 국장은 러시아의 진격이 "보잘것없었다"며 러시아군은 "곧 힘이 빠질 것"이라고 전망했다. 무어는 "앞으로 몇 주 동안 러시아군이 병력과 물자를 조달하기 점점 더 어려워질 것이라고 우리는 판단한다. (…) 그들은 어떤 식으로든 잠시 멈춰야 할 것이고, 이는 우크라이나에 반격의 기회를 제공할 것"이라고 말했다. 실제로 7월 중순이 되자 돈바스 전선의 상황은 안정 국면에 접어들었다. 지난 몇 주 동안 우크라이나에는 M777 155밀리미터 곡사포 등 서방의 포병 화기와 이를 위한 탄약이 도착했다[33]

이 포병 화기들을 보완하는 중요한 무기는 정확도와 유효 사거리에서 러시아군의 유사 무기를 능가하는 정밀 조준 중포병 무기인 미국의 고기동성 포병 로켓 시스템 하이마스HIMARS였다. 하이마스 로켓탄을 공급받은 우크라이나군은 이제 반경 80킬로미터 이내의 목표물을 타격할 수 있어 마침내 러시아군보다 우위를 점했다. 처음에 공급된 하이마스 시스템의 숫자는 많지 않았지만, 10여 기의 하이마스가 러시아군 전선 깊숙한 곳에 있는 탄약고와 지휘본부를 타격해 몇 주 만에 100개에 달하는 이른바 '가치 표적'을 파괴했다. 영국 왕립합동군사연구소 전문가들은 "하이마스와 M270 유도 다연장 로켓 시스템GMLRS이 우크라이나군에 도입된 것은 러시아의 돈바스 공세가 끝나고 전쟁이 새로운 단계로 접어든 시점으로 볼 수 있다"고 설명했다.[34]

하이마스 시스템이 러시아군의 방어 및 공격 능력에 가하는 피해가 너무 커지자 7월 18일 러시아 언론은 쇼이구 장관이 러시아군에 이 시스템을 파괴할 방법을 찾으라는 명령을 내렸다고 보도했다. 나흘 뒤 쇼이구의 국방부는 하이마스 4기를 파괴했다고 발표했지만, 같은 날 마크 밀리 미국 합참의장은 펜타곤 기자회견에서 이 주장은 거짓이라고 밝혔다. 밀리는 참석한 기자들에게 "현재까지 이 시스템이 러시아군에 의해 제거된 사실은 없다"고 말했다. 며칠 전 그는 하이마스 공격이 "러시아의 보급품 공급, 병력 지휘 및 통제, 불법 침략 전쟁 수행 능력을 꾸준히 저하시키고 있다"고 밝힌 바 있다. 밀리는 하이마스 시스템 4기를 추가로 우크라이나에 보내겠다고 약속했다.[35]

러시아 유토피아의 종말

러시아의 침공은 우크라이나인과 러시아인이 단일 민족이라는 생각은 물론 형제 민족이라는 마지막 남은 믿음마저 무너뜨렸다. 역사적 뿌리와 종교적 전통, 나치 점령에 함께 저항했던 기억 등 푸틴이 기고문과 연설을 통해 호소하려 했던 공통된 유산의 특징들 역시 마찬가지였다.

1654년 헤트만 보호단 흐멜니츠키가 러시아 차르에게 충성을 맹세했던 키이우 지역의 페레야슬라우에서는 시 당국이 러시아-우크라이나 통합의 핵심 선전물인 '러시아와 우크라이나 통일' 기념비를 철거했다. 키이우의 '모국의 어머니상'은 한 손에는 칼을 들고 다른 손에는 방패를 들어 나치 침략에 맞서 도시를 지키는 상징물로, 1980년대에 소련이 세운 뒤 키이우의 상징으로 알려진 이 기념물은 그대로 남았지만 그 의미가 바뀌었다. 모국의 어머니상은 이제 러시아의 침략에 대한 저항의 상징으로 여겨졌다. 소련 시절 모든 학생이 가사를 외웠던 인기 있는 소련 노래에 대해서도 새로운 해석이 생겨났다. "6월 22일 / 아침 6시 정각 / 키이우가 폭격을 받았네 / 그리고 우리는 전쟁이 시작됐다는 말을 들었네." 이 가사는 1941년 6월 독일의 키이우 폭격을 언급한 것이었지만, 이제 키이우를 폭격하는 침략자는 러시아였다.[36]

7월 중순 유네스코는 러시아의 우크라이나 침공으로 문화 유적 163곳이 파괴되거나 손상됐다고 확인했다. 러시아의 폭격으로 러

러시아 우크라이나 전쟁

시아어를 쓰는 사람들이 목숨을 잃고 러시아 제국과 소련의 문화라고 주장해온 역사적 건물과 장소가 파괴되는 상황은 슬픈 아이러니였다. 하르키우대학 교수이자 러시아어로 저술 활동을 해온 작가 안드레이 크라스니아시치흐는 러시아의 폭격으로 하르키우가 파괴된 것은 우크라이나에 존재하는 소비에트 이전과 소비에트 시절 러시아 문화를 보호하러 왔다고 주장하는 사람들에 의해 그 문화가 파괴된 것이라며 비난했다.[37]

크라스니아시치흐는 소련 시절 유명 배우이자 가수였던 마르크 베르네스를 언급하며 "그의 집은 하르키우에 있다. 그 집이 온전한지 모르겠다. 세미나리 거리에서 멀지 않은 곳인데, 거리에 폭탄이 떨어졌다"라고 썼다. 체르니히우주 니진 출신으로 유대계인 베르네스는 제2차 세계대전 당시 인기곡 연주자이자 1961년 소련의 반전 가요 '러시아인들은 전쟁을 원하는가?'의 공동 작곡가 겸 연주자인 소비에트 러시아 문화의 대표적인 인물이다. 이 노래에 따르면 러시아인들은 제2차 세계대전에서 너무 큰 희생을 치렀기 때문에 전쟁을 원하지 않았다. "자작나무 밑에 누워 있는 병사들에게 물어보라 / 그러면 그들의 아들들이 대답할 것이다 / 러시아인이 전쟁을 원하는지를!" 2022년 3월 초 독일 공영방송 ZDF의 시사 풍자 프로그램 「ZDF 매거진 로열」은 러시아의 우크라이나 침공에 항의하는 의미로 이 노래를 연주했다.[38]

크라스니아시치흐는 "슐젠코와 부닌, 흘레브니코프의 집은 어떻게 됐는지 모르겠다"며 하르키우에 거주하는 또 다른 유명 인사인 소련 가수 클라브디야 슐젠코와 러시아 작가 이반 부닌, 벨리미르 흘레브니코프의 이름을 언급했다. 크라스니아시치흐는 흘레브니코프의 옛 집에 대해 "그의 집은 3월 2일 폭격을 당한 주 경찰국 건물 옆에 있고, 아이바좁스키, 레핀, 레비탄의 작품이 전시된 미술관에도 폭탄이 떨어졌다"라고 썼다. 크라스니아시치흐가 언급한 세 화가 모두 러시아 문화의 자존심으로 평가받는 인물이었다. 이어 그는 소련의 유명 작곡가이자 지휘자였던 [이사크] 두나옙스키를 언급하며 "야로슬라프 현자의 거리에 있는 그의 집에도 폭탄이 떨어졌다. 폭격을 당하지 않은 곳이 없다. 총 2055개의 건물이 피해를 입었다. 멋진 대학 캠퍼스에 깨진 창문들이 나뒹군다. 우리 과는 맞은편 6층에 있다"고 썼다. 크라스니아시치흐는 이어 부차에서 온 소식들을 전했다. "우크라이나에서 사살된 러시아 병사의 배낭에서 불가코프의 책과 작은 금 십자가, 무당벌레 장식이 달린 어린아이의 귀걸이, 금니가 발견됐다." 그는 자신의 글에 '러시아 문화는 어떻게 폭격으로 불타고 있는가'라는 제목을 붙였다.[39]

5월 첫째 주에는 러시아 미사일 한 발이 우크라이나뿐만 아니라 러시아 종교철학의 창시자로 추앙받는 18세기의 저명한 철학자 흐리호리 스코보로다(블라디미르 솔로비요프와 니콜라이 베르댜예프에게 큰 영향을 미친 인물) 문학기념관을 파괴했다. 기념관은 하르키우에서 동북쪽으로 50킬로미터 떨어진 이바니우카 마을에 위치해 있었는데, 스코보로다가 이곳에서 사망한 뒤 스코보로디우카로 마을 이름이 바뀌었다. 올렉산드르 트카첸코 우크라이나 문화부장관은 기념관 파괴가 고의적이었다고 믿었다. 트카첸코는 "스코보로디니우카는 다른 마을이나 기반시설에서 멀리 떨어져 있고 사실 주변에는 들판뿐이다"라며 "그들이 특별히 스코보로다를 겨냥했다는 데는 의심의 여지가 없다. 스코보로다 자신도 '악한 의도를 숨기고 있는 자들과 친하게 지내지 마라'라고 말한 적이 있다"고 밝혔다.[40]

키이우 공국 시대의 기념물(푸틴과 러시아 민족주의자들이 분파를 막론하고 자신들의 유산으로 여기는 상징물)도 공격을 받았다. 키이우 루스에 속했던 공국의 수도 중 하나로 다양한 신념을 가진 러시아 작가, 사상가, 정치가들이 자신들 문명의 요람으로 여기는 체르니히우도 그중 하나였다. 서기 907년 키이우 연대기에 처음 언급된 체르니히우는 11세기 구세주 대성당과 성모 영면 성당, 옐레츠 수도원, 성엘리야 교회 등 모두 12세기부터 이어져온 중세 시대 기념비적 건축물이 많은 곳이었다. 우크라이나에서 코사크 바로크 양식으로 알려진 근대 초기 건물들도 있었다.[41]

인구가 30만 명에 육박하는 체르니히우는 러시아 국경에서 90킬로미터 이내, 키이우에서는 동북쪽으로 155킬로미터 떨어진 곳에 위치해 드니프로강 좌안에서 키이우를 향해 진격하는 러시아군의 경로 위에 있었다. 러시아군은 전쟁 첫날 체르니히우에 도착했지만 우크라이나 방위군에 격퇴당하며 일부는 포로로 잡히기까지 했다. 러시아군 지휘관들은 체르니히우를 우회해 키이우로 진격하기로 결정했다. 러시아군은 전쟁 이틀째인 2월 25일부터 체르니히우를 직접 공격하는 대신 폭격을 퍼부었다. 이틀 뒤부터 체르니히우의 역사 지구에서 폭발음이 들리기 시작했다.[42]

3월 6일에는 폭격이 특히 심했다. 47명이 목숨을 잃고 문학·미술 박물관 건물에 폭탄이 떨어졌다. 이튿날에는 12세기에 지어진 옐레츠 수도원이 피해를 입었다. 포위된 도시에 대한 폭격은 3월 내내 계속돼 수백 명의 민간인 희생자가 추가로 발생하고 도시의 박물관과 도서관, 대학 건물이 더 많이 파괴됐다. 포위 공격은 3월 31일 우크라이나군이 키이우와 체르니히우를 잇는 전략적 고속도로를 탈환하면서 끝났다. 부분적으로 폐허가 돼 주민 절반이 난민 신세가 된 체르니히우는 어느 정도 정상을 되찾고 인적·물리적· 정서적 손실을 계산하기 시작했다.[43]

체르니히우와 그 주변 지역 역사에 관한 책을 여러 권 집필한 역사학 교수로 61세의 나이에 두 아들과 함께 체르니히우 지역 방위부대에 입대한 세르히 레피아우코는 지역 언론과의 인터뷰에서 "체르니히우 시민으로서 내 도시의 거리에 남아 이곳을 지키는 것이 내게는 중요했다"며 맞서 싸우기로 한 자신의 결정을 설명했다. 이어 그는 죽음이 아니라 보석처럼 빛나는 체르니히우의 건축물들을 잃는 것이 가장 두려웠다고 털어놓았다. "개인적으로 폐허가 된 성카테리네 교회나 구세주 대성당에서 싸우게 될까봐 두려웠다. 하지만 나는 결코 떠나지 않을 것이라고 확신했다. 그것은 내 삶의 마지막 행동이었을 것이다."[44]

러시아군의 폭탄은 교회 건물뿐만 아니라 모스크바 총대주교청

러시아 우크라이나 전쟁

건물도 파괴했다. 모스크바의 관할권 아래에 있던 우크라이나 정교회는 키릴 총대주교에게 강하게 반발했는데, 키릴은 전쟁 초기에 발표한 성명에서 "분쟁의 모든 당사자는 민간인 사상자 발생을 막기 위해 가능한 모든 노력을 기울여달라"고 촉구하며 "현재의 분쟁을 초래한 분열과 모순"을 극복하는 데 도움이 되는 전통으로 우크라이나인과 러시아인 모두 자신들의 기원으로 생각하는 국가인 키이우 루스의 10세기 세례키이우 루스가 토속 신앙을 버리고 기독교화한 상징적인 사건를 언급했다.[45]

공식적으로 키릴 총대주교 산하이자 우크라이나 내 협력자로 모스크바 총대주교구 소속인 우크라이나 정교회 수장 오누프리 대주교는 침략자를 지목하고 규탄하기를 거부하는 상급자의 행동을 인내하지 못했다. 우크라이나와 러시아의 관계를 확고하게 지지해왔던 오누프리 대주교는 신도들을 대상으로 한 연설에서 "러시아가 우크라이나를 상대로 군사 행동을 시작한 이 운명적인 시간에 당황하지 말고 용기를 내 조국과 서로에 대한 사랑을 보여줄 것을 촉구한다"고 말했다. 그는 이어 키릴 총대주교가 언급한 988년 볼로디미르 대공이 모든 사람에게 세례를 명령한 일에 대해 매우 다른 해석을 내놓으며 푸틴 대통령이 "카인의 죄"를 저질렀다고 비난했다.

오누프리 대주교는 "우크라이나의 주권과 통합 수호를 위해 러시아 대통령에게 호소하는바 동족상잔의 전쟁을 즉각 중단할 것을 요청한다. 우크라이나 민족과 러시아 민족은 드니프로의 세례단에서 나온 사람들로, 이들 민족 간의 전쟁은 질투심에 동생을 죽인 카인의 죄를 되풀이하는 것이다. 그러한 전쟁은 하나님이나 사람들에게서 정당성을 얻을 수 없다"고 말했다. 오누프리 대주교의 성명은 러시아의 공격 이후 키이우를 비롯한 우크라이나 도시에서 공개적 또는 개인적으로 발표된 수많은 유사한 성명 중 하나였다. 6월에는 오누프리 대주교와 가까운 론힌 주교가 예배 도중 키릴 총대주교가 유혈 사태를 지지해준 데 대해 "감사하다"고 말하며 그를 저격했다. "총대주교 성하, 축복해주셔서 감사합니다. 사람들이 죽어가고 피가 흐를 수 있게 해주시고. 우리 수도원과 교회를 폭격해주시고. 우리 수도사와 사제들을 계속 죽여주시고. 유혈 사태에 큰 축복을 내려주신 성하께 감사드립니다."46

모스크바 총대주교청 산하의 우크라이나 정교회 평의회는 2022년 5월 말 소집된 회의에서 키릴 총대주교와 "의견 불일치"를 선언하며 모스크바로부터 독립을 위한 한 걸음을 내디뎠고, 소속 신도들이 총대주교와 그의 교회를 위해 기도하지 않아도 되며 소속 교회들이 모스크바가 아닌 키이우에서 공급하는 성유聖油를 사용하도록 허용했다. 정교회 관행에 따르면 이는 완전한 자치를 향한 중요한 진전이었다. 이에 대해 모스크바 총대주교청은 '도네츠크 인민공화국'의 주교 한 명이 오누프리 대주교를 위해 기도하기를 거부하는 것으로 대응했다. 전쟁에도 불구하고 키이우는 도네츠크와 루한스크 '공화국' 영토에 있는 이전 교구 일부에 대해 공식적인 통제권을 여전히 유지하고 있었다. 그러나 이제 이 주들

러시아 우크라이나 전쟁

이 모스크바로부터 독립을 인정받고 키이우의 주교들이 키릴 총대주교의 전쟁 지지에 반기를 들면서 모든 것은 백지화됐다. 우크라이나 내의 모스크바 총대주교구 소속 교인들도 분열하고 있었다. 12월 젤렌스키 대통령은 러시아 연방의 "영향력의 중심"과 연계된 종교 단체의 활동을 금지하는 법안을 발의했다.[47]

우크라이나 정부와 국민이 침공이 임박했다는 서방의 경고를 고집스럽게 무시한 것은 적어도 부분적으로는 역사적·문화적으로 우크라이나와 가까운 러시아가 새로운 하이브리드 전쟁을 시작할 수는 있지만 감히 우크라이나를 상대로 대규모 전쟁을 벌이지는 않으리라는 믿음에 근거한 것이었다. 더구나 많은 전임자처럼 푸틴도 "러시아 도시들의 어머니"라고 불러온 키이우를 러시아가 공격하는 일은 결코 없을 것이라는 믿음이 작용했다. 이런 생각들은 중세 키이우 연대기에서 비롯된 것이다. 그러나 이번 전쟁은 형식적으로라도 '형제애적 지원'에 대한 감사를 불러일으키기는커녕 러시아 제국과 소비에트에 관한 수많은 신화를 파괴하는 데 일조했다. 러시아의 침공, 그중에서도 키이우 공격은 우크라이나 민족의 발전을 막고 우크라이나인들의 주권 의지를 파괴하는 대신 우크라이나 국민의 정체성과 일체감을 강화하고 우크라이나인들에게 새로운 존재 이유, 새로운 서사, 새로운 영웅과 순교자를 선사했다.[48]

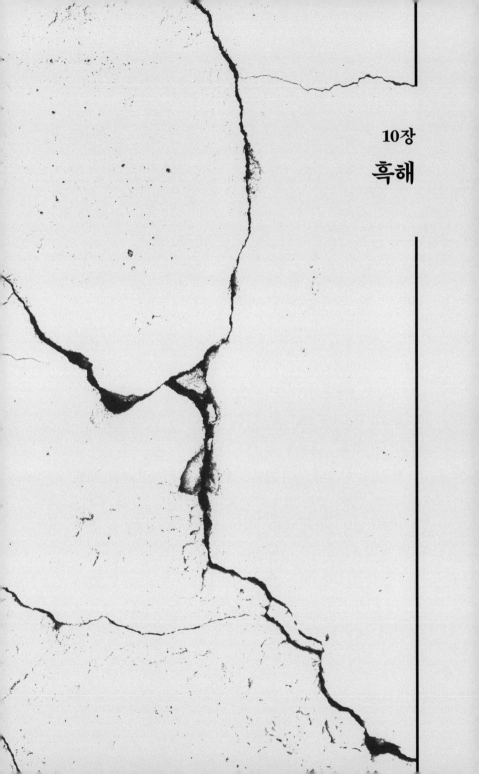

10장

흑해

2022년 4월 15일 키이우 시내에 있던 기자들은 미사일 폭격 위협을 받고 있는 도시에서 보기 드문 장면을 카메라에 담았다. 수십 명의 사람이 흐레시차크 대로에서 시작해 마이단 광장으로 이어지다가 왼쪽으로 꺾인 뒤 키이우 중앙우체국 출입구 안으로 사라지는 긴 줄을 만들어낸 것이다.

누군가는 이 줄이 최신 아이폰 출시 때보다 더 길었다고 말했다. 사실 우크라이나 수도에 대한 또 다른 미사일 공격을 알리는 사이렌이 언제 울릴지 모르는 상황에서 줄을 선 사람들은 새 아이폰을 사려고 목숨을 걸고 있는 것이 아니었다. 소포를 찾거나 송금을 하려고 기다리는 것도 아니었다. 대신 이들은 23흐리우냐(약 100원)짜리 우표를 사기 위해 몰려든 것이었다. 우표는 사흘 전에 발매됐지만 온라인에서는 구매할 수 없었다. 현지의 한 인터넷

쇼핑몰에서는 초당 2500명의 고객이 우표를 구매하며 3분 만에 5000세트가 팔려나갔다. 우표를 구하려면 줄을 서야 했다.[1]

우표의 디자인은 다소 특이했다. 왼손에는 자동소총을 들고 오른손을 들어올린 채 등지고 서 있는 한 병사의 모습이 그려져 있었다. 병사는 우크라이나 국기 색깔을 닮은 푸른 바다 앞 노란색 해변에 서 있었다. 우표의 오른쪽 상단에는 우크라이나의 국가 문장이 표시돼 있었다. 그러나 보는 사람의 눈길을 잡아끄는 것은 색상이나 문장이 아니었다. 병사가 올린 손을 자세히 보면 푸른 바다에 떠 있는 중무장한 순양함을 향해 손가락을 하나 치켜올린 것이 분명했다. 줄을 선 사람들은 그 순양함이 러시아 군함이라는 것을 알고 있었다. 또한 우표에 등장한 병사가 동료 우크라이나 병사들과 함께 항복하라는 명령을 받았을 때 순양함 함장에게 뭐라고 대답했는지도 알고 있었다. "러시아 군함, 가서 엿이나 먹어라!"가 새로 발매된 우표에 영원히 남게 된 말이었다.

'실화를 바탕으로 한' 이 우표를 우크라이나 국민이라면 누구나 갖고 싶어했다. 우표가 묘사한 사건은 전쟁 첫날인 2월 24일 러시아 흑해 함대의 기함 모스크바함이 우크라이나 흑해 해안에서 35킬로미터가량 떨어진 길이 600미터, 너비 500미터 남짓한 작은 바위섬인 스네이크섬에 접근하면서 벌어진 일이었다. 고대 그리스인들에게 아킬레스섬으로 알려진 곳이었다. 그리스인들은 흑해 자체를 에욱시노스 폰토스Euxinos Pontos '환대해주는 바다'라는 뜻, 로마인들은 그리스 바다의 신의 이름을 따 간단히 폰투스라고 불렀다.

전략적으로 중요한 스네이크섬은 우크라이나 방위군 13명이 지키고 있었다. 러시아군이 이 섬에 접근한 것은 흑해와 그 북쪽 스텝지대에서 동시에 벌어진 새로운 시대의 흑해 전쟁의 서막이 됐다.[2]

모스크바함 함장은 무선으로 "이 배는 러시아 군함이다"라고 자신을 소개하며 항복을 요구했다. 로만 흐리보우라는 이름의 우크라이나 국경수비대 경비병이 이에 대응해서 한 말이 해안에 위치한 우크라이나 무선 감청 부대의 대화 감청에 포착됐고, 언론 매체에 빠르게 알려진 뒤 인터넷에 퍼져나갔다. 우크라이나군 무전병들은 곧 이 경비병들과 연락이 두절됐다. 이들은 공격을 받고 사망한 것으로 추정됐다. 그러나 최초의 상황 보고는 잘못된 것으로 밝혀졌다. 경비병들은 러시아 해군에 체포됐고 이후 러시아 전쟁 포로들과 교환됐다. 러시아군의 억류에서 풀려난 흐리보우는 영웅이 돼 집으로 돌아왔다.[3]

우크라이나 국민에게 이 사건과 오간 대화 그리고 우표는 엄청난 역경에 맞선 저항의 상징이 됐다. 우크라이나에는 흑해와 아조우해에서 러시아의 공격을 격퇴할 해군이 없었다. 전쟁 시작 며칠 만에 아조우해 연안은 대부분 러시아 수중에 넘어갔다. 러시아의 스네이크섬 점령은 인구 100만 명이 넘는 우크라이나에서 세 번째로 큰 거점 도시인 오데사를 점령하거나 지상군을 지원하기 위해 우크라이나 본토에 상륙하기 위한 준비의 일환이었다.

타우리다 함락

2월 24일 시작된 러시아의 우크라이나 공격의 제1표적은 키이우의 젤렌스키 대통령 집무실과 키이우시 자체였다. 그러나 러시아의 공격은 2014년 돈바스에 형성된 옛 전선을 따라서도 이뤄졌다. 러시아군과 그 대리인인 두 괴뢰 국가 군대는 우크라이나의 방어망을 뚫기 어려웠다. 우크라이나군은 거의 8년째 그곳에서 진지를 강화하며 최고의 훈련을 받고 최고의 장비를 갖춘 부대를 배치해둔 상태였다. 러시아군은 남부에서 훨씬 더 큰 성공을 거두었는데, 크림반도에서 출정한 최정예 병력이 크림반도와 가깝기 때문에 역사적으로 타우리다(고대 그리스인들은 타우리스라고 불렀다)로 알려진 드니프로강과 몰로치나강 사이의 우크라이나 본토 지역으로 깊숙이 진격했다.[4]

전쟁 첫날 우크라이나는 북부의 체르노빌 발전소가 아니라 남부의 드니프로강 건너 카호우카 댐에서 큰 패배를 당했다. 카호우카 댐은 2월 24일 오전 우크라이나군과 구분하기 위해 앞면과 뒷면, 측면에 흰색 페인트로 'Z'자를 그려넣은 탱크·장갑차·트럭을 타고 주요 고속도로를 따라 진격해온 러시아군에게 점령됐다. 이들은 크림반도에서 출발해 이렇다 할 우크라이나군의 저항에 부딪히지 않고 손쉽게 진격했다. 우크라이나 군대는 다른 곳에 있었고, 80여 명으로 구성된 시 국토방위군 부대는 무기를 전혀 갖고 있지 않았다. 러시아군은 오전 11시경 도착해 도시에 깃발을 내걸었다. 이날 키이우에 있는 우크라이나 에너지부는 "수력 발전소에 부대 표식이 없는 탱크들이 나타났다"고 발표했다.[5]

노바카호우카의 위성 도시인 타우리스크는 드니프로강에서 크림반도에 물을 공급하기 위해 만들어진 북크림 운하의 본부가 있는 곳이었다. 타우리스크 시장 미콜라 리자크는 탱크가 자신의 차를 향해 총을 겨누고 있어서 운하 관리 본부에 들어갈 수 없었다. 그는 헤르손의 지역 당국에 전화했는데 그들은 시장의 말을 믿지 않았다. 리자크 시장은 "내가 상황을 설명했지만 그들은 믿지 않았다. 하지만 나도 의문이 들었다. 어떻게 러시아 탱크와 다연장 로켓포, 장갑차가 [크림반도의] 아르먄스크에서 타우리스크까지 네 시간 만에 도달할 수 있었을까? 우리의 1차, 2차 방어선은 어디에 있나?"라고 한 우크라이나 기자에게 물었다. 타우리스크와 노바카호우카의 시민 상당수도 같은 의문을 품었지만, 헤르손이나 키이우에서는 즉각적인 답변이 나오지 않았다.[6]

러시아가 크림반도를 병합한 뒤 우크라이나는 드니프로 강물을 크림반도로 끌어오던 북크림 운하를 차단했다. 크림반도의 경제, 특히 농업 부문이 즉각적인 영향을 받았다. 점령 당국은 대체 수원을 찾으려고 노력했지만 실패했고, 해가 갈수록 문제는 더 악화됐다. 러시아 정치인들은 러시아가 점령한 돈바스 지역에서 크림반도를 잇는 통로를 확보하는 방안을 공공연히 언급했고, 러시아가 임명한 크림반도의 새 지도자들은 드니프로 강물의 흐름을 통제해 크림반도로 끌어오려는 욕망을 숨기지 않았다.[7]

우크라이나 당국은 카호우카 댐과 타우리스크 수로를 대상으로 러시아가 군사 행동을 감행할 위험이 있음을 인지하고 있었다. 그러나 키이우 함락을 시도한 러시아군처럼 우크라이나도 다가올 전쟁이 아닌 직전 전쟁에 대비하고 있었다. 러시아는 우크라이나가 군사적으로 거의 저항하지 못할 것으로 예상하고, 크림반도에서 러시아 정보기관이 기획한 시나리오대로 주민들이 자신들을 해방자로 환영해주리라 기대했다. 우크라이나는 우크라이나대로 크림반도의 시나리오(지역에 혼란을 조성하려는 시도에 이어 러시아가 제한적인 군사 작전을 벌이는 수순)가 우크라이나 남부에서 되풀이될 것에 대비하고 있었다. 러시아군은 도시와 마을에서 '인민의 시장'으로 임명된 자국 요원들의 '초대'를 받아 지역에 진입하는 수순을 계획하고 있었다.

2월 중순 전 세계 언론이 러시아의 우크라이나 공격 가능성을 예측하는 기사를 쏟아낼 때 젤렌스키 대통령은 대규모 내외신 기자단과 함께 우크라이나 본토와 크림반도를 잇는 지협 북쪽의 우크라이나 마을들을 방문해 경찰과 국경수비대, 긴급구조요원 등 1300명이 실시하는 훈련을 참관했다. 훈련 참가자들이 준비한 대응 시나리오는 다음과 같았다. '점령당한 영토와 우크라이나 본토 지역에서 전자매체와 소셜미디어 방송을 통한 정보 심리전이 펼쳐지고 있다. 에너지 부문에 심각한 문제가 있다는 정보가 국경 마을 주민들 사이에 유포되고 있다. 이로 인해 대규모 혼란이 발생하고 크림 자치공화국에 물 공급을 재개하기 위해 북크림 운하의 댐

들을 폭파하며 정부 건물을 장악하려는 시도가 일어난다.'[8]

우크라이나는 군사 작전이 아닌 치안 유지 활동을 준비하고 있었다. 훈련한 지 채 2주가 지나지 않은 2월 24일 아침 우크라이나 본토에 대한 전면적인 군사 공격이 시작됐다. 공격은 새벽 4시 크림 지협에 있는 우크라이나 검문소 세 곳(촌하르, 칼란차크, 차플린카)에 대한 집중 포격으로 시작됐다. 크림반도 진입로를 비롯한 도로들에는 침공 훨씬 전부터 우크라이나 측에 의해 지뢰가 매설됐다. 그러나 러시아 탱크와 무기, 장비, 병력이 건너는 다리들은 하나도 폭파되지 않았다. 지뢰가 작동하지 않은 것이다. 우크라이나 전문가들이 나중에 제시한 몇 가지 가능한 이유에 따르면 폭발물을 작동시켜야 할 장교들이 공격 과정에서 사살됐거나, 러시아 특공대가 공격에 앞서 폭발 장치를 해제했거나, 아니면 우크라이나 측에서 누군가가 지뢰의 위치를 넘겨줬거나 공격받을 경우 지뢰를 터뜨리라는 명령을 따르지 않았을 가능성이 있었다.[9]

우크라이나 검문소를 통과해 노바카호우카를 비롯한 우크라이나 본토의 도시와 마을로 향한 러시아군은 크림반도에 주둔 중이었거나 침공 전에 크림반도로 이동한 제48연합군과 제58연합군 소속이었다. 이들은 우크라이나군의 저항을 거의 받지 않고 크림반도 밖으로 나와(우크라이나군 총참모부는 나중에 이 지역의 병력이 15대 1의 열세였다고 주장했다) 기존 도로와 철도망을 이용해 크림반도 서북쪽의 노바카호우카와 동북쪽의 멜리토폴시까지 빠르게 진격했다. 러시아군 공수부대는 육로로 진격하는 부대보다 먼저 다리들을 점령하기 위해 헬리콥터로 이동했다. 이들은 우크라이나군을 혼란스럽게 하기 위해 종종 표식이 없는 군복을 입거나 심지어 군복 위에 민간인 복장을 덧입기도 했다.[10]

북크림 운하를 가로지르는 지역에는 많은 다리가 있었지만, 가장 중요한 것은 드니프로강을 가로지르는 다리였다. 안토니우카 다리는 러시아의 우크라이나 본토 침공의 출발점이 된 드니프로강 좌안을 강 우안과 인구 30만 명의 지역 수도 헤르손시와 연결하는 교량이었다. 침략군이 헤르손에 도달해 미콜라이우로 진격한 뒤 오데사까지 가려면 안토니우카 다리를 장악하고 통제해야 했다. 이는 러시아의 시리아 전쟁에 참전했던 48세의 야코프 레잔체프 중장이 지휘하는 제49연합군 소속 부대의 임무가 됐다.

우크라이나군은 크림반도 북쪽에서 전투를 벌일 것으로 예상했지만 러시아군이 주요 도로를 따라 빠르게 진격하며 우크라이나군의 후방을 위협하자 후퇴해서 포위를 피하라는 명령이 부대에 내려졌다. 우크라이나 제59여단 전차 중대장이던 23세의 예우헨 팔첸코 중위는 새벽 4시 30분경 크림반도 북쪽에 위치한 여단 막사에서 포격 소리에 잠을 깼다. 팔첸코는 실제 나이보다 최소 다섯 살은 어려 보이는 청년이지만, 이미 돈바스에서 대테러 작전(우크라이나 정부는 돈바스 전쟁을 이렇게 부른다)을 수행한 베테랑이었다. 팔첸코는 드니프로강을 향해 후퇴하던 여단의 측면을 이미 장악한 러시아군의 공격 가능성을 차단하기 위해 대대장의 명령에 따라 중대를 이끌고 노바카호우카를 향해 북쪽으로 이동했다.[11]

이어 그는 안토니우카 다리로 가서 헤르손으로 향하는 우크라이나군 부대의 이동을 위해 다리를 확보하라는 명령을 받았다. 팔첸코의 탱크 중대는 오후 8시가 다 돼서야 그곳에 도착했지만, 다리는 이미 러시아 공수부대의 수중에 넘어간 뒤였다. 팔첸코 중대의 탱크는 러시아군의 상륙용 장갑차에 포격을 가해 두 대를 파괴하고 다리를 확보했다. 이후 한 시간 동안 팔첸코는 퇴각하는 우크라이나군 부대가 다리를 건너 드니프로강 우안에서 재정비하는 모습을 지켜봤다. 자정 무렵 러시아군은 팔첸코 중대와 나중에 합류한 나머지 전차 대대에 공습을 가하며 반격에 나섰다. 이어 러시아 보병도 가세했다. 2개 우크라이나 여단이 방어하는 다리를 장악하기 위한 사흘간의 전투가 시작됐다. 팔첸코 중위는 이 전투에서 세운 공을 인정받아 나중에 젤렌스키 대통령으로부터 우크라이나 영웅의 별 훈장을 수여받았다.[12]

팔첸코 중위를 비롯한 영웅들의 활약에도 불구하고 우크라이나군은 결국 안토니우카 다리의 통제권을 잃었다. 러시아군은 다리 북쪽 카호우카 댐을 통해 드니프로강을 건너 이제 후방에서 우크라이나군을 위협했다. 우크라이나군은 후퇴할 때 다리를 폭파하는 데도 실패했고, 공중 폭격으로 다리를 파괴하려는 시도도 실패로 돌아갔다. 전략적 요충지인 다리는 결국 러시아의 통제 아래 들어갔다. 3월 3일에는 헤르손시와 초르노바이우카 마을 인근의 핵심 공항이 완전히 포위된 끝에 러시아군에게 점령됐다. 이는 러시아 측의 큰 승리였다. 팔첸코 중대를 비롯한 우크라이나군은 미

콜라이우로 향하는 길목에서 벌어질 전투를 감수하며 헤르손에서 퇴각해야 했다.[13]

분노와 추위, 배고픔에 시달리던 러시아군 병사들은 헤르손에 진입하자마자 닥치는 대로 약탈하기 시작했다. 서른세 살의 러시아 공수부대원 파벨 필라티예프는 "우리는 항구도시 헤르손에 도착했다"고 도시에 진입하던 상황을 회상하며 이렇게 썼다. "모두가 음식과 물, 샤워 시설, 잠자리를 찾아 건물들을 수색하기 시작했다. 컴퓨터처럼 값나가는 물건이면 뭐든 들고 오는 병사도 있었다. 나도 예외가 아니어서 지역의 고장 난 마차에서 모자를 하나 발견하고 가져왔다. 사무실에는 주방과 냉장고가 갖춰진 식당이 있었다. 우리는 야만인처럼 그곳에 있는 것들을 전부 먹어치웠다. 하룻밤 사이에 우리는 모든 것을 엉망으로 만들어버렸다." 러시아의 헤르손 점령이 시작된 것이다.[14]

3월 1일 러시아군은 크림 지협 북쪽에서 200킬로미터쯤 떨어진 에네르호다르시에 접근했다. 에네르호다르에는 유럽 최대의 원자력 발전소인 자포리자 원전을 비롯해 우크라이나 전체 원전 15기 중 6기가 자리 잡고 있었다. 에네르호다르 시민들은 침략군의 진입을 거부하며 도시 입구에 바리케이드를 설치한 채 우크라이나 국기를 들고 대규모 시위를 벌였다. 러시아군은 처음에는 원자력 시설을 공격하지 않고 한발 물러섰다. 대신 이들은 드미트로 오를로우 시장에게 원전을 배경으로 셀카를 찍은 뒤 시설을 장악했다고 모스크바에 보고할 수 있게 시설로의 진입을 허용해달라고 요

청했다. 시장은 이를 거부했다.[15]

러시아군은 곧 총공세를 펼치기 시작했다. 이들은 3월 4일 새벽 어둠을 틈타 원자력 발전소를 공격했다. 발전소를 지키고 있던 우크라이나 국토방위군의 소규모 파견부대가 반격에 나서 원전을 지켜냈다. 원전 운전원들은 원자로 출력을 줄이며 원자로 가동을 정지하는 긴 과정에 돌입했다. 구내 방송 시스템을 통해 공격자들을 향한 메시지가 흘러나왔다. "위험한 원자력 시설에 대한 총격을 중단하라. 사격을 즉각 중단하라! 여러분은 전 세계의 안전을 위협하고 있다." 하지만 소용없었다. 포격은 계속됐고 발전소 부지 내 건물 한 곳에서 화재가 발생했다. 소방관들의 영웅적인 활약 덕분에 화재는 진화됐다. 그러나 러시아군은 원전을 점령하고 직원들을 인질로 잡아 시설을 러시아군 장교의 지휘 아래 두었다.[16]

젤렌스키 대통령은 이 같은 무력 점거를 핵 테러 행위라고 선언했다. 라파엘 마리아노 그로시 국제원자력기구 사무총장도 "원자력 발전소 지역에서 포탄을 발사하는 것은 원자력 시설의 물리적 무결성을 항상 유지하고 안전을 기해야 한다는 기본 원칙을 위반하는 것"이라고 성명을 발표했다. 그는 이번에도 러시아에 대한 직접적인 언급은 피했다. 그러나 린다 토머스그린필드 유엔 주재 미국 대사는 훨씬 더 직설적이었다. 토머스그린필드는 유엔 안전보장이사회 긴급 회의에서 "어젯밤 러시아의 공격으로 유럽에서 가장 큰 원자력 발전소가 중대한 위험에 처했다. 믿을 수 없을 정도로 무모하고 위험한 행동이었다"면서 "전 세계는 러시아가 의도적

으로 민간인과 민간 기반시설을 표적으로 삼는 행위를 금지하는
국제 인도주의 법률을 준수할 것을 촉구한다"고 밝혔다.[17]

충성과 배신

러시아군은 어떻게 거의 아무런 저지도 받지 않고 크림반도를
벗어나 노바카호우카와 안토니우카 다리로 진격할 수 있었을까?
러시아의 점령 아래 들어간 우크라이나 국민의 상당수는 물론 우
크라이나의 다른 지역에 거주하며 맞서 싸우는 많은 사람의 머릿
속을 맴돈 의문이었다. 크림반도 출구를 막고 있던 지뢰밭이 침
공 전에 제거됐다는 소문이 돌기 시작했다. 우크라이나군 총참모
부는 소문이 사실무근이며 전투가 끝나면 실시될 전면 조사를 기
다려달라고 국민에게 호소하는 한편 우크라이나군이 러시아군에
수적으로 열세였음을 강조했다.[18]

우크라이나 보안국SBU은 이미 조사에 착수한 상태였다. 놀랍게
도 이들은 소속 직원인 헤르손 대테러 센터 지휘관 이호르 사도힌
중령을 반역 혐의로 체포했다. 그는 러시아군에 지뢰밭의 지도를
제공한 데 이어 자신이 지휘하는 SBU 팀이 헤르손을 포기하고 떠
난 뒤 러시아의 공습을 위한 좌표를 제공한 것으로 알려졌다. 젤
렌스키 대통령은 사도힌의 상관인 SBU 헤르손 지부장 세르히 크
리보루치코 장군의 직위를 박탈하고 강등 조치했다. 크리보루치코

는 부하들과 함께 전쟁 첫날 헤르손을 떠난 것으로 알려졌다. SBU는 우크라이나의 기밀을 적과 공유했던 것으로 보인다.

젤렌스키의 어린 시절 친구였던 이반 바카노우 SBU 국장은 대통령의 신임을 잃었다. 문제는 헤르손에만 국한된 것이 아니었다. 러시아 침공 몇 시간 전 국내 보안을 총괄하던 SBU 부국장 안드리 나우모우가 국외로 도주했다. 그는 몇 달 뒤 자금 세탁 혐의로 세르비아 당국에 체포됐다. 세관원들은 그의 차에서 현금 60만 유로와 함께 크기와 개수가 공개되지 않은 다이아몬드를 발견했다. 7월 젤렌스키는 SBU 요원들이 저지른 다수의 반역 사건을 이유로 들어 바카노우를 경질했다. 그 며칠 전에는 크림반도의 정보망을 책임지던 SBU의 전 부서장 올레흐 쿨리니치가 체포됐다는 언론 보도가 있었다. 그는 반역죄로 기소됐다.

우크라이나의 주요 정보기관인 SBU 지도부의 충성심 문제는 새로울 것이 없었다. 부패 척결 임무를 부여받은 일부 부서는 스스로 부패 음모에 연루됐고, 이 부서의 간부들은 러시아 정보기관의 손쉬운 포섭 대상이 됐다. 정치인들이 전문적 자질보다 개인적 충성심을 중시하고 SBU를 이용해 정적을 공격하고 자신을 보호하려 하면서 자격 미달 후보들이 고위직에 임명된 상태였다. 바카노우의 부국장 안드리 나우모우는 과거 체르노빌 출입 금지 구역을 관리하는 센터의 책임자였고, 변호사 출신인 바카노우 자신은 SBU의 수장이 되기 전에 정보기관은 물론 공직을 맡아본 경험이 전혀 없었다. 젤렌스키는 개인적 충성이 능력과 국가에 대한 충성

러시아 우크라이나 전쟁

을 대신할 수 없다는 뼈아픈 교훈을 얻었다.[19]

고난에 처한 우크라이나 남부 지역의 진정한 영웅은 지역 시장들이었다. 도시와 마을이 러시아군에 포위된 상황에서 이들은 자리를 지키거나 혹은 도시와 유권자들을 떠나야 하는 딜레마에 직면했다. 키이우에서 내려오는 지침은 전쟁 초기에는 아예 없었고 이후에는 혼란스러웠다. 많은 시장이 자리를 지키며 계속 도시를 운영하기로 결정했다. 점령군에는 협력하길 거부했고, 심지어 러시아군이 시청과 시장실을 점령하면 집무실을 다른 곳으로 옮기기도 했다. 이런 전략이 한동안은 통해도 무한정 지속될 수는 없음을 멜리토폴의 인기 시장 이반 페도로우는 뼈저리게 깨달았다. 그는 점령군에 체포됐다가 다행히 나중에 러시아 전쟁 포로 9명과 교환됐다.[20]

헤르손에서는 이호르 콜리하예우 시장이 시내 건물에 게양된 우크라이나 국기를 내리는 것을 거부하고 키이우 중앙 정부와 계속 연락을 취하면서 점령 후 몇 주 동안 우크라이나 언론과 인터뷰를 했다. 러시아군 사령부는 남부 지역 대도시 헤르손의 수십만 시민의 반응을 우려한 듯 바로 그를 표적으로 삼지는 않았다. 러시아군은 사실 전쟁 초기 몇 주 동안 수많은 사람을 처리할 자원이 부족했다. 게다가 콜리하예우 시장은 2014년 러시아가 돈바스에 만든 괴뢰 국가와 유사한 '헤르손 인민공화국'을 선포하자는 제안을 거부한 시의회의 전폭적인 지지를 받고 있었다.

헤르손 점령 열흘 뒤인 3월 13일 일요일은 1944년 헤르손시가 나치 점령에서 해방된 지 76주년 되는 날이었다. 수천 명의 시민이 파랑·노랑으로 된 우크라이나 국기를 들고 점령에 항의하는 행진을 벌였다. 이들은 "집에 가라" "살아 있을 때 집으로 가라" "우크라이나 최고" "국가에는 영광을, 적에게는 죽음을" "러시아 병사들은 썩 꺼져라" "헤르손은 우크라이나다" "러시아 군인은 파시스트 점령군이다" 등의 구호를 외쳤다.[21] 러시아군이 시위대 앞쪽 땅을 조준해 발포하면서 시위대 중 한 명이 부상을 입었다. 그다음 주 일요일 시위가 재개되자 러시아군은 시위대를 향해 최루탄을 발사했다. 새로 구성된 러시아 군정 당국은 시위 주동자들의 뒤를 쫓아 협박하고 이들을 납치했다. 콜리하예우 시장은 4월 말 러시아군 사령부에 의해 직위를 박탈당한 뒤 6월 말 납치됐다.[22]

3월에는 헤르손뿐만 아니라 멜리토폴의 교통 요충지인 노바카호우카, 아조우해 연안의 베르댠스크를 비롯한 남부의 다른 점령 도시들에서도 점령 반대 시위가 진압됐다. 4월이 되자 대중의 저항은 대규모 시위를 해산시키고 점령군 역할을 하도록 훈련받은 러시아 근위대에 의해 분쇄됐다. 러시아 근위대는 우크라이나 텔레비전 채널의 방송을 차단하고 이동통신을 끊거나 통제했다. 러시아 루블이 새로운 통화가 됐다. 점령군은 주로 친러시아 정당 출신의 지역 정치인들을 영입해 새로운 민간 정부를 구성했다. 결국 이들은 러시아에서 현지 관리들을 파견해 점령지의 정부를 장악하고 러시아에서 교사들을 모집해 새로운 학교 교과 과정을 도입했다.[23]

러시아 우크라이나 전쟁

점령군의 주된 이념적 메시지는 분명했다. 우크라이나 남부는 역사적으로 러시아의 일부였으며 그 주민들은 사실상 러시아인이라는 것이었다. 4월 초 러시아의 주요 통신사 리아노보스티는 탈나치화가 곧 탈우크라이나화를 의미한다고 설명하는 저명한 러시아 정치 컨설턴트 티모페이 세르게이체프의 기고문을 실었다. 세르게이체프는 "탈나치화는 필연적으로 소러시아와 신러시아의 역사적 영토에 거주하는 주민들의 개인적 정체성 중 민족적 요소를 인위적으로 부풀리는 것을 거부하는 탈우크라이나화가 될 것"이라며 "우크라이나주의는 문명적 내용이 결여된 인위적 반러시아 구조이자 외세와 외래 문명에 종속된 개념"이라고 주장했다.[24]

"러시아인과 우크라이나인은 하나의 단일 민족"이라는 푸틴의 주장은 이제 전쟁의 공식 목표인 우크라이나의 탈나치화와 직접적으로 연결됐다. 5월에 러시아 집권당인 통합러시아당은 '헤르손은 러시아의 역사를 간직한 도시입니다'라는 문구의 옥외 광고판을 헤르손에 설치하는 일을 후원했다. 광고판에는 헤르손을 세운 것으로 인정받는 에카테리나 2세의 신하 그리고리 포템킨, 제정 러시아의 장군 알렉산드르 수보로프, 현대 러시아 시詩의 창시자 알렉산드르 푸시킨의 초상화가 그려져 이들과 헤르손의 관계를 강조하고 헤르손의 과거가 러시아 역사의 일부임을 알렸다. 인구의 75퍼센트가 우크라이나계이고 시민의 절반 이상이 우크라이나어를 모국어로 사용하는 도시에서 벌어진 일이었다. 헤르손 지역의 우크라이나인 비율은 82퍼센트에 달했고, 우크라이나어를

모국어라고 생각하는 사람의 비율은 73퍼센트를 넘었다.[25]

오데사로 가는 길

러시아군은 헤르손을 점령하는 데 성공했지만 멜리토폴 북쪽의 산업 중심지인 자포리자를 향한 공세는 3월 중순에 제동이 걸렸다. 또한 헤르손에서 서북쪽으로 70킬로미터 떨어진 인구 50만 명의 우크라이나 조선업 중심 도시 미콜라이우를 점령하려는 시도도 실패했다. 미콜라이우를 손에 넣지 못하면 우크라이나 해상 화물의 65퍼센트를 처리하고 우크라이나 전체 수입의 70퍼센트를 담당하는 우크라이나 최대의 항구 도시 오데사로 진격할 수 없었다.[26]

러시아군은 2월 26일 미콜라이우 점령을 시도했지만 2014~2015년 도네츠크 공항을 방어해 '사이보그'라 불린 전설적인 드미트로 마르첸코 장군이 지휘하는 우크라이나군이 러시아군을 격파했다. 포격 동향과 러시아군의 움직임을 우크라이나군에 알려준 지역 주민의 도움 덕분이었다. 러시아는 병력을 보강한 뒤 공격을 재개해 미콜라이우 시내로 침입했지만 소규모 그룹으로 흩어진 채 지휘관과 연락이 끊기며 패배했다.

며칠간의 전투 끝에 3월 5일 미콜라이우 주지사를 맡고 있는, 고려인 출신 사업가이자 정치인인 동안의 비탈리 김이 러시아 침략군의 완패를 알리는 영상을 공개했다. 그는 우크라이나 마을들을 돌아다니며 먹을 것을 구걸하는 러시아 군인들에게, 무기를 내주면 음식과 함께 러시아로 돌아갈 차표를 구해주겠다고 제안하며 조롱하기도 했다. 불굴의 의지와 승리에 대한 신념으로 가득 찬 영상으로 김 주지사는 순식간에 우크라이나의 유명 인사가 됐다. 그의 영상은 미콜라이우에서 저항을 불러일으켜 러시아의 공격을 저지하는 데 기여했다.[27]

미콜라이우 점령에 실패한 러시아군은 북쪽으로 우회해 주요 교통 요충지이자 오데사로 향하는 또 다른 관문인 보즈네센스크로 접근했다. 러시아군은 보즈네센스크 북쪽에서 남우크라이나 원자력 발전소가 있는 피우데누크라인스크시로 진격하려 했지만 저지당했다. 우크라이나군은 안토니우카 다리를 제때 폭파하지 않아 헤르손시를 잃은 경험에서 교훈을 얻은 터였다. 이제 우크라이나군은 키이우 방어에서 성공을 거둔 전술대로 남부크강과 그 지류를 가로지르는 다리들을 폭파했다. 이 작전은 우크라이나 남부에서도 통했다. 마르첸코 장군과 그 부하들은 보즈네센스크와 피우데누크라인스크에 대한 러시아군의 공격을 저지하며 러시아군이 후퇴하게 만들었다. 오데사로 가는 길은 여전히 닫혀 있었다.[28]

러시아군 지휘관들은 미콜라이우를 점령하거나 최소한 우회해서 미콜라이우에서 오데사로 향하는 고속도로를 장악한다는 원래 계획으로 돌아갔다. 미콜라이우 공세를 위한 러시아군의 핵심 병참 거점은 헤르손에서 서쪽으로 10킬로미터 떨어진 초르노바이우카 마을에 있는 공항이 됐다. 헤르손을 점령하기도 전인 2월 말이 공항을 점령한 러시아군은 이제 이곳에 미콜라이우 공격에 필요한 헬기와 탱크, 트럭, 중장비를 집결시켰다. 그러나 우크라이나군은 결코 멀리 있지 않았기 때문에 미콜라이우 근처 포병 진지에서 초르노바이우카를 포격해 공항을 러시아군 병력과 장비의 공동묘지로 바꿔놓았다.

우크라이나군 포병은 3월 7일 밤 초르노바이우카를 향해 처음 포문을 열었다. 포격은 매우 성공적이었고 러시아군 헬리콥터와 대포, 중장비 수십 대가 파괴됐다. 초르노바이우카에 대한 대대적인 공격이 큰 성공을 거두면서 이 마을의 이름은 인터넷 밈이자 우크라이나 언론이 이 지역에서 우크라이나군에 의해 파괴된 모든 주요 러시아군의 목표물을 지칭하는 용어가 됐다. 러시아군 최고 지휘관들을 표적으로 삼는 데 매우 능숙해진 우크라이나군의 포격으로 많은 장성이 사망한 가운데, 초르노바이우카는 제49연합군 사령관 야코프 레잔체프 장군을 비롯한 일부 장성이 실제 또는 상상 속에서 죽음을 맞은 장소가 됐다.[29]

러시아군은 미콜라이우를 점령한 뒤 오데사로 나아가려는 시도에서 고위급 장성 두 명과 함께 수천 명의 장교와 사병, 탱크, 장갑차, 장비를 잃었다. 우크라이나군은 4월 초 반격에 나서 헤르손 외곽에 도달했다. 러시아군은 미콜라이우에 대한 지속적인 폭격으로 대응했다. 3월 30일 러시아의 미사일이 낙관적인 태도를 결코 잃지 않았던 비탈리 김 주지사의 집무실이 있는 지역 정부 건물을 의도적으로 조준해 파괴했다. 그는 공격에서 살아남았다. 포격으로 사망한 사람들은 대부분 민간인이었다.[30]

러시아군의 오데사 진격은 4월 중순까지 중단됐고, 러시아군 사령부의 남은 희망은 우크라이나 핵심 항구도시인 오데사에 대한 상륙 작전을 펼치는 것뿐이었다. 흑해의 러시아 해군에 오데사를 포격하라는 명령이 내려졌다. 이전에도 포격이 있었지만 3월 21일의 포격은 가능한 한 가장 공개적인 방식으로 이뤄졌다. 러시아 군함 두 척이 항구 입구에 나타나 도시에 포격을 가하다가 우크라이나군의 포격을 받고 물러났다. 이후 며칠간 흑해로부터 미사일 공격이 이어졌다.[31]

우크라이나군은 이미 설치해둔 기뢰 외에는 바다로부터 오는 공격에서 오데사를 보호하기 위해 할 수 있는 일이 거의 없었다. 스네이크섬 점령에 참여해 우크라이나 우표에 등장했던 기함 모스크바함에 탑재된 대공 시스템 때문에 지상에 설치된 미사일은 러시아 군함에 도달할 수 없었다. 모스크바함은 아이러니하게도 구소련 말기 미콜라이우 조선소에서 건조된 유도탄 탑재 순양함이었다. 흑해 함대 기함인 모스크바함은 함대 사령관의 본부이자 함대의 두뇌, 지휘 센터로서 전체 함대를 '우산'처럼 감싸는 레이더와 대공 미사일을 탑재하고 있었다. 대함 및 지대공 미사일, 함포, 대잠 박격포, 어뢰를 장착해 가공할 화력을 자랑했다.[32]

향후 오데사 점령을 위한 상륙 작전이 감행될 경우 모스크바함이 핵심적인 역할을 할 것이기 때문에 우크라이나군은 모스크바함을 격침하기 위해 사력을 다했다. 4월 13일 밤 우크라이나제 넵튠 지대함 미사일 두 발이 드론의 지원을 받아 모스크바함의 방공 시스템을 뚫고 이 순양함을 타격하면서 우크라이나군은 모든 예상과 믿음을 뛰어넘는 성공을 거두었다. 두 발의 미사일 모두 탄약고에 명중해 탑재된 미사일과 어뢰들을 폭발시켰다. 결국 모스크바함 전체가 침몰했고, 당황한 러시아군 사령부는 모스크바함이 우크라이나 미사일에 격침됐다는 사실과 해군이 없는 국가와 전투를 벌이다 기함을 잃었다는 사실을 결코 인정하지 않았다. 대신 선내에서 발생한 원인 불명의 폭발과 해상의 폭풍우 등 복합적인 요인으로 순양함이 침몰했다고 공식 발표했다.[33]

모스크바함의 침몰은 해상 전쟁의 흐름을 바꿔놓았다. 방공망을 상실하면서 우크라이나 넵튠 대함 미사일에 취약해진 러시아 흑해 함대는 해안 방공 부대의 보호를 받으며 세바스토폴항으로 피신했다. 영국 정보기관은 흑해 함대 사령관이 해임됐다고 보고했다. 우크라이나 우정청은 이를 기념해 기존 우표에 'Done(완료)'이라는 영어 단어와 침몰 날짜인 2022년 4월 14일이 새겨진 고무 도장을 찍은 새 우표를 발매했다. 이어 5월에는 한 장에는 손가락을 치켜든 병사 뒤로 모스크바함이 있는 모습, 다른 한 장에는 바다만 있는 모습의 두 장짜리 우표 세트 500만 장을 발매했다. 우크라이나는 이 순양함의 잔해를 국가 수중 문화유산으로 지정했다. 유산 기록에서 모스크바함은 등록번호 2064번을 부여받았

다.[34]

그러나 모스크바함의 스네이크섬 관련 이야기는 아직 끝나지 않았다. 순양함을 잃으면서 이 작은 섬은 러시아 해군에 특별한 전략적 중요성을 띠게 됐다. 러시아 해군은 오데사와 우크라이나 해안을 공격하기 위한 미사일 발사대를 그곳에 설치할 수 있었다. 레이더와 대공 방어 시스템도 설치해 종전에는 침몰한 모스크바함이 제공하던 병참 지원을 대체할 수도 있었다. 스네이크섬의 러시아군 진지에 대한 우크라이나의 첫 번째 공격이 4월 말 시작돼 스트렐라(애로) 대공 미사일 시스템을 파괴했다. 5월에는 미사일 기지와 소형 함정을 포함한 러시아군 목표물을 겨냥한 추가 공격이 재개됐다. 우크라이나는 공군과 포병 그리고 서방에서 공급받은 신형 미사일 시스템을 효과적으로 활용해서 러시아 해군이 스네이크섬을 오데사의 길목에 놓인 해상 요새로 만드는 것을 막았다. 러시아군은 6월 말 섬에서 철수할 수밖에 없었다. 우크라이나군은 즉시 특공대를 섬에 보내 우크라이나 국기를 게양하게 했다.[35]

병합의 교본

2022년 6월 러시아는 표트르 대제로 더 잘 알려진 표트르 1세 (황제라는 칭호까지 얻은 최초의 러시아 차르였다) 탄생 350주년을 맞았다. 탄생 기념일에는 모스크바와 상트페테르부르크뿐만 아니라 지역 거점 도시들에서도 학술회의와 집회, 공개 행사가 열렸다. 모스크바에서는 베데엔하VDNKh(러시아 국민 경제 성과 박람회장)에서 당국이 표트르 1세와 그의 업적을 기리는 멀티미디어 전시회를 개최했다. '표트르 1세, 황제의 탄생'이라는 제목의 이 전시회는 국가 건설과 외교, '시민사회' 건설, 교육 개혁과 문화 발전에서 그가 한 역할에 대해 다루었다.36

표트르 1세의 공식 생일인 6월 9일 블라디미르 푸틴이 베데엔하에 와서 직접 전시회 개막을 선언했다. 그는 러시아의 젊은 기업인과 엔지니어, 과학자들과도 만났다. 표트르 1세는 러시아 과학 협회를 설립하는 등 러시아의 기업가 정신과 과학 발전에 큰 업적을 남긴 인물이므로 전시회와 함께 이런 만남을 갖는 것은 적절해 보였다. 그러나 푸틴이 젊은 기업인과 과학자들에게 연설할 때 강조한 것은 표트르 1세가 러시아의 과학과 기술에 기여한 부분보다는(푸틴은 표트르 1세가 유럽을 여행하면서 서구의 지식을 "차용했다"고 간단히 언급했다) 당시 자신의 마음과 훨씬 더 가까운 주제인 표트르 1세의 전쟁과 영토 획득에 관한 내용이었다.

푸틴은 "표트르 대제는 북방 전쟁을 21년 동안 치렀다"며 자신의 '특별 군사 작전'이 예상보다 훨씬 더 길어지고 있지만 여전히 합리적인 과업이라는 뜻을 내비쳤다. 이어 그는 표트르 1세의 영토 획득 문제를 언급했다. 그는 "겉으로 보기에 표트르 대제는 스웨덴과 전쟁을 벌여 스웨덴으로부터 무언가를 빼앗았다"고 말했다. 하지만 푸틴은 "그는 아무것도 빼앗지 않았고 되돌려놓았을 뿐"이라며 표트르 1세의 정복에 대해 색다른 해석을 내놓았다. 이어서 그런 행동의 정당성 문제를 언급했다. 푸틴은 "그가 새로운 수도를 설립했을 때 유럽 국가 중 어느 곳도 이 영토를 러시아의 일부로 인정하지 않았다. 모두가 스웨덴의 일부로 인정했다"고 말했다.

푸틴의 생각에는 "먼 옛날부터 슬라브인들이 휘노-우그르족과 함께 살았고 이 영토가 러시아의 지배 아래 있었기 때문"에 표트르 1세의 정복은 정당한 것이었다. 이는 인구에 대한 설명에 있어서는 기껏해야 과장된 것이고, 표트르 1세의 군대가 이 지역에 들어왔을 때는 중세 노브고로드 공국 영토에 대한 권리는 먼 과거의 일이었다. 그러나 푸틴은 "그는 되돌려놓고 보강했다. 그것이 그가 한 행동"이라며 자기주장을 되풀이했다. 이어 그는 웃으며 "분명히 우리도 되돌려놓고 보강해야 할 운명을 이어받았다"고 덧붙였다. 푸틴의 발언은 러시아가 "우크라이나 영토를 점령할 계획이 없다"고 선언한 2월 24일 '선전포고' 연설과는 분명한 대조를 이루었다.[37]

푸틴의 발언에 대해 우크라이나는 즉각 반응했다. 미하일로 포돌랴크 대통령실 수석 보좌관은 푸틴의 발언이야말로 제국주의가 러시아의 우크라이나 침공의 진정한 동기라는 증거라고 여겼다. 포돌랴크는 트위터에 "푸틴이 영토 강탈을 자백하고 자신을 표트르 대제와 비교한 것은, '분쟁'은 존재하지 않으며 민족 대학살이라는 꾸며낸 구실 아래 러시아가 자행한 유혈 강탈만이 있을 뿐이라는 증거"라고 비난했다. 러시아 독립 언론들의 보도도 포돌랴크의 해석을 뒷받침했다. 러시아를 떠나 라트비아로 망명한 야당 언론인이 운영하는 웹사이트 '메두자'는 며칠 전 "크렘린이 모든 땅을 하나의 연방 관구로 만든 뒤 빠르면 올가을 러시아로 병합할 계획을 세우고 있다"고 보도했다.[38]

로런스 프리드먼 런던 킹스칼리지 전쟁학 명예교수는 푸틴이 표트르 1세의 업적을 언급한 직후 "이는 푸틴이 2022년 2월 24일 시작한 것과는 다른 전쟁"이라고 지적했다. 프리드먼은 "푸틴은 이제 표트르 대제의 환생을 자처하며 이 전쟁이 해방 전쟁이 아니라 정복 전쟁임을 인정했다. 이제 그가 추구하는 것은 영토이며, 우크라이나의 공격에 취약하다고 주장하면서 전쟁의 빌미로 내세웠던 돈바스 지역 주민들은 포기한 지 오래다. 도네츠크와 루한스크의 분리주의 세력 군대는 준비도 되지 않고 장비도 제대로 갖추지 못한 채 전투에 투입돼 정규군을 아끼기 위한 총알받이로 이용되고 있다"고 비판했다.[39]

푸틴의 발언은 의심할 여지 없이 그가 영토 확장의 길에 나섰음을 드러냈지만 동시에 크렘린이 전쟁의 목표를 축소했음을 시사했다. 2월의 명백한 목표였던 키이우 점령과 괴뢰 정부를 내세운 우크라이나 나머지 지역의 장악은 달성 불가능해져서 3월 말에는 이를 포기해야 했다. 그러나 푸틴은 전쟁 초반 몇 주 동안 장악한 우크라이나 남부의 상당 부분을 유지했고, 점령지를 우크라이나 동부로 확장하길 원했다. 처음에는 우크라이나를 완전히 장악할 목적으로 시작한 전쟁이었지만 러시아 국경의 확장으로 재조정됐다. 2014년 크림반도 병합 때와 마찬가지로 다시 한번 '위대한 러시아' 프로젝트가 러시아의 열망과 푸틴의 제국주의적 야심을 충족할 수 있는 국가적 역량 사이의 간극을 메웠다.

러시아의 공세가 1차 또는 2차 목표를 달성하지 못한 채 돈바스에서 소강상태에 접어들자 올렉시 레즈니코우 우크라이나 국방장관은 젤렌스키 대통령이 남부 지역을 탈환하라고 군에 내린 명령을 공개적으로 발표했다. 그 목표를 달성하는 데 서방의 무기가 도움이 될 것으로 전망됐다. 실제로 얼마 지나지 않아 헤르손시와 그 외곽에 있는 러시아군과 드니프로강 우안과 크림반도에 있는 러시아군 주축 부대를 잇는 주요 연결 고리인, 헤르손 근처의 드니프로강을 가로지르는 안토니우카 다리를 폭격하는 데 하이마스 로켓이 사용됐다. 많은 사람은 이를 남부 지역에서 우크라이나군의 반격이 임박했다는 신호로 받아들였다.[40]

그러나 우크라이나의 반격 전망이 전 세계 언론의 첫 페이지를 장식할 무렵 러시아와 우크라이나 내 러시아 점령지에서 러시아의 점령지 병합 계획에 대한 정보가 더 많이 나오기 시작했다. 돈바스 괴뢰 국가의 영토 외에도 자포리자주 경계 내에 있는 항구도시 베르댠스크와 멜리토폴, 헤르손과 노바카호우카를 비롯한 헤르손주 전체가 여기에 포함됐다. 러시아군은 전력을 두 배로 늘려 헤르손과 미콜라이우 사이의 전선을 따라 진지를 강화했다. 7월 하순

한 우크라이나 지역 기자는 『가디언』과의 인터뷰에서 "러시아군이 미콜라이우 접근로가 있는 들판에 지뢰를 설치하고 있다. 온갖 곳에 지뢰를 심고 병사들은 참호를 파고 있다"고 말했다.[41]

5월에 러시아 관영 통신사 노보스티는 헤르손주 점령 지역이 러시아의 일부가 돼야 한다고 주장하는, 러시아가 임명한 이 지역 관리자의 성명을 발표했다. 이 관리는 "먼 옛날부터 러시아의 땅이 었던 곳은 문화와 가치의 역사적 방향으로 되돌아가야 한다"고 선언했다. 기자들은 푸틴의 대변인 드미트리 페스코프에게 크렘린의 병합 계획에 대해 질문했다. 페스코프는 그러한 계획을 부인하지 않았지만 "이 지역 주민들이 의사를 표현하지 않으면, 어떻게 살아가고 누구와 함께 살고 싶은지 결정하지 않으면 어떤 것도 이뤄질 수 없다"고 밝혔다.[42]

크림반도와 돈바스에서 가짜 주민투표를 만들어낸 모스크바의 경험을 고려할 때 이는 안심할 수 없는 발언이었다. 6월 초 러시아의 전 총리이자 현재 푸틴 대통령실 부실장인 세르게이 키리엔코가 자포리자주 점령 지역을 방문한 직후 지역 점령 정부 관계자가 지역의 미래에 관한 주민투표 준비를 언급했다. 7월 중순에는 놀라운 언론 보도가 나왔다. 러시아 점령군이 크림반도와 돈바스에서 그랬던 것처럼 점령 지역 관리를 위해 더 이상 현지인들에게 의존하지 않기로 했다는 소식이었다. 대신 러시아 볼로그다주 부지사 출신의 인물이 자포리자주 점령 지역 정부 수장에 임명됐다.[43]

워싱턴 D.C.에서 존 커비 국가안보회의 국가안보소통보좌관은 첩보와 공개 정보를 바탕으로 러시아가 헤르손, 자포리자와 함께 도네츠크와 루한스크주 전역의 병합을 준비하고 있다고 주장했다. 커비에 따르면 모스크바는 2014년의 '병합 교본'에 따라 점령 지역에 불법으로 관리를 배치해 러시아 연방 가입에 관한 가짜 주민투표를 준비해서 이를 병합의 근거로 사용하려 하고 있었다. 커비는 기자들에게 "크렘린이 점령 지역을 병합하기 전에 우크라이나의 서방 협력국들이 그 지역에 대한 우크라이나의 반격을 지원할 수 있는 기회의 창은 좁아지고 있는지도 모른다"고 말했다. 러시아의 의도가 더 이상 수수께끼가 아닌 상황에서 가장 큰 문제는 우크라이나군의 남부 지역 탈환과 러시아 정부의 공식 병합 둘 중 무엇이 더 빠를 것인가였다. 이 두 과정은 서로 다른 경로를 따르고 있는 것으로 드러났다.[44]

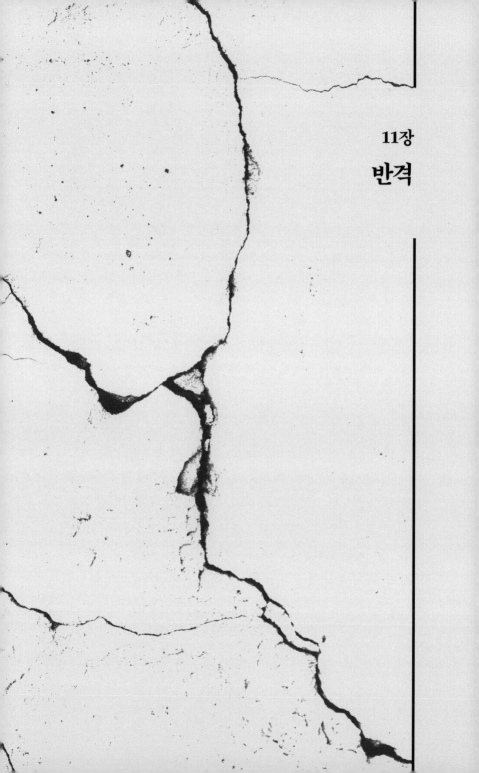

11장

반격

흑해 스텝 지대에서 우크라이나군의 반격이 임박했다는 소식을 처음 전한 언론은 영국의 『선데이타임스』였다. 2022년 7월 10일 이 신문은 올렉시 레즈니코우 우크라이나 국방장관의 말을 인용해 "대통령이 군 최고 책임자에게 관련 계획을 수립하라는 명령을 내렸다"고 보도했다. 반격은 개전 이후 최대 규모가 될 것으로 예상됐다. 이 신문은 레즈니코우의 발언과 관련해 "우크라이나는 러시아로부터 남부 영토를 되찾기 위해 서방의 무기로 무장한 100만 명에 달하는 전투 병력을 모으고 있다"고 보도했다. 하지만 우크라이나는 어디를 공격할까? 레즈니코우는 우크라이나 남부, 즉 러시아가 침공 몇 주 만에 점령한 흑해 스텝 지대를 지목했다.[1]

레즈니코우의 인터뷰가 공개되기 하루 전에 남부 지역에서 반격이 실제로 준비되고 있다는 분명한 신호가 나왔다. 7월 9일 일시적으로 점령당한 지역을 담당하는 이리나 베레시추크 우크라이나 부총리는 러시아군이 점령한 우크라이나 남부 지역 주민들에게 가능한 한 빨리 헤르손과 자포리자주를 떠날 것을 촉구했다. 그녀는 주민들이 우크라이나가 장악한 영토로 직접 이동할 수 없다면 러시아가 점령한 크림반도를 통해 이동할 수 있다고 제안했다. 베레시추크는 "우리 모두가 알고 있듯 점령지 해방에는 무력 사용이 포함되기 때문에 우리 포병이 제 역할을 해야 한다"면서 "따라서 주민들은 가능한 모든 수단을 동원해 가족과 함께 떠나야 한다"고 선언했다.[2]

젤렌스키 대통령은 반격 개시 명령의 존재를 부인하지 않았지만 공격의 방향을 발표할 준비는 돼 있지 않았다. 레즈니코우 국방장관의 인터뷰가 공개된 이튿날 젤렌스키는 우크라이나를 방문 중인 마르크 뤼터 네덜란드 총리가 참석한 자리에서 기자들에게 "우리의 모든 영토를 해방하는 것이 우리 전군의 임무라고 말할 수 있다. 나는 이것이 우리 나라 모든 국민의 임무라고 생각한다. 특정 계획의 세부적인 사항은 공유하지 않겠다"고 밝혔다. 젤렌스키와 정부 및 군 관계자들은 곧 있을 반격의 세부 사항을 공개하지 않았지만 우크라이나 일부에서는 베레시추크 부총리가 우크라이나 남부 지역 주민들에게 보낸 메시지가 임박한 우크라이나 공격의 방향을 분명히 드러냈다면서 우려를 나타냈다.[3]

우크라이나의 유력 신문 『쇼호드니』('오늘'이라는 뜻)는 이 발표가 실제 계획을 암시하는 것인지 아니면 적에게 잘못된 정보를 흘리려는 시도인지 알아내기 위해 군사 전문가들의 의견을 물었다. 전문가들의 의견은 서로 엇갈렸다. 일부는 이 발표가 러시아를 오도해서 키이우에 대한 새로운 공격 가능성을 차단하려는 의도라고 본 반면, 다른 전문가들은 레즈니코우가 실제 계획을 언급했다고 믿었다. 헤르손 해방이 우크라이나의 반격에 매우 중요할 뿐만 아니라 가장 유력한 목표라는 데는 모두의 견해가 일치했다.[4]

헤르손 주변 등 드니프로강 우안과 그보다 더 북쪽으로 강을 끼고 노바카호우카 댐을 마주보는 베리슬라우시 인근 등에 배치된 러시아군은 미콜라이우시와 젤렌스키 대통령의 고향 크리비리흐시에 계속 위협을 가하고 있었다. 이 무렵 러시아가 침공 목표로 선언한 오데사와 몰도바로 가는 길은 미콜라이우를 통과했다. 그러나 헤르손과 베리슬라우 근처의 러시아군 부대는 드니프로강 좌안의 러시아군과 단절돼 있어, 우크라이나군이 진격하면 비교적 손쉬운 먹잇감이 될 수 있었다.

교량을 둘러싼 공방전

"드니프로강 한가운데까지 헤엄쳐 갈 수 있는 사람은 별종이 아닐 수 없다." 니콜라이 고골우크라이나 출신의 러시아 작가은 우크라이나에서 가장 큰 강의 폭을 은유적으로 이렇게 설명했다. 드니프로강은 실제로 헤르손주를 따라 올라가며 무척 폭이 넓어져 앞선 2월에 러시아군이 건너야 했을 때 700미터 너비의 장애물이 됐다. 러시아군이 강 우안의 헤르손과 베리슬라우를 방어하고자 한다면 강을 건너는 지점들을 완전히 통제해야 했다.[5]

드니프로강을 가로지르는 러시아군의 보급선은 헤르손 북쪽의 안토니우카 철도교와 고속도로교, 카호우카 댐 인근의 노바카호우카와 베리슬라우 지역을 연결하는 교량 이 세 개의 다리에 의존하고 있었다.[6] 폭 25미터, 길이 1366미터의 안토니우카 고속도로교는 헤르손과 드니프로강 좌안을 잇는 주요 간선 도로다. 러시아가 이 다리를 장악해 미콜라이우와 유즈노우크라인스크시의 남우크라이나 원자력 발전소로 가는 직통로를 확보한 터라 우크라이나는 이 다리를 파괴하지 못한 대가를 톡톡히 치렀다. 우크라이나가 진지하게 반격을 계획했다면 이 다리들을 파괴해 강 우안의 러시아군 부대를 고립시키고 보급로를 차단해야 했다.[7]

우크라이나가 남부 공세 관련 정보를 공개한 이유가 무엇이든 간에 헤르손의 러시아군 지휘관들은 분명히 이를 심각하게 받아들였다. 레즈니코우의 인터뷰가 공개되고 이틀 뒤인 7월 12일 드니프로강 좌안의 주요 교통 중심지인 멜리토폴의 시민들은 러시아군 차량 대열이 헤르손 쪽으로 강을 향해 이동하는 모습을 목격했다. 이튿날 러시아군은 안토니우카 고속도로교로 가는 진입로를 요새화하기 시작했다. 이들은 또한 헤르손 시내의 순찰 횟수를 늘렸다. 7월 20일 세르게이 라브로프 러시아 외무장관은 러시아의 영토 야망이 더 이상 도네츠크와 루한스크주에 국한되지 않고 이

제 자포리자와 헤르손까지 확대됐다고 선언했다.[8]

다가올 우크라이나의 공세를 격퇴하기 위한 이 시의적절한 조치들은 우크라이나가 자신들의 목적에 맞게 전장을 형성하기 시작했을 때 러시아군에 별 도움이 되지 못했다. 우크라이나군은 러시아군 탄약고와 지휘 본부를 (고기동성) 하이마스 로켓으로 타격한 데 이어 다리 공격에도 하이마스를 사용했다. 7월 3일 우크라이나군은 하이마스 시스템을 이용해 크림반도와 러시아가 점령한 우크라이나 남부를 연결하는 주요 교통 요충지인 멜리토폴의 러시아군 탄약고를 타격했다. 7월 6일에는 헤르손의 탄약고가, 이틀 뒤에는 노바카호우카의 탄약고가 파괴됐다.[9]

레즈니코우의 인터뷰가 공개된 지 나흘 뒤인 7월 19일 우크라이나군은 안토니우카 고속도로교에 처음으로 대규모 공격을 가해 교량 본체와 그 옆의 방어 시설을 타격했다. 같은 날 영자 신문 『키이우 인디펜던트』는 안토니우카 철도교와 고속도로교 두 교량 및 카호우카 댐 교량의 파괴가 반격 성공의 전제 조건이라는 장문의 기사를 게재했다. 이 신문은 "헤르손의 괴물들[러시아군]과 이들에게 동조하는 사람들은 곧 보급품이 떨어지고 조직적인 퇴각 방법이 없는 상황에 처할 수 있다"는 유리 소볼레우스키 헤르손 지역 의회 부의장의 언급을 실었다.[10]

7월 19일의 하이마스 공격은 시작에 불과했다. 이후 며칠 그리고 몇 주 동안 안토니우카 고속도로교와 철도교에 대한 추가 미사일 공격이 이어졌다. 이튿날인 7월 20일에 시작된 미사일 공격은 고속도로교가 일시적으로 폐쇄될 만큼 큰 피해를 입혔다. 7월 26일 저녁 세 번째 타격으로 중장비의 다리 통행은 불가능해졌다. 위성사진에 따르면 다리 남단에 최소한 16개의 구멍이 뚫린 것으로 나타났다. 러시아군이 다시 한번 교량을 긴급 보수했지만 8월 14일과 30일에 또다시 공격을 받자, 러시아군 지휘관들은 보수를 포기하고 대신 드니프로강 도하를 위해 부교와 선착장 건설에 집중했다.[11]

우크라이나군이 운용하는 하이마스 시스템의 표적은 안토니우카 고속도로교만이 아니었다. 인근의 안토니우카 철도교와 카호우카 댐 교량에도 주기적으로 공격이 가해진 가운데, 카호우카 댐 교량은 9월 3일 심각한 손상을 입고 20미터가량 되는 구간 하나가 물속으로 무너져내렸다. 드니프로강의 지류인 인훌레츠강 위에 놓인 다리우카 다리도 여러 차례 공격을 받았다. 이 다리는 헤르손과 그 주변의 러시아군을 베리슬라우 지역의 부대와 연결하는 유일한 다리였다. 우크라이나군은 손상된 고속도로교와 철도교를 대체하기 위해 러시아군이 건설하는 부교들도 주기적으로 공격했다. "우크라이나군 장성들은 헤르손 북쪽의 러시아 방어망을 약화하고 5월부터 서서히 헤르손을 향해 남진하고 있는 우크라이나군 여단들에 유리하도록 전세를 흔들고자 제49연합군을 고사시키고 증원군을 차단하는 것이 분명한 목표"라고 7월 말『포브스 매거진』의 기자 데이비드 액스는 밝혔다.[12]

우크라이나군은 '전세를 흔들기 위해' 장거리 미사일 공격뿐만 아니라 특공대와 사보타주 부대를 전선 너머로 보내 정보를 수집하고 탄약고과 지휘 본부를 파괴해 후방에 있는 러시아군 부대에 공포심을 퍼뜨렸다. 7월 말 우크라이나 언론은 앞서 3월과 4월에 미콜라이우를 방어한 영웅 드미트로 마르첸코 장군이 미콜라이우로 돌아왔다고 보도했다. 이번에 그의 임무는 우크라이나군 특공대와 게릴라 단체들의 적진 후방 활동을 조직하고 조율하는 것이었다. 8월 중순 우크라이나 언론은 "우크라이나 게릴라들"이 주요 교통 요충지 멜리토폴 인근의 철도교를 폭파했다고 보도했다. 헤르손과 그 주변 지역에서도 비슷한 보도가 나왔다.[13]

마르첸코의 공격 목표에는 러시아군의 병참 거점과 탄약고, 막사뿐만 아니라 점령 정부에 합류한 우크라이나 시민들도 포함돼 있었다. 우크라이나 언론은 이들을 '가울라이터gauleiter'라고 불렀는데, 히틀러 치하의 독일에서 지역 당 지도자를 뜻한 이 용어는 제2차 세계대전 당시 나치의 우크라이나 지배에 긴밀히 협력한 인물들로 대중들에게 인식됐다.

8월 6일 노바카호우카 점령 정부 부대표 비탈리 홀이 신원을 알 수 없는 사람들에게 총격을 받아 사망했다. 8월 28일에는 젤렌스키의 소속 정당 '국민의 일꾼'의 전 국회의원으로 점령지 헤르손 지역에서 크림반도로 우크라이나 곡물 수출을 감독하던 올렉시 코발료우가 암살됐다고 언론은 보도했다. 이는 그의 목숨을 노린 두 번째 시도였다. 나흘 뒤 언론은 자포리자 지역의 미하일리우카 마을에서 점령 정부 대표로 일해온 이반 수시코가 사망했다고 보도했다. 그는 자신의 차를 몰고 가다 폭사했다. 러시아의 점령지 병합을 위한 주민투표 실시를 위해 러시아 당국이 구성한 위원회 위원들도 공격을 받았다. 우크라이나는 러시아군이 우크라이나 남부에서 쫓겨나기 전에 러시아 당국이 가짜 주민투표를 실시하는 것을 막기 위해 사력을 다하고 있었다.[14]

심판의 날

"만약 그런 일이 벌어진다면 그들 모두에게 심판의 날이 한순간에 찾아올 것이다. 매우 빠르고 가혹해서 숨을 곳을 찾기가 매우 어려울 것이다." 러시아의 전 대통령이자 현재 푸틴 정부에서 국가안보회의 부의장을 맡고 있는 드미트리 메드베데프는 7월 17일 이렇게 선언했다. 그는 우크라이나에 헤르손 주변 러시아군의 주요 보급 기지인 크림반도를 공격하지 말 것을 경고하면서 이를 따르지 않으면 핵 공격도 불사하겠다고 위협했다.[15]

루한스크나 도네츠크와 달리 크림반도는 공식적으로 러시아 영토에 편입된 상태로, 전면전의 첫 몇 달 내내 러시아군이 우크라이나 목표물에 공격을 가하는 근거지가 된 러시아 본토와 벨라루스 일부 지역과 같은 수준으로 우크라이나의 보복 공격에서 비껴나 있었다. 그러나 우크라이나가 러시아군 보급선에 대한 미사일 공격을 강화하자 텔레비전 해설자들은 안토니우카 다리에 대한 공격에 이어 크림 대교에도 비슷한 공격이 가해질 것인지 질문을 던지기 시작했다. 크림 대교는 케르치 해협을 가로질러 러시아 연방과 점령지 크림반도를 잇는 19킬로미터 길이의 구조물로, 우크라이나 남부에 있는 러시아군의 생명줄 역할을 하고 있었다.[16]

젤렌스키 대통령은 "오늘 러시아에서 이른바 우크라이나 '심판의 날'에 대해 딱히 맨 정신으로 한 것 같지 않은 선언이 또다시 들려왔다. 물론 아무도 그런 협박을 심각하게 받아들이지 않을 것이다"라며 메드베데프의 위협을 일축했다. 젤렌스키는 당시 모스크바에 나돌던 메드베데프의 알코올 중독 소문을 언급한 것이다. 일각에서는 완전히 푸틴의 눈 밖에 난 메드베데프가 자살을 시도했다가 미수에 그쳤다는 주장도 나왔다. 이런 문제는 크렘린의 핵심 관리에게 국한된 것만이 아니었다. 러시아 정부 고위 관계자 상당수가 전선 상황의 악화로 인한 스트레스에 대처하려고 애쓰면서 술에 빠져 살았고, 이 때문에 푸틴의 여러 측근 그룹 사이에서 내분이 일고 있었다. 푸틴 자신도 참모들의 기강 해이를 우려해 개인적으로나 공개적으로나 알코올 중독 문제를 언급하기 시작했다.[17]

젤렌스키가 메드베데프의 위협을 알코올 중독자의 횡설수설이라고 일축하는 사이 우크라이나군은 크림반도에서 새로운 전선을 열었다. 7월 말 드론 한 대가 러시아군 방공 포대를 뚫고 세바스토폴에 있는 러시아 흑해 함대 사령부를 타격했다. 사상자는 보고되지 않았지만 이 공격으로 러시아 해군의 날 기념행사가 취소되는 등 도시 분위기는 어수선해졌다. 8월 9일에는 1945년 2월 얄타 회담에 참석하기 위해 루스벨트 대통령과 처칠 총리가 도착했던 사키시 인근의 러시아 비행장에 우크라이나 미사일이 떨어져 러시아군에 큰 충격을 주었다. 이 공격으로 공항 탄약고가 폭발하면서 러시아 흑해 함대 공군력의 핵심인 러시아 항공기 10대가 파괴됐다. 비행장에서 멀리 떨어진 곳에서도 폭발음이 들리고 화염이 보이면서 크림반도에 있던 러시아 관광객들이 케르치 해협 대교크림대교의 다른 이름를 건너 대거 철수하는 소동이 벌어졌다.

러시아 당국은 폭발이 러시아 군인들의 안전 수칙 위반 때문이라고 밝혔는데, 우크라이나의 공격 성공을 인정하는 것은 곧 러시아의 대공 방어망이 모스크바가 러시아 영토로 간주하는 지역을 보호하는 데 실패했음을 의미하기 때문이었다. 그러나 우크라이나의 크림반도 공격이 계속되자 크렘린은 크림반도의 여러 지역에서 발생한 폭발을 허술한 안전 수칙 탓으로 돌릴 수 없게 됐다. 러시아 관리들은 크림반도와 우크라이나 남부 본토를 잇는 철도의 주요 역이 있는 잔코이시 근처의 무기고가 폭발한 뒤 크림반도가 우크라이나의 공격을 받고 있음을 인정했다. 우크라이나는 처음에는 침묵을 지키다가 9월 들어 공격의 책임을 인정했다. 크림반도는 더 이상 우크라이나 남부에서 싸우는 러시아군을 위한 안전한 무기 저장소가 아니라 우크라이나군의 본격적인 목표물이 됐다. 아직 케르치 해협 대교를 공격하지는 않았지만 그럴 수단이 생기면 공격을 감행할 것이 이제는 분명해졌다.[18]

러시아는 처음에 우크라이나의 크림반도 공격에 핵무기 사용보다는 침묵과 부인으로 대응했지만, 메드베데프가 언급한 것처럼 우크라이나가 크림반도를 공격하기 시작할 무렵 크렘린은 핵 카드를 꺼내들었다. 크렘린이 꺼내든 핵 카드의 이름은 자포리자 원자력 발전소로, 3월 초 포격으로 발전소 건물 중 한 곳에서 화재가 발생한 뒤 러시아군에 점령된 곳이었다. 러시아군은 우크라이나군이 가동 중인 원자력 발전소에 포격을 가하지는 못할 것이라고 판단하고 병력뿐만 아니라 무기와 중장비, 탄약을 숨겨둘 안전한 은신처로 발전소를 활용했다. 또한 드니프로강 우안의 우크라이나군 진지(에네르호다르라는 이름의 원전과 기업 도시는 강 좌안에 위치해 있었다), 특히 인구 10만 명이 넘는 니코폴시를 포격하기 위한 엄폐물로 발전소를 활용했다.

우크라이나군은 소셜미디어를 통해 에네르호다르 시민들에게 러시아군 포병 부대가 공격을 감행하기 위해 발전소를 떠날 때 발전소 외부에서 러시아군을 공격할 수 있게 알려달라고 요청했다. 또한 드론을 이용해 원자력 시설 밖으로 나온 러시아군을 공격하기도 했다. 7월 22일에는 발전소 인근 러시아군 진지에 대한 우크라이나군의 드론 공격이 있었다. 2주 뒤인 8월 5일 발전소에 대한 또 다른 공격이 있었지만 이번에는 발전소 자체에 대한 포격이었다. 우크라이나는 이 공격과 자신들은 무관하다며 부인했고, 젤렌스키 대통령은 러시아가 "핵 협박"을 하고 있다고 비난했다. 올렉시 아레스토비치 우크라이나 대통령실 보좌관은 푸틴이 원자력 발전소를 포격함으로써 우크라이나가 남부 지역 반격을 중단하고 휴전 협정을 체결하도록 압박하고 있다고 주장했다. 유럽 최대의 원자력 발전소에서 사고가 일어난다면 동유럽과 중부 유럽은 물론 튀르키예와 중동에도 영향을 미칠 수 있기 때문에 이는 우크라이나뿐만 아니라 서방 동맹국들에게 가하는 압박이기도 했다.[19]

9월 1일 긴 협상 끝에 라파엘 그로시 사무총장이 이끄는 국제원자력기구 전문가 팀이 현장 상황을 평가하기 위해 자포리자 원자력 발전소로 향했다. 발전소에 대한 포격으로 운전원 한 명이 부상을 입고 발전소의 질소-산소 장치 근처에서 화재가 발생한 뒤였다. 조사팀은 누가 원전에 포격을 가했는지 확인할 수 없었거나 혹은 확인을 거부했지만, 러시아군이 실제로 터빈 건물 안에 차량과 장비를 넣었다는 우크라이나 측 보고서는 사실임을 확인했다. IAEA 팀은 원전 주변에 '전투 금지 구역' 설정(사실상 비무장화)을 촉구하는 보고서를 제출했다. "오늘 당장 시급하게 요구되는 것은 시설 주변에 (필요할 경우) 보호 구역, 보호 장치, 방호막을 설치하는 데 동의하는 것"이라고 그로시 사무총장은 조사를 마치고 돌아온 며칠 뒤 CNN 앵커 크리스티안 아만푸어에게 밝혔다. 우크라이나는 이 보도를 높이 평가한 반면 러시아는 "해명"을 요구했다.[20]

9월 15일 IAEA 이사회는 러시아에 원전을 떠날 것을 촉구했다. 35개 이사국 중 33개국이 이 결의안을 지지했고 러시아와 중국 대표만 반대했다. 자포리자 원전의 원자로 가동이 정지됐지만 완전히 냉각되지 않았기 때문에 여전히 위험한 상태에서 우크라이나와 전 세계를 상대로 한 러시아의 핵 협박은 계속됐다. 발전소 인근에서 포격이 지속되면서 9월 11일 운전원들이 원자로의 활성 영역 냉각과 발전소의 안전 시스템 유지를 위해 물을 넣는 펌프에 전력을 공급해온 마지막 원자로를 정지시켜야 했다. 이제 원자로의 안전은 펌프에 전력을 공급하는 외부 전력선에 의존하게 됐다. 이 전력선은 이전에 손상된 적이 있고 또다시 손상돼 후쿠시마와 같은 재앙을 일으킬 수 있었다. 심판의 날은 연기됐을 뿐 취소되지 않았다.[21]

공세 전환

8월 중순이 됐지만 한 달 전 우크라이나 관리들이 공언했던 반격은 당시와 마찬가지로 여전히 실현 가능성이 없어 보였다. 우크라이나군의 진격은 몇 개 마을을 장악한 뒤로 거의 멈췄다. 탄약고 파괴와 교량과 러시아군 통신선에 대한 포격 및 미사일 공격은 수가 크게 늘어난 헤르손과 노바카호우카 근처의 러시아군 집단에 제한적인 영향을 미쳤을 뿐이다.

많은 사람의 예상과 달리 우크라이나군은 반격을 발표한 뒤 처음 몇 주 안에 드니프로강을 가로지르는 다리들을 완전히 파괴하거나 사용 불가 상태로 만들지 못했거나 그렇게 하지 않기로 결정했다. 의도했든 그러지 않든 드니프로강을 가로지르는 주요 간선 도로의 차단이 이렇게 지연된 덕에 러시아군 지휘관들은 강 우안의 병력을 증강할 수 있었다. 8월 중순 서방의 정보기관들은 러시아가 우크라이나 침공의 새로운 단계의 목표로 장악을 선언한 돈바스 지역과 함께 크림반도에서 총 8000명에 가까운 8개 대대전술단 병력이 이 지역으로 이동해 대규모로 재배치된 사실을 확인했다. 올렉시 아레스토비치에 따르면 러시아는 드니프로강 우안에 30개 대대전술단을 집결시킨 것으로 나타났다.[22]

7월 말 우크라이나군이 안토니우카 다리를 공격하고 지휘관들이 반격의 첫 번째 작은 성공(러시아군이 장악하고 있던 지역 내 두 개 마을의 해방)을 보고할 즈음 올렉시 다닐로우 국가안보국방회의 서기는 러시아군이 남부 지역, 특히 헤르손 쪽으로 병력을 대규모로 재배치했음을 인정하며 반격이 지연될 가능성을 시사했다. 다닐로우는 "나는 우리 군이 대통령이 제시한 일정을 준수하기 위해 가능한 모든 일을 다 할 것이라고 확신한다"면서 "어떤 경우든 승리는 우리 것이 될 것이다. 일주일 빨리 달성하든 늦게 달성하든 그것은 군이 결정할 사안"이라고 말했다.[23]

8월 중순이 되자 문제는 우크라이나군의 공세가 얼마나 빨리 진행될 것인가가 아니라 정예 공수부대원이 상당수를 차지하는 러시아군 대대들이 오히려 반격을 감행할 것인가였다. 실제로 8월 20일 러시아군은 공세에 나서 동쪽에서는 미콜라이우, 북쪽에서는 크리비리흐 쪽으로 진격을 시도했다. 우크라이나의 반격 계획 발표 이후 이 지역으로 이동한 러시아군 전술 대대 편대는 우크라이나가 장악한 지역 깊숙이 최대 35킬로미터까지 진격해 미콜라이우에서 동쪽으로 불과 45킬로미터 떨어진 블라호다트네 마을을 점령했다.[24]

러시아군이 드니프로강 우안으로 진격하도록 자극하는 결과를 낳은 반격 발표가 현명했는지 점점 더 많은 우크라이나 국민이 우려를 표명하는 가운데 8월 29일 오래전에 약속했던 우크라이나군의 공세가 시작됐다는 소식이 들려왔다. 우크라이나군 카호우카 작전단은 공식적으로는 '도네츠크 인민공화국' 군대 소속인 러시아 제109연대의 방어선을 돌파했다고 성명을 발표했다. 작전 사령부는 성명에서 "우크라이나는 하이마스의 도움으로 영토를 회복할 절호의 기회를 얻었다"고 밝혔다. 개별 군 사령부에서 나온 매우 이례적인 이 발표는 일반 대중에게는 곧바로 알려지지 않았다. 우크라이나의 전시 정보 전략의 불문율은 중요한 발표의 경우 실제 상황이 발생하고 며칠 뒤에 대통령이나 행정부, 군 총참모부가 한다는 것이었다. 카호우카 작전단이 왜 그렇게 서둘러 발표했는지는 분명하지 않지만, 당시에는 그런 의문을 제기하는 사람이 거의 없었다. 중요한 것은 오랫동안 기다려온 공세가 시작됐을 뿐만 아니라 즉각적인 성공을 거두었다는 사실이었다.[25]

우크라이나 군대는 실제로 도네츠크 인민공화국 징집병들로 구성된 러시아군 제1방어선을 돌파했는데, 이들은 대부분 자기 의지에 반해 동원된 사람들로 구성돼 사기가 낮은 것으로 알려져 있었

러시아 우크라이나 전쟁

다. 그러나 우크라이나군의 공세는 곧 벽에 부딪혔다. 러시아군은 병력을 증강해 제2방어선에서 전선을 안정시켰다. 9월 2일 세르게이 쇼이구 러시아 국방장관은 러시아가 블라호다트네를 점령했다고 발표하면서 우크라이나군이 공세를 성공적으로 수행할 능력이 있는지 의문을 제기했다. 쇼이구는 남부 지역에서 우크라이나군의 반격 개시를 언급하며 "강조하건대 이번 행동은 젤렌스키 대통령실이 단 하나의 목표, 즉 서방의 후원자들에게 우크라이나군이 공격을 감행할 능력이 있다는 환상을 심어주기 위해 계획한 것"이라고 주장했다.[26]

그러나 미콜라이우를 향한 러시아군의 진격은 이제 사실상 끝난 반면, 우크라이나군은 계속 밀고 나갔다. 9월 4일 젤렌스키 대통령실은 러시아군이 장악하고 있던 강 우안 지역 북쪽의 비소코필리아 마을을 탈환한 뒤 우크라이나 국기를 게양하는 영상을 공개하면서 첫 번째 큰 승리를 거뒀다고 주장했다. 우크라이나군은 강제 동원된 돈바스 '공화국' 주민들이 아닌 정예 러시아군 부대가 포위를 피해 철수한 뒤 마을을 점령했다. "그 정예 부대는 무기와 장비 등 가진 것을 전부 버리고 수치스럽게 도망쳤다"고 헤르손주의회 의장인 올렉산드르 사모일렌코는 증언했다. 젤렌스키 대통령은 비소코필리아 탈환을 언급하며 "우크라이나 국기가 마땅히 있어야 할 곳들로 돌아가고 있다"고 말했다.[27]

키이우는 축제 분위기였지만 사실 비소코필리아는 주요 행정 중심지나 교통 요충지가 아니었다. 19세기 독일 농부들이 우크라이나 남부에 세운 이 마을의 원래 이름은 크로나우로, 헤르손에서 146킬로미터나 떨어진 지역 최북단 정착촌 중 하나였다. 올렉시 아레스토비치에 따르면 7월 말부터 러시아군은 전술적으로 포위된 상태로, 승리는 오래전부터 예견된 것이나 다름없었다. 비소코 필리아 탈환은 군사적 성공보다는 대민 홍보 측면에서 더 큰 승리였다. 우크라이나 국민에게는 좋은 소식이 필요했지만 한동안 좋은 소식은 없고 다가올 공세에 대한 약속만 있었기 때문이다. 젤렌스키 입장에서는 그동안 준비해온 결과물을 마침내 국민과 세계에 보여줄 수 있게 된 것이었다.[28]

동부 전선의 상황이 썩 좋지 않았던 터라 남부 전선에서 들려온 희소식은 특히 반가웠다. 동부 전선에서 공세를 이어가던 러시아 군은 9월 6일 돈바스 국경에 있는 마을 두 곳을 점령했다고 발표했다. 이튿날 러시아군 총참모부는 코데마 마을 점령을 발표하면서 바흐무트 인근의 우크라이나군 진지를 향한 러시아군의 공세가 계속될 것임을 시사했다. 이는 우크라이나 도네츠크 지역 전체 점령을 목표로 한 러시아군의 주요 공세였다. 같은 날 러시아 국방부는 우크라이나군이 대규모 사상자 발생으로 인해 드니프로강 우안의 헤르손과 베리슬라우 근처에서 공격을 중단했다고 발표했다.[29]

아이러니하게도 이는 러시아군의 마지막 승전보가 됐다. 발표가 이뤄질 즈음 러시아군은 이미 수세에 몰린 상태였다. 모스크바의 예상과 달리 우크라이나의 새로운 대규모 공세는 러시아군 지휘관들이 가장 준비가 덜 된 곳인 돈바스 북쪽 하르키우 지역에서 시작됐다. 젤렌스키 정부가 공언한 남부 지역의 반격과는 달리이 공세는 철저히 비밀리에 준비됐고 즉시 성과를 내기 시작했다. 우크라이나의 저명한 정치평론가 타라스 베레조베츠는 『가디언』과의 인터뷰에서 앞서 발표된 남부 지역 반격이 "러시아를 속이기위한 계획"이라고 주장하기도 했다.[30]

코사크식 습격

하르키우 남쪽에서 이뤄진 우크라이나의 반격은 IAEA가 자포리자 원자력 발전소 터빈 건물 안에 러시아군 장비가 있다는 보고서를 발표한 9월 6일 시작됐다. 뉴스는 남부 지역 진격처럼 우크라이나 측에서 나온 것이 아니라 하르키우 동남쪽의 러시아-우크라이나 전선에서 가까운 발라클리아시에 대한 우크라이나군의 기습 공격 성공을 비난한 러시아 군사 블로거들로부터 나왔다. 위성사진을 통해 발라클리아 외곽에 진주한 우크라이나군이 확인됐다. 또한 러시아군이 우크라이나군의 진격을 막거나 속도를 늦추기 위해 철수하면서 다리를 폭파하고 있다는 앞선 보도도 확인됐다.[31]

우크라이나군의 공세는 러시아군뿐만 아니라 서방의 군사 전문가들도 놀라게 했다. 서방의 전문가들은 러시아가 이를 예측하거나 막을 능력이 없다는 사실에도 당혹스러워했다. 필립스 오브라이언 영국 세인트앤드루스대학 전략학 교수는 9월 6일 아침 트위터에 "우크라이나군이 하르키우 주변에서 기습 작전에 성공했다면 [이는] 러시아군이 얼마나 혼란에 빠져 있는지 보여주는 증거가 될 것이다. 나는 (위성, 무인기, 인터넷 등) 다양한 모니터링 장치를 통해 그런 기습 작전이 있을 것이라고 예상했다"고 적었다. 이날 오후 워싱턴 D.C에 있는 전쟁학연구소ISW 전문가들은 우크라이나군이 성공을 거둔 유력한 이유를 제시했다. 이 연구소는 일일 회보를 통해 "9월 6일 우크라이나군의 하르키우 반격은 러시아군이 헤르손주에서 우크라이나의 반격에 맞서 러시아군 진지를 강화하기 위해 이 지역에서 병력을 빼내 재배치하면서 생긴 기회를 이용한 결과였을 가능성이 있다"고 논평했다.[32]

우크라이나군을 이끈 주인공은 2월에 키이우를 지켜내고 3월에 러시아군을 우크라이나 수도에서 퇴각하게 만든 올렉산드르 시르스키 상장이었다. 젤렌스키 대통령은 공세 이틀째인 9월 8일 해당 부대 장교와 병사들에게 감사를 표했다. 젤렌스키는 공수 여단, 기계화 여단, 돌격 여단, 포병 여단, 보병 여단 각 한 곳, 이렇게 총 5개 여단을 언급했다. 그는 가장 먼저 전면전이 시작되기 몇 달 전 자포리자 코사크의 영광스러운 과거를 기리며 시체슬라우 여단 18세기 코사크 정치·군사 공동체 자포리아 시치에서 따온 명칭이라는 영광스러운 이름을 얻은 제25공수여단을 언급했다. 작전에 참여한 다른 여단의 이름에도 코사크의 과거가 언급됐다. 제92기계화여단은 대

담한 습격으로 유명했던 17세기 자포리자 코사크의 지도자 이반 시르코의 이름을 따서 명명됐다.[33]

코사크의 이름을 이어받은 부대들을 비롯한 우크라이나군 전체는 이제 거의 코사크 전술을 사용해 적이 예상치 못한 곳에서 적을 공격하고, 여러 곳에서 동시에 적진을 돌파하며, 후방에서 러시아군을 공격해 이미 포위된 것처럼 보이게 함으로써 공포심을 심었다. 최대 12개 대대전술단으로 구성된 러시아군에 맞서 우크라이나군은 수적 우위를 점하진 못했지만 포병과 보병, 항공 병력을 조율하는 능력을 보여줌으로써 전문가들이 '연쇄 붕괴'라고 부르는 결과를 러시아 전선에 만들어냈다. 소련군에 이어 현재 러시아군이 채택한 고도로 중앙집중화된 지휘 통제 시스템과 달리 중간급 야전 지휘관의 주도권을 강조한 코사크의 전통과 나토식 훈련이 결실을 맺은 것이다.[34]

공세에 나선 우크라이나군은 2, 3차 방어선을 지킬 수도 있었던 러시아군 병력이 남부 지역으로 이동했기 때문에 1차 방어선밖에 없는 지역을 공격했다. 루한스크의 괴뢰 '공화국'에서 강제로 동원돼 모스크바가 모을 수 있는 가장 사기가 낮은 병력들이 자리를 지키기 위해 남겨졌다. 공세를 시작한 뒤 우크라이나군이 처음으로 점령한 마을인 베르비우카에는 100명 남짓한 군인이 있었다. 이들은 지역 주민들이 버리고 떠난 집에 살면서 주민들의 차를 징발했고, 베르비우카 주민들에 따르면 원하는 것은 무엇이든 가져갔다. 지역 주민이 항의하려고 하면 러시아 군인들은 소총 개

머리판으로 주민들의 가슴을 때렸다. 러시아 병사들은 마을 사람들에게 자신들은 돈을 위해 싸운다고 말했고, 아무런 이념적 대의도 없었기 때문에 주민들의 생각을 바꾸려는 노력은 전혀 하지 않았다. 지역 용접공 비탈리 비초크는 우크라이나군이 마을의 러시아군 진지를 포격하자 이 병사들은 "집 안으로 뛰어들어가 눈에 띄는 대로 옷을 갈아입었다. 그리고 작은 무리로 나뉘어 도망쳤다"고 증언했다.[35]

우크라이나군은 베르비우카를 거쳐 발라클리아시로 향했는데, 전쟁 전 주민이 3만 명에 달했던 발라클리아에는 이제 사마라와 바시키르 자치공화국의 수도인 우파에서 파견된 러시아 근위대 소속 신속대응군 부대가 주둔하고 있었다. 우크라이나군은 발라클리아시를 우회해 러시아가 점령한 영토 쪽으로 동쪽 깊숙이 이동했다. 러시아 근위대 병사들은 이제 포위돼 갈팡질팡하기 시작했다. 가장 먼저 발라클리아를 탈출한 것은 휘하의 병사들을 남겨두고 떠난 장교들이었다. 발라클리아 주민들은 러시아 병사들이 무전으로 지휘관에게 "우리를 버려두고 떠났다"고 항의하는 소리를 들었다. 곧 병사들도 옷과 보급품, 탄약, 중화기를 남겨두고 지휘관의 뒤를 따랐다. 지역 주민 이호르 레우첸코는 기자에게 "트럭들이 경적을 울리며 마을을 지나가자 병사들이 올라탄 뒤 떠났다"며 "그들은 싸울 의지가 없었다. 겁에 질려 있었다"고 말했다.[36]

우크라이나군은 공세 사흘째인 9월 8일 발라클리아에 입성했다. 그때까지 우크라이나군은 정착촌 20곳을 해방하고 적군이 점령한 지역으로 50킬로미터까지 진격한 상태였다. 우크라이나군은 동쪽으로 진격해 주요 목표인 쿠피안스크(러시아가 점령한 헤르손 지역 일부의 임시 수도 역할을 해온 도시)로 향했다. 발라클리아와 비슷한 크기의 주요 교통 중심지인 이 도시의 전쟁 전 인구는 약 2만7000명이었다. 쿠피안스크는 철도를 통해 동쪽으로 러시아와 연결됐고, 점령당한 우크라이나 지역 중 러시아의 두 거점인 북쪽의 보우찬스크시와 남쪽의 이지움시와 각각 연결됐다. 오스킬강 유역에 위치한 쿠피안스크는 이 지역에서 벌어질 수 있는 모든 전투에서 전략적으로 중요한 곳이었다. 이 도시를 점령한다는 것은 러시아군의 주요 부대가 진주해 있는 보우찬스크와 이지움의 주요 보급로를 차단한다는 의미이기도 했다.[37]

러시아군 지휘관들은 지역 내 진지 방어를 위해 쿠피안스크가 중요하다는 사실을 알고 있었지만 우크라이나의 공세를 막을 방법은 없었다. 전선이 붕괴되고 병사들이 겁을 먹어 달아나는 상황에서도 지원군을 받을 수 없었는데, 가장 전투태세를 잘 갖추고 사기가 높은 부대들은 헤르손과 베리슬라우 주변의 드니프로강 우안에서 치열하게 교전을 벌이고 있었기 때문이다. 러시아군 사령부는 당시 러시아에서 모을 수 있는 병력을 전부 쿠피안스크로 보냈다. 러시아의 텔레비전 방송국들은 이 지역에 중화기를 전달하기 위해 밤낮없이 움직이는 수송기와 전선을 향해 러시아-우크라이나 국경을 넘어가는 차량 행렬을 보여주었다. 텔레비전 아나운서들은 급하게 모집한 병사들을 "용기 있는 자들"이라고 추켜세

왔다. 이들 중 상당수는 목적지에 이르기도 전에 우크라이나군의 포격에 목숨을 잃었는데, 우크라이나군이 소셜미디어에 올라온 러시아 텔레비전 보도를 통해 얻은 정보가 한몫했다. 9월 9일 우크라이나군은 이미 쿠피안스크 외곽에 도착했다. 이튿날에는 도심에 진입해 제92이반시르코기계화여단 병사들이 쿠피안스크 시의회 건물 앞에 선 사진을 소셜미디어에 공개했다. 이들이 러시아 삼색기를 군홧발로 밟아대는 사진이 우크라이나 소셜미디어에 퍼져 나갔다.[38]

쿠피안스크 작전에서 가장 결정적인 부분은 도시를 관통하는 철도 연결이 중단된 것이었다. 북쪽의 보우찬스크와 남쪽의 이지움으로 향하는 러시아군의 보급선이 끊겼다. 러시아군 사령부는 결국 무질서한 패주보다 계획적인 후퇴가 낫다고 결론 내렸다. 러시아군은 동부 전선에서 러시아군 작전의 주요 목표로 선언한 돈바스 지역의 부대를 강화하기 위해 오스킬강 동쪽에 위치한 부대를 철수한다고 공개적으로 발표했다. 전쟁학연구소 전문가들은 이 지역에서 러시아군이 최대 규모로 집결한 중심지인 이지움이 "우크라이나군에 이미 함락되지 않았다면" 48시간 이내에 그렇게 될 것이라고 예견했다.[39]

실제로 우크라이나군 제25시체슬라우여단은 이반시르코여단이 쿠피안스크에 진입한 9월 10일 이지움시에 진입했다. 우크라이나군은 러시아군이 급히 퇴각하며 남긴 수많은 무기와 탄약고, 장비를 발견했다. 며칠 뒤 북쪽에서는 우크라이나군이 주요 도시인 보우찬스크에 진입해 하르키우 북쪽과 러시아-우크라이나 국경을 따라 진지를 구축했다. 오랫동안 고통받아온 하르키우에 러시아군의 추가 포격을 막는 중요한 진전이었다. 작전 9일째인 9월 14일 우크라이나 국방부는 총인구 15만 명에 달하는 388개 도시와 마을, 촌락을 포함해 8500제곱킬로미터의 우크라이나 영토를 해방했다고 발표했다.[40]

같은 날 젤렌스키 대통령은 공세를 진두지휘한 올렉산드르 시르스키 상장과 함께 해방된 이지움시를 깜짝 방문했다. 젤렌스키는 대통령과 셀카를 찍고 싶어하는 병사들과 인사를 나누고 우크라이나 국기 게양을 도왔다. 젤렌스키는 "예전에는 머리 위를 쳐다볼 때면 늘 파란 하늘과 햇빛을 찾았"지만 "이제 우리는, 특히 잠시 점령당한 영토에 있는 사람들은 고개를 들어 하늘을 보며 오직 한 가지만을 찾는다. 바로 우리 나라 국기다. 국기는 영웅들이 바로 여기 있다는 것을 의미한다. 적이 사라졌음을, 그들이 달아났음을 의미한다"고 말했다. 적군이 남긴 것은 440구가 넘는 시신이 묻힌 무덤과 러시아군의 부차 점령 당시를 떠올리게 하는 즉결 체포 및 강간, 처형에 관한 기록이었다. 젤렌스키는 이지움에서 돌아온 뒤 "러시아는 도처에 죽음을 남긴 것에 대해 반드시 책임을 져야 한다"고 말했다.[41]

최전선이 불과 수십 킬로미터밖에 떨어져 있지 않았기 때문에 젤렌스키의 이지움 방문은 개인적인 용기를 발휘한 행동이었다. 러시아군은 길고 무질서한 후퇴 끝에 마침내 방어선을 안정시키는 데 성공했다. 러시아군은 북쪽의 쿠피안스크부터 남쪽으로 이지움에 이르기까지 오스킬강과 이에 딸린 거의 모든 저수지를 방어 진지로 활용했다. 오스킬강 저수지 남쪽에서 우크라이나군은 정교회 수도원으로 유명한 스비아토히르스크 마을을 탈환했지만, 러시아군은 스비아토히르스크보다 더 동쪽에 위치한 리만시 주변에 효과적인 방어선을 구축했다. 우크라이나군은 이 지역에서 진격 속도를 늦추긴 했으나 반격을 계속했다. 그달 말 우크라이나는 리만 근처에서 러시아군을 포위해 러시아군의 사기와 이 지역의 러시아군 방어망에 또 한 번 큰 타격을 입혔다.[42]

헤르손 해방

하르키우 공세는 우크라이나가 돈바스에서 세베로도네츠크와 리시찬스크를 잃은 뒤 전선에 형성된 교착 상태에 마침표를 찍었다. 폴란드의 국방분석가 콘라트 무지카는 『파이낸셜타임스』와의 인터뷰에서 "우크라이나가 주도권을 쥐고 있으며 이제 우크라이나가 어디에 초점을 맞출지 결정하기 시작했다"고 말했다. 전쟁의 세 번째 단계가 시작된 것이다. 러시아의 진격으로 특징지어진 첫 번째 단계는 키이우 전투 패배에도 불구하고 7월 초까지 이어졌다. 전선이 정체 상태에 접어든 두 번째 단계는 2개월 이상 계속됐다. 세 번째 단계에서는 『이코노미스트』의 지적처럼 우크라이나가 주도권을 장악했다. 푸틴에 대해 비판적인 민족주의자 이고르 기르킨은 서방 관측통들의 의견에 전적으로 동의하면서 이제 "상대가 이미 주도권 싸움에서 승리했다"고 주장했다.[43]

하르키우 지역에서 예상을 깬 빠른 속도의 공세는 우크라이나군이 여러 전선에서 진격할 수 있음을 보여주었다. 우크라이나군은 하르키우와 베리슬라우 인근 드니프로강 우안에서 느린 속도로 공세를 이어나가며 동부 지역을 탈환했다. 일부 관측통들의 주장에도 불구하고 우크라이나군의 남부 작전은 단순한 파괴 차원을 넘어 그 자체로 잘 계획되고 잘 실행된 전역戰域 공세였다. 반격 계획은 우크라이나가 남부를 탈환하고 마리우폴을 러시아가 점령한 나머지 지역으로부터 차단할 수 있게 진격을 준비하라고 젤렌스키 대통령이 군 지휘관들에게 한 요청에 따라 한여름에 시작됐다.

『뉴욕타임스』 보도에 따르면 우크라이나군은 대통령의 요청에 따라 작전을 수행했지만, 미국의 조언자들은 우크라이나군이 상당한 사상자를 내지 않고는 그런 대규모 작전에 성공하지 못할 것으로 판단했다. 더구나 미국과 우크라이나가 실시한 워게임 결과 실패가 예상되면서 우크라이나는 야심을 줄여야 할 것으로 보였다. 미국의 정보기관이 러시아가 병력을 남쪽으로 이동시키면서 북쪽 측면을 노출하고 있음을 확인해주자 우크라이나는 하나의 작전 대신 두 개의 작전(헤르손 지역에서는 천천히 전개하는 작전과 하르키우 인근에서는 빠르게 전개하는 작전)을 제안했다. 미국과 영국은 이 계획을 검토한 뒤 지지 의사를 밝혔다. 나머지는 우크라이나군

의 몫으로, 우크라이나군은 계획을 훌륭하게 실행했다.[44]

우크라이나군의 진격으로 얻은 귀중한 성과는 모스크바부터 워싱턴 D.C.에 이르는 세계 각국의 수도에서 우크라이나 군대가 진지 방어뿐만 아니라 대규모 공세를 펼칠 수 있음을 깨달았다는 점이다. 우크라이나를 지지하는 서방의 국가들은 이제 전쟁을 끝내는 최선의 방법은 우크라이나군에 러시아군을 물리칠 수단을 제공하는 것이라고 확실히 주장할 수 있게 됐다. 유럽의 한 고위 외교관은 『파이낸셜타임스』와의 인터뷰에서 우크라이나에 대한 향후 무기 제공을 논의한 서방 국방장관 회의에 대해 "이제 더 많은 무기 제공에 반대하는 목소리는 들리지 않고 다들 입을 모아 지지를 표명한 가운데 한두 명만 침묵을 지켰다"고 밝혔다. 또 다른 관계자는 "더 많은 무기를 제공하면 더 많은 우크라이나 영토를 되찾을 수 있다는 것은 백 퍼센트 사실이다. 이뿐만 아니라 피와 눈물도 덜 흘릴 수 있을 것"이라고 말했다.[45]

우크라이나군의 동북부 지역 반격은 푸틴에게 큰 타격을 입히면서 러시아 사회에 대한 그의 장악력을 흔들었다. 9월 6일 푸틴이 워게임을 참관하기 위해 쇼이구 국방장관, 발레리 게라시모프 러시아군 총참모장과 함께 극동 러시아를 방문했을 때 그러한 조짐이 보이기 시작했다. 푸틴은 하르키우 패배를 공개적으로 언급하지 않았다. 우크라이나가 쿠피안스크를 탈환하고 이지움에 입성한 9월 10일 푸틴은 모스크바에서 대관람차 개관식에 참석했다. 아이러니하게도 대관람차는 푸틴이 떠나고 몇 시간 뒤 고장났다.

2022년 9월 30일 푸틴이 우크라이나 도네츠크와 루한스크, 자포리자, 헤르손주를 러시아 연방에 병합한다고 선언했을 때도 우크라이나는 반격을 계속하며 모스크바의 의례적 발표가 거짓임을 보여주었다.

러시아 내부에서는 자유주의와 민족주의 진영 모두 정권에 대한 반대의 목소리를 높일 조짐을 보였다. 상트페테르부르크와 모스크바를 중심으로 한 지방 의회 의원 수십 명이 우크라이나에 대한 전쟁을 이유로 독재자의 사임을 촉구했다. 이들은 청원서에서 "우리 러시아 지방 의회 의원들은 블라디미르 푸틴 대통령의 행동이 러시아와 러시아 국민의 미래에 해롭다고 생각한다. 우리는 블라디미르 푸틴의 러시아 연방 대통령직 사임을 요구한다"고 밝혔다. 극단적 국가주의자들과 전쟁 지지 단체의 대변인 역할을 해온 이고르 기르킨은 푸틴 지지 세력 내부의 "배신" 가능성을 시사했다. 그는 감히 푸틴을 직접 비난하지는 못했지만, 그의 발언을 시청한 사람들은 자신들의 지도자인 기르킨이 푸틴과 그의 국방장관에게 '특별 군사 작전'의 실패와 총동원령을 주저하는 데 대한 개인적 책임을 묻고 있다는 것을 알았다.[46]

푸틴으로서는 진퇴양난의 상황이었다. 러시아의 주요 도시에서 전쟁에 대한 불만이 커지면서 시급한 병력 동원이 정권에 위협이 될 만큼 문제가 됐지만, 민족주의자들은 그러한 병력 동원을 강행할 것을 요구했다. 크렘린에 쏟아지는 비판을 모면하기 위해 푸틴은 체첸 공화국의 람잔 카디로프를 비롯한 지역 관리들에게 각자의 행정 구역 내에서 병력 동원을 추진하라고 지시했다. 푸틴은 또한 스탈린의 선례를 따라 징병 문제를 해결할 방편으로 형벌 제도에 눈을 돌렸다. 스탈린은 굴라크 강제수용소 수감자들을 산업기반 구축뿐만 아니라 제2차 세계대전 당시 붉은 군대의 병력을 늘리는 데도 이용했다. 푸틴도 이제 우크라이나 전선 상황을 타개하기 위해 같은 전략을 썼지만, 그러한 노력만으로는 충분하지 않은 것으로 드러났다.[47]

러시아가 하르키우 근처에서 패배한 직후 영상 하나가 화제가됐다. 영상에는 크렘린과 가까운 사업가이자 전과자 출신으로 푸틴의 요리사로 불리는 예브게니 프리고진이 교도소를 방문해 죄수들에게 바그너 그룹과 자신이 자금을 대는 리가 등 크렘린과 계약한 민간 군사기업에 참여하라고 권유하는 모습이 담겨 있었다. 프리고진은 수감자들에게 자신의 조직에 합류하면 돈과 대통령의 사면을 보장하겠다고 약속했다. 이것이 기르킨을 비롯해 동원령을 요구하는 사람들에 대한 푸틴의 첫 반응이었다. 그러던 9월 21일 푸틴은 망설임 끝에 결단을 내리고 예비군 동원령을 발표했다. 그는 러시아 내의 불만이 우크라이나와의 전쟁에서 패배할 가능성보다 정권에 덜 위협적이라고 결론 내린 듯했다. 체첸과 다게스탄을 비롯한 소수민족 거주지에서 발생한 시위 때문에 얼마 지나지 않아 그는 이 동원령이 "지나쳤다"고 인정할 수밖에 없었지만, 그럼에도 불구하고 동원령은 강행됐다.[48]

군사위원회가 러시아 남성들을 징집한 뒤 아무런 훈련도 시키

러시아 우크라이나 전쟁

지 않은 상태에서 우크라이나 최전방으로 보내는 가운데 푸틴이 기획한 가짜 주민투표가 (러시아가 부분 점령한) 우크라이나의 4개 주에서 실시됐다. 무장한 군인들이 우크라이나 시민들이 사는 아파트를 찾아가 해당 지역의 러시아 병합에 찬성표를 던지라고 강요했다. 2022년 9월 30일 푸틴은 "수백만 명의 의지"라며 우크라이나 4개 주를 공식적으로 병합하는 법령에 서명했는데, 인구 약 75만 명의 자포리자를 비롯해 이들 주의 일부는 우크라이나의 통제 아래 있었다.[49]

푸틴은 '병합' 연설에서 자신이 가장 좋아하는 러시아 망명 철학자 이반 일리인의 말을 인용하며 이전에 자신이 내세웠던 많은 주장을 되풀이했다. 그는 자신이 현재 헤르손과 자포리자주를 지칭할 때 쓰는 용어인 "신러시아"의 장엄한 역사를 회상하고 "위대한 국가" 소련의 멸망을 강하게 비판하면서, "문화, 종교, 전통, 언어에 따라 스스로 러시아의 일원이라고 생각하는 수백만 명의 사람"의 이른바 자유로운 선택에 대해 이야기했다. 그러나 연설의 가장 중요한 주제는 푸틴이 서른세 번이나 언급한 "서방"에 대한 증오였다. 푸틴은 서방이 "인도와 아프리카에 대한 약탈"과 "영국과 프랑스의 중국 침략 전쟁"에 책임이 있다고 주장했다. 그는 소련 해체 이후 시대의 경제적 고난을 서방의 탓으로 돌리면서 서방 지도자들을 신식민주의자라고 비난했는데, 이는 제국 시절 피지배국을 상대로 식민지 전쟁을 벌이고 있는 전 제국의 지도자가 펼치기에는 기괴한 주장이었다. 푸틴은 서방이 "우리에게 타격을 주고,

항상 꿈꿔왔던 대로 러시아를 약화시키고 해체하고, 우리 국가를 분열시키고 우리 민족을 서로 반목하게 만들고, 빈곤과 멸망의 길로 몰아넣을 또 다른 기회를 끊임없이 찾고 있다"고 주장했다.[50]

아이러니하게도 푸틴이 연설할 당시 우크라이나군은 새로 '병합된' 우크라이나 도네츠크주에 있는 리만시를 포위하는 작전을 마무리하고 있었다. 이튿날 리만은 우크라이나 손에 넘어가 러시아에 공식 병합된 도시 중 처음으로 러시아군으로부터 해방된 도시가 됐다. 이후 일주일 동안 우크라이나군은 러시아군의 전선이 붕괴된 헤르손 지역에서 60개가 넘는 마을을 탈환했다. 엎친 데 덮친 격으로 푸틴이 자신의 고향인 상트페테르부르크에서 정부 주최 대규모 집회를 열어 일흔 번째 생일을 축하한 다음 날인 10월 8일 크림반도의 케르치 해협 대교를 폭파하려는 우크라이나의 꿈은 마침내 실현됐다. 엄청난 폭발로 고속도로용 교량의 상판 두 개가 붕괴되고 철도용 교량이 파손됐다. 푸틴은 이에 대응해 민간 목표물을 겨냥하고 우크라이나의 에너지 기반시설을 파괴하기 위해 키이우를 비롯한 우크라이나 도시에 대규모 미사일 공격을 가했다. 이때부터 우크라이나 경제를 파괴하고 우크라이나 국민의 저항 의지를 꺾는 것이 그가 수행하는 전쟁의 새로운 목표가 됐다.[51]

하지만 우크라이나는 계속 싸웠다. 크림 대교 공격 성공은 그러잖아도 헤르손 시내와 그 주변의 드니프로강 우안에 위치한 부대에 대한 보급에 어려움을 겪고 있던 러시아군에 엄청난 병참 문제를 안겼다. 우크라이나군이 드니프로강을 가로지르는 러시아군 부교를 계속 하이마스로 공격하면서 러시아군은 더 이상의 손실을 막고 강 우안에서 철수해야 한다는 압박이 커졌다. 우크라이나가 크림 대교를 공격한 지 열흘 뒤인 10월 18일 우크라이나 전 총사령관으로 새로 임명된 세르게이 수로비킨 장군은 헤르손과 그 주변 지역의 러시아군 부대와 관련해 곧 "어려운 결정"을 내릴 것이라고 발표했다. 이후 며칠간 러시아는 군과 민간 정부를 드니프로강 좌안으로 옮기고 무기, 군 장비와 함께 지역 박물관의 그림, 도서관 희귀 장서, 심지어 예카테리나 2세의 총애를 받고 헤르손 지역의 초대 러시아 총독을 지낸 그리고리 포템킨의 유해를 비롯한 문화 유물들을 이송하기 시작했다. 러시아군은 또한 민간인 대피령을 발동한 뒤 병력과 장비를 드니프로강 너머로 이동시킬 때 주민들을 우크라이나의 포격을 막는 엄폐물로 삼았다.

이후 11월 9일 수로비킨은 텔레비전으로 방송된 세르게이 쇼이구 러시아 국방장관과의 회의에서 러시아군을 강 좌안으로 철수할 것을 제안했다. 수로비킨은 러시아군이 향후 강 우안에서 승리할 가능성이 적다고 언급했다. 쇼이구는 자신과 수로비킨이 직면한 가장 중요한 임무는 러시아 병사들의 생명을 구하는 것이라고 주장하며 이에 동의하고 철군을 명령했다. 이로써 그는 막 러시아 연방의 일부로 선포된 지역의 수도에서 철수하는 정치적 책임을 떠안으며 푸틴에게 굴욕감을 안겨주었다.[52]

우크라이나군은 러시아군이 드니프로강을 건너는 속도에 놀랐다. 수로비킨 사령관의 발언이 텔레비전에 방영된 이튿날인 11월 10일 올렉시 레즈니코우 우크라이나 국방장관은 러시아군이 헤르손과 주변 지역 진지에서 철수하는 데 최대 일주일이 걸릴 것으로 예상했다. 그러나 레즈니코우가 이렇게 말할 때 러시아군은 이미 이 지역을 떠나면서 지역을 약탈하고 퇴각하는 대열 뒤의 크고 작은 다리들을 폭파하고 있었다. 러시아군은 수로비킨의 공개 발표가 있기 전인 11월 8일 후퇴를 시작해 11월 11일 헤르손시를 완전히 버리고 떠났다.

헤르손 시민들은 우크라이나군이 들어오기도 전에 시 청사에 우크라이나 국기를 내걸었다. 가장 먼저 진입한 우크라이나군 특수부대는 시내 중심가에서 환호하는 군중의 환영을 받았다. 특수부대는 곧바로 시내 광고판에 붙은 '러시아는 이곳에 영원히 있다'라는 문구가 적힌 선전 이미지들을 제거했다. '러시아는 11월 11일까지 이곳에 있다'라는 문구를 포토숍으로 합성한 광고판 사진이 인터넷에서 폭발적으로 퍼져나갔다.[53]

우크라이나군이 드니프로강 우안에서 러시아군을 포위 공격한 작전은 마침내 지난 7월 레즈니코우 국방장관이 반격 계획을 발표할 때 기대했던 결과를 낳았다. 우크라이나군은 러시아군이 점령에 성공한 유일한 지역 거점 도시를 해방시켰는데, 이는 도시를 정면 공격하지 않고도 이뤄낸 성과였다. 러시아가 완전히 파괴하다시피 한 끝에 점령한 마리우폴과 우크라이나가 시가전 없이 되찾은 헤르손의 차이는, 헤르손의 경우 도시가 거의 온전히 보전됐다는 점에서 더할 나위 없이 극명했다. 반면 헤르손 주변의 다른 지역들은 그렇지 않았다. 러시아군은 퇴각하면서 건넌 다리들을 모조리 파괴했는데, 이는 이들이 조만간 돌아올 준비가 돼 있지 않다는 명백한 징후였다. 러시아는 초강대국의 지위를 되찾으려는 필사적인 시도로 시작한 전쟁에서 패배하고 있었다. 일부 미국 관측통은 푸틴이 헤르손을 잃은 것이 전쟁의 전환점이 돼 우크라이나가 2014년 병합된 크림반도를 포함한 남부의 나머지 영토를 되찾을 수 있는 입지를 확보했다고 생각했다. 11월 12일 헤르손을 깜짝 방문한 젤렌스키 대통령은 자신에게 평화란 우크라이나 전 영토의 해방을 의미한다고 선언했다.[54]

우크라이나가 헤르손에서 거둔 성공은 우크라이나 국민뿐만 아니라 서방 동맹국들에도 기쁜 일이었다. 영국 왕립합동군사연구소 RUSI의 잭 와틀링은 러시아군이 드니프로강 우안에서 퇴각한 직후 "헤르손은 승리를 향한 한 걸음이며, 서방의 군사 기술 지원이 꾸준히 제공될 경우 무엇을 달성할 수 있는지를 보여준다"고 평가했다. 이 무렵 영국은 우크라이나에 23억 파운드(약 27억 달러)의 군사 지원을 약속해 193억 달러를 지원한 미국에 이어 러시아 저지를 위해 두 번째로 큰 기여를 했다. 이런 대규모 군사 지원이 없었다면 동부와 남부 지역에서 우크라이나의 반격은 거의 불가능했을 것이다. 그러나 서방의 지원이 지체 없이 이뤄진 것은 아니었고 주저와 논란이 없지 않았는데, 특히 우크라이나의 유럽 동맹국들이 그랬다.[55]

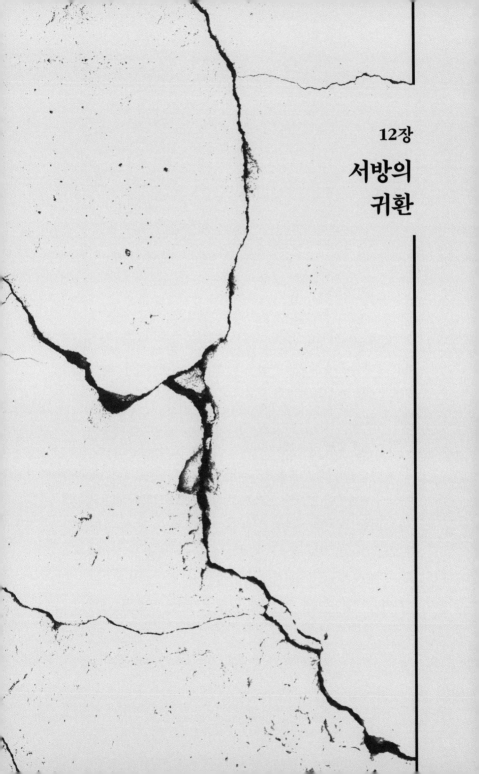

12장

서방의
귀환

백악관 보좌관들이 대통령 임기 내에 획을 긋는 연설이 될 것이라고 기자들에게 예고한 연설을 위해 바이든 대통령이 바르샤바 시내의 로열 캐슬에 도착했을 때 그곳에는 이미 봄 저녁의 어둠이 내려 있었다.

때는 전쟁 발발 30일째인 2022년 3월 26일 오후 6시 15분이었다. 몇 시간 전 러시아는 폴란드 국경에서 가까운 우크라이나의 주요 도시 리비우에 미사일 공격을 가해 자신들의 뒤뜰이라고 생각하는 곳에서 바이든 대통령이 환영받지 못한다는 분명한 메시지를 보냈다. 유럽 외교 순방 사흘째를 맞은 바이든은 앞서 가장 먼저 브뤼셀을 찾아 유럽연합과 나토 정상회의를 갖고 러시아의 우크라이나 침공 문제를 논의했다. 다음 목적지인 바르샤바에서 그는 폴란드 정부 관계자들과 올렉시 레즈니코우, 드미트로 쿨레바를 비롯한 우크라이나 정부 인사를 만났다. 바이든은 또한 폴란드-우크라이나 국경에서 가까운 곳을 방문해 우크라이나 난민들과 이야기를 나누었다. 그 시점까지 350만 명이 고국을 떠나 폴란드를 비롯한 동유럽과 중부 유럽 국가로 피란한 상태였다.[1]

이제 이들 난민 중 일부가 바르샤바 로열 캐슬에서 폴란드와 우크라이나 고위 인사들과 함께 미국 대통령의 연설을 기다리고 있었다. 바이든이 군중 앞에 모습을 드러내자 박수갈채, 미국과 폴란드 국기의 물결과 함께 역사적 순간을 포착하려는 휴대폰 플래시 세례가 터져나왔다. 바이든은 폴란드가 가장 사랑하는 자국 출신의 교황 요한 바오로 2세의 "두려워 마라!"라는 말을 인용하며 시작부터 청중의 가슴을 울렸다. 이는 요한 바오로 2세가 1979년 여름 교황으로 처음 고국을 방문했을 때 한 말이었다. 당시 이 말은 폭압적인 공산주의 국가에 대한 두려움에 굴복하지 말라는 외침으로 들렸다. 바이든은 "30년 전 잔인무도한 정부 체제에 직면한 중부 유럽과 동유럽에서 이 말은 소련의 압제를 종식하는 데 도움이 된 메시지였다"면서 "이 불의한 전쟁의 잔혹함과 극악무도함을 극복하는 데도 도움이 될 메시지"라며 1979년의 폴란드와 2022년의 우크라이나를 직접 관련지었다.[2]

교황에 대한 언급을 통해 바이든은 청중과 유대감을 형성했을 뿐만 아니라 이 새로운 전쟁과 과거 냉전 시대 전쟁 사이의 연속성을 확립했다. 바이든은 "우리는 민주주의와 독재, 자유와 억압, 규칙에 기반한 질서와 폭력에 지배받는 질서 간의 대결인 자유를 위한 위대한 투쟁을 위해 다시 우뚝 섰다"고 선언했다. 그는 이 어 이 새로운 위기가 며칠 또는 몇 주 안에 지나가지 않고 극복하는 데 몇 년 혹은 수십 년이 걸릴 수도 있다고 경고했다. 바이든은 "이 싸움에서 며칠 또는 몇 달 안에 승리하지는 못할 것"이라며 "우리는 앞으로의 긴 싸움을 위해 마음을 굳게 먹어야 한다"고 선언했다. 냉전의 언어로 새로운 투쟁을 정의한 것이다.[3]

그러나 그의 연설에는 새로운 목소리도 담겨 있었다. 상대에 대한 직접적인 공격을 피했던 윈스턴 처칠이나 로널드 레이건 같은 냉전 시대의 대표적인 전사들과 달리(레이건이 베를린에서 "이 장벽을 허물라"며 고르바초프를 압박한 것은 예외적인 사례였다) 바이든은 숙적인 블라디미르 푸틴을 직접 겨냥했다. "푸틴은 뻔뻔스럽게도 자신이 우크라이나를 '탈나치화'하고 있다고 말한다. 거짓말이다. 비꼬는 말일 뿐이다. 푸틴 자신도 그걸 알고 있다. 참 가당치 않다." 바이든은 이어 청중에게 볼로디미르 젤렌스키 우크라이나 대통령이 민주적 선거를 통해 당선됐으며, 젤렌스키의 유대인 조상 대부분이 홀로코스트에서 살해됐다는 사실을 언급했다. 그는 이어 "이뿐만 아니라 푸틴은 뻔뻔하게도 이전의 모든 독재자처럼 힘으로 못 할 일이 없다고 생각한다"고 말했다. 감정이 북받친 바이든은 "무슨 일이 있어도 이자를 권좌에 그대로 내버려둬서는 안 된다"는 원고에 없던 발언으로 연설을 마쳤다.[4]

백악관은 바이든의 발언이 러시아와의 관계에서 미국이 정권 교체를 목표로 삼는다는 의미는 아니라는 취지의 성명을 발표하며 이를 철회하려고 했다. 바이든의 마지막 발언은 백악관의 공식 기록에는 포함되지 않았다. 하지만 이것은 푸틴에 대한 바이든의 이전 발언의 연장선상에서 나온 것임이 분명했다. 일찍이 2021년 3월 푸틴이 살인자라고 생각하느냐는 인터뷰 진행자의 질문에 바이든은 공개적으로 동의한 뒤 푸틴에게 해명할 필요가 있다고 생각했다. 하지만 이번에는 해명이나 미온적인 변명이 나올 것이라는 징후가 없었다. 바르샤바 국립경기장에 수용된 우크라이나 난민들을 만난 자리에서 바이든은 푸틴을 "학살자"라고 불렀다.[5]

이런 비난은 윈스턴 처칠이 1941년 6월 22일 연설에서 아돌프 히틀러라는 끔찍한 인물에게 퍼부은 공격을 떠올리게 했다. 처칠은 라디오 방송에서 "히틀러는 피와 약탈에 대한 욕망이 끝도 없는 사악한 괴물"이라며 "전 유럽을 짓밟으며 다양한 형태의 비참한 복종을 강요하는 데 만족하지 않고 이제 러시아와 아시아의 방대한 대중을 학살하고 없애버리는 일을 벌일 것이 틀림없다"고 비난했다. 아이러니하게도 이 연설은 히틀러가 소련을 침공한 바로 그날 어떤 형태로든 스탈린과 연대감을 표현하기 위해 이뤄진 것이었다.[6]

바이든 행정부는 러시아-우크라이나 전쟁에 미국이 개입할 의도가 없음을 분명히 하기 위해 애썼지만, 바이든이 구사하는 화법은 냉전 시대의 냄새를 물씬 풍겼다. 이런 맥락에서 그의 연설은 '우크라이나 국민을 지원하기 위한 자유세계의 단합된 노력'에 관한 발언으로 묘사됐다. "서방" 또는 "서방 세계"가 네 차례 언급됐

고 "자유로운"과 자유라는 단어는 스무 번 사용됐다.[7]

그해 3월 저녁 바르샤바에서 바이든의 연설을 직접 듣거나 전세계 텔레비전을 통해 시청한 사람들에게, 미국이 숙적에 맞서 벌이는 자유를 위한 싸움에서 동맹국을 이끌기 위해 유럽으로 돌아왔으며 서방 전체가 이 투쟁에 관여하고 있다는 사실에는 의심의 여지가 없었다. 미국과 유럽의 공동 행동, 즉 우크라이나에 대한 군사 및 경제 지원 제공, 난민 보호, 가장 큰 논란을 불러일으킨 러시아에 대한 공동 제재 부과 등은 냉전 시대 동맹의 부활을 알리는 신호였다.

제재 연합

바이든 대통령은 2022년 2월이 되기 훨씬 전부터 러시아의 침략 행위에 맞서 범대서양 전선을 구축하기 시작했다. 당시에는 2014년 러시아의 침략에 책임이 있는 개인과 러시아 경제 전체에 대한 제재에 초점이 맞춰졌다. 첫 제재는 러시아가 크림반도를 병합하고 돈바스에서 하이브리드 전쟁을 시작한 뒤 미국과 유럽연합에 의해 부과됐다. 미국과 유럽의 외교관과 경제학자들은 푸틴이 실제로 전쟁을 선포할 경우에 대비해 새로운 제재 조치를 준비하느라 분주히 움직였다. 새로운 제재 가능성에 대한 공개 논의에는 푸틴이 도발하지 못하도록 단념시키려는 의도가 담겨 있었다.

1월 말 백악관은 미국과 유럽의 동맹국들이 "2014년에는 고려하지 않았던 중대한 제재 조치"를 이행할 준비가 됐다고 발표했다. 전쟁이 시작되기 일주일 전 뮌헨안보회의에서 카멀라 해리스 부통령은 이와 비슷하지만 더 구체적인 위협을 예고했다. "우리는 신속하고 가혹하며 단합된 경제 조치를 함께 준비했다. 광범위한 금융 제재와 수출 통제를 도입할 것이다. 러시아의 금융기관과 기간산업을 목표로 삼을 것이다. 그리고 이 무도한 침략에 연루되고 이를 방조한 자들을 표적으로 삼을 것이다." 모스크바가 어떤 반응을 보이든 이번에는 서방이 허풍을 떠는 게 아니었다. 바이든은 실제로 강력한 제재 연합을 만들어냈다.[8]

2월 21일 푸틴이 민스크 협정을 파기하고 돈바스 지역 괴뢰 국가들의 "독립"을 승인한다고 선언하자마자 제재가 시작됐다. 미국은 즉시 이 괴뢰 국가들과의 경제 관계를 전면 금지했고, 유럽연합은 러시아 유력 인사 5명에 대해 자산 동결과 여행 금지 조치를 취했다. 이는 시작에 불과했고, 이튿날 추가 제재 조치가 발표됐다. 미국은 러시아 기업이 국제 시장에서 돈을 빌릴 수 없도록 하는 조치를 채택하고 러시아 은행 두 곳과 올리가키 그룹 세 곳의 금융 거래를 차단했다. 유럽도 보조를 맞춰 독일 정부가 지난 몇 년간 베를린-모스크바 경제 협력의 핵심이었던 110억 달러 규모의 노르트스트림-2 천연가스관에 대한 인허가를 중단했다.[9]

이 모든 일은 러시아군 탱크와 병력이 우크라이나 국경을 넘기전에 일어났다. 이번만큼은 우리가 진지하고 단합됐다는 메시지가 담긴 조치들이었다. 푸틴은 이를 무시했다. 전쟁이 시작되자 새로운 제재 조치가 대거 추가됐다. 미국과 유럽에 이어 한국과 타이완을 비롯한 아시아 동맹국들도 가세했다. 2022년 2월 말까지 전 세계에서 1조 달러에 달하는 러시아 자산이 동결됐는데, 이 중 러시아 중앙은행의 외환 보유액 6300억 달러가 가장 큰 비중을 차지했다. 미국의 유력 온라인 매체 「폴리티코」는 '서방, 러시아에 경제 전쟁을 선포하다'라는 제목의 기사를 실었다.[10]

미국과 유럽연합은 2022년 2월 23일부터 12월 16일까지 10개월간의 전쟁 기간에 러시아에 대한 9건의 제재 패키지에 합의했다. 첫 제재 대상은 블라디미르 푸틴 자신과 세르게이 라브로프 러시아 외무장관, 러시아 안팎에서 전쟁 선전과 잘못된 정보 유포에 관여한 텔레비전 프로그램 진행자를 포함한 러시아 정계 및 재계 엘리트 수백 명이었다. 개인에 대한 제재에는 여행 금지와 자산 동결이 포함됐다. 유럽연합은 또한 러시아 국영 매체, 특히 크렘린의 주요 대변인 「스푸트니크」와 「러시아투데이」의 EU 영토 내 방송 활동을 중단시켰다.

금융 부문에 대한 제재로는 러시아의 외환 보유고 절반 이상이 동결되고, 러시아 안팎을 막론하고 러시아와 EU의 거래에서 유로화 은행권 사용이 금지됐다. 러시아 은행들은 국제은행간통신협회SWIFT(스위프트) 메시징 서비스에서 차단돼 외화 관련 국제 금융 거래를 할 수 없게 됐다. 신기술, 특히 러시아의 무기 생산에 사용됐거나 그럴 가능성이 있는 기술(러시아의 신무기들은 전부 서방의 기술과 해외에서 제공한 마이크로칩을 사용해 제작됐다)에 대한 모스크바의 접근도 차단됐다.

제재에 참여한 국가들은 러시아산 금을 구매, 수출, 이전하는 행위가 금지됐다. 러시아산 석유 제품, 특히 원유에 대한 사용과 수입 금지 조치도 취해졌다. 유럽연합은 6~8개월 이내에 러시아산 원유의 해상 수입을 중단하고 소비량을 90퍼센트 줄이기로 합의했다. 이러한 조치는 온실가스 배출 감축이라는 EU의 친환경 정책에 부합하는 것이었지만, 주로 러시아 정부의 수입과 전쟁 자금 조달 능력을 제한하려는 목적으로 도입됐다. 이런 판매를 통해 모스크바가 거두는 수입은 하루 10억 달러에 달했다. 12월에 유럽연합 회원국들은 EU 밖에서 판매되는 러시아산 원유 가격에 상한선을 도입하기로 합의했다. 금수 조치 시행과 상한선 도입으로 러시아 예산에서 하루 1억2000만 달러의 수입 손실이 발생할 것으로 추산됐다.[11]

우크라이나의 무장

"새들이 소용돌이에서 빠져나온 것처럼 날아들고 있다." 올렉시 레즈니코우 우크라이나 국방장관은 2022년 2월 11일 자신의 페이스북 페이지에 이렇게 썼다. 그는 이어 자신이 염두에 둔 상황을 설명했다. "우크라이나군을 위해 미국에서 탄약 90톤이 추가로 도착했다." 그는 제공된 군사 지원품의 총 무게를 1300톤으로 추정했다. 이런 게시물은 외국 항공기에서 무기를 내리는 장면과 함께 침공 첫 며칠간 우크라이나군의 사기를 높이고 키이우에 대한 러시아군의 공격을 격퇴하는 데 도움이 됐다.[12]

이 무기들 중에는 영국 주도로 유럽 내 여러 우크라이나 동맹국이 보내 온 것들도 있었지만 대부분은 미국에서 제공한 것이었다. 2월 26일 바이든 대통령은 3억5000만 달러 규모의 군사 원조 패키지를 승인했다. 워싱턴 D.C.에서는 로펌과 로비스트들이 때로는 무보수로 밤낮을 가리지 않고 정부가 이 패키지를 마련하는 데 힘을 보탰다. 이는 중요한 상황 변화였다. 2021년 봄 미국 정부는 우크라이나에 1억 달러 규모의 군사 지원 패키지를 준비했지만 6월에 있을 푸틴과의 제네바 정상회담에서 돌파구가 마련될 것으로 기대하며 이를 보류했다. 8월에 6000만 달러 규모의 패키지가 발표됐지만 11월이 돼서야 무기와 탄약이 전량 우크라이나에 전달됐다. 우크라이나 위기로 국제적 긴장이 고조되던 2021년 12월 바이든 행정부는 우크라이나가 요청한 스팅어와 재블린 미사일을 제공하라는 의회의 압박을 받았다. 당시만 해도 바이든 행정부는 이를 꺼려했지만 전쟁 발발로 태도가 바뀌었다.[13]

우크라이나가 저항에 성공하고 어떤 지원을 받더라도 몇 달 전 미국이 아프가니스탄군에 지원한 무기처럼 적의 손에 넘어가지 않고 전투력을 높이는 데 사용될 것이라는 사실이 분명해지자 무기는 한꺼번에 도착하기 시작했다. 2월 26일 바이든이 승인한 패키지에 포함된 무기의 70퍼센트가 5일 이내에 우크라이나에 전달됐다. 이 무기는 대부분 독일 내 미군 기지에서 온 것으로, 우크라이나군의 저항에 충격을 받은 러시아군이 대응 조치를 취하기 전에 폴란드와 루마니아 국경을 통해 운송됐다. 우크라이나군은 지원받은 무기를 잘 활용했다. "우리 모두는 우크라이나군이 우리가 제공한 장비들을 대단히 효과적으로 사용하고 있는 것에 대해 큰 감명을 받았다"고 미국 국방부의 러시아 담당 고위 책임자 로라 쿠퍼는 『뉴욕타임스』에 밝혔다.[14]

이후로도 훨씬 더 많은 지원이 제공됐다. 3월 16일 바이든은 우크라이나에 8억 달러의 추가 군사 원조를 발표해 한 주 동안 승인한 총 금액은 10억 달러가 됐다. 이후 10억 달러가 더 추가됐다. 새로운 패키지에는 스팅어 대공 시스템 800기가 포함돼 미국이 제공한 스팅어 미사일 수는 1400기로 늘었고, 재블린 대전차 미사일도 2000기가 포함돼 제공한 재블린이 총 4600기로 늘었다. 이 지원 프로그램에는 전술 무인 항공 시스템, 즉 드론이 100대 새로 추가됐다. 4월 21일 백악관은 8억 달러의 추가 군사 지원을 발표했다. 이번 지원 패키지에는 스위치블레이드 자폭 드론과 장사정 곡사포가 포함됐다. 바이든은 새로운 지원과 관련해 "우리는 지금 이 전쟁의 다음 단계를 위한 기초를 닦을 중요한 기회의 순간을 맞고 있다"고 선언했다.[15]

키이우와 우크라이나 북부에서 러시아군이 철수하면서 전쟁은 실제로 새로운 단계로 접어들었다. 이는 퇴각하는 러시아군이 부차를 비롯한 우크라이나 도시와 마을에서 자행한 범죄에 관한 끔찍한 뉴스와 가슴 아픈 범죄 영상과 함께 충격적으로 시작됐다. 전 세계는 경악하며 전범들을 반드시 물리치고 파멸시켜야 한다고 결의를 다졌다. 우크라이나는 충분한 군사 지원만 받으면 해낼 수 있다는 것을 입증했지만, 재블린과 드론 공격으로 러시아군의 보급선을 교란하는 것만으로는 충분하지 않았다. 우크라이나 남부와 동부에서 러시아군은 훨씬 더 짧고 잘 보호된 보급선을 갖추고 있어 탱크와 항공기만으로도 격퇴가 가능했다. 우크라이나군에 익숙한 소련제 무기를 물려받은 동유럽 나토 회원국들은 이미 가능한 모든 무기를 우크라이나로 이전하고 있었다. 더 많은 무기 제공은 미국과 서유럽 동맹국들의 몫이었다.

바이든은 우크라이나에 대한 미국의 지원을 늘릴 준비가 돼 있었다. 러시아 전승절인 5월 9일 블라디미르 푸틴이 모스크바의 붉은 광장에서 열병식을 거행할 때 미국의 새로운 군사 지원 프로그램이 발표됐다. 러시아의 '전승절'과 바이든이 의회에 요청한 우크라이나에 대한 무기 대여 프로그램의 승인이 동시에 일어났다는 것은 처연한 아이러니였다. 미국은 제2차 세계대전 이후로는 동맹국을 위한 무기 대여 프로그램을 개시한 적이 없었고, 당시 동맹국은 영국과 소련이었다. 미국은 500억 달러(현재 화폐 가치로는 6900억 달러) 이상을 제공했는데 그중 절반 이상이 영국에, 5분의 1가량이 소련에 제공됐다. 새로운 무기대여법에 따라 바이든 대통령은 전쟁 발발 이후 이미 지출한 38억 달러에 더해 우크라이나에 최대 330억 달러의 추가 군사 지원을 승인할 권한을 부여받았다. 미국 하원은 417대 10의 압도적 찬성으로 이 법안을 가결했다. 바이든은 이 법에 서명하면서 "싸움의 비용은 저렴하지 않지만, 침략 행위에 굴복하면 훨씬 더 큰 대가를 치러야 한다"고 선언했다.[16]

미국은 20세기 중반 이후로는 참여하지 않았던 종류의 전쟁에 다시 한번 발을 담그게 됐다. 1941년 3월 프랭클린 루스벨트 대통령이 최초의 무기대여법에 서명했을 때와 마찬가지로 미국은 전쟁에 직접 참전하지 않았다. 당시처럼 이번에도 목표는 침략의 피해자를 돕는 것이었다. 바이든 행정부는 우크라이나뿐만 아니라 전 세계의 평화를 위협하는 러시아를 몰아내서 현재 전쟁에서 러시아를 무릎 꿇리고 새로운 전쟁을 벌일 능력을 약화시키기로 결심했다. 이것이 로이드 오스틴 국방장관이 토니 블링컨 국무장관과 함께 키이우를 깜짝 방문한 이튿날인 4월 26일 발표한 성명의 골자였다. 오스틴 장관은 키이우를 떠나 폴란드에 도착한 뒤 "우리는 러시아가 우크라이나를 침공하며 자행한 일들을 할 수 없는 정도까지 약화되기를 원한다"고 선언했다. 그는 "우리는 우리가 승리할 수 있다고 믿는다"고 덧붙였다가 "적절한 장비와 적절한 지원만 있으면 그들이 승리할 수 있다고 믿는다"라고 정정했다.

이날 오후 오스틴 장관은 독일 람슈타인 미 공군 기지에서 마크 밀리 합참의장, 올렉시 레즈니코우 우크라이나 국방장관과 40여 개국의 군과 민간 관계자들을 만났다. 미국과 우크라이나,

독일 대표가 헤드 테이블에 앉았다. 이 자리에는 나토 회원국 대표뿐만 아니라 이스라엘과 모로코, 카타르 대표도 참석했다. 일본 방위성 장관은 온라인으로 회의에 참여했다. 모두 우크라이나에 대한 군사 지원을 조율하고 박차를 가하기 위해 모인 자리였다. 오스틴 장관은 모인 기자들에게 "우리는 계속 백방으로 노력할 것"이라며 우크라이나의 독립 수호를 지원하겠다는 자신과 동료 참석자들의 의지를 강조했다. 참석자들은 즉각적인 조치에 동의하고 지원을 관리할 조정 센터를 설치한 뒤 매월 정기 회의를 개최하기로 했다.[17]

이날 회의는 사실상 새로운 전쟁 연합인 '우크라이나 방위 자문 그룹'의 첫 번째 모임이었다. 미국이 주도권과 정치적 영향력, 현재와 미래의 무기 공급의 양과 질에서 주도적으로 이끌었지만 다른 참가국들의 도움도 필수였다. 한 달 전 바르샤바에서 바이든 대통령이 언급했던 자유세계가 람슈타인에서 손을 맞잡은 것이다. 이후 전쟁의 향방과 전 세계의 상황 전개는 이 그룹이 단결을 유지하는 능력에 달렸다. 그룹은 그 목표를 달성하고 2022년 가을까지 회원국을 50개국 이상으로 늘렸다. 그룹 회원국들이 제공한 군수품 덕분에 우크라이나는 그해 9월 전장에서 주도권을 되찾을 수 있었다.[18]

영국의 질주

2022년 6월 『포브스』 우크라이나판은 우크라이나의 우방국, 즉 우크라이나 방어에 가장 크게 기여한 20개국의 명단을 발표했다. 미국은 460억 달러(GDP의 0.22퍼센트)를 지원해 단연 가장 많은 액수를 기록했다. 그러나 이 명단은 국가 정상의 키이우 방문과 러시아에 대한 제재 참여 등 다른 형태의 지원에도 주목했기 때문에 폴란드가 100점 만점에 97점을 얻어 미국보다 한발 앞선 독보적인 챔피언이 됐다. 우크라이나 지원금의 GDP 대비 비율 면에서는 에스토니아가 GDP의 0.81퍼센트로 1위를 기록했고, 라트비아가 0.72퍼센트, 폴란드가 0.26퍼센트로 그 뒤를 이었다. 영국은 0.18퍼센트를 지원한 반면, 프랑스는 0.08퍼센트, 독일은 0.06퍼센트, 이탈리는 0.03퍼센트를 지원했다.[19]

주권 국가에 대한 푸틴의 무도한 침공을 규탄하는 유럽 국가들의 전례 없는 연대에도 불구하고 GDP 대비 비율로 따져본 유럽의 우크라이나 지원은 우크라이나 전쟁과 관련한 서방 진영의 분열을 여실히 드러냈다. 구소련 공화국으로 유럽연합과 나토에 가입했지만 여전히 러시아에 위협을 느끼고 있는 발트해 연안 국가들은 푸틴이 우크라이나에서 승리하면 다음은 자신들 차례가 될 것이라고 우려했다. 그래서 이들 국가는 유럽에서 가장 친우크라이나 성향이 강한 그룹을 형성했다. 에스토니아의 카야 칼라스 총리는 베를린에서 한 연설에서 가스가 비쌀지 몰라도 자유는 값을 매길 수 없을 만큼 소중하다고 선언하며 자신들의 입장을 이렇게 잘 표현했다. "국민이 얼마나 많은 부담을 짊어질 준비가 돼 있는지 결정하는 것은 모든 정부의 몫이다. 하지만 오늘 이웃의 문제가 내일 우리 문제가 될 수 있다는 메시지를 국민에게 전달하는 것 역시 필요하다. 이웃집에 불이 나면 우리도 위험에 처한다."[20]

폴란드를 필두로 슬로바키아와 체코 공화국을 포함하는 옛 소련의 동유럽 위성국가들도 마찬가지로 우크라이나 지원에 적극적이었다. 이들 국가는 EU와 나토 회원국임에도 불구하고 러시아군이 국경에 나타날 가능성을 우려했다. 이들은 우크라이나가 스스로를 방어할 수 있도록 외교·경제·군사 자원을 동원했을 뿐만 아니라 우크라이나 난민 대부분을 수용했는데, 폴란드에서만 350만 명 이상을 받아들여 거처와 식량을 제공했다. 이들 국가와 상반된 유일한 예외는 독재자 빅토르 오르반이 이끄는 헝가리로, 오르반은 가장 가까운 정치적 동맹인 블라디미르 푸틴이 구축한 반자유주의적 포퓰리즘 정권을 모델로 추종하는 인물이었다. 오르반은 러시아에 대한 정치적 동조 외에도 냉철한 계산을 깔고 있었다. 헝가리 에너지 공급의 절대량을 러시아에 의존하고 있는 상황에서 오르반은 우크라이나에 대한 무기 공급과 서방이 공동으로 부과한 제재 체제에 반대하며 반러시아 연합을 제한적으로 지지했다.[21]

당장 침공 위협을 받지 않는 '구유럽' 국가들은 두 부류로 나뉘었다. 한 부류에는 EU를 탈퇴했지만 이제는 매우 단호하게 유럽 정치에 복귀하고 있는 영국이 있었다. 영국은 친우크라이나 유럽 전선의 리더로 부상하며 미국을 제외하면 다른 어떤 나라보다 우크라이나 지원에 더 많은 자금(2022년 6월 기준 50억 달러 이상)을 제공했다. 독일과 프랑스, 이탈리아는 이 부분에서 하위권에 머물렀다. 이 3개국 지도자들은 러시아에 대한 제재 도입을 꺼렸고, 대규모 군사 지원 제공에도 소극적이었다. 전쟁 이전과 개전 초기에 이들 국가는 우크라이나뿐만 아니라 유럽 전체를 위협하는 정치·경제·군사 분쟁의 당사자라기보다는 향후 평화 회담에서 중재자 역할을 맡으려고 노력했다.[22]

보리스 존슨 영국 총리는 일찍부터 유럽 무대에서 우크라이나와 우크라이나의 이익을 대변하는 존재로 부상했다. 4월 10일 그는 러시아군이 키이우 외곽에서 철수한 직후 서방 지도자로서는 처음으로 볼로디미르 젤렌스키를 방문해 그와 함께 키이우 중심가를 걸었다. 중년의 키이우 시민 한 명이 존슨에게 우크라이나를 위해 애써준 데 감사를 표하며 평생 고마움을 간직할 것이라고 말하는 모습이 카메라에 잡혔다. 당시 존슨은 궁지에 몰린 우크라이나에 대한 서방의 지지를 상징하는 존재로 우크라이나 국민의 찬사를 받았다. 정통한 우크라이나 언론에 따르면 존슨의 키이우 방문과 그보다 열흘 앞서 키이우 교외 부차에서 러시아가 자행한 전쟁 범죄 사실의 발견으로 젤렌스키 정부는 당시 전쟁 단계에서 러시아와의 협상이 불가능하며 무의미하다고 확신하게 됐다. 존슨의 방문은 또한 그달 말 로이드 오스틴 미국 국방장관과 토니 블

링컨 국무장관 등 다른 서방 지도자들의 키이우 방문길을 열어주었다.[23]

많은 사람, 특히 영국 국민은 존슨 총리가 우크라이나를 위한 치어리더 대장을 자임하면서 자신이 정부의 코로나19 제한 규정을 어기고 파티를 주최한 사건에서 사람들의 관심을 돌리려 한다고 비판했다. 비평가들이 옳았다면 존슨은 자기 행동의 의미를 분명히 알고 있었다. 러시아 침공 이후 처음 한 달 동안 우크라이나에 대한 영국 대중의 동정심은 엄청났고, 러시아의 행동에 대한 규탄과 함께 런던을 제2의 고향이나 심지어 첫 번째 고향으로 삼고 활동하며 많은 시민이 보기에 영국 정치와 문화를 돈으로 타락시킨 수많은 러시아 올리가키로부터 영국을 구해내려는 열망도 마찬가지로 대단히 강했다. 이 문제를 다룬 저널리스트 올리버 벌로의 책 『영국의 집사 금융 서비스Butler to the World』영국과 영국령 국가들의 조세 회피 방법을 다룬 책는 출간 즉시 베스트셀러가 됐다.

전면전 100일째를 맞은 2022년 6월 초 존슨의 측근인 리즈 트러스 외무장관은 우크라이나에 대한 영국의 다양한 형태의 지원을 나열하는 성명을 발표했다. 그녀는 가장 먼저 러시아 개인 1000명과 순자산 합계 1170억 파운드가 넘는 올리가키 등 100개 기업에 영국이 부과한 제재 조치를 언급했다. 존슨 총리는 전직 KGB 요원의 아들인 올리가키 예브게니 레베데프를 제대로 된 신원 조회 없이 상원의원에 임명해 야당은 물론 대중의 거센 비난을 받아왔다영국은 의원 일부를 총리가 임명할 수 있다. 또한 총리가 속한 보수당이 러시아 올리가키와 관련 있는 기부자들의 돈을 받았다는 의혹도 제기됐다. 하지만 존슨과 트러스는 이제 올리가키들과의 관계를 정리하고 있었다. 두 사람은 또한 우크라이나를 위한 실질적 지원을 이행할 수 있었다. 우크라이나 난민들이 영국으로 오는 것도 영국의 가족들이 이들의 난민 신청을 지지하는 것도 여전히 매우 어려웠지만, 영국은 우크라이나에 미사일 1000기를 제공하고 우크라이나군 병력 2만2000명을 훈련시켰다.[24]

보리스 존슨의 우크라이나 지원에 국내 정치가 일정 부분 역할한 것은 의심의 여지가 없지만, 존슨 총리는 국내 문제뿐만 아니라 국제적 의제도 염두에 두고 있었다. 윈스턴 처칠에 관한 베스트셀러의 저자로 자신의 영웅 처칠을 본보기로 삼으려 애쓴 존슨은 브렉시트로 인한 국제사회 평판의 막대한 손상에도 불구하고 영국이 유럽은 물론 세계 정치의 주역으로서 전통적인 역할을 유지하는 데 전념했다. 존슨 총리에게 늘 비판적인『가디언』은 2022년 5월 중순 이렇게 지적했다. "오, 이런 아이러니가! EU에 등을 돌린 브렉시트의 주동자 보리스 존슨이 이제 대담하게도 러시아의 침략에 맞서 유럽을 방어하는 데 앞장서고 있다니. 지나친 과장일까? 그렇긴 하지만 과장 뒤에는 흥미로운 이야기가 숨어 있다. (…) 존슨은 우크라이나 위기를 일부 오랜 유럽 동맹국들과 관계를 회복하는 방편으로 이용하고 있다. 그의 목표는 영국을 유럽 대륙의 강대국으로 되돌려놓는 것이다."[25]

러시아-우크라이나 전쟁은 실제로 전통적으로 나토의 힘에 대해 회의적 입장을 고수해온 동유럽과 북유럽 국가들, 그중에서도 특히 러시아의 침략에 대한 구유럽 국가들의 미온적 태도를 못마땅하게 여겨온 폴란드와 발트해 국가들과의 오랜 동맹을 재건할 기회를 영국에 제공했다. 존슨 총리는 2022년 핀란드와 스웨덴 정부의 나토 가입 결정을 수용하고 전폭적으로 지지했다. 2017년 두 나라는 노르웨이, 덴마크, 아이슬란드, 네덜란드, 발트해 연안 국가 등 북유럽 국가들로 구성된 나토 연합군인 영국 주도 '파견군'에 참여했다. 이 파견군은 프랑스가 제안했지만 영국이 적극적으로 결성을 추진한 유럽군의 초기 형태를 띠었다. 3월에 존슨 총리가 파견군 참여국 지도자들을 영국으로 초청한 자리에서는 젤렌스키 대통령이 화상 연설을 통해 군사 지원을 요청했다.

존슨 총리는 또한 동유럽 국가들을 끌어들여 영국의 후원 아래 우크라이나를 포함하는 범유럽 기구를 만들려고 노력했다. 침공 일주일 전인 2월 런던과 바르샤바, 키이우 당국은 드미트로 쿨레바 우크라이나 외무장관이 "3자 협력체"라고 부른 영국-폴란드-우크라이나 군사 구상 창설을 발표했다. 이탈리아 언론의 보도에 따르면 존슨은 4월 키이우 방문 당시 젤렌스키에게 EU의 잠재적 경쟁자가 될 기구로 폴란드와 발트해 연안 국가, 우크라이나를 포함하는 영국 주도의 유럽 연방 창설을 제안했다. 존슨에게 브렉시트는 유럽 정치의 포기를 의미하지 않았던 게 분명했다. 그는 나토를 대체할 새로운 힘의 중심을 계획하면서, 신유럽의 안보 문제보다 구유럽의 경제 문제를 우선시하는 프랑스와 독일이 만든 대러

시아 정책의 정당성에 경종을 울리고 있었다.[26]

독일의 두려움

러시아의 우크라이나 침공은 오랜 집권 끝에 얼마 전 물러난 앙
겔라 메르켈 독일 총리가 독일과 유럽의 에너지 문제를 해결하는
동시에 러시아를 신뢰할 수 있는 경제적·정치적 동맹으로 변화시
키기 위해 러시아와의 경제 협력을 장려해온 정책에 큰 타격을 입
혔다. 메르켈의 대러시아 정책은 2005년 11월부터 2021년 12월까
지 이어진 긴 재임 기간에 독일 내에서 거의 비판을 받지 않았다.
메르켈은 돈바스에서 벌어진 러시아와 우크라이나 전쟁의 치열한
국면을 끝낸 2015년 2차 민스크 협정의 협상에 힘을 보탰고, 푸틴
의 크림반도 병합 이후에는 독일과 유럽이 러시아에 제재를 부과
하고 유지하는 데 중요한 역할을 했다.

메르켈은 또한 러시아에서 독일로 이어지는 가스관 노르트스
트림-2 건설, 좀더 구체적으로는 이 관이 자신의 연방의회 지역구
내 루브민시까지 건설되도록 정치적 지원을 하는 데도 중요한 역
할을 했다. 제재 조치 이행 이후에 착수된 이 프로젝트는 국외에
서는 비판을 받았지만 독일 내에서는 대체로 긍정적인 평가를 받
았다. 2021년 12월 메르켈이 수많은 정치적 업적에 대해 대체로
찬사를 받으며 퇴임했을 때만 해도 노르트스트림-2가 가동되지

않을 것이라고 생각할 만한 이유는 거의 없었다. 바이든이 트럼프를 대신해 백악관의 주인이 된 뒤로 미국의 반대도 끝났다. 독일은 러시아산 가스에 대한 의존도를 더 높이려 하고 있었고, 서방의 돈이 필요한 러시아의 사정상 푸틴이 유럽 전체에 좀더 우호적인 태도를 취할 것으로 예상됐다.[27]

미국과 영국이 러시아의 우크라이나 침공이 임박했다고 전 세계에 경고하는 등 지평선 위로 먹구름은 드리웠지만, 독일 국민의 상당수는 러시아에 양보하면 문제를 해결할 수 있을 거라고 믿었다. 1월에는 독일 해군 장성인 케이아힘 쇤바흐 중장이 크림반도는 어쨌든 러시아 영토로 남을 것이며 푸틴이 원하는 것은 약간의 존중의 표시일 뿐이라고 말하는 모습이 카메라에 찍히기도 했다. 쇤바흐는 "이런 세상에. 누군가에게 존중을 표현하는 데는 큰 비용이 들지 않거나 전혀 비용이 들지 않을 수도 있다"고 목소리를 높이며 "푸틴이 정말로 요구하고 또 어쩌면 마땅히 받아야 할 존중을 그에게 표현하는 것은 어려운 일이 아니다"라고 말했다. 영상이 공개된 뒤 세간의 화제가 되자 쇤바흐는 사임할 수밖에 없었다. 하지만 그의 말은 당시 독일 정계와 군부, 재계 엘리트 상당수의 생각을 반영한 것이었다.[28]

2021년 12월 앙겔라 메르켈을 대신해 독일 총리가 된 예순세 살의 올라프 숄츠는 취임하자마자 푸틴이 나토 국경을 서쪽으로 옮기라고 요구하며 러시아군 병력을 우크라이나 국경에 집결시키면서 발생한 국제적 위기에 직면했다. 불과 몇 달 전까지만 해도 현명하게 보였던 메르켈의 대러시아 정책은 이제 갈수록 침략자에 대한 회유책으로 인식됐다. 국제 정세가 바뀌면서 노르트스트림-2 프로젝트는 갑작스레 곤경에 처했다. 독일의 동맹국, 특히 미국은 독일 정부가 논란이 되고 있는 가스관에 대한 인가를 중단하기를 원했다.

2월에 워싱턴 D.C.를 방문한 숄츠는 푸틴이 전쟁을 일으킨다면 노르트스트림-2의 인가를 취소하기로 바이든과 합의한 것으로 알려졌다. 숄츠 총리는 바이든 대통령과 공동 기자회견을 갖고 "우크라이나에 대한 군사적 침략이 발생하면 양국이 합의한 광범위한 제재 조치가 부과될 것이다. 러시아가 그런 행동을 하면 엄청난 대가를 치를 것"이라고 선언했다. 그런 다음 그는 모스크바로 날아가 향후 30년 동안 우크라이나의 나토 가입이 승인될 가능성은 없다고 푸틴을 안심시키며 전쟁을 일으키지 말라고 설득했다. 하지만 퇴짜를 맞은 숄츠는 독일로 돌아가는 길에 키이우에 들렀다. 젤렌스키는 기다렸다는 듯 노르트스트림-2가 러시아의 지정학적 무기라는 점을 상기시켰고, 그의 방문은 키이우에서 대중의 열광을 불러일으키지 못했다. 미국과 영국, 동유럽 국가들이 이미 우크라이나에 무기를 지원하는 상황에서 독일은 헬멧 5000개를 제공했다. 헤비급 챔피언을 여러 차례 지낸 전직 프로 복서로 독일에서 산 적이 있어 여전히 그곳에서 유명 인사로 통하는 비탈리 클리치코 키이우 시장은 독일이 우크라이나에 제공할 다음 물품은 베개가 될 것이라고 꼬집었다.[29]

2월 24일 전면전이 시작되자 숄츠 총리를 비롯한 독일의 정치 엘리트들은 크게 놀랐다. "아침에 눈을 떠보니 전혀 다른 세상이 펼쳐져 있었다"고 숄츠 내각의 아날레나 베어보크 외무장관은 말했다. 2월 27일 전례 없는 일요일 연방의회 회의에서 숄츠는 독일 외교 정책의 중요한 변화를 선언했다. 하루 전 독일 정부는 우크라이나에 대전차 미사일 1000기와 지대공 미사일 500기를 보내도록 승인했다. 앞서 거절했던 에스토니아와 네덜란드가 보유 중인 독일제 무기 일부의 우크라이나 이전 요청도 이제는 승인했다. 그러나 가장 눈에 띄는 것은 독일 방위에 1000억 유로를 배정해서 방위비 지출을 GDP의 2퍼센트 이상으로 늘려 그동안 무시해온 나토의 요구 사항을 충족하기로 한 결정이었다.

숄츠는 정부 정책의 변화를 두 가지 차원에서 정의했다. 첫째는 도덕적·윤리적 차원이었다. 그는 우크라이나가 무도한 침략의 희생양이 됐으며 독일은 우크라이나 편에 서겠다고 선언했다. 둘째, 지정학적 차원이었다. 숄츠 총리는 "푸틴이 우크라이나를 공격함으로써 세계 지도에서 한 국가를 지워버리려 할 뿐만 아니라 헬싱키 이후 우리가 확립해온 유럽의 안보 체계를 파괴하고 있다"고 말했다. 그는 두 독일 국가 독일연방공화국(서독)과 독일민주공화국(동독)의 국경을 포함해 제2차 세계대전 이후 국가 간 국경을 인정한 1975년 헬싱키 최종의정서를 언급한 것이었다. 우크라이나는 1992년 다른 구소련 국가들과 함께 이 협정에 가입했다. 따라서 숄츠 총리에 따르면 우크라이나의 영토 보전 침해는 1990년 통일

된 현재의 독일연방공화국을 포함한 모든 유럽 국가의 보전과 안보에 대한 공격이었다.

숄츠는 푸틴이 "유럽에 새로운 질서를 만들고 싶어하며, 이를 달성하기 위해 군사력을 동원하는 데 아무 거리낌이 없다"고 주장했다. 숄츠 총리는 전쟁의 책임을 특정 국가나 민족이 아닌 개인에게 돌렸다. 숄츠는 독일 연방의회에서 "이 전쟁을 선택한 것은 러시아 국민이 아니라 푸틴이기 때문에 우리는 이 전쟁이 푸틴의 전쟁이라는 사실을 분명히 알아야 한다"고 말했다. 숄츠와 같은 세대의 독일인이라면 '히틀러의 전쟁'에 대한 자국의 책임에 결코 의문을 제기하지 않겠지만, 러시아 국민이 자국 정부가 우크라이나에서 벌이는 '특별 군사 작전'을 적극 지지한다는 여론조사 결과가 곧 발표될 예정인데도 불구하고 숄츠는 러시아인들에게 같은 기준을 적용할 생각이 없었다(제2차 세계대전 이후 독일에서는 러시아를 침략자라고 비난하는 것이 금기시돼왔다). 숄츠는 아울러 또 다른 세계대전을 피해야 할 점에 대해 대중에게 경고했다. 독일 정부는 대서양 연안 국가들의 전시 동맹에 뒤늦게 마지못해 가세하면서도 여러 단서를 달고 있었다.[30]

숄츠 정부는 외교 정책의 패러다임 전환을 선언했지만 미국과 영국, 동유럽 국가들이 모두 우크라이나에 대한 지원 확대를 주장하며 의제를 장악하면서 유럽 무대의 주도권을 되찾는 데는 실패했다. 숄츠 정부의 일부 인사와 의회의 주요 의원도 같은 의견을 보였지만 숄츠는 이들의 조언을 받아들이려 하지 않았다. 2022년

5월 독일의 한 정치학자는 숄츠의 전략을 "대체로 (금수 조치와 무기 제공처럼) 동맹국들이 이미 취한 조치들을 마지못해 실행하는 수준"이라고 요약했다.[31]

3월 중순 볼로디미르 젤렌스키는 키이우에서 화상 연결을 통해 독일 연방의회를 대상으로 연설을 해달라고 초청받았을 때 작심하고 이전 독일 정부에 대한 비판을 쏟아냈다. 젤렌스키는 숄츠의 전임자들이 우크라이나의 나토 및 EU 가입을 막고, 모스크바와의 가스 거래를 통해 러시아에 침략 자금을 제공하고, 침략자에 대한 제재를 지연시켰다고 비난했다. 젤렌스키는 독일 정부가 유럽에 새로운 베를린 장벽을 세우고 우크라이나를 그 반대편에 남겨두었다고 말했다. "숄츠 총리님! 이 장벽을 허물어주십시오. 독일이 마땅히 누려야 할 리더십을 발휘해주십시오. 그리고 여러분의 후손이 자랑스러워할 만한 일을 하십시오. 우리를 지지해주십시오. 평화를 지지해주십시오. 우크라이나 국민 한 사람 한 사람을 지지해주십시오. 전쟁을 멈춰주십시오. 우리가 전쟁을 멈출 수 있게 도와주십시오." 연설은 독일 의원들의 기립박수로 시작해서 기립박수로 끝났지만, 숄츠의 수사법 변화에도 불구하고 독일 정부는 군사 지원을 약속하고도 이를 이행하지 않는 등 정책 변화는 거의 이뤄지지 않았다.[32]

젤렌스키는 계속 독일을 압박했다. 4월 초 부차에서 러시아군 병사들에게 살해된 민간인 시신이 발견된 뒤 젤렌스키는 앙겔라 메르켈 전 독일 총리와 니콜라 사르코지 전 프랑스 대통령에

러시아 우크라이나 전쟁

게 "부차를 방문해 지난 14년간 계속된 러시아에 대한 양보 정책이 어떤 결과를 낳았는지 확인해보라. 고문당하고 살육당한 우크라이나 사람들을 직접 눈으로 확인하라"며 두 사람을 공개 초청했다. 이어 그는 이제는 퇴임한 두 유럽의 지도자가 우크라이나의 나토 가입을 막고 "러시아가 무엇이든 해도 된다고, 심지어 가장 끔찍한 전쟁 범죄를 저질러도 된다고 생각하는 회색 지대"를 영속화한 2008년 부쿠레슈티 나토 정상회의 기념일을 청중에게 상기시켰다.[33]

보리스 존슨의 키이우 방문 직후 젤렌스키는 키이우를 방문하겠다는 프랑크발터 슈타인마이어 독일 대통령의 제안을 거절했다. 우크라이나 정부 관계자들은 우크라이나에 널리 퍼진 러시아 지지자라는 슈타인마이어의 이미지를 그 이유로 꼽았다. 슈타인마이어 대통령은 경력 초기에 게르하르트 슈뢰더 총리의 비서실장을 지냈는데, 슈뢰더는 정계 은퇴 이후 독일에서 진행되는 러시아 천연가스 프로젝트의 대표 로비스트가 됐다. 그러나 우크라이나 사람들에게 더 중요한 것은 슈타인마이어가 앙겔라 메르켈 정부에서 외무장관으로 재직하면서 메르켈의 지원으로 협상된 2015년 민스크 협정의 이행을 위해 제안한 '슈타인마이어 중재안'이 대부분 러시아에 유리한 것으로 여겨졌다는 점이었다.[34]

독일에 대한 젤렌스키의 공개 비난에도 불구하고 숄츠가 독일 바깥에서와 자국민의 압력에 저항하면서 아무런 진전도 이뤄지지 않는 듯했다. 5월 말이 되자 독일 국민의 절반은 독일이 우크라이나를 충분히 지원하지 않는다고 생각했고, 슐츠가 이끄는 연립정부 내에서도 장관 중 상당수가 독일이 우크라이나에 중화기를 제공하겠다는 약속을 지키지 않은 데 대해 불만을 드러냈다. 야당인 기독민주연합의 요한 바데풀은 슐츠 총리가 "실제 무기 제공을 발표로 대체하려 한다"고 비난했다. 드미트로 쿨레바 우크라이나 외무장관은 "우리가 무기를 인도해가기를 기다리고 있는 국가들이 있는가 하면, 우리가 기다리다 지친 다른 국가들이 있다. 독일은 후자에 속한다"라는 말로 슐츠 총리에 대한 자국 정부의 실망감을 드러냈다.[35]

슐츠 총리는 지연 전술을 구사하는 이유를 결코 설명하지 않았다. 어쩌면 독일이 약속한 중화기를 주지 않고 어떻게든 전쟁이 끝나기를 바라며 시간을 끌고 있었던 것일 수도 있다. 이런 그의 행동에는 적어도 두 가지 이유가 있었는데, 둘 다 러시아와 관련 있었다. 첫 번째는 역사적·심리적 이유였다. 제2차 세계대전 당시 히틀러의 동부 전선 전쟁이 대부분 우크라이나와 벨라루스 영토에서 우크라이나인과 벨라루스인을 상대로 이뤄졌음에도 불구하고 전후 독일인들은 '러시아인'에게 저지른 전쟁 범죄에 대한 죄책감을 느껴왔고, 넓은 의미의 '러시아'에 대한 침략으로 해석될 수 있는 행위를 반복하지 않으려고 했다. 두 번째는 경제적 이유였다. 독일에서 소비되는 천연가스의 55퍼센트는 러시아에서 구매한 것이었다.[36]

이런 이유로 올라프 슐츠는 무엇보다 우크라이나에 대한 비타협적 지지자, 즉 미국과 영국이 앞장서고 발트해 연안 국가와 동유럽 국가 지도자들은 지지하는 역할이 아닌 평화 조정자, 즉 향후 평화 협상의 잠재적 중재자를 자처했다.

중재자들

다시 불붙은 러시아-우크라이나 전쟁에서 프랑스 대통령 에마뉘엘 마크롱만큼 오랫동안 노력해 평화 중재자의 영예를 얻은 유럽 지도자도 없다. 2019년 12월 그는 푸틴과 젤렌스키 간의 처음이자 유일한 회담을 주최했는데, 이 회동은 긍정적인 분위기로 끝났지만 긍정적인 결과는 거의 이끌어내지 못했다. 2022년 2월 마크롱은 서방 고위급 인사로는 거의 마지막으로 모스크바와 키이우를 방문해 전쟁을 막기 위한 협상을 중재하려고 노력했다.[37]

마크롱은 러시아를 유럽에 통합해 미국과 독일에 맞서는 균형추 역할을 맡기겠다는, 프랑스에서 오랫동안 지지를 받아온 구상을 포기하지 않고 있었다. 이런 구상은 고르바초프 시대 프랑수아 미테랑 대통령 재임 기간에 실현될 뻔했지만 소련의 붕괴로 물거품이 된 바 있다. 마크롱은 이제 유럽에 러시아를 포함하는 새로운 안보 체계를 구축해서 유럽의 안보 보장에서 미국의 역할을 약화하기를 바랐다. "마크롱의 목표는 유럽과 우크라이나에서 나토의 역할과 잠재적으로는 새로운 군축 협정, 즉 일종의 헬싱키 협정

2.0에 대한 대화를 시작하는 것"이라고 제네바에 있는 러시아동유 럽연구센터의 캐롤 그리모 포터는 푸틴의 침공 며칠 전에 주장했다. 포터는 "그는 시간이 걸릴 것이며 나토와 EU가 러시아의 요구를 일부 수용해야 한다는 것을 알고 있다. [러시아가] 자국의 안보를 보장하고 소련이 사라지면서 잃었던 힘을 회복하기를 원하기 때문"이라고 설명했다.[38]

5월 말 마크롱은 숄츠와 함께 푸틴에게 전쟁을 끝내도록 설득하기 위해 노력했다. 두 사람은 3자 전화 통화에서 푸틴에게 휴전과 러시아군 철수, 젤렌스키와의 직접 협상 개시를 요청했다. 푸틴이 우크라이나에 대한 서방의 무기 공급에 불만을 제기하면서 이 제안은 아무런 성과를 거두지 못했다. 그러나 푸틴은 마크롱과 숄츠에게 우크라이나의 흑해 항구들을 봉쇄하고 아조우해 항구들을 점령함으로써 초래된 대규모 식량난을 해소하겠다고 약속했다. 우크라이나는 생산한 곡물을 더 이상 수출하지 못했고, 우크라이나산 곡물이 없으면 아프리카는 기근에 무너져 수십만 또는 수백만 명의 난민이 국경 밖으로 몰려나올 위기에 처했다. 푸틴은 최근의 식량 위기가 서방의 책임이라고 공개 비난하며 우크라이나에 러시아가 점령한 항구를 통해 곡물을 선적해서 사실상 점령을 인정하거나, 오데사항에 설치된 기뢰를 제거해 오데사를 러시아의 해상 공격에 취약하게 만들라고 제안했다.[39]

푸틴, 숄츠와의 3자 통화 며칠 뒤 마크롱은 인터뷰에서 중재 세력으로서 프랑스의 역할을 언급하며 "전투가 멈추는 날 외교적 수

러시아 우크라이나 전쟁

단을 통해 출구 전략을 마련할 수 있도록" 서방이 러시아에 굴욕을 주는 일은 피하자고 제안했다. "굴욕" 발언에 대해 우크라이나는 불편한 심기를 드러냈다. 드미트로 쿨레바 외무장관은 이튿날 트위터를 통해 "러시아에 굴욕감을 주지 말자는 요구는 프랑스와 이를 요구하는 다른 모든 나라에 굴욕감을 안겨줄 뿐이다. 스스로에게 굴욕감을 안겨주는 것은 러시아 자신이기 때문이다. 우리 모두 러시아를 제자리로 돌려놓을 방법에 집중하는 것이 좋다. 그것이 평화를 가져오고 생명을 구할 것"이라고 비판했다. 마크롱은 이전에도 러시아에 굴욕을 주는 일은 피해야 한다고 공개 경고한 적이 있지만, 우크라이나가 이런 식으로 대응한 것은 이번이 처음이었다.[40]

젤렌스키는 젊고 경험이 부족한 전직 코미디언으로 전쟁 중인 국가의 대통령에 당선된 뒤 국제 정치의 길잡이가 돼준 마크롱을 분명 멘토로서 존경했지만, 우크라이나 입장에서는 러시아에만 이익이 되는 마크롱의 평화 구상을 더는 참아넘길 수 없었다. 젤렌스키는 마크롱이 제안한 것으로 알려진 우크라이나 영토를 평화와 맞바꾸는 안을 공개적으로 거부했다. 키이우의 외교관들은 우크라이나가 EU에 가입하는 데 수십 년이 걸릴 것이라고 한 마크롱의 공개적인 관측을 불쾌하게 생각했다. 마크롱은 우크라이나에 "유사 유럽 공동체"(유럽연합 비회원국들에 개방된 유럽 안보 협정)에 가입할 것을 제안했다. 이 방안은 우크라이나에 의해 거부됐다. 젤렌스키는 기존 EU에서 우크라이나의 후보국 지위를 원하지 향

후 유사 가입에 대한 막연한 약속을 원한 것이 아니었다.[41]

숄츠와 마크롱, 독일과 프랑스만이 우크라이나의 양보를 대가로 하는 조속한 종전을 요구한 구유럽 구성원인 것은 아니었다. 이탈리아의 마리오 드라기 총리 역시 전적으로 뜻을 같이했다. 이탈리아 국민 대다수가 우크라이나를 동정했지만, 이탈리아 좌파의 전통적인 친러시아 성향, 우파 일부의 푸틴에 대한 열광, 유럽 내 미국의 패권에 대한 좌파와 우파 모두의 분노로 인해 이탈리아 언론과 대중은 대체로 우크라이나에 대한 군사 지원과 러시아에 대한 경제적 처벌에 무척 회의적인 태도를 보였다. 이탈리아 국민의 56퍼센트는 이번 전쟁에서 미국의 태도가 "어리석다"고 생각했고, 62퍼센트는 서방이 "어떤 대가를 치르더라도" 군사 분쟁을 끝낼 방법을 찾아야 한다는 데 동의했다.

여론조사가 실시된 5월 드라기 총리는 워싱턴 D.C.로 바이든 대통령을 방문해 간단한 메시지를 전달했다. 미국은 러시아의 침략 능력이 완전히 제거되거나 크게 약화될 때까지 우크라이나를 지원할 준비가 돼 있지만, 유럽 즉 구유럽은 전쟁을 가능한 한 빨리 끝내길 원한다는 것이었다. 종전의 조건은? 루이지 디마이오 외무장관은 유엔 사무총장과 G7 회원국 외무장관들에게 4개 항으로 된 계획을 제시했다. 우크라이나와 러시아에도 계획안 사본이 전달됐다. 이 계획은 유엔 감독하의 휴전과 전선 비무장화, 우크라이나의 중립국 지위에 대한 협상 개시, 크림반도와 돈바스의 지위에 관한 러시아와 우크라이나의 협상을 촉구했다. 러시아-우크라이나의 협상에 이어 유럽의 평화와 안보에 관한 다자간 협정을 맺자는 것이었는데, 마지막 항목은 분명 마크롱의 구상을 연상케 했다. 우크라이나에서 러시아군이 철수하면 러시아에 대한 서방의 제재를 해제한다는 조항도 들어 있었다.[42]

미국은 이 계획이 평화 달성을 위한 노력이라면서 환영했지만 우크라이나는 침묵을 지켰고 러시아는 "진지하지 않다"며 거부했다. 이 계획의 입안자들은 세르게이 라브로프 러시아 외무장관으로부터 이번 위기의 역사를 모른다며 퇴짜를 맞았다. 그는 역사의 어떤 부분을 염두에 두었는지 분명히 밝히지 않았다. 중재자 역할을 하려는 구유럽 지도자들의 시도는 이제 러시아에 모멸감을 주지 말라는 마크롱의 요구에 대한 우크라이나 외무장관의 비아냥대는 트위터 게시물뿐만 아니라 이탈리아는 역사 지식이 부족하다는 러시아 외무장관의 발언으로 다시 한번 거부당했다.[43]

공동 전선

유럽 지도자들의 평화 중재 노력은 6월 초 사실상 끝이 났다. 이들의 노력은 갈수록 더 회유책의 양상을 띠면서 완전히 거부되거나 별다른 성공을 거두지 못했다. 유럽 문제에 대한 주도권과 리더십은 외부인의 손에 넘어가는 듯했다. 유럽의 지도자들은 방향을 선회해야 했다.

6월 16일 밤 마크롱과 숄츠, 드라기 세 사람은 전쟁이 시작된 이래 가장 위험한 행동에 나섰다. 위험은 정치적일 뿐만 아니라 물리적이기도 했다. 세 사람은 폴란드로 날아가 우크라이나 국경을 넘어 키이우로 향하는 열차에 탑승했는데, 키이우에 가까워지자 공습 사이렌이 기차 뒤를 쫓아왔다. 이들은 젤렌스키에게 러시아와의 평화가 어떤 형태여야 하는지 제안하기 위해 온 것이 아니라, 우크라이나가 어떤 입장을 취하기로 결정하든 지지를 표명해서 자신들보다 먼저 키이우를 방문한 지도자들(보리스 존슨, 폴란드의 안제이 두다와 미국의 정부 관계자들)을 여론의 법정에서 따라잡기 위해 온 것이었다. 바이든은 아직 키이우를 직접 방문하지 않았지만 미국 국무장관과 국방장관이 방문했고 영부인 질 바이든은 5월 초 우크라이나 최서단 지역 중심지인 우지호로드를 방문했다.[44]

우크라이나 정부 관계자 상당수는 이 세 사람이 젤렌스키에게 전할 메시지에 대해 우려했다. 마크롱은 키이우 기차역에서 기자들과 만나 이번 방문을 "우크라이나 문제에 관한 유럽의 단합 및 현재와 미래에 대한 지원의 메시지"라고 규정하며 우크라이나 국민을 안심시키려고 노력했다. 세 정상은 키이우에서 젤렌스키와 만난 뒤 이르핀 근교와 인근 부차시를 둘러보며 러시아군이 자행한 파괴 현장을 확인했다. 마크롱은 러시아에 굴욕감을 주지 말자는 자신의 이전 발언을 철회했다. 마크롱은 기자들에게 "지금 러시아는 우크라이나를 상대로 전쟁을 벌이고 있다. 도대체 내가 어떻게 우크라이나 국민에게 '러시아, 러시아 국민, 러시아 지도자에게 굴욕감을 줘서는 안 된다'는 생각을 설명할 수 있겠는가?"라고 반문하며 "오늘날 우크라이나는 이 전쟁에서 승리해야 한다. 프랑스는 우크라이나가 승리할 수 있도록 분명히 지지한다"고 말했다.

마크롱 일행은 젤렌스키가 승리의 조건을 결정하도록 허용할 준비가 돼 있었다. 젤렌스키는 "러시아에 굴욕감을 주지 말자"는 발언을 제쳐두고 마크롱과 자신이 관계를 새롭게 정립했다고 말했다. 마크롱을 수행한 한 관계자는 "젤렌스키는 무엇이 자신에게 군사적 승리인지 정의해야 한다"며 "우리는 크림반도를 포함해 러시아가 정복한 모든 영토에 대한 [우크라이나의] 보전을 회복하는 완전한 승리를 지지한다"고 말했다. 마크롱은 우크라이나에 대한 프랑스의 무기 공급을 늘리겠다고 약속했다. 구유럽은 이제 말뿐만 아니라 외교적·제도적으로 우크라이나를 전폭적으로 지지하며 우크라이나를 EU의 잠재적 회원국으로 받아들일 준비를 하고 있었다.[45]

마크롱과 숄츠, 드라기가 키이우를 방문한 이튿날 EU 집행위원회는 회원국 정상들에게 우크라이나에 회원국 후보 지위를 부여할 것을 권고했다. 집행위원회의 권고에 이어 유럽 의회도 찬성 529표, 반대 45표, 기권 14표로 강력한 지지를 표명했다. EU 국가 정상들도 이 결정을 승인했다. 러시아의 침공이 시작된 직후 후보국 지위를 신청한 우크라이나는 이제 트란스니스트리아 지역이 러시아군에 의해 공격 목표로 선언된 이웃 몰도바 공화국과 함께 후보국 승인을 받았다. 후보국 지위는 사실상 EU 가입 초대장으로 자동 보장되는 것은 아니고 가입에 몇 년 또는 수십 년이 걸릴 수도 있지만, 이 결정으로 우크라이나는 다양한 EU 프로그램에 접근할 수 있어 유럽 공동체가 우크라이나 편에 설 준비가 됐다는 분명한 신호를 러시아에 보냈다.[46]

러시아의 침공에 맞선 범대서양 차원의 결속은 유럽 이사회의 우크라이나와 몰도바에 대한 후보국 지위 부여 결정 사흘 뒤인 6월 29일 다시 한번 표면화됐다. 마드리드에서 열린 나토 정상회의에서 러시아의 우크라이나 침공 이후 가입 신청을 한 핀란드와 스웨덴이 정식으로 가입 초청을 받았다. 두 나라 모두 이스탄불 당국이 테러리스트로 낙인찍은 튀르키예 난민들에게 피란처를 제공했다는 이유로 튀르키예의 반대에 부딪혔지만 정상회의 직전에 매듭이 풀렸다. 이 결정은 여러모로 역사적인 의미를 지녔다. 러시아와 1340킬로미터에 달하는 국경을 맞대고 있는 핀란드는 냉전 기간에 나토를 외면해온 끝에 이제 동맹에 가입하게 됐고, 스웨덴은 200년 넘게 고수해온 정치적 중립을 포기하는 것이었다.[47]

마드리드 정상회의에는 또 다른 역사적 순간이 있었다. 정상회의 공보실이 발표한 공동 성명에서 냉전 종식 이후 처음으로 러시아를 "동맹국 안보에 가장 중대하고도 직접적인 위협"으로 지목한 것이다. 나토 회원국들은 우크라이나의 전쟁 노력에 대한 추가 지원을 약속했다. 공동 성명은 "우리는 긴밀한 동반자인 우크라이나가 러시아의 침략에 맞서 주권과 영토 보전을 수호할 수 있도록 정치적·실질적 지원을 계속 강화해나갈 것이다. 우크라이나와 공동으로 우리는 강화된 지원 패키지 제공을 결정했다"고 밝혔다. 참가국들은 또한 나토의 동쪽 국경에 병력을 추가 배치하기로 합의하고, 산하의 8개 전투단을 필요한 때와 장소에 따라 대대급에서 여단급으로 늘리기로 약속했다.[48]

푸틴은 불쾌감을 드러냈다. 그는 핀란드가 나토에 가입하면 모스크바와 헬싱키의 관계가 악화될 것이라고 경고해왔지만 이제 새로운 현실을 받아들여야 했다. 그는 러시아가 우크라이나와는 달리 스웨덴이나 핀란드와는 영토 분쟁이 없다는 이유로 두 나라의 나토 가입의 중요성을 깎아내렸다. 그가 염두에 둔 분쟁은 크림반도에 관한 것이었다. 1809년부터 1917년까지 러시아 제국의 지배를 받았고 1940년 스탈린에 의해 영토 일부를 병합당한 핀란드가 나토에 가입한 것은 바로 이런 분쟁을 피하기 위해서였다.[49]

서방은 다시 전력을 다하고 있었다. 미국과 유럽은 관심사와 의제가 서로 다르거나 때로는 상충되고 제재 참여나 우크라이나에 대한 무기 지원을 위한 준비 정도도 달랐지만, 미국과 유럽 동맹국들은 러시아의 침략 및 유럽과 국제질서에 대한 위협에 맞서 공동 대응 체계를 만들어냈다. 이는 푸틴이 우크라이나를 공격하기로 결정했을 때 예상한 대응이 아니었다. 2014년 그의 침공은 우크라이나가 EU와 연합 협정을 체결하지 못하게 막으려는 시도와 관련 있었다. 우크라이나는 이제 EU의 회원국 후보가 됐다. 2022년 푸틴의 침공 구실은 나토의 동쪽 확장과 서방 군대를 러시아 국경에서 멀리 떨어뜨리려는 러시아의 욕구였다. 이제 우크라이나는 나토의 '긴밀한 동반자'가 됐을 뿐만 아니라 핀란드의 가입으로 나토의 국경 자체가 푸틴과 그의 최측근들의 출생지이자 고향인 상트페테르부르크에서 200킬로미터도 떨어지지 않은 거리까지 확장하게 됐다.[50]

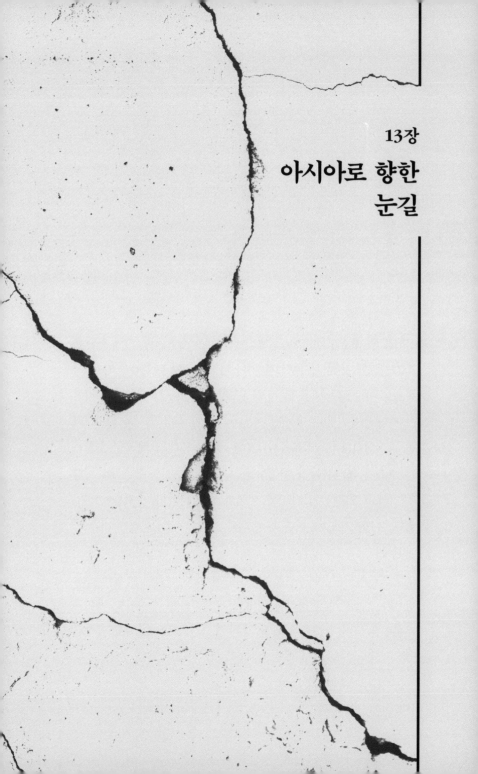

13장

아시아로 향한
눈길

핵추진 항공모함 USS 로널드 레이건호가 이끄는 항모전단은 2022년 7월 25일 싱가포르를 떠나 남중국해와 타이완을 향해 북쪽으로 이동했다. 며칠 뒤 이 항공모함은 타이완과 베트남, 필리핀이 각기 영유권을 주장하는 가운데 중국이 점령하고 군사 기지화한 파이어리크로스리프에서 180킬로미터 떨어진 해역을 순항하는 모습이 목격됐다. 근처에서 구축함과 프리깃함 등 중국 군함 두 척이 목격됐다. 곧 더 많은 미국과 중국 군함이 이 해역에 진입했고, 우발적 사고에 이은 두 강대국 간의 군사적 대결 우려가 확산됐다.[1]

몇 주 전 미국 정부 서열 3위인 낸시 펠로시 하원 의장이 중국 정부가 본토로부터 분리된 지방으로 간주하는 섬이지만 바이든 대통령은 군사적 공격을 받을 경우 무조건 보호하겠다고 약속한 타이완을 방문할 가능성이 있다는 소문이 돌기 시작하면서 긴장이 조성되기 시작했다. 소식이 퍼지고 중국의 항의가 거세지는 가운데 미군 제7함대는 로널드 레이건호와 항모전단을 타이완 가까이로 이동 배치했다. 중국은 펠로시의 방문이 타이완을 중국의 일부로 규정하는 1970년대 후반 미국 정부가 인정한 '하나의 중국' 정책을 위반하는 것이라고 여겼다. 한 중국 언론인은 펠로시가 타이완으로 날아간다면 그녀가 탄 비행기를 격추하라고 중국군에 촉구했다. 중국 외교부는 "강력한 조치"를 취하겠다며 미국을 위협했다. 백악관은 '하나의 중국' 정책을 지지한다는 입장을 재확인했다.[2]

로널드 레이건호가 파이어리크로스리프 인근을 항해하는 모습이 목격되고 중국이 성명을 발표한 7월 28일 바이든 대통령과 시진핑 중국 주석은 2시간 17분 동안 전화 통화를 했다. 타이완 문제가 의제에 오른 가운데 중국 측이 공개한 대화 내용에 따르면 시진핑은 바이든에게 "불장난"을 하지 말라고 경고했다. 바이든은 앞서 미군의 상황 평가를 토대로 펠로시의 타이완 방문이 "지금 당장은 좋은 생각이 아니다"라고 만류한 바 있다. 세계 1, 2위 경제 대국인 중국은 세계 최대 규모의 해군을 보유하고 있기도 했다.[3]

베이징의 격렬한 반발과 백악관의 신중한 만류에도 불구하고 펠로시는 태평양 순방의 일환으로 2022년 8월 2일 타이완을 방문했다. 그녀는 자신의 방문을 "타이완의 역동적인 민주주의를 지지하는 미국의 확고한 다짐"의 상징이라고 선언했고, 공항에서 (우크라이나 국기 색깔인) 파랑과 노랑으로 된 마스크를 쓰고 '자유와 우정' '타이완≠중국'이라고 적힌 팻말을 든 타이완 시민들의 환영을 받았다. 중국 매체들은 인민해방군 군용기가 타이완 해협 상공을 비행 중이라고 보도했다. 실제로 러시아제 수호이 SU-30 전투기를 포함한 중국군 제트기 20대가 타이완 방공식별구역에 진입했다. 중국과 러시아 외무부는 펠로시의 방문에 항의하며 이를 규탄했고, 중국군은 그 주말부터 타이완 주변에서 실사격 군사 훈련을 시작한다고 발표했다.[4]

펠로시의 타이완 방문은 냉전 종식 이후 미·중 관계에 최악의 위기를 초래했다. 미국 내에서 민주당은 인권과 민주주의 문제에 대해 중국에 더 강경한 입장을 취하기를 원했고, 공화당은 더 공격적인 경제 및 무역 정책을 원하면서 펠로시의 방문은 의회로부터 초당적인 지지를 받았다. 그러나 러시아·중국 양국과 동시에 외교적·경제적으로 대치하는 상황을 피하기 위해 최선을 다하면서 중국이 러시아와 더 밀착하지 않도록 필사적으로 노력해온 바이든과 백악관 참모진의 입장에서는 이번 위기가 결코 달갑지 않았다.[5]

바이든 행정부의 대중국 정책의 핵심 원칙은 토니 블링컨 국무장관이 5월 말 조지워싱턴대학에서 한 연설을 통해 공식화됐다. 이 연설은 바이든 행정부의 중국 관련 정책 의제를 상세히 설명했지만, 블링컨은 러시아에 관한 이야기로 말문을 열었다. 블링컨은 청중에게 "블라디미르 푸틴 러시아 대통령은 명백하고 현존하는 위협을 가하고 있다"면서 "3개월 전 우크라이나를 공격함으로써 그는 모든 국가를 정복과 강압으로부터 보호하기 위해 유엔 헌장에 명시한 주권과 영토 보전의 원칙까지 공격했다"고 말했다. 그러나 블링컨은 러시아가 성공하지 못할 것이라고 생각했다. 그는 이어 "수많은 국가가 이 침략을 자국의 평화와 안전의 토대에 대한 직접적인 공격으로 보고 이에 반대하기 위해 단결했다"고 말했다. 블링컨은 푸틴을 언급하며 "그는 러시아의 힘을 확고히 하는 대신 그 힘을 약화시켰다. 그리고 국제질서를 약화시키는 대신 각국이 질서 수호를 위해 단합하게 해주었다"고 꼬집었다.[6]

블링컨은 중국의 정책이 "국제질서에 대한 장기적으로 가장 심각한 도전"이라고 지목하며 중국에 대해서는 또 다른 이야기를 했다. 블링컨은 "중국이 국제질서를 재편하려는 의도와 이를 실행해 옮길 수 있는 경제·외교·군사·기술 능력을 갖춰가고 있는 유일한 국가"라며 "중국의 비전은 지난 75년 동안 많은 세계 발전을 뒷받침해온 보편적 가치로부터 우리를 멀어지게 할 것"이라고 비판했다. 그가 언급한 것은 제2차 세계대전 전후 시대였다. 블링컨은 "우리는 분쟁이나 새로운 냉전을 원하지 않는다. 오히려 둘 다 피하겠다는 의지가 단호하다"며 청중을 안심시켰다.

"투자·공조·경쟁"이라는 캐치프레이즈가 중국을 저지하고 미래의 분쟁을 피하기 위해 블링컨이 제안한 공식이었다. 블링컨은 청중에게 "우리는 이곳 국내에서 우리 강점의 토대에 투자할 것이다.

그것은 바로 우리의 경쟁력, 우리의 혁신, 우리의 민주주의"라며 "우리는 많은 동맹국 및 동반자와 공동의 목적과 공동의 대의를 위해 행동하며 함께 노력할 것이다. 그리고 이 두 가지 핵심 자산을 활용해 중국과 경쟁해 우리의 이익을 수호하고 미래에 대한 비전을 구축할 것"이라고 밝혔다.[7]

이는 1950년대 중·소 갈등을 유발한 소련의 '평화 공존'과 자본주의 서방과의 경제 경쟁 정책을 연상케 했다. 당시 중국은 경제뿐만 아니라 군사적으로도 서방에 대해 좀더 대결적인 접근을 원했다. 반면 새로운 중국은 경제 발전에 제약을 받지 않기를 원했다. 왕원빈汪文斌 중국 외교부 대변인은 미국의 목표가 "중국의 발전을 억제하고 저지해서 미국의 패권을 유지하는 것"이라고 주장했다. 그는 중국에 대항하는 동맹 형성에 반대하며 국제 규범이 미국과 그 동맹국들의 기만에 불과하다고 일축했다. 왕 대변인은 "미국이 옹호하는 규칙에 기반한 국제질서에 관해 통찰력 있는 사람이라면 누구나 이것이 미국과 몇몇 국가가 미국 주도의 국제질서를 유지하기 위해 만들어낸 규칙에 불과하다는 것을 알 수 있다"고 주장했다.[8]

세계 양대 경제 대국인 미국과 중국은 정면충돌을 향해 달려가고 있었고, 두 나라 모두 직접적인 대결을 원치 않았지만 러시아의 우크라이나 침공으로 인해 강대국 간의 긴장이 고조되고 냉전 종식 이후 형성된 세계질서의 재편은 가속화되고 있었다. 1990년대 초 냉전이 종식되면서 양극화된 세계를 대체한 미국 주도의 단극

세계는 탄생 이래 가장 큰 위협에 직면하고 있었다.[9]

미국의 딜레마

미국 일변도의 단극 세계에 첫 번째로 큰 타격을 준 것은 이 단극 세계를 지키고 보존하려는 의지가 가장 강했던 조지 W. 부시 대통령이었다.

부시는 미국 본토에 가해진 9·11 테러에 대한 직접적인 대응으로 아프간 전쟁을 시작했고, 1년 반 뒤에는 자신의 아버지 조지 H. W. 부시가 1991년에 시작했지만 끝내 마무리하지 못한 사담 후세인 정권을 상대로 한 전쟁을 완수하기 위해 이라크에 미군을 파병했다. 세계에서 미국이 차지하는 역할에 대한 새로운 비전을 반영한 이 두 전쟁은 미국 외교 정책 기조의 신보수주의적 전환과 관련된 두 가지 핵심 패러다임에 기반하고 있었다. 첫 번째는 냉전 이후 등장한 단극 세계에서 미국의 패권을 유지하기 위한 수단으로서 예방 전쟁타국의 침략을 막기 위해 선제공격하는 전쟁이 허용 가능하고 심지어 바람직하다는 생각이었다. 두 번째는 세계를 민주주의 국가들의 공동체로 전환해야 한다고 주장하는 이념적 패러다임이었다. 이러한 패러다임에 따라 계획된 두 전쟁은 제한적 무력 충돌을 목표로 했지만 실제로는 미국의 정치·경제·군사적 약점을 드러내는 장기적인 식민지형 분쟁으로 변질되면서 과도한 장기화의

위험성을 드러냈다.[10]

버락 오바마 대통령은 이라크와 아프카니스탄에서 벌여온 전쟁을 끝내고 중동에서 벗어나 태평양에 집중하기를 원했다. 이러한 '아시아 전환' 전략의 원인을 하와이에서 자라고 어린 시절 일부를 인도네시아에서 보낸 오바마의 성장 배경에서 찾을 수도 있지만, 무엇보다 미국의 경제력과 정치적 영향력 그리고 잠재적으로 군사적 힘에 대한 장기적 도전이 2010년 일본을 제치고 세계 2위 경제 대국으로 급부상한 경쟁자인 중국으로부터 올 것이라는 인식에 따른 것이었다. 중국은 연간 10퍼센트의 성장률로 미국 경제마저 앞지를 태세였는데, 실제로 구매력평가지수PPP를 기준으로 GDP를 측정하면 2014년에 세계 최대 경제 대국이 됐다. 오바마는 태평양에서 무역을 증대하고 정치적 동맹을 강화해 중국의 경제력 및 정치적 영향력 증가에 대항하기 위해 중동에서 미군을 철수하기를 희망했다.[11]

러시아 문제에 관한 한 오바마 행정부는 양국의 긴장 고조를 전임자인 부시 정부 탓으로 돌리며 새로운 출발을 하길 원했다. 오바마-바이든 행정부는 1년 전 미국의 우크라이나 및 조지아의 나토 가입 지지와 러시아의 조지아 침공으로 심각하게 악화된 러시아와의 관계를 개선하기를 바랐다. 미국은 조지아 '사건'을 완전히 용서하고 우크라이나와 조지아를 나토에 가입시키려던 계획을 포기했을 뿐만 아니라 동유럽에 미사일 방어 시스템을 배치하려던 부시 정부의 계획도 폐기했다. 당시 대통령에서 총리로 역할을 바꾼 푸틴은 이 결정에 찬사를 보냈다.

2009년 3월 힐러리 클린턴 신임 미국 국무장관은 세르게이 라브로프 러시아 외무장관에게 작은 기념품으로 빨간색 '리셋' 버튼을 선물해 화제를 모았다. "오바마 대통령과 바이든 부통령, 내가 해온 말을 상징하는 작은 선물을 드리고 싶다. '우리의 관계를 리셋하기를 원하고 함께 그렇게 할 것'이라는 말이다." 두 사람이 농담을 주고받는 동안 냉전 시대 라이벌이었던 두 나라에 밝은 미래가 다가오는 듯했다. 그러나 러시아의 의도와 이에 대한 새 미국 정부의 이해라는 해묵은 의문도 여전했다. 클린턴이 라브로프에게 건넨 버튼에는 '리셋'을 잘못 번역한 단어가 적혀 있었다. 이 버튼에는 러시아어로 페레자그루즈카perezagruzka(리셋)가 아니라 페레그루즈카peregruzka(과부하)라고 쓰여 있었다. 클린턴이 "올바른 러시아어 단어를 찾아내려고 애썼다. 우리가 맞게 쓴 것 같은가?"라고 묻자 "틀렸다"라는 답이 돌아왔다.[12]

버튼을 둘러싼 해프닝에도 불구하고 미·러 관계 개선은 오바마 대통령과 드미트리 메드베데프 신임 러시아 대통령의 두 초강대국의 핵무기 감축을 위한 신전략무기감축협정(뉴스타트New START) 체결로 이어졌다. 러시아와 미국은 이란에 대한 제재에도 협력했다. 이러한 '러시아 문제'의 해결 덕분에 오바마 행정부는 2011년 가을 홀가분한 마음으로 아시아로의 "전환"을 선언할 수 있었다. 2015년 2월 조 바이든 당시 부통령은 "2009년 리셋 버튼을 누른 뒤로 2012년까지 우리는 러시아와의 협력을 통해 상호 이익 증진

은 물론 유럽의 이익 증진을 위해 많은 성과를 이뤄냈다"고 선언
했다. 그 무렵 러시아와 미국의 관계에는 새로운 구름이 몰려들어
하늘을 완전히 뒤덮고 있었다.[13]

가장 큰 구름을 몰고 온 사람은 2012년 5월 세 번째 대통령직
에 복귀한 블라디미르 푸틴 자신이었다. 푸틴은 2011년 말 러시
아 의회 선거와 자신의 복귀 직전에 모스크바에서 벌어진 대규모
시위가 미국의 사주에 의한 것이라고 확신하고 있었다. 그는 힐러
리 클린턴이 러시아 의회 선거의 공정성에 의문을 제기하는 공식
성명을 발표한 점을 들어 러시아 내정 간섭 의혹에 대해 개인적인
책임을 져야 한다고 주장했다. 푸틴은 성명을 통해 러시아 국민은
"자신의 목소리를 내고 투표권을 행사할 권리가 있으며, 이는 공정
하고 자유롭고 투명한 선거를 통해 국민에게 책임을 지는 지도자
를 선출할 자격이 있음을 의미한다"고 밝혔다. 푸틴은 클린턴이 시
위를 선동했다면서 비난했다.[14]

2014년 3월 러시아가 크림반도를 병합하고 돈바스 지역에서 하
이브리드 전쟁을 시작하자 러시아의 무도한 침략을 응징하기 위해
미국 주도로 러시아에 제재가 가해졌다. 이로 인해 미국과 러시아
관계의 '리셋'은 '과부하'로 끝났고, 러시아가 2016년 미국 대통령
선거에 개입하기에 이르렀다. 미국 정보 당국에 따르면 푸틴은 민
주당 전국위원회와 민주당 산하 기관 및 선거 캠프 관계자들의 컴
퓨터 서버에 대한 사이버 해킹을 직접 지시했다고 한다. 결국 러시
아 정보 요원 11명이 클린턴 대선 캠프의 서버를 해킹하고 유출된

이메일 수백 건을 공개해 클린턴의 대선 도전을 방해한 혐의로 기소됐다. 푸틴의 고향 상트페테르부르크에 있는 러시아 댓글 조작 조직은 소셜미디어 계정 수천 개를 만들어 미국 유권자 수백만 명에게 허위 정보를 퍼트려 힐러리 클린턴을 궁지로 몰고 미국 민주주의를 훼손하려는 시도에 대체로 성공했다.[15]

러시아 선거 개입의 가장 큰 수혜자는 공화당 대선 후보로 대통령에 당선된 도널드 존 트럼프였다. 트럼프는 선거 유세 기간과 백악관에 재임하는 동안 블라디미르 푸틴을 공격하거나 러시아의 행동 또는 크렘린의 '주권 민주주의'를 비판한 적이 한 번도 없었다. 오바마 전 대통령과 마찬가지로 트럼프도 아시아 태평양 지역을 외교 정책의 우선순위로 삼으려 했지만, 그의 아시아 전환 정책은 전임자와는 확연히 달랐다. 트럼프는 오바마가 협상했던 환태평양 무역 협정에서 탈퇴하고 중국과 무역 전쟁을 시작해 수천억 달러 상당의 중국산 수입품에 관세를 부과했다.

길고 복잡한 협상 끝에 중국과 새로운 무역 협정을 타결하면서 트럼프는 무역 전쟁에서 승리를 선언하고 코로나19 발생 원인부터 불공정 무역 관행에 이르기까지 다양한 전선에서 거리낌 없이 중국을 공격하기 시작했다. 트럼프의 임기 마지막 해인 2020년 미국은 90개의 중국 기업 및 개인에게 제재 조치를 가해 당시 미국이 부과한 제재 10건 중 한 건꼴로 중국을 겨냥하는 상황을 만들었다. 트럼프와 참모진은 분명히 중국을 미국의 이익에 대한 즉각적인 위협으로 간주하는 한편, 경제 규모가 세계 10위권에도 들지

못하는 러시아를 부차적인 지위로 격하시켰다.[16]

트럼프는 푸틴과 그의 권위주의 통치에 대한 동경을 감추지 못했지만, 트럼프 행정부는 이전 정부들보다 러시아에 대해 더 강경한 입장을 취했고 러시아와 하이브리드 전쟁을 치르는 우크라이나에 더 많은 지원을 제공했다. 오바마는 우크라이나에 살상 무기를 제공하는 것을 의회가 초당적으로 지지했음에도 불구하고 이를 거부했다. 반면 트럼프는 재블린 대전차 미사일을 포함한 4700만 달러 상당의 무기를 우크라이나에 판매하는 것을 승인했다. 아이러니하게도 우크라이나에 대한 미국의 군사 지원은 2019년 12월 미 하원의 첫 트럼프 탄핵의 배경이 됐다. 그해 초 트럼프는 우크라이나에 대한 무기 공급의 의회 승인을 지렛대로 삼아 볼로디미르 젤렌스키 우크라이나 신임 대통령이 조 바이든의 아들 헌터 바이든의 우크라이나 내 의심스러운 사업 활동에 대한 조사를 시작하게 만들려고 시도했다.[17]

2019년 영향력 있는 랜드 연구소의 전문가들은 미국에 대한 주요 위협으로 러시아가 아닌 중국에 집중해야 한다고 조언했다. 2021년 1월 백악관에 입성한 바이든 대통령과 그의 행정부는 이 조언을 진지하게 받아들였다. 실제로는 바이든 행정부가 트럼프의 주요 대중국 정책을 유지한 데다 바이든의 재임 기간에 중국이 주최한 2022년 동계 올림픽에 대해 정치적 보이콧을 선언하면서 중국과의 관계는 크게 개선되지 않았다. 한편 미국과 러시아의 관계는 트럼프 재임 기간에 바닥을 쳤던 것보다 훨씬 더 악화됐다.

바이든의 참모진은 정부의 대러시아 정책을 "안정적이고 예측 가능한 관계"의 달성으로 정의했다. 오바마 행정부에서 러시아 담당 보좌관을 지낸 새뮤얼 차랍은 2021년 12월 공영 라디오 NPR와의 인터뷰에서 "'안정적이고 예측 가능한 관계'라는 일종의 주문 같은 목표의 대전제는 러시아가 의제의 최상위에서 벗어나는 것이다. 미국에 문제를 일으키지 않고 고위 의사 결정권자들의 시간도 더 이상 빼앗지 않는 것"이라고 말했다. 그는 "하지만 그런 상황이 아직 실현되지 않았다"라고 덧붙였다. 그런 면에서 볼 때 푸틴이 갈수록 더 공격적인 태도를 취하고 있는 만큼 바이든 행정부의 정책은 실패했다. 2021년 가을이 되자 러시아는 중국을 밀어내고 미국과 미국이 선호하는 국제질서의 주요 도전자가 됐다. 바이든 행정부가 러시아에 관심을 집중할 수밖에 없는 상황에서 아시아 태평양 지역으로의 전환은 뒤로 미뤄질 수밖에 없었다.[18]

동방의 파트너십

2월 초 이미 우크라이나 침공 결심을 굳힌 푸틴은 시진핑이 주최하는 동계 올림픽 개막식에 주빈으로 참석하기 위해 베이징으로 날아갔다.

두 정상이 만난 뒤 공개한 사진에 따르면 푸틴은 앞선 몇 주 동안 서방의 지도자들과 회담을 가질 때와는 달리 시진핑과 거리를 두지 않았다. 시진핑과 푸틴은 또한 5000단어에 달하는 성명에서 양국 간의 "제한 없고" "금지된 분야도 없는" 우호 협력을 선언해 군사 협력을 시사했다. 그럼에도 이 선언은 공식적인 동맹에는 미치지 못했는데, 중국이 여전히 국제질서를 서열 구조로 인식하면서 경제력이나 잠재력은 물론 역사적·문화적으로도 러시아를 대등한 상대로 간주하지 않았기 때문이다. 이 성명은 새 합의가 "냉전 시대의 정치 및 군사 동맹보다 우월하다"고 주장했다.

이 파트너십이 어떻게 작동할지에 대한 구체적 내용은 없었지만 지정학에 대해서는 자세한 언급이 있었다. 시진핑은 나토의 동쪽 확장에 대한 푸틴의 반대(푸틴이 임박한 침략을 정당화하기 위해 내세운 핵심 이유)를 공개적으로 지지해왔다. 푸틴은 그 대가로 중국의 타이완 영유권 주장을 지지했고, 두 정상은 "미국이 글로벌 미사일 방어 체계를 개발해 관련 부대를 세계 여러 지역에 배치하고, 상대 공격과 기타 전략적 목표를 무력화하는 고정밀 비핵무기 역량을 구축하는 데" 반대한다고 선언했다.[19]

이 회담에서 임박한 우크라이나 전쟁이 어느 정도 논의됐는지는 분명하지 않지만, '제한 없는 우호 협력'이 시작되기도 전에 끝나버릴 위험 때문에 푸틴은 전쟁을 전혀 언급하지 않을 형편이 못 됐다. 서방의 정보기관들은 시진핑이 올림픽 폐막식 전에 전쟁이 시작돼 자신의 위대한 업적에서 세계의 관심이 흩어지는 것을 원치 않는다는 사실을 알아냈다. 실제로 우크라이나와의 민스크 협정에서 탈퇴하기로 한 푸틴의 결정은 올림픽 폐막 이튿날인 2월

21일 발표돼 전 세계를 놀라게 했다. 중국은 전면적인 침략보다는 침공 초기 푸틴이 선언한 일종의 단기 경찰 작전을 예상한 듯 서방 대사관 직원들이 키이우와 우크라이나를 완전히 떠나는 동안 키이우에 있는 자국민에게 여행 자제와 생필품 비축을 권고하는 데 그쳤다. 침공 규모에 놀란 중국은 전쟁 나흘째가 돼서야 자국민을 대피시키기 시작했고 침공 후 2주가 지나서야 이를 완료했다.[20]

푸틴은 곧 있을 서방과의 대결에서 중국의 중립과 잠재적 지원에 대한 큰 기대를 안고 베이징에서 돌아왔을 것이다. 실제로 중국은 전쟁과 관련해 중립을 선언했다. 중국 외교부 성명에 따르면 시진핑은 푸틴과의 전화 통화에서 나토와 미국이 "러시아의 정당한 안보 우려"를 무시한다는 푸틴의 불만에 대해 "모든 국가의 합리적인 안보 우려를 존중해서 균형 있고 효과적이며 지속 가능한 유럽 안보 메커니즘에 도달해야 한다"고 말하며 협상을 통해 이를 이뤄내야 한다고 덧붙였다. 시진핑은 '군사 작전'이 빨리 끝나길 원한다는 입장을 분명히 했다. 그는 "중국은 러시아가 우크라이나와 협상을 통해 문제를 해결하는 것을 지지한다"면서 푸틴에게 "중국은 모든 국가의 주권과 영토 보전을 존중하고 유엔 헌장의 취지와 원칙을 준수한다는 기본 입장을 오랫동안 고수해왔다"고 상기시켰다.[21]

전쟁 전까지 우크라이나에 막대한 투자를 해온 중국은 2014년 러시아의 크림반도 병합을 인정하지 않았고 국가의 주권과 영토 보전을 대단히 중시했기 때문에(타이완에 대한 영유권 주장의 핵심 논거이기도 했다) 러시아의 키이우 공격을 지지할 이유가 거의 없었다. 게다가 중국의 외교 정책은 군사 개입을 최후의 수단으로 남겨두고 경제적 영향력을 이용해 힘을 과시하는 것을 근간으로 했다. 반면 러시아는 군사적 수단 외에는 강대국의 지위를 과시할 수단이 거의 없었고, 우크라이나 침공 초기 단계에서 드러났듯 이러한 수단마저 효과가 크지 않았다.

그럼에도 전쟁이 푸틴의 계획대로 진행된다면 중국은 여러 면에서 그의 승리로 이득을 볼 수 있는 입장이었다. 우크라이나의 몰락은 세계에서 미국의 입지를 더 약화시키고, 유럽-대서양 동맹에 균열을 일으키며, 서방의 관심을 다시 러시아 문제에 집중시키는 결과로 이어질 것이다. 그러면 중국은 미국의 끊임없는 감시와 비판에서 벗어나는 한편, 경제 및 군사 역량을 더 발전시키고 국외에서 입지를 강화할 수 있게 된다.[22]

그러나 상황은 푸틴이나 시진핑의 뜻대로 전개되지 않았다. 우크라이나의 저항 성공은 서방에 전에 없이 단결할 명분과 기회, 시간을 제공했지만, 이는 미국과 유럽 관계뿐만 아니라 유럽 내부의 분열을 기대해온 중국 지도부에게는 나쁜 소식이었다. 에너지 가격 상승과 코로나19 이후 경기 회복의 둔화 등 러시아-우크라이나 전쟁이 세계 경제에 미친 영향은 중국에 큰 타격을 주었다. 시진핑이 공공연히 밀착관계를 유지해온 푸틴이 현대 전쟁을 수행할 능력이 없는 군대를 보유한 무모한 세계질서 파괴자임이 드러나면서 중국의 위상도 타격을 입었다. 러시아가 전쟁 목표를 달성하지 못한 것은 시진핑에게 타이완 침공 성공 가능성에 대한 적신호이기도 했다. 요컨대 푸틴의 '특별 군사 작전'의 결과들은 모두 중국 입장에서는 좋지 않았다.[23]

러시아-우크라이나 전쟁에 대한 중국의 태도 변화는 중국 언론의 보도를 통해 드러났다. 초기에만 해도 중국의 관영 매체들은 이번 전쟁이 서방의 호전적 태도에 대한 대응으로 계획에 따라 진행되는 특수 작전에 불과하다는 러시아의 주장을 그대로 받아들였다. 이 매체들은 이 전쟁을 "침략"이라 부르지 않았고 소소한 예외 말고는 그러한 노선을 고수했다. 그러나 전쟁이 진행되면서 러시아가 빠른 승리를 거둘 기미가 보이지 않자 중국 언론은 침략에 비판적인 의견을 내놓기 시작했다.

2022년 4월 30일 관영 신화통신은 중국의 관점에서 전쟁에 반대해야 할 필요성을 주장한 드미트로 쿨레바 우크라이나 외무장관의 발언을 소개했다. 쿨레바는 "러시아는 중국 지도부의 일대일로一帶一路를 위태롭게 만들고 있다"며 "이번 전쟁은 중국의 이익에 부합하지 않는다. 글로벌 식량 위기와 경제 문제는 (…) 중국 경제에 심각한 위협이 될 것"이라고 주장했다. 그는 중국이 러시아를 견제해주기를 원했다.[24]

한편 푸틴은 전쟁 초기 몇 주 동안 군사 작전에 차질을 빚은 뒤 다시 한번 시진핑의 문을 두드리며 군사 장비와 경제 지원을 요청했다. 시진핑은 막대한 천연자원을 보유한 러시아를 자신의 영향권 안에 두고 싶었기 때문에 푸틴의 요구를 완전히 거절할 입장이 못 됐지만, 중국의 최대 시장인 미국과 유럽이 러시아는 물론 제재 체제를 위반하는 국가에도 예외 없이 제재를 가하고 있는 상황 역시 무시할 수 없었다. 왕이王毅 중국 외교부장은 중국은 러시아에 대한 서방의 제재를 규탄한다는 입장을 밝혔다. 문제는 중국이 이 제재 조치들을 무시할 수 없다는 것이었다.[25]

3월 18일 바이든 대통령은 시진핑 주석과의 화상 회담에서 "우크라이나 도시와 민간인을 상대로 잔인한 공격을 감행하는 러시아에 중국이 물질적 지원을 제공할 경우 초래될 결과와 책임"에 대해 경고했다. 시진핑은 이 전쟁이 중국이 원하던 바는 아니었다고 반박하며 양국 다 "국제적 책임"이 있음을 바이든에게 상기시켰다. 그러나 미국이 원한 메시지는 전달됐다. 중국의 경제 성장은 미국이 보증하는 국제 안보와 경제 및 금융 질서에 계속 의존하고 있었다. 시진핑은 정부 관리들에게 제재 조치를 위반하지 않고 러시아를 도울 방법을 찾으라고 지시한 것으로 알려졌다. 익명의 중국 관리는 "우리는 [러시아가 처한] 곤경을 이해한다. 그러나 이 논의에서 우리 자신의 상황을 무시할 수는 없다"고 말했다.[26]

오스만 제국의 귀환

2022년 7월 18일 블라디미르 푸틴은 전쟁 시작 이후 처음으로 해외 순방에 나서 중앙아시아의 의존국강대국의 지원과 보호를 받는 나라과 동맹국들을 방문했다. 이어 그는 테헤란으로 향했는데, 이는 세계무대에서 자신이 고립됐음을 분명히 보여주는 동시에 동방으로의 방향 선회를 상징하는 것이기도 했다.[27]

푸틴의 순방은 수십 년째 미국과 유럽연합의 제재를 받아온 이란과의 반서방 연대를 강화하기 위한 것이었지만, 우크라이나를 상대로 한 전쟁 노력과도 관련이 있었다. 우크라이나에서 벌어진 하이테크 전쟁에서 미국이 제공한 하이마스뿐만 아니라 미국과 튀르키예제 드론에 밀린 러시아는 이제 중동의 신형 무기에 기대를 걸고 있었다. 수십 년 동안 이 지역에 무기를 공급해온 러시아로서는 굴욕적인 상황 변화였다. 러시아는 이란제 샤헤드-129와 샤헤드-191 드론에 눈독을 들이고 있었다. 푸틴은 테헤란을 찾은 또 다른 방문자인 레제프 타이이프 에르도안 튀르키예 대통령과도 드론에 대해 논의했다. 두 사람은 이란의 최고 지도자 아야톨라 알리 하메네이와 함께 만난 데 이어 별도의 회담까지 가져 정상회담의 다른 어떤 부분보다 더 많은 언론과 대중의 관심을 끌었다.[28]

회담 시작을 1분 남짓 남겨둔 시각에 푸틴의 불쾌한 표정이 영상에 잡혀 인터넷에서 화제가 됐다. 텔레비전 카메라가 돌아가는 가운데 푸틴은 50초 남짓한 시간 동안 에르도안이 회담장에 들어오기를 기다려야 했다. 보통 다른 정상들을 기다리게 만들었던 푸틴은 시무룩하고 굴욕적인 표정을 지었다. "에르도안이 푸틴을 카메라 앞에서 낯선 모습으로 기다리게 만든 그 50초는 우크라이나 침공 이후 얼마나 많은 변화가 있었는지를 충분히 보여주었다"고 아부다비에서 발행되는 신문 『내셔널』의 기자 조이스 카람은 트위터를 통해 밝혔다. 카람은 올린 지 몇 시간 만에 300만 뷰를 기록하고 이후 며칠 새 추가로 300만 뷰를 기록한 자신의 이 트윗에 단 댓글에서 "2020년 러시아에서 벌어진 파워 게임에서 푸틴을 2분 동안 기다리는 수모를 당했던 에르도안 입장에서는 달콤한 복수이기도 하다"고 덧붙였다.29

2020년 3월 푸틴은 에르도안과 모스크바 순방에 그를 수행한 튀르키예 관리 및 보좌관 수십 명을 크렘린 회의장 대기실에서 카메라가 돌아가는 가운데 2분 동안 기다리게 만들었다. 모욕을 당한 튀르키예 관계자들이 닫힌 문 앞에 서 있는 영상이 러시아 텔레비전에 방영됐다. 이는 푸틴이 시리아에서 거둔 승리를 공개적으로 과시하는 방식이었다. 당시 에르도안이 모스크바를 방문한 것은 러시아가 지원하는 바샤르 알아사드 정부군과 튀르키예가 지원하는 반군 간에 이들립주에서 벌어진 전투에서 휴전을 요청하기 위해서였다.

푸틴은 에르도안의 요청을 받아들여 튀르키예에 전략적으로 중요한 지역에서 알아사드 정부군의 진격을 중단시켰지만, 그 대가로 에르도안에게 더 큰 굴욕을 안겼다. 튀르키예 대표단이 기다리고 있던 대기실에 걸린 러시아 장군들의 초상화 중에는 18세기 후반 오스만 튀르크와의 전쟁에서 러시아 제국의 승리를 이끈 알렉산드르 수보로프의 초상화도 있었다. 에르도안이 결국 입장하게 된 회의장에는 당시 전쟁을 벌인 예카테리나 대제의 거대한 동상이 놓여 있었고, 두 정상이 함께 기념 촬영을 하기 위해 앉은 의자 뒤에는 러시아가 튀르키예를 상대로 승리를 거둔 또 다른 전쟁인 1877~1878년의 장면을 묘사한 청동 부조로 장식된 제국 시대의 벽시계가 있었다.[30]

러시아는 에르도안 일행을 기다리게 만들거나 푸틴과의 회담 장소를 선정하는 데 악의가 전혀 없었다고 부인했지만, 에르도안 대통령과 대표단은 러시아에서 받은 외교 의전에 특이한 점은 없었으며 불쾌감을 느끼지도 않았다고 튀르키예 언론에 설명하느라 애를 먹어야 했다. 2022년 7월에는 이제 푸틴이 테헤란에서 받은 대접에 대해 태연한 척할 차례였지만, 영상에 찍힌 표정과 몸짓은 다른 말을 하고 있었다. 에르도안의 테헤란 방문 목적은 무엇보다 튀르키예와 시리아 반군 사이에 완충 지대를 만들기 위해 시리아에서 계획 중인 군사 작전에 대한 러시아와 이란의 지지를 요청하기 위해서였다. 하지만 이번에는 단순히 요청하는 입장이 아니라 호의를 베풀어달라는 요청을 받는 입장이기도 했다.

푸틴은 우크라이나 곡물을 오데사항을 통해 수출하는 문제에 관한 러시아와 우크라이나의 협상에서 에르도안의 역할에 감사를 표했다. 푸틴은 또한 튀르키예의 무장 드론인 바이락타르 TB2를 구입하려고 했다. 바이락타르 TB2는 우크라이나군이 러시아군을 상대로 사용해 뛰어난 활약을 펼친 드론으로, 이제 푸틴은 에르도안이 러시아에 드론 생산 공장을 건설해주기를 원했다. 바이락타르는 에르도안 총리의 사위로 발명가이자 기업가인 셀쿠크 바이락타르가 소유한 기업 바이카르에서 생산해 우크라이나에 제공된 무기였다. 2020년 에르도안의 모스크바 방문 당시 러시아 언론은 시리아 전쟁에서 튀르키예제 드론들이 보인 성능을 조롱했지만, 이제 이스라엘에 드론 구매를 타진했다가 거절당한 푸틴은 튀르키예제 드론 판매를 직접 요청하고 나선 것이다. 에르도안은 이에 응할 준비가 돼 있지 않았다. 하루 전 셀쿠크의 동생으로 바이카르사의 CEO인 할루크 바이락타르는 자사의 드론을 러시아에 "절대 공급하지 않겠다"고 밝힌 바 있다.[31]

튀르키예제 드론을 우크라이나에 공급하는 것에 대한 러시아의 불만을 무시해온 에르도안은 이제 와서 굴복할 생각이 없었다. 그는 러시아가 우크라이나에서 승리하는 데 전혀 관심이 없었다. 튀르키예와 러시아는 러시아의 중심지가 모스크바에서 상트페테르부르크로, 다시 모스크바로 바뀐 지난 수 세기 동안 흑해 북부 지역의 라이벌이었고, 승리를 거둔 쪽이 항상 러시아인 것은 아니었다. 푸틴은 2020년 에르도안과의 회담 장소로 모스크바를 선택함으로써 이제는 다르다는 것을 보여주고 싶어했다. 16세기에는 오스만 제국의 지역 속국인 크림타타르의 칸 데블렛 1세 기라이가 모스크바를 공격하고 불태워 이반 4세가 수도를 버리고 도주해야 했다. 17세기에는 오스만 제국이 우크라이나에서 모스크바 대공국 군대와 맞서 싸우며 폴란드와 모스크바 모두에 반기를 든 우크라이나 코사크 편에 섰다. 19세기에 오스만 제국은 영국 및 프랑

스와 연합해 크림전쟁에서 러시아를 무릎 꿇리고 크림반도의 비무장화를 강요했다.[32]

이 지역에서 러시아와 튀르키예의 경쟁은 단순히 과거의 문제가 아니었다. 크림반도의 원주민인 크림타타르인들은 이슬람교도인 튀르키예와 역사의 일부뿐만 아니라 종교도 공유했다. 이들은 튀르키예 영토 내에 100만 명에 달하는 디아스포라(유민)를 남겼는데, 이는 18세기 러시아의 크림반도 병합과 19세기 크림전쟁 이후 크림반도를 집단 탈출한 결과였다. 튀르키예는 2014년 러시아의 크림반도 병합을 인정하지 않고 키이우로 망명한 크림타타르 지도자들을 지원했다. 튀르키예는 또한 새로운 전쟁이 시작됐을 때 크림타타르인 편에 서겠다고 약속했다. 2020년 튀르키예가 무기와 훈련을 제공한 아제르바이잔 군대가 러시아의 지원을 받은 아르메니아 군대를 나고르노카라바흐에서 무찌르면서는 튀르키예가 캅카스의 강자로 자리매김했다. 러시아는 평화유지군을 파견해 이 지역에서 입지를 구축했지만, 이제 수십 년 동안 러시아의 뒷마당으로 여겨졌던 지역에서 커져가는 튀르키예의 영향력에 대처해야 했다.[33]

만약 우크라이나가 러시아에 패한다면 구소련 공간뿐만 아니라 점점 더 독단적으로 변하는 러시아를 견제하기 위해 튀르키예가 조지아, 불가리아, 루마니아와 우호적 관계 구축에 공을 들여온 흑해 지역에서도 튀르키예의 이익은 훼손될 수밖에 없었다. 튀르키예는 푸틴의 행보를 가로막기 위해 1936년 몽트뢰 조약다르다넬스 해협과 보르포루스 해협의 통행 자유에 관한 조약으로 보장받은 권한을 이용해 러시아 군함이 대서양에서 지중해를 거쳐 흑해로 진입하는 것을 거부했다. 바이락타르 드론 공급은 튀르키예와 에르도안 정부를 우크라이나의 소중한 동맹으로 만든 또 하나의 상징적이면서도 실질적인 제스처였다.[34]

그러나 에르도안은 우크라이나를 지원하면서도 튀르키예와 발칸반도를 비롯한 동남부 유럽에 (튀르키예를 통해) 가스를 공급하는 러시아와의 관계가 훼손되는 것은 원치 않았다. 수백만 명의 러시아 방문객은 연간 300억 달러를 벌어들이는 튀르키예 관광 산업에 중요한 존재였고, 러시아는 튀르키예 기업들의 중요한 시장이었다. 에르도안은 다른 어떤 나토 회원국도 흉내 낼 수 없는 중립성과 튀르키예가 아니었으면 러시아가 만들지 못했을 세계와의 협상 테이블을 푸틴에게 제공했다. 튀르키예는 다른 모든 나토 동맹국이 참여한 대러시아 제재 조치에 동참하기를 거부하고 스웨덴과 핀란드의 나토 가입을 막으려 했다. 에르도안은 푸틴과 러시아의 행동을 공개적으로 비판하는 데 신중을 기했다. 그는 이 모든 것을 미국과 유럽 또는 우크라이나와의 관계를 그르치지 않고 해냈다.[35]

에르도안은 러시아와 우크라이나 모두에 이점을 제공할 수 있었기 때문에 곧 양국 관계뿐만 아니라 두 나라와 전 세계 관계의 핵심 중재자로 부상했다. 3월 말 에르도안은 이스탄불의 돌마바흐체 궁전에서 우크라이나와 러시아 대표 간 협상의 주요 회담을 한 차례 주최했는데, 이 자리에서 러시아는 키이우 지역에서의 철수를 발표했다. 우크라이나 대표단은 8개국이 자국의 주권과 영토 보전을 보장하는 단체 협약을 맺는 조건으로 나토 가입을 포기할 준비가 돼 있음을 보여주었다. 이후 부차를 비롯한 키이우 인근 도시에서 러시아가 저지른 전쟁 범죄가 폭로되면서 협상은 중단됐지만, 튀르키예는 여전히 두 전쟁 당사국이 외교적 대화를 위해 가장 편하게 만날 수 있는 장소로 남았다.[36]

6월에 에르도안은 에마뉘엘 마크롱과 올라프 숄츠가 실패했던 일을 해냈다. 러시아가 막고 있던 오데사항에서 우크라이나 곡물 선적이 재개되도록 러시아-우크라이나 협상 타결을 도운 것이다.[37] 7월 22일 협상이 최종 타결돼 전년도 수확량 2000만 톤과 새로 수확할 수백만 톤의 곡물을 선적할 수 있게 됐다. 우크라이나는 이 합의를 통해 100억 달러에 가까운 수익을 올렸다. 대신 러시아는 미국과 EU로부터 러시아산 농산품과 농업 관련 제품 수출에 대한 제재 완화를 얻어냈다. 그러나 가장 큰 승자는 에르도안이었다. 그는 우크라이나에서 수출하는 곡물을 25퍼센트 할인된 가격에 구매할 권리를 얻었는데, 경제가 곤두박질치며 인플레이션율이 80퍼센트까지 치솟은 국가의 지도자에게는 대단한 소득이었다. 그러나 그의 가장 큰 성과는 많은 사람을 굶주림과 기아에서 구해낸 것이었다. 상당수 아프리카 국가가 우크라이나산 곡물에 의존해 기근을 피하는 상황이었고, 유럽도 해안 국경 근처에서 또 다른 인도주의적 재앙과 난민 위기를 막기 위해 우크라이

나산 곡물에 의존하고 있었다.[38]

러시아는 세르게이 쇼이구 국방장관이 이스탄불에서 곡물 협정에 서명한 다음 날 오데사항을 미사일로 공격했는데, 이는 어쩌면 푸틴이 테헤란에서 에르도안과 회담을 갖기 전에 기다려야 했던 50초에 대한 보복이었는지도 모른다. 그러나 에르도안이 성사시킨 합의는 이 미사일 공격과 몇 차례의 추가적인 공격을 견뎌냈다. 튀르키예는 유엔과 협력해 이 합의의 보증인이 됐고, 우크라이나는 곡물 운송 보호를 위해 튀르키예 해군 함정 두 척과 잠수함 한 척이 지중해에서 흑해로 들어오도록 허용했다. 8월 1일 옥수수 2만 5000톤을 실은 첫 번째 우크라이나 선박이 오데사를 떠나 이스탄불로 향했다. 11월 초 흑해에서 우크라이나가 러시아 해군을 공격했다는 이유를 들어 러시아가 합의를 파기하자 에르도안은 러시아의 동의 여부와 상관없이 우크라이나산 곡물 수출은 계속될 것이라고 선언했다. 푸틴은 에르도안과 전화 통화를 한 뒤 방향을 선회해 합의에 복귀해야 했다.[39]

튀르키예의 입지가 약화되고 이런저런 국가 간 분쟁에 휘말릴 위험을 드리운 이번 전쟁을 에르도안은 자신과 튀르키예가 중동의 이슬람 진영뿐만 아니라 구소련 공간에서 지역의 리더로, 그리고 세계무대에서는 정치적 행위자로 자리매김하는 디딤돌로 교묘하게 활용했다. 이번 전쟁으로 가속도가 붙은 이러한 튀르키예의 부상은 러시아가 전쟁 첫 달에 전장과 외교 무대에서 여러 좌절을 겪었기에 가능한 일이었다. 튀르키예의 부상으로 러시아는 더 약

러시아 우크라이나 전쟁

화됐고 푸틴은 테헤란 방문 때처럼 이전에는 자신이 기다리게 만들었던 사람들을 기다려야 하는 상황으로 내몰렸다.

닫히는 서방의 문

러시아가 푸틴이 개시하려던 '군사 작전'에 대해 서방이 나타낼 반응을 어떻게 예상했는지를 함축적으로 보여준 것은 2022년 2월 21일 드미트리 메드베데프 전 러시아 대통령의 발언이었다. 그의 발언은 러시아의 민스크 협정 탈퇴에 관한 러시아 국가안보회의의 텔레비전 토론 과정에서 나왔다.

메드베데프는 "쉽지 않겠지만 상황을 적절히 관리한다는 전제 하에 시간이 좀 지나고 나면(대통령의 지도력 아래 우리가 숙달한 부분이라고 생각한다) 지금 우리 나라 주변을 흔들고 있는 긴장은 어떤 식으로든 해소될 것이다. 빠르게 한순간에 해결되지는 않겠지만, 인류 역사는 질서정연하기 때문에 조만간 사람들은 이 문제에 지쳐서 우리에게 전략적 안보 보장에 관한 모든 문제를 다루는 논의와 협상으로 돌아가자고 요청할 것"이라고 말했다.[40]

우크라이나와의 전면전 개시라는 중대한 결정을 내리는 데 관여한 블라디미르 푸틴과 그의 측근들은 서방의 단합된 대응에 놀랐지만, 미국과 유럽이 도입한 제재 조치가 러시아의 전쟁 수행 능력에 즉각적인 영향을 거의 미치지 못한 부분적 이유는 유럽이 러시아산 천연가스를 계속 구매했기 때문이다. 침공 후 두 달이 조금 넘는 기간에 유럽 국가들은 러시아 연방으로부터 주로 가스를 중심으로 460억 달러 상당의 에너지를 구매했다. 유럽 전체 가스 소비의 40퍼센트를 러시아에 의존하는 상황에서 EU가 할 수 있는 최선은 1년 안에 그중 3분의 2를 줄이는 것이었다. 즉각적인 공급 중단은 심각한 경제적·사회적 문제를 야기했을 것이다. 독일 한 나라만 해도 이러한 조치를 취했다면 40만 개의 일자리가 사라져 사회적 격변이 일어났을 것이다.[41]

전쟁 우려 및 공급 차질과 러시아산 가스와 석유 수입 제재로 인한 에너지 가격 상승은 러시아의 에너지 판매 수입과 이익 증가로 이어졌다. 소비자들은 가정과 주유소에서 더 높은 가격에 직면했는데, 유럽에서는 천연가스 가격이 20퍼센트나 올랐다. 유가가 오르면서 휘발유 가격도 상승했다. 스페인에서는 경유 리터당 가격이 1년 새 1.20유로에서 1.90유로로 50퍼센트 넘게 치솟았다. 미국에서는 2022년 3월 한 주 동안 휘발유 가격이 55센트 상승해 13년 전 기록인 갤런당 4.10달러를 경신했다.[42]

석유와 가스 가격 상승은 적어도 단기적으로는 제재를 견뎌낼 수 있다는 점에서 러시아에 좋은, 사실 아주 좋은 소식이었다. 일부 추정에 따르면 2022년 러시아의 경상수지 흑자는 2500억 달러에 달해 전쟁 초기에 서방이 동결한 자산의 상당 부분을 상쇄할 것으로 예상됐다. 러시아는 또한 제재로 인한 금융 분야의 충격도 견뎌냈다. 루블화는 처음에는 60퍼센트나 하락했지만 현재 제재를 받고 있는 중앙은행이 금리를 두 배로 올리고 주식 시장을 한 달 동안 폐쇄하는 조치를 취한 덕분에 3월 말에는 회복세로 돌아섰다. 러시아는 자국 통화에 대한 수요를 창출하기 위해 가스 대금을 루블화로 지불해줄 것을 고집했고 이를 거부한 폴란드와 불가리아에 대해 공급을 중단했다. 푸틴이 폴란드를 응징해 유럽의 제재 연합에 분열을 초래하려고 시도하면서 다른 국가들은 피해를 면했다. 푸틴은 5월에 핀란드에 대해서도 같은 조치를 취했는데, 이 역시 핀란드의 나토 가입 결정에 대한 보복이었다.[43]

유가 상승은 유럽뿐만 아니라 미국에도 타격을 입혔다. 바이든 대통령은 가격 상승에 대응하기 위해 국가 비축유에서 1억 8000만 배럴을 방출하도록 지시했지만 일시적이고 불충분한 조치로 판명됐다. 이 상황에서는 이란이나 베네수엘라, 사우디아라비아 같은 세계 최대 산유국들의 영향력이 필요했다. 그러나 이란과 베네수엘라는 제재를 받고 있었고, 사우디아라비아는 미국 정보 당국이 망명한 사우디 언론인 자말 카쇼기 살해 명령에 빈 살만 왕세자가 연루됐음을 시사한 뒤로 비협조적으로 바뀌었다. 7월에 바이든은 많은 지지자가 실망감을 드러내는 가운데 전쟁으로 인한 에너지 위기를 완화하기 위해 사우디를 방문하지 않을 수 없었다. 그러나 사우디아라비아는 원유 증산을 거부했고, 유가는 즉각 급등했다. 11월 말 들어 바이든 행정부가 빈 살만 왕세자를 대상으로 제기된 카쇼기 민사 재판에서 왕세자에게 통치 행위에 따른 면책특권을 부여해야 한다는 입장을 취하자 비로소 사우디는

석유수출국기구OPEC 회원국의 증산을 지지했다.[44]

제재만으로는 전쟁을 끝낼 수 없고 제재가 러시아뿐만 아니라 제재 조치를 도입한 국가들에도 고통을 안겨주는 경향 때문에 러시아와 서방 전체의 경제적 관계 및 이에 따른 정치적 관계와 관련해 제재를 통해 달성한 주요 지정학적 변화들은 빛이 바랬다. EU 회원국들은 합의의 필요성 때문에 제재 부과에 동의하기 어려웠지만, 같은 이유로 제재를 해제하는 것 역시 어려웠다. 따라서 제재 조치들은 몇 년 혹은 몇십 년 동안 유지될 가능성이 높았다. 그리고 제재가 러시아 경제에 미치는 영향은 전쟁 발발 직후부터 분명해졌다. 전쟁 첫 몇 달 동안 러시아 국내총생산의 40퍼센트를 차지하던 국제 기업 1000여 곳이 러시아 연방을 떠났는데 일부는 제재의 압박 때문에, 일부는 평판 리스크를 피하기 위해 자발적으로 러시아에서 철수했다.[45]

군수업체를 포함한 러시아 기업들은 현재 제재에 참여하고 있는 국가들로부터 수입해온 마이크로칩과 부품 부족으로 인해 생산 라인을 중단한 것으로 나타났다. 상업용 항공기의 70퍼센트가 보잉과 에어버스로부터 예비 부품을 받지 못해 운항이 중단됐다. 러시아의 수입은 급격히 감소해 세계 9대 경제대국으로부터의 공산품 수입이 51퍼센트나 줄었다. 마이크로칩 수입은 무려 90퍼센트 감소했고, 자동차 생산량은 64퍼센트 줄었다. 10월이 되자 천연가스 생산량이 2021년 10월 대비 20퍼센트 감소했고 비에너지 부문 수익도 감소했다. 러시아 중앙은행에 따르면 GDP는 2022년

2분기와 3분기에 각각 4.1퍼센트와 4퍼센트 감소했고 4분기에는 7.1퍼센트 감소할 것으로 전망됐다. 러시아 경제가 위축되면서 크렘린의 전쟁 수행 능력은 약화되고 러시아 내부의 사회적 긴장은 고조됐다.[46]

유럽이 러시아산 석유에 등을 돌리고 러시아산 가스 소비를 대폭 줄이겠다고 약속하면서 2050년까지 온실가스 순배출 제로를 달성한다는 유럽의 장기 전략을 지지하는 사람들의 예상보다 훨씬 더 일찍 유럽 시장이 러시아산 에너지에 대해 문을 닫기 시작했다. 가장 수익성 좋은 유럽 시장을 잃는다는 것은 정부 세입의 60퍼센트를 에너지 수출로 만들어내는 국가에 결코 좋은 일이 아니었다. 전쟁 전 에너지 소비량의 55퍼센트를 러시아산 가스에 의존하던 독일은 전쟁 발발 후 몇 달 만에 의존도를 3분의 1이 약간 넘는 수준까지 줄였다. 독일은 또한 미국산 액화 가스 수입을 위한 LNG 터미널 신규 건설 계획도 세웠다. 2022년 7월이 되자 유럽은 이미 이전에 러시아에서 구매하던 천연가스 양보다 더 많은 LNG를 미국에서 수입하고 있었다.[47]

유럽의 이 같은 상황 전개는 크렘린으로부터 상당한 불만을 일으켰다. 5월에 푸틴은 서방의 기술 지원이 끊겨 어려움을 겪고 있는 러시아 석유 산업의 발전을 논의하는 회의에서 EU의 에너지 정책을 자살 행위라면서 비난했다. 푸틴은 "러시아의 에너지 자원이 세계의 다른 지역으로 전환됨에 따라 유럽은 경제 활동을 증가시킬 잠재력까지 잃을 것이 분명하다. 이런 경제적 화형은 자살 행위"라고 선언했다. 러시아 안팎에서 러시아의 에너지가 갈 수 있는 "다른 지역"이 중국이라는 데 의문을 제기하는 사람은 거의 없었다. 푸틴의 베이징 방문의 일환으로 러시아의 국영 가스 기업 가스프롬이 러시아 극동 지역에서 생산한 천연가스를 연간 100억 입방미터씩 중국 측에 공급하기로 합의하면서 러시아의 수출 길은 전쟁 전에 이미 넓어진 상태였다. 당시 방문을 통해 체결된 석유와 가스 거래의 전체 가치는 1175억 달러로 추산됐다.[48]

전쟁 발발과 함께 러시아가 석유와 가스 수출을 위해 동쪽으로 방향을 틀면서 중국뿐만 아니라 인도도 그 수혜국으로 부상했다. 인도도 중국과 마찬가지로 국가 주권과 국경 불가침 원칙 준수를 재확인했지만 우크라이나 침공에 대해 러시아를 공개적으로 비난하거나 비판하지는 않았다. 세계 최대 규모의 민주주의 국가 인도는 권위주의적인 러시아 정부의 편을 들면서 주요 동맹국인 미국과의 관계를 복잡하게 만들었다.

인도가 채택한 '전략적 모호성' 정책은 냉전 시절부터 소련의 1956년 헝가리 봉기 진압과 1968년 체코슬로바키아 침공, 1979년 아프가니스탄 침공에 대한 규탄을 거부하며 러시아를 전략적 동반자로 간주해왔을 만큼 역사적 뿌리가 깊다. 그러나 인도가 공식적으로는 중립을 표방하면서 본질적으로는 친러시아적인 태도를 취한 배경에는 역사 이상의 요인이 있었다. 러시아의 무기 공급이 인도의 입장에 영향을 미친 요인 중 하나였고, 러시아가 인도의 지역 내 주요 라이벌인 중국과 파키스탄에 더 밀착하지 않기를 바라는 마음도 있었고, 마지막으로 러시아의 에너지 자원을 헐값에 이용할 수 있는 매력적인 경제적 기회도 있었다.[49]

2022년 5월 무렵 중국과 인도는 러시아 원유 수출량의 절반인 하루 240만 배럴의 러시아산 원유를 최대 30퍼센트 할인된 가격에 구입하고 있었다. 인도는 러시아산 원유 구매량을 2021년 6월 3만3000배럴에서 2022년 6월 115만 배럴로 늘리면서 더 비싼 이라크산 원유 구매를 줄였다. 아울러 멕시코산 원유 수입을 중단하고 미국과 나이지리아, 사우디아라비아산 원유 구매를 줄였다. 2022년 6월 러시아는 사우디아라비아를 제치고 중국의 최대 원유 공급국이 됐다. 2021년에도 러시아산 천연가스를 22퍼센트 할인된 가격에 수입한 중국은 전쟁이 시작되면서 러시아가 할인율을 더 높이지 않을 수 없었기 때문에 미국산 LNG 수입을 거의 중단하고 러시아 공급업체로 전환할 수 있었다. 유럽은 세계 에너지 공급의 재편에서 한 가닥 희망을 봤다. 러시아가 중국에 천연가스를 공급하면 중국의 LNG 수요가 감소해 유럽인들이 더 저렴하고 쉽게 LNG를 구매할 수 있을 것으로 예상됐기 때문이다.[50]

2022년 첫 10개월 동안 러시아의 대중국 에너지 수출은 금액 기준 64퍼센트, 물량 기준 10퍼센트 증가했지만, 11월 들어 중국은 EU가 러시아산 원유 수입 금지 조치를 내릴 것을 우려해 러시아산 원유 구매를 늦추기 시작했다. 중국이 독일을 비롯한 EU 국가들처럼 에너지 안보를 위태롭게 만들고 러시아에 지나치게 의존하지 않으면서 구매할 수 있는 러시아산 석유와 가스의 양에는 한

계가 있다. 그럼에도 중국은 러시아의 동방 전환의 최대 수혜자로 떠오를 준비가 돼 있었다. 달리 눈 돌릴 곳이 없던 푸틴은 러시아의 주요 무기 시장인 인도에 대한 러시아의 군사 판매를 줄여달라는 중국의 오랜 요청에 훨씬 더 취약해졌고, 중국이 러시아산 석유를 더 많이 구매하도록 설득하려면 훨씬 더 큰 할인을 제공해야 했다.[51]

실제로 2022년 9월 중순 푸틴과 시진핑이 우즈베키스탄 사마르칸트에서 열린 상하이협력기구SCO 회의에 참석했을 때 우크라이나 전쟁과 최근 러시아군의 하르키우 패배로 이른바 '제한 없는' 동맹에서 중국의 입지가 강화되고 러시아의 입지는 약화됐음이 분명해졌다. 푸틴과 시진핑이 만났을 때 푸틴은 우크라이나 전쟁에 관한 중국의 "의문과 우려"를 인정해야 했다. 푸틴은 시진핑을 만나기 위해 중국 대표단이 정상회담을 위해 묵고 있는 사마르칸트 호텔까지 가야 했는데, 이는 양국 관계에서 중국이 우위를 점하고 있을 뿐만 아니라 러시아의 뒷마당인 중앙아시아에서 결정권을 행사하고 있음을 분명히 보여주는 증거였다. 정상회담에 앞서 시진핑은 러시아의 오랜 동맹국이지만 러시아의 우크라이나 침공으로 위협을 느끼고 있는 카자흐스탄을 방문했다. 시진핑은 카자흐스탄 지도부에 영토 보전에 대한 중국의 지지를 확인했다. 러시아는 (중국의) 이런 보장이 적용될 수 있는 유일한 잠재 침략 국가였다.[52]

11월 중순 인도네시아 발리에서 G-20 회원국 지도자들이 만났을 때 푸틴이 불참해 눈길을 끌었다. 그는 러시아 침공에 대해 리시 수낵 신임 영국 총리 같은 정상들과 부딪칠 것을 알고 있었다. 대신 젤렌스키가 화상 연결을 통해 정상회의에 참석했고, 바이든과 시진핑은 회의 시작 전에 별도로 장시간 회담을 가졌다. 두 정상은 세계 최대의 두 경제대국 간의 대결을 피해야 하며, 푸틴이 우크라이나에서 핵무기를 사용하지 못하게 막아야 한다는 두 가지 사항에 동의한 듯했다. "세계는 양국이 함께 발전하며 번영을 누릴 수 있을 만큼 충분히 크다"고 화춘잉華春瑩 중국 외교부 대변인은 트위터를 통해 밝혔다. 미국의 회담 발표문에 따르면 두 정상은 "핵전쟁이 결코 일어나서는 안 되며 핵전쟁으로는 결코 승리할 수 없다"는 데 동의했다. 중국은 이 성명을 확인도 부인도 하지 않아 합의가 사실임을 시사했다.[53]

러시아의 우크라이나 침공은 러시아와 중국의 동맹을 뒤흔들어 양국 관계를 어느 때보다 더 불평등하게 만들었다. 사마르칸트 정상회의와 푸틴의 발리 회의 불참 몇 달 전인 2022년 6월 「폴리티코」는 이미 푸틴을 "중국의 새로운 가신"이라고 불렀다. 미국의 안보 전략가 매슈 크로닉은 이 매체와의 인터뷰에서 "냉전 시대 양상과는 정반대로 러시아는 더 강력한 중국의 하급 파트너가 될 것"이라고 전망했다. 역사는 새롭고 예측 불가능한 방식으로 반복되고 있었다.[54]

맺는 말
새로운 세계질서

이 책은 러시아가 우크라이나를 상대로 전면전을 벌인 첫해인 2022년 3월부터 2023년 2월 사이에 집필됐다. 그 뒤로 이 책의 문고판 발간을 준비하기 시작한 2023년 8월까지 전쟁의 최전선과 국제무대에서 많은 변화가 일어났다. 그중 어느 것도 전쟁의 향방을 바꾸지는 못했지만 이미 명백한 추세를 더 강화했다. 한편으로는 우크라이나의 독립을 짓밟겠다는 원래 목표를 달성하지 못하는 러시아의 무능력과, 다른 한편으로는 주권을 수호하고 잃어버린 영토를 되찾겠다는 우크라이나의 결의였다.

2023년은 우크라이나의 항복을 받아낼 목적으로 러시아가 우크라이나 에너지 기반시설에 미사일 공격을 가하는 가운데 막을 열었다. 유럽에 대한 러시아의 에너지 공급이 대폭 줄거나 중단되면서 유럽의 우크라이나 지원 의지는 약화될 위기에 처했다. 우크라이나 동부의 눈 덮인 들판에서 진행 중인 러시아군의 겨울 공세는 2월 들어 절정에 달했다. 전쟁의 향방이 협상 테이블이 아닌 전장에서 결정될 것이라는 사실은 날이 갈수록 더 분명해지고 있었다.

2023년 겨울과 봄의 상황 전개는 러시아의 침략에 맞서 싸우려는 서방과 우크라이나의 결의가 겨울철 추위를 견뎌냈음을 보여주었다. 유럽은 절망으로 얼어붙지 않았고, 우크라이나 역시 도시의 발전 시설과 전력망을 보호하는 데 도움을 준 미국의 패트리엇 지대공 미사일을 비롯한 서방의 대공 및 미사일 방어 시스템 공급에 힘입어 희망을 접지 않았다. 이 기간에 우크라이나는 기반시설과 인적 자본에 상당한 손실을 입었다. 수백만 명의 사람이 여전히 난민으로 해외에 머물렀고, 우크라이나 동부에 이어 남부 지역에서도 전투가 격화되면서 군 사상자 역시 늘었다. 그럼에도 국민과 군대의 사기는 여전히 높았다.

최전선에서 러시아군의 겨울 공세는 성과가 미미했는데, 가장 큰 성과는 우크라이나 동부의 바흐무트시를 파괴하고 난 뒤 점령한 것이었다. 이는 제한적 승리일 뿐만 아니라 대가가 아주 큰 승리였다. 바흐무트를 놓고 벌인 전투가 2022년 8월부터 2023년 5월 말까지 이어지면서 러시아군은 수만 명의 사상자를 냈다. 푸틴이 고용한 예브게니 프리고진이 지휘하는 바그너 그룹 용병들만 해도 2만2000명 이상이 전사하고 4만 명 이상이 부상을 당했다. 이 부대는 대부분 대통령의 사면 약속을 받고 러시아 교도소에서 모집한 죄수 출신들로 구성돼 있었다. 다른 러시아군 부대들도 막대한 손실을 입었다.

겨울 반격의 실패는 6월 들어 바그너 그룹이 프리고진의 주동 아래 반란을 일으키는 빌미가 됐다. 프리고진의 부대가 크렘린의 기대만큼 효과를 발휘하지 못하자 이들을 러시아 정규군에 통합한다는 결정이 내려졌고, 프리고진은 이에 반발해 반란을 일으켰다. 그가 이끄는 용병들은 아무런 저항도 받지 않고 남부 로스토프온돈시의 러시아군 사령부를 장악한 뒤 모스크바를 향해 진격하기 시작했다. 프리고진은 뜻밖에도 이들에게 중단을 명령한 뒤 자신들의 기소를 면제하는 선에서 타협하자고 블라디미르 푸틴 대통령을 압박했다. 반란과 이에 대한 푸틴의 대응은 정권의 취약성을 보여주고 러시아 군부의 균열을 드러냈다. 우크라이나전 총사령관을 지낸 세르게이 수로비킨 장군과 마리우폴의 '학살자' 미하일 미진체프 장군을 포함한 러시아군 핵심 장교들이 반란에 가담한 혐의로 직무 정지된 뒤 조사를 받은 것으로 알려졌다.

2023년 6월 초 우크라이나군이 러시아에서 크림반도로 이어지는 육로를 차단하기 위해 반격을 시작하자 러시아군은 드니프로강 하류의 카호우카 댐을 폭파해 600제곱킬로미터에 달하는 지역이 물에 잠겼다. 이는 우크라이나군이 드니프로강 우안(서쪽)에서 러시아군이 장악한 좌안으로 건너오지 못하게 막으려는 시도였다. 러시아군이 우크라이나 남부에 구축한 방어망인 '수로비킨 라인'은 우크라이나군의 진격을 상당히 지연시켰다. 우크라이나군은 참호를 탄탄히 구축한 러시아군이 전선에 설치한 수많은 지뢰를 제거하는 작전을 적절한 장비도 없이 감당해야 했다. 우크라이나는 서방 동맹국들로부터 많은 탱크와 장갑차를 지원받았지만, 서방이 분쟁 확대를 우려해 최신 군용기와 장거리 미사일 시스템 제공을 꺼린 탓에 우크라이나군의 반격은 더디게 진행됐다.

우크라이나는 주어진 자원으로 싸웠다. 2023년 봄과 여름 우크라이나의 공중 드론은 모스크바를 주기적으로 공격하기 시작해 크렘린도 안전지대가 아님을 보여주었다. 우크라이나군은 또한 해상 드론을 이용해 케르치 해협 대교에 손상을 입혀 러시아가 크림반도 북쪽의 부대에 보급품을 공급하는 것을 더 어렵게 만들었다. 우크라이나는 비슷한 드론을 이용해 멀리 노보로시스크항에 있는 러시아 군함까지 공격했다. 이에 따라 전쟁은 러시아 전선 후방 깊숙이까지 확대됐다. 주민들의 불만이 커질 것을 우려한 러시아 당국은 탄압 조치를 강화해 이고르 기르킨 같은 민족주의 비판 세력을 체포하고, 예브게니 프리고진을 쿠데타 실패 두 달 뒤 비행기 추락 사고로 위장해 살해한 것으로 알려졌다. 또한 정권을 비판해온 자유주의 진영의 블라디미르 카라무르자에게 25년 형을 선고했다. 러시아 야당의 핵심 지도자로 반부패 운동을 이끌다 투옥된 알렉세이 나발니는 이미 선고받은 9년 형에 19년 형이 추가됐다.

국제무대에서 고립을 탈피하려는 러시아의 시도는 모스크바 당국이 기대했던 결과를 얻지 못했다. 2023년 3월 국제형사재판소

ICC가 우크라이나 아동들의 불법 이주에 연루된 혐의로 블라디미르 푸틴에게 체포영장을 발부하면서 러시아와 푸틴 대통령은 국제적 위상에 큰 타격을 입고 푸틴은 해외여행이 어렵거나 아예 불가능해졌다. 중국은 공식적으로는 중립 입장을 유지해 러시아에 무기 제공을 거부하면서도 불안정한 중국 경제가 국제 제재로 인해 취약해지지 않는 방식으로 곤경에 처한 동맹 러시아를 지원했다. '글로벌 사우스' 저개발국과 후진국, 제3세계의 통칭의 환심을 사려던 크렘린의 시도는 흑해 항구를 통한 우크라이나산 곡물 수출을 허용한 7월 합의를 푸틴이 파기하면서 타격을 입었다. 2022년 서방이 부과한 제재 조치는 2023년 8월 16일 러시아 루블화가 16개월 만에 최저치로 하락하는 등 효과를 발휘하기 시작했다.

한편 우크라이나의 서방 동맹국들은 우크라이나의 전쟁 노력에 대해 단합과 결의를 유지했다. 볼로디미르 젤렌스키 대통령으로서는 실망스럽게도, 7월에 열린 나토 정상회의에서는 우크라이나에 동맹 가입 초대장을 보내지 않았다. 그러나 이 회의에서 나토 회원국들은 우크라이나를 궁극적으로 나토 대열에 합류시키겠다는 의지를 확인하고, 의무적인 절차인 회원가입행계획을 면제하며 우크라이나의 가입을 받아들이기로 약속했다. 더 중요한 것은 이 정상회의에서 우크라이나와 나토 회원국들이 장기적으로 무기와 다른 형태의 지원을 제공하겠다는 약속을 담은 양자 협정을 체결하는 절차를 시작했다는 점이다. 이러한 협정 체결에 동의한 국가 중에는 외국에 군사 지원을 제공하는 것에 대한 오랜 금기를 깬 일

본도 있었다. 유럽 지역 방어 계획이 정상회의 참가국들에 의해 승인되고 나토와 일본, 호주, 뉴질랜드, 한국의 관계가 강화돼 범대서양 차원을 넘어 글로벌 안보 유대가 냉전 종식 이후 볼 수 없었던 수준으로 강화되는 모습을 드러냈다.

이 책의 문고판 출간을 준비하며 이 글을 쓰고 있는 2023년 9월 초 우크라이나 최전선에서 올해 첫 우크라이나 반격 성공 소식이 들려왔다. 우크라이나군이 마침내 러시아군의 1차 방어선을 돌파하는 데 성공한 것이다. 이 전쟁 수행의 많은 부분이 우크라이나가 현재 진행 중인 반격의 결과에 달려 있다는 것은 분명하지만, 그 결과나 전쟁이 끝나는 시기와 방식을 예측하기는 어렵다. 그러나 전쟁 발발 후 첫 18개월의 시간은 우크라이나와 러시아, 유럽 그리고 전 세계의 미래에 영향을 미치고 어쩌면 미래를 정의할 지역과 세계의 변화를 파악하기에 충분한 단서들을 이미 제공했다.

러시아-우크라이나 전쟁은 미국 독립혁명부터 시작된 민족 해방 전쟁의 오랜 역사에서 가장 최근에 발생한 군사 분쟁이 됐다. 이 전쟁은 또한 스페인에서 오스만, 오스트리아-헝가리, 영국과 프랑스에서 네덜란드, 벨기에, 포르투갈에 이르기까지 세계 제국의 쇠퇴와 붕괴를 동반한 전쟁의 긴 목록에 이름을 올리게 됐다. 우리는 이 전쟁들이 어떻게 끝났는지, 즉 이전의 식민지와 속국들이 정치적 자주독립을 이루고 이에 따라 이전 제국들이 붕괴 이후 민족국가로 변화한 과정을 잘 알고 있다.

우크라이나는 러시아의 공격을 물리치고 주권과 영토를 지키기 위해 자국과 전 세계의 절반을 동원함으로써 독립 국가이자 독립된 민족으로서 지속적인 존재를 보장받았다. 흔히 러시아의 우크라이나 내 전쟁 또는 우크라이나 상대 전쟁으로 묘사되는 이 전쟁은 실제로는 침략자들이 게릴라 부대뿐만 아니라 강력한 정규군의 저항에 맞닥뜨리면서 러시아-우크라이나 전쟁이 됐다. 우크라이나 국가는 20세기에 전쟁을 겪은 유럽의 어떤 이웃 국가보다 계속되는 전쟁을 견뎌내고 기능할 수 있음을 스스로 증명했다.

이 전쟁을 통해 우크라이나 민족이 현대사의 그 어느 때보다 더 단결되고 정체성에 대한 확신을 갖게 될 것이라는 분명한 징후들이 있다. 또한 우크라이나는 러시아의 침공에 맞서 저항에 성공함으로써 러시아의 민족 건설 프로젝트를 촉진할 것으로 보인다. 러시아와 러시아를 이끄는 엘리트들은 이제 과거 차르 시절의 제국주의뿐만 아니라 러시아인, 우크라이나인, 벨라루스인으로 구성된 시대착오적인 러시아 민족 모델과도 결별하고 국가의 정체성을 재구성하지 않을 수 없게 됐다. 우크라이나는 막대한 부와 국민의 피라는 대가를 치르면서 동유럽의 상당 지역에서 러시아가 군림하던 시대를 끝내고 나머지 구소련 공간에 대해서도 우선권이 있다는 러시아의 주장에 도전장을 내밀었다.

러시아-우크라이나 전쟁의 영향은 이미 로마노프 왕조와 소련 공산당이 지배하던 영토를 훨씬 넘어선 곳까지 미치고 있다. 우크라이나는 국제사회가 전례 없는 연대를 통해 우크라이나 정부와 국민에게 수십 년 동안 볼 수 없었던 규모의 정치·경제·군사 지원을 제공해준 데 힘입어 러시아의 공격을 견디고 스스로를 지켜냈다. 우크라이나의 많은 우방국에게 이 전쟁은 제2차 세계대전 종전 이후 유럽에서 발생한 가장 크고 치명적인 군사 분쟁이 됐을 뿐만 아니라, 나치즘에 맞서 승리한 이후 도덕적 측면에서 회색 지대가 거의 없는 최초의 대규모 전쟁이 됐다. 러시아-우크라이나 전쟁은 1939~1945년의 세계대전 이후 처음으로 누가 침략자이고 누가 피해자인지, 누가 악당이고 누가 영웅인지 그리고 누구의 편에 서고 싶은지가 처음부터 명확하게 드러난 '좋은 전쟁'이었다.

러시아의 우크라이나 침공은 20세기 전술과 21세기 무기로 싸우는 19세기식 전쟁을 만들어냈다. 이 전쟁의 이념적 토대는 러시아 제국 시대의 특징이었던 영토 확장 비전에서 비롯됐고, 전쟁 전략은 크렘린이 제2차 세계대전 당시와 전후 소련군 매뉴얼에서 차용한 것이며, 전쟁의 주요 특징은 정도의 차이가 있지만 양측 모두 정밀 유도 미사일뿐만 아니라 첩보 위성과 사이버 전쟁을 활용했다는 점이다. 이 전쟁은 시작부터 전 세계에 핵 위협을 드리웠다. 전면전 발생 며칠 만에 러시아가 체르노빌 원자력 시설과 자포리자 원자력 발전소를 점령한 것은 유럽과 중동 일부 지역에 명백히 현존하는 위협이자 전 세계 원자력 시설의 안전에 대한 도전이었다.

많은 사람에게 러시아의 우크라이나 침공과 이에 맞선 서방과 그 동맹국들의 결집은 냉전 시절의 모습들을 떠올리게 했다. 실제로 이 새로운 전쟁은 오래된 적대감을 되살리고, 소원해진 동맹관계를 복원하고, 낡은 단층선을 복원시켰다. 냉전은 또한 이 새로운 국제적 분쟁을 설명하고 이해할 수 있는 언어와 설명의 틀을 제공했다. 그러나 과거와 많은 유사점이 있음에도 오늘날 세계가 새로운 시대로 접어들고 있다는 사실은 의심할 여지가 거의 없다. 냉전 종식과 함께 찾아온 평화 배당금은 지난 30년 동안 완전히 소비되거나 혹은 탕진됐다. 세계는 강대국들이 1989년 베를린 장벽 붕괴 이후 한번도 볼 수 없었던 규모로 경쟁하는 시대로 돌아가고 있다. 러시아-우크라이나 전쟁은 다른 무엇과도 비교할 수 없을 만큼 냉전 이후 질서의 기반을 약화시켜 새로운 국제질서 형성으로 이어지는 과정을 촉발했다.

냉전 시대의 소련-미국으로 양극화된 세계를 대체한 미국 일변도의 단극 세계에는 비판자와 고발자, 도전자가 결코 부족하지 않았다. 소련 해체 직후에 등장했지만 21세기가 시작되면서 전면에 부상한 이들은 정부와 비정부 행위자 모두를 포함했다. 이슬람 급진주의 세력은 알카에다부터 이라크 레반트 이슬람국가ISIS까지 다양한 세력의 지도자들을 앞세운 중동에서 미국의 독주에 맞선 저항을 선도했다. 민족주의는 반反서구주의와 '전통적 가치'를 지키려는 움직임과 결합해 더 전체주의적으로 변한 러시아가 노골적으로, 여전히 공산주의 노선을 고수한 중국은 좀더 교묘하게 국제질서에 도전할 근거를 제공했는데, 두 나라의 지도자들은 기존 질서를 자신에게 유리하게 활용하는 방법을 터득했지만, 그와 동시에 이 질서의 지도자이자 수호자인 미국을 밀어내고 교전 규칙을 새로 쓰려 했다.

모든 도전자가 공유한 이상은 국가 주권을 확립한 베스트팔렌 원칙이 아니라 강대국의 세력권 모델에 기반한 다극 세계였다. 1945년 얄타 회담에 따라 세력권으로 분할된 세계로 복귀하는 것이 러시아와 중국 모두의 요구가 됐다. 아이러니하게도 얄타 회담이 세력권 구도를 확립했다는 견해는 잘못된 것으로, 당시 회담에서 프랭클린 루스벨트 대통령은 세력권 원칙뿐만 아니라 동유럽을 독점적으로 지배하겠다는 스탈린의 주장도 거부했다.

미국은 구소련 공간을 러시아의 세력권으로, 남중국해를 중국의 영해로 인정하지 않았으며 이러한 도전에 저항했다. 2008년 러시아의 조지아 침공 그리고 크림반도 병합과 우크라이나 돈바스 지역에서 괴뢰 국가 수립으로 이어진 우크라이나 전쟁으로 순전히 외교적·경제적 경쟁이던 러시아와 서방의 대립은 군사적 갈등으로 바뀌었다. 미국은 중동에서 전쟁을 벌이거나 전쟁에서 발을 빼느라 바쁜 나머지 기존 국제질서에 대한 러시아의 도전에 경제 제재 이외의 방법으로는 대응하지 못했다.

2021년 미국이 아프가니스탄에서 체면을 구기고 철군하는 모습은 우유부단하고 현저히 약화된 미국의 모습을 드러내 푸틴이 우크라이나에서 자신의 운을 시험해보도록 부추겼다. 그러나 아프가니스탄 철수로 미국은 러시아의 새로운 도전에 대처할 수 있는 여력을 얻었다. 2022년 2월 푸틴의 우크라이나 전면 침공과 무엇보다 우크라이나의 완강한 저항으로 미국은 훨씬 더 강력한 제재

뿐만 아니라 우크라이나에 대한 군사적 지원 등 러시아의 도전을 물리치기 위해 국내외 자원을 동원할 시간과 기회를 갖게 됐다.

전쟁에 대한 미국의 대응은 미국이 금융 및 경제 수단을 사용해 자체 동맹을 복원 및 생성하고 경쟁 동맹의 형성을 방지할 수 있는 탁월한 세계 강국으로서 지위를 유지하고 있음을 보여주었다. 미국은 러시아의 침략이 시작되기도 전에 이에 맞서 영국과 폴란드가 이끄는 나토와 EU 동쪽 측면 국가들의 지원을 바탕으로 강력한 연합을 만들어냈다. 이 연합은 독일, 프랑스, 이탈리아 등 전통적으로 러시아를 자극하는 것을 꺼려온 구유럽 국가들까지 동참하도록 설득하는 데 도움이 됐다. 핀란드와 스웨덴의 나토 가입 신청 결정으로 유럽에서 미국의 영향력은 전쟁 전보다 훨씬 더 강해졌다.

이번 전쟁은 1990년대 이후 러시아 정치인과 외교관들이 구상한 다극 세계의 새로운 세계적 중심이 되려는 꿈을 완전히 무너뜨렸다. 이번 전쟁은 명백히 과대평가되고 과대 포장된 러시아 군대뿐만 아니라 러시아 경제의 잠재력에서도 약점을 드러냈다. 이런 맥락에서 스웨덴과 핀란드의 나토 가입 결정은 단순히 푸틴의 불량 정권이 가한 위협에 대한 반응이 아니라 현저히 약화된 러시아가 이들의 움직임을 막을 여건이 못 된다는 깨달음이기도 했다.

러시아 입장에서는 동맹국이 거의 남지 않았다. 러시아는 2020년 벨라루스 국민이 봉기했을 때 자신들이 구해낸 독재자 알렉산드르 루카셴코를 압박해서 우크라이나를 공격할 때 벨라루스 영토를 사용할 수 있게 했지만 전쟁에 참여하도록 설득하는 데는 실패했다. 아르메니아, 카자흐스탄, 키르기스스탄, 타지키스탄, 우즈베키스탄 등 러시아가 주도하는 구소련 공화국들의 군사 동맹인 집단안보조약기구CSTO 회원국들의 지지는 더 미미했다. 구소련 밖에서 러시아의 가장 큰 외교 성과는 이란과의 동맹과 튀르키예의 중립으로, 튀르키예는 러시아의 고립과 약화로 인한 기회를 포착해 중동을 넘어 지역 강국으로 자리매김했다.

중국은 러시아와 '제한 없는' 협력에 합의한 지 몇 주 만에 협력에 제한을 두었다. 중국은 유럽 내 나토의 행보에 대해 러시아와 한목소리로 공개적으로 우려를 표명하면서도 러시아에 제한적인 정치적·경제적 지원을 제공했고 현재 알려진 바로는 군사적 지원은 전혀 제공하지 않았다. 이를 통해 중국은 기존 국제질서의 혜택을 계속 누리면서 국제 무역에 지장을 초래하고 중국 경제에 타격을 줄 수 있는 미국의 금융 및 경제 제재를 피할 수 있었다. 중국은 러시아의 동조자라는 명백한 약점을 신경 쓰지 않을 수 없었지만, 그보다는 미국의 강력한 국제무대 복귀와 EU 내부 및 미국과 EU 사이에 새로운 통합의 정신이 형성되는 것을 더 우려했다. 현재 중국은 전쟁과 전쟁이 만들어낸 러시아와 서방 간 적대감의 가장 큰 수혜국으로 부상할 수 있는 최상의 기회를 얻었다.

이번 전쟁으로 유럽과 러시아 사이에는 정치적·경제적 만리장성이 세워졌고, 미국과 EU가 계속해서 유럽의 러시아산 석유와 가스 의존도를 낮춰갈수록 이 장벽은 더 높아질 것이다. 중국은

러시아 우크라이나 전쟁

유럽의 에너지 수입 다변화와 러시아 에너지 수출의 동쪽으로의 전환이 시작되면서 이미 이익을 얻고 있다. 유럽에서 잃은 수입을 대체하기 위해 중국 시장을 확보하려는 러시아가 자국산 석유와 가스에 대해 유리한 가격 협상을 하기 어려워지면서 중국은 훨씬 더 많은 이익을 얻을 것이다. 중국은 미국과의 경쟁에서 경제적으로 강력한 러시아를 동맹으로 둘 수는 없겠지만, 값싼 석유와 가스를 충분히 확보해서 그 경쟁에 더 불붙일 수 있게 될 것이다.

러시아의 붕괴까지는 아니더라도 지정학적 약화, 동양에 대한 의존도 증가, 현재 진행 중인 유럽과 미국의 관계 회복을 고려할 때 러시아-우크라이나 전쟁은 미·중 두 경제 초강대국과 이들 각자의 편에 선 국가 진영으로 나뉘는 세계의 양극화를 초래하고 있다. 서방은 이제 동유럽과 발트해, 스칸디나비아의 새로운 회원국들을 받아들여 냉전 동맹을 재건하고 있는 반면, 동방에서는 냉전의 위험이 최고조에 달했던 1950년대에 존재했던 중·러 동맹을 재건하려는 움직임을 보이고 있다.

미국이 여전히 서방을 주도하고 있다면 동방에서는 중국이 운전석에 앉고, 러시아는 원래 중국이 수행하던 역할인 더 가난하고 더 무모한 동맹의 일원이 되는 역할 변화가 일어나고 있다. 우크라이나는 영토가 두 국가뿐만 아니라 두 글로벌 세력권과 경제 블록으로 나뉘면서 새로운 냉전 시대의 독일로 지도상에 등장했다. 과거에도 그랬듯 그 사이에는 현재 어느 편도 들고 있지 않지만 중국과의 갈등 때문에 향후 한쪽 편을 선택해야 할 수도 있는 인도 같은 국가가 있다.

러시아가 서방에 등을 돌리는 상황은 일시적 국면이 아니라는 분명한 징후가 있다. 한편으로는 러시아와 유럽 및 미국 관계의 불확실성, 다른 한편으로는 러시아와 중국 관계의 불확실성을 고려할 때 이런 추세가 얼마나 지속될지 아니면 영구히 고착될지 판단하기는 더 어렵다. 냉전 시절 러시아-중국 관계는 1950년대 초의 긴밀한 동맹관계부터 1960년대 소련의 중국 핵 공격 위협, 1970년대 미국과 중국의 특별 관계 수립에 이르기까지 단순하지 않았고 쉽지도 않았다.

러시아와 중국의 기술 경쟁, 중앙아시아에 대한 영향력 경쟁, 현재 러시아 영토인 시베리아와 극동 일부 지역에 대한 중국의 포기를 모르는 영유권 주장은 인구가 드문 이 지역으로 중국인들이 유입되는 상황과 맞물리면서 마찰과 향후 분쟁 가능성을 예고하고 있다. 그러나 러시아가 새로운 힘의 중심 중 어느 쪽 편에 서든 양극화된 세계질서를 향한 대세에는 영향을 미치지 않을 것이다.

러시아의 침공이 시작된 2022년 2월 24일 아침까지 유지돼온 세계질서는 공격을 견뎌냈지만, 러시아와 우크라이나의 전면전은 그 어느 때보다 질서의 변화가 임박했음을 보여주었다. 이번 전쟁은 러시아가 바라던 다극 세계가 아니라 워싱턴과 모스크바가 아닌 이제는 워싱턴과 베이징을 중심으로 한 냉전 시대의 양극 세계로의 복귀를 예고했다.

감사의 말

이 책은 2022년 2월 24일 러시아의 우크라이나 전면 침공이 시작되면서 겪은 충격과 고통, 좌절, 분노 속에서 태어났다. 전쟁이 불러일으킨 이 감정들을 이 책을 쓰는 데 필요한 에너지로 바꾸는 데 도움을 준 모든 분께 감사드리고 싶다.

내 에이전트 세라 샬팡은 눈앞에서 벌어지고 있는 이 전쟁에 대해 글을 써보라고 처음 제안했다. 노턴출판사의 존 글러스먼이 이에 동의한 데 이어, 카시아나 이오니타를 비롯한 펭귄의 편집팀도 적극 지지해주었다. 앤드루 와일리는 책의 범위와 내용에 대해 무척 유익한 조언을 해주었다. 내 연구와 집필은 전면 침공이 일어나기 몇 주 전인 2022년 2월 빈 인간과학연구소 '유럽 대화 속의 우크라이나' 프로그램의 안드레이 셉티츠키 선임 연구원으로 안식년을 보내는 동안 나눈 토론의 영향을 받았다.

하버드대학의 안식년을 빈에서 보내라고 가장 먼저 제안한 티머시 스나이더, 인간과학연구소 미샤 글레니 소장, 종신 펠로 이반 크라스테프, 이반 베즈보다, 다리우시 스톨라, 마지막으로 케이트 영거에게 통찰력을 제공해준 데 대해 감사드린다. '유럽 대화 속의 우크라이나' 프로그램의 연구 책임자 케이트는 훌륭한 조교 리디아 아크리쇼라와 함께 내가 빈에서 마음 편히 지낼 수 있게 도와줬을 뿐만 아니라, 나와 내 하버드 동료들이 기쁜 마음으로 참여한 우크라이나 학자들을 돕기 위한 여러 프로젝트를 시작했다.

우크라이나와 러시아의 역사는 내가 평생 몰두해온 주제이지만 이 책을 쓰기 위해서는 역사학자의 기준으로는 대단히 짧은 시간 내에 이뤄져야 하는 새로운 연구가 많이 있어야 했다. 유럽에서 긴 시간 안식년을 가질 수 있게 안내해주고 빈에서 돌아온 뒤에는 이 책에 온전히 집중할 수 있게 해준 아내 올레나에게 고마움을 전하고 싶다. 또한 이 책의 원고를 편집해준 내 친구이자 내 앞선 저서들을 담당했던 베테랑 편집자 미로슬라우 유르케비치와 출판 일정을 기꺼이 조정해서 이 책의 출간을 앞당겨준 출판사에도 감사드린다.

돈바스 전쟁에 관한 장을 쓰고 있던 2022년 7월 10일 우크라이나의 저명한 정치인으로 캐나다 주재 우크라이나 대사를 지낸 안드리 셰우첸코가 사진 한 장이 첨부된 이메일을 보내왔다. 군복 차림의 한 청년이 제2차 세계대전 당시 미군 조종사들이 우크라이나 공군 기지에서 한 경험을 기록한 내 책 『동부 전선의 잊힌

사생아들Forgotten Bastards of the Eastern Front』의 우크라이나어판을 읽고 있는 사진이었다. 안드리는 메일에서 사진 속 남자가 며칠 전 돈바스 지역 바흐무트시 근처에서 벌어진 전투에서 전사한 자신의 동생 예우헨 올레피렌코 중위라고 알려주었다. 예우헨이 내 책을 들고 있는 것은 그가 마지막으로 남긴 사진 중 하나였다. 나는 안드리에게 답장을 보내면서 적절한 단어를 찾으려고 고심했다. 하지만 어떤 말도 찾을 수 없었다. 단 한 마디도.

10월 중순에는 바흐무트에서 더 비극적인 소식이 들려왔다. 몇달 전 동원된 내 사촌 안드리 홀로포우가 바흐무트 인근에서 적의 사격으로 목숨을 잃었다는 것이었다. 다시 한번 나는 사촌의 가족과 자녀들을 위로할 적절한 말을 찾아내지 못했다. 예우헨의 형 안드리 셰우첸코와 주고받은 메일에서 나는 이 새로운 동부 전선의 영웅들이 잊히지 않도록 내가 할 수 있는 모든 일을 다 하겠다고 약속했다. 안드리와 예우헨 그리고 조국 우크라이나와 국내외에 있는 수백만 명의 자유를 지키기 위해 목숨을 바친 수많은 우크라이나인에게 이 책을 바친다.

참고문헌

서문 전쟁에 대한 올바른 이해

1. Ivo Mijnssen, "Putin will das Russische Reich wiederaufleben lassen—eine Loslö-sung der Ukraine akzeptiert er nicht," *Neue Zürcher Zeitung*, March 5, 2022, https://www.nzz.ch/international/krieg-gegen-die-ukraine/putin-will-das-russische-reich-wieder-aufleben-lassen-ld.1672561?reduced=true; Isaac Chotiner, "Vladimir Putin's Revisionist History of Russia and Ukraine," *New Yorker*, February 23, 2022, https://www.newyorker.com/news/q-and a/vladimir-putins-revisionist-history-of-russia-and-ukraine.

1장 제국의 붕괴

1. Serhii Plokhy, *The Last Empire: The Final Days of the Soviet Union* (New York, 2015), pp.374-377.
2. Mikhail Gorbachev, *Zhizn' i reformy*, 2 vols. (Moscow, 1995), 1: pp.5-8; "Obrash-chenie k sovetskim grazhdanam. Vystuplenie po televideniiu prezidenta SSSR," in 1000(0) *kliuchevykh dokumentov po sovetskoi i rossiiskoi istorii*, https://www.1000dokumente.de/index .html?c=dokument_ru&dokument=0020_rue&object=translation&l=ru.

3. "Independence—over 90% vote yes in referendum; Kravchuk elected president of Ukraine," *Ukrainian Weekly*, December 8, 1991; Pål Kolstø, *Russians in the For mer Soviet Republics* (Bloomington, IN, 1995), p.191.

4. Vladislav M. Zubok, *Collapse: The Fall of the Soviet Union* (New Haven and London, 2021), pp.386–387.

5. Plokhy, *The Last Empire*, pp.295–318.

6. Anatolii Cherniaev, *1991 god. Dnevnik pomoshchnika prezidenta SSSR* (Moscow, 1997), p.98, https://nsarchive.gwu.edu/rus/text_files/Chernyaev/1991.pdf.

7. ZbigniewBrzezinski,"ThePrematurePartnership," *ForeignAffairs*, March/April 1994, https://www.foreignaffairs.com/articles/russian-federation/1994-03-01/premature-partnership.

8. Simon Franklin and Jonathan Shepard, *The Emergence of Rus, pp.750–1200* (London, 2014); Mykhailo Hrushevsky, *History of Ukraine-Rus'*, ed. Frank Sysyn et al., vols. 1, 2(Edmonton and Toronto, 1997, 2021).

9. Aleksei Tolochko, *Rus' i Malorossiia v XIX veke* (Kyiv, 2012).

10. Serhii Plokhy, *The Lost Kingdom: The Quest for Empire and the Making of the Russian Nation from 1470 to the Present* (New York, 2017), pp.3–18.

11. Isabel de Maradiaga, *Ivan the Terrible* (New Haven and London, 2006); Charles Halperin, *Ivan the Terrible: Free to Reward and Free to Punish* (Pittsburgh, PA, 2019).

12. Chester S. L. Dunning, *Russia's First Civil War: The Time of Troubles and the Founding of the Romanov Dynasty* (University Park, PA, 2001).

13. Robert Frost, *The Oxford History of Poland-Lithuania*, vol. 1, *The Making of the Polish-Lithuanian Union, 1385–1569* (Oxford, 2018), pp.405–494.

14. Serhii Plokhy, *The Cossacks and Religion in Early Modern Ukraine* (Oxford, 2011), pp.176–333; Mykhailo Hrushevsky, *History of Ukraine-Rus'*, ed. Frank Sysyn et al., vols. 7–10 (Edmonton and Toronto, 1999–2010).

15. Serhii Plokhy, "Empire or Nation?," in Plokhy, *Ukraine and Russia: Representations of the Past* (Toronto, 2008), pp.19–20.

16. Tatiana Tairova-Yakovleva, *Ivan Mazepa and the Russian Empire* (Montreal, 2020).

17. Zenon Kohut, *Russian Centralism and Ukrainian Autonomy: Imperial Absorption of the Hetmanate, 1760s–1830s* (Cambridge, MA, 1989); Plokhy, *Lost Kingdom*, pp.55–70.

18. Andreas Kappeler, *The Russian Empire: A Multi-Ethnic History* (London, 2001), pp.213–246.

19. Alexei Miller, "'Official Nationality'? A Reassessment of Count Sergei Uvarov's Triad in the Context of Nationalism Politics," in Miller, *The Romanov Empire and Nationalism: Essays in the Methodology of Historical Research* (Budapest, 2008).

20. Plokhy, *Lost Kingdom*, pp.81–91.

21. Plokhy, *Lost Kingdom*, pp.105–136.

22. Alexei Miller, *The Ukrainian Question: Russian Empire and Nationalism in the Nineteenth Century* (Budapest, 2003), pp.117–210.

23. John–Paul Himka, "The Construction of Nationality in Galician Rus': Icarian Flights in Almost All Directions," in *Intellectuals and the Articulation of the Nation*, ed. Ronald G. Suny and Michael D. Kennedy (Ann Arbor, 1999), pp.109–164; Yaroslav Hrytsak, "'Icarian Flights in Almost All Directions' Reconsidered," *Journal of Ukrainian Studies* 35–36 (2010–2011): pp.81–89.

24. Miller, *The Ukrainian Question*, pp.211–219; Thomas Prymak, *Mykhailo Hrushevsky: The Politics of National Culture* (Toronto, 1987).

25. Kirill A. Fursov, "Russia and the Ottoman Empire: The Geopolitical Dimension," *Russian Studies in History* 57, no. 2 (2018): pp.99–102; Jonathan E. Ladinsky, "Things Fall Apart: The Disintegration of Empire and the Causes of War," PhD diss., Massachusetts Institute of Technology, Dept. of Political Science, 2001, pp.70–219, https://dspace.mit.edu/handle/1721.1/8758.

26. Jane Burbank and Frederick Cooper, *Empires in World History: Power and the Politics of Difference* (Princeton, NJ, 2010), pp.375–379.

27. Laura Engelstein, *Russia in Flames: War, Revolution, Civil War 1914–1921* (Oxford, 2017), pp.29–100, pp.361–582.

28. Vladimir Putin, "Obrashchenie prezidenta Rossiiskoi Federatsii," February 21, 2022, http://kremlin.ru/events/president/news/67828.

29. Viktor Savchenko, *Avantiuristy grazhdanskoi voiny* (Kharkiv, 2000), p.53.

30. Serhii Plokhy, *The Gates of Europe: A History of Ukraine* (New York, 2021), pp.201–228.

31. Terry Martin, *The Affirmative Action Empire: Nations and Nationalism in the Soviet Union, 1923–1939* (Ithaca, NY, 2001), chaps. 1–3; Roman Szporluk, "Lenin, 'Great Russia,' and Ukraine," *Harvard Ukrainian Studies* 28, no. 1 (2006): pp.611–626.

32. Plokhy, *Lost Kingdom*, pp.211–244.

33. Martin, *The Affirmative Action Empire*, chaps. 3, pp.6–9.

34. Serhii Plokhy, "Government Propaganda and Public Response to the Sovi-

et Entry into World War II," in Plokhy, *The Frontline: Essays on Ukraine's Past and Present* (Cambridge, MA, 2021), chap. 9; "U Chervonii armii voiuvalo blyz'ko 6 mil'ioniv ukraïntsiv—istoryky," *Ukraïns'ka pravda*, May 5, 2014, https://www.istpravda.com.ua/short/2014/05/6/142776/.

35. Paul R. Magocsi, *The History of Ukraine: The Land and Its Peoples*, 2d ed. (Toronto, 2010), pp.666–683; John-Paul Himka, "The Organization of Ukrainian Nationalists, the Ukrainian Police, and the Holocaust," https://www.academia. edu/1071550/ The_Organization_of_Ukrainian_Nationalists_the_Ukrainian_ Police_and_ the_Holocaust; Aleksandr Solzhenitsyn, *Arkhipelag Gulag, 1918–1956*, in *Sobranie sochinenii v 30-ti tomakh* (Moscow, 2006), vol. 6, bk. 3, chap. 2.

36. William Taubman, *Khrushchev: The Man and His Era* (New York, 2012), pp.208–324.

37. Mark Kramer, "Why Did Russia Give Away Crimea Sixty Years Ago?" *Cold War International History Project*, https://www.wilsoncenter.org/publication/why-did-russia-give-away-crimea-sixty-years-ago; "Vkhodzhennia Kryms'koï oblasti do skladu URSR," *Mynule i teperishnie*, https://mtt.in.ua/ist-ukr_1953–1964_vhodzhennya-krymu-do-ursr/.

38. John P. Willerton, Jr., "Patronage Networks and Coalition Building in the Brezhnev Era," *Soviet Studies* 39, no. 2 (April 1987): pp.175–204; Ben Fowkes, "The National Question in the Soviet Union under Leonid Brezhnev: Policy and Response," in *Brezhnev Reconsidered*, eds. Edwin Bacon and Mark Sandle (New York, 2002), pp.68–89.

39. "Osnovnye pokazateli razvitiia narodnogo khoziaistva soiuznykh respublik," pt. 1, in *Strana Sovetov za 50 let. Sbornik statisticheskikh materialov* (Moscow, 1967), https://istmat.org/node/17051.

40. "Osnovnye pokazateli razvitiia narodnogo khoziaistva soiuznykh respublik."

41. "Vsesoiuznaia perepis' naseleniia 1959 goda. Natsional'nyi sostav naseleniia po respublikam SSSR," *Demoskop Weekly*, http://www.demoscope.ru/weekly/ssp/sng_nac_59.php?reg=1; "Material'no-tekhnicheskaia baza narodnogo khoziaistva i ee tekhnicheskoe perevooruzhenie i rekontsruktsiia," in *Narodnoe khoziaistvo SSSR za 70 let*, https://istmat.org/node/9264.

42. Vasyl Markus and Roman Senkus, "Shelest, Petro," Internet Encyclopedia of Ukraine, http://www.encyclopediaofukraine.com/display.asp?linkpath=pages% 5CS%5CH%5CShelestPetro.htm; Lowell Tillett, "Ukrainian Nationalism and the Fall of Shelest," *Slavic Review* 34, no. 4 (December 1975): pp.752–768.

43. Archie Brown, *The Gorbachev Factor* (Oxford, 1996), pp.260–269; Zubok, *Collapse*, pp.98–125.

44. Mark R. Beissinger, *Nationalist Mobilization and the Collapse of the Soviet State* (Cambridge, UK, 2002), pp.1–146.

45. Bohdan Nahaylo, *The Ukrainian Resurgence* (London, 1999).

46. Plokhy, *The Last Empire*, pp.275–316.

47. Zubok, *Collapse*, pp.365–426; Plokhy, *The Last Empire*, p.220, p.326.

48. Yegor Gaidar, *Collapse of an Empire: Lessons for Modern Russia* (Washington, DC, 2007), pp.1–7; Jack Matlock, *Autopsy on an Empire: The American Ambassador's Account of the Collapse of the Soviet Union* (New York, 1995).

49. George F. Kennan, "Witness to the Fall," *New York Review of Books*, November 16, 1995, https://www.nybooks.com/articles/1995/11/16/witness-to-the-fall/.

50. Dominic Lieven, *The Russian Empire and Its Rivals* (New Haven and London, 2001), pp.366–367.

51. Burbank and Cooper, *Empires in World History*, pp.404–430; Lieven, *The Russian Empire*, pp.343–412.

52. Misha Glenny, *The Fall of Yugoslavia* (London, 1996); Michael Ignatieff, *Virtual War: Kosovo and Beyond* (New York, 2000); Catherine Baker, *The Yugoslav Wars of the 1990s* (New York, 2015).

2장 민주주의와 권위주의

1. Jonathan Steele and David Hearst, "Yeltsin Crushes Revolt," *Guardian*, October 5, 1993, https://www.theguardian.com/world/1993/oct/05/russia.davidhearst; "History in REAL TIME: Relive the #1993 Russian Parliament siege," *RT*, October 3, 2013, https://www.rt.com/news/parliament-siege-yeltsin-timeline-691.

2. *Moskva. Osen'-93. Khronika protivostoianiia* (Moscow, 1995), pp.530–533; "25 Years Ago: The Day The Russian White House Was Shelled," https://www.youtube.com/watch?v=3PJuIVIZ72k.

3. Timothy J. Colton, *Yeltsin: A Life* (New York, 2008), pp.393–444.

4. Mykhailo Minakov, Georgiy Kasianov, and Matthew Rojansky, eds., From *"the Ukraine" to Ukraine: A Contemporary History*, 1991–2021 (Stuttgart, 2021), pp.169–206, pp.321–358.

5. Paul D'Anieri, *Ukraine and Russia: From Civilized Divorce to Uncivil War* (Cambridge, UK, 2019), pp.3–4, p.15; Andrew Wilson, *Ukraine's Orange Revolu-*

tion (New Haven and London, 2005).

6.   Natal'ia Rimashevskaia, "Sotsial'nye posledstviia ėkonomicheskikh transformatsii v Rossii," *Sotsiologicheskie issledovaniia*, no. 6 (1997): pp.55 –65; Branko Milanovic, *Income, Inequality, and Poverty during the Transformation from Planned to Market Economy* (Washington, DC, 1998), p.186.

7.   David M. Kotz and Fred Weir, *Russia's Path from Gorbachev to Putin: The Demise of Soviet System and the New Russia* (London and New York, 2007), pp.155 –210.

8.   Colton, *Yeltsin*, pp.272 –277.

9.   Petr Aven and Alfred Kokh, *Gaidar's Revolution: The Inside Account of the Economic Transformation of Russia* (London and New York, 2013), pp.325 –327. Cf. "Russian Defense Minister Pavel Grachev Oral History Excerpt," National Security Archive, https://nsarchive.gwu.edu/document/16854-document-12-russian-defense-minister-pavel.

10. "Memorandum of Telephone Conversation: Telcon with President Boris Yeltsin of Russian Federation," October 5, 1993, National Security Archive, https://nsarchive.gwu.edu/document/16847-document-05-memorandum-telephone-conversation.

11. Svetlana Savranskaya, "A Quarter Century after the Storming of the Russian White House," National Security Archive, https://nsarchive.gwu.edubriefing-book/russia-programs/2018-10-04/yeltsin-shelled-russian-parliament-25-years-ago-us-praised-superb-handling.

12. Boris Yeltsin, "Prezident Rossii otvechaet na voprosy gazety 'Izvestiia,'" *Izvestiia*, November 16, 1993.

13. "Rezul'taty vyborov v Dumu 1-go sozyva, December 12, 1993," *Federal'noe sobranie. Sovet Federatsii. Fond razvitiia parlamentarizma v Rossii, 1994 – 1996*. Electronic version, 2000, http://www.politika.su/fs/gd1rezv.html.

14. Colton, *Yeltsin*, pp.280 –281.

15. Timothy J. Colton, "Superpresidentialism and Russia's Backward State," *Post-Soviet Affairs* 11, no. 2 (1995): pp.144 –148; M. Steven Fish, *Democracy Derailed in Russia: The Failure of Open Politics* (New York, 2005), pp.114 –245.

16. Milanovic, *Income, Inequality, and Poverty*, p.186; Gwendolyn Sasse, "Ukraine: The Role of Regionalism," *Journal of Democracy* 21, no. 3 (July 2010): pp.99 – 106; Andrew Wilson, *Ukrainian Nationalism in the 1990s: A Minority Faith* (Cambridge, UK, 1997).

17. Lucan Way, *Pluralism by Default: Weak Autocrats and the Rise of Competitive*

Politics (Baltimore, MD, 2015), pp.43–44; Wilson, *Ukrainian Nationalism*.

18. Yitzhak M. Brudny and Evgeny Finkel, "Why Ukraine Is Not Russia: Hegemonic National Identity and Democracy in Russia and Ukraine," *East European Politics and Societies and Cultures* 25, no. 4 (December 2011): pp.813–833.

19. Serhii Plokhy, *The Last Empire: The Final Days of the Soviet Union* (New York, 2014), pp.24–72.

20. Paul Robert Magocsi, *A History of Ukraine: The Land and Its Peoples*, 2d ed. (Toronto, 2010), pp.725–750.

21. Taras Kuzio, *Ukraine: State and Nation Building* (London and New York, 1998).

22. Brudny and Finkel, "Why Ukraine Is Not Russia."

23. "Russia GDP Growth Rate 1990–2022," *Macrotrends*, https://www.macrotrends.net/countries/RUS/russia/gdp-growth-rate; "Ukraine GDP 1987–2022," *Macrotrends*, https://www.macrotrends.net/countries/UKR/ukraine/gdp-gross-domestic-product; Volodymyr Holovko and Larysa Iakubova, *Ukraïna i vyklyky posttotalitarnoho tranzytu, 1990–2019* [=*Ukraïna: Narysy istoriï*, ed. Valerii Smolii, vol. 3] (Kyiv, 2021), pp.51–55; D'Anieri, *Ukraine and Russia*, pp.37–38.

24. D'Anieri, *Ukraine and Russia*, p.45.

25. Holovko and Iakubova, *Ukraïna i vyklyky*, pp.59–65; D'Anieri, *Ukraine and Russia*, pp.71–72.

26. Constitution of Ukraine with amendments by the Law of Ukraine No. 2222IV from December 8, 2004, Venice Commission, https://web.archive.org/web/20120427012054/http://www.venice.coe.int/docs/2006/CDL percent282006 percent29070-e.pdf; Serhiy Kudelia and Georgiy Kasianov, "Ukraine's Political Development after Independence," in Minakov et al., eds., *From "the Ukraine" to Ukraine*, pp.9–52; Mykhailo Minakov and Matthew Rojansky, "Democracy in Ukraine," ibid., pp.321–358.

27. Brudny and Finkel, "Why Ukraine Is Not Russia."

28. Colton, *Yeltsin*, p.282, p.356.

29. Kotz and Weir, *Russia's Path from Gorbachev to Putin*, pp.259–264; Colton, *Yeltsin*, p.351.

30. Colton, *Yeltsin*, pp.356–357; Johanna Granville, "Dermokratizatsiya and Prikhvatizatsiya: The Russian Kleptocracy and Rise of Organized Crime," *Demokratizatsiya* (Summer 2003): pp.448–457.

31. Michael McFaul, *Russia's 1996 Presidential Election: The End of Polarized Politics* (Stanford, CA, 1997).

32. Colton, *Yeltsin*, pp.409–410, p.414; Abigail J. Chiodo and Michael T. Owyang, "A Case Study of a Currency Crisis: The Russian Default of 1998," *Federal Reserve Bank of St. Louis Review* 84, no. 6 (November/December 2002): pp.7–18, https://research.stlouisfed.org/publications/review/2002/11/01/a-case-study-of-a-currency-crisis-the-russian-default-of-1998.

33. Colton, *Yeltsin*, pp.421–422, pp.425–426.

34. Colton, *Yeltsin*, pp.430–431.

35. Steven Lee Myers, *The New Tsar: The Rise and Reign of Vladimir Putin* (New York, 2015), pp.136–142.

36. John B. Dunlop, *Russia Confronts Chechnya: Roots of a Separatist Conflict* (Cambridge, UK, 1998); James Hughes, *Chechnya: From Nationalism to Jihad* (Philadelphia, PA, 2011), pp.1–93; Fiona Hill and Clifford G. Gaddy, *Mr. Putin: Operative in the Kremlin* (Washington, DC, 2015), pp.29–31.

37. Hughes, *Chechnya: From Nationalism to Jihad*, pp.94–161.

38. "Russian bomb scare turns out to be anti-terror drill," *CNN*, September 24, 1999, http://edition.cnn.com/WORLD/europe/9909/24/russia.bomb.01/; Myers, *The New Tsar*, pp.154–176, pp.184–187.

39. Olga Oliker, *Russia's Chechen Wars 1994–2000: Lessons from Urban Combat* (Santa Monica, CA, 2000), pp.41–79.

40. Myers, *The New Tsar*, pp.164–88; "Russia, Presidential Elections, 2000," *Electoral Geography*, https://www.electoralgeography.com/en/countries/r/russia/2000-president-elections-russia.html.

41. Sarah Whitmore, *State Building in Ukraine: The Ukrainian Parliament, 1990–2003* (London and New York, 2004), pp.66–91, p.106; Holovko and Iakubova, *Ukraïna i vyklyky*, pp.72–74.

42. Holovko and Iakubova, *Ukraïna i vyklyky*, pp.77–79; Wilson, *Ukraine's Orange Revolution*, pp.42–45.

43. Serhii Plokhy, *The Gates of Europe: A History of Ukraine* (New York, 2015), pp.332–335; Wilson, *Ukraine's Orange Revolution*, pp.45–50; Holovko and Iakubova, *Ukraïna i vyklyky*, p.76.

44. Holovko and Iakubova, *Ukraïna i vyklyky*, p.80, p.82; Dieter Nohlen and Philip Stöver, eds., *Elections in Europe: A Data Handbook* (Baden-Baden, 2010), p.1976, p.1969, pp.1985–1986; Serhy Yekelchyk, *The Conflict in Ukraine: What Everyone Needs to Know* (New York, 2015), pp.87–89.

45. Holovko and Iakubova, *Ukraïna i vyklyky*, pp.84–85; Wilson, *Ukraine's Orange Revolution*, pp.51–60; J. V. Koshiw, *Beheaded: The Killing of a Journalist*

(Reading, UK, 2003).

46. D'Anieri, *Ukraine and Russia*, pp.104-113; Holovko and Iakubova, *Ukraïna i vyklyky*, p.87.

47. Koshiw, *Beheaded*; Wilson, *Ukraine's Orange Revolution*, pp.51-60, pp.93-96; D'Anieri, *Ukraine and Russia*, pp.107-113.

48. D'Anieri, *Ukraine and Russia*, pp.127-128; Wilson, *Ukraine's Orange Revolution*, pp.70-93; Holovko and Iakubova, *Ukraïna i vyklyky*, pp.87-89.

49. Wilson, *Ukraine's Orange Revolution*, pp.93-104; Holovko and Iakubova, *Ukraïna i vyklyky*, pp.98-99.

50. Wilson, *Ukraine's Orange Revolution*, pp.105-121; Holovko and Iakubova, *Ukraïna i vyklyky*, pp.101-102.

51. Taras Kuzio, "Nationalism, Identity and Civil Society in Ukraine: Understanding the Orange Revolution," *Communist and Post-Communist Studies* 43, no. 3 (September 2010): pp.285-296; Mark R. Beissinger, "The Semblance of Democratic Revolution: Coalitions in Ukraine's Orange Revolution," *American Political Science Review* 107, no. 3 (August 2013): pp.574-592; Wilson, *Ukraine's Orange Revolution*, pp.122-138; Holovko and Iakubova, *Ukraïna i vyklyky*, pp.102-106.

52. Wilson, *Ukraine's Orange Revolution*, pp.138-155; Holovko and Iakubova, *Ukraïna i vyklyky*, p.109.

53. Leonid Kuchma, *Ukraina—ne Rossiia* (Moscow, 2003); Vystuplenie prezidenta Ukrainy Leonida Kuchmy na prezentatsii knigi "Ukraina—ne Rossiia" v Moskve, September 3, 2003, http://supol.narod.ru/archive/books/cuchma.htm.

3장 핵무기를 둘러싼 파열음

1. Serhii Plokhy and M. E. Sarotte, "The Shoals of Ukraine: Where American Illusions and Great Power Politics Collide," *Foreign Affairs* 99, no. 1 (2020): pp.81‒95, here p.84.

2. "Deklaratsiia pro derzhavnyi suverenitet Ukraïny," *Vidomosti Verkhovnoï Rady URSR, 1990*, no. 31, p. 429, https://zakon.rada.gov.ua/laws/show/55-12#Text; Mariana Budjeryn, "Looking Back: Ukraine's Nuclear Predicament and the Nonproliferation Regime," *Arms Control Today* 44 (December 2014): pp.35‒40.

3. Paul D'Anieri, *Ukraine and Russia: From Civilized Divorce to Uncivil War* (Cambridge, UK, 2019), pp.48‒49; Deborah Sanders, *Security Cooperation between Russia and Ukraine in the Post-Soviet Era* (New York, 2001), pp.43‒44.

4. "Zaiava pro bez'iadernyi status Ukraïny," Verkhovna Rada Ukraïny, https://zakon.rada.gov.ua/laws/show/1697-12#Text; Yuri Kostenko, *Ukraine's Nuclear Disarmament: A History* (Cambridge, MA, 2021), p.41; Sanders, *Security Cooperation*, pp.43‒44.

5. Stanislav Smagin, "Memorandum Voshchanova. Kak El'tsin napugal Ukrainu i Kazakhstan," *Ukraina.ru*, August 26, 2020, https://ukraina.ru/history/20200826/1028666047.html.

6. Smagin, "Memorandum Voshchanova"; Aleksandr Solzhenitsyn, "Kak nam obustroit' Rossiiu," *Komsomol'skaiapravda*, September 18, 1990.

7. Serhii Plokhy, *The Last Empire: The Final Days of the Soviet Union* (New York, 2014), pp.178‒182; Taras Kuzio, *Ukraine—Crimea—Russia: Triangle of Conflict* (Stuttgart, 2014), p.7; Vsevolod Vladimirov, "Zabytyi ul'timatum," *Sovershenno sekretno*, August 10, 2022, https://www.sovsekretno.ru/articles/zabytyy-ultimatum/.

8. "Pavel Voshchanov: kak ia ob'iavlial voinu Ukraine," *Viperson*, October 23, 2003, http://viperson.ru/articles/pavel-voschanov-kak-ya-ob-yavlyal-voynu-ukraine.

9. "Ethnic Composition of Crimea," International Committee for Crimea, https://iccrimea.org/population.html.

10. Jeff Berliner, "Yeltsin Turns Up on Black Sea," UPI, January 28, 1992, https://www.upi.com/Archives/1992/01/28/Yeltsin-turns-up-on-Black-Sea/7315696574800; Victor Zaborsky, "Crimea and the Black Sea Fleet in Russian-Ukrainian Relations," Discussion Paper, Belfer Center for Science and International Affairs, September 1995, https://www.belfercenter.org/publication/crimea-and-black-sea-fleet-russian-ukrainian-relations.

11. Gwendolyn Sasse, *The Crimea Question: Identity, Transition and Conflict* (Cambridge, MA, 2007); Serhii Plokhy, "History and Territory," in Sasse, *Ukraine and Russia: Representations of the Past* (Toronto, 2008), pp.165–167, p.326.

12. Serhii Plokhy, "The City of Glory," in Sasse, *Ukraine and Russia*, pp.182–195; Plokhy, "The Ghosts of Pereiaslav," ibid., pp.196–212.

13. Zaborsky, "Crimea and the Black Sea Fleet in Russian-Ukrainian Relations"; Alexander J. Motyl, *Dilemmas of Independence: Ukraine after Totalitarianism* (New York, 1993), p.106; Sasse, *The Crimea Question*, pp.227–231; Natalya Belitser, "The Transnistrian Conflict," in *Frozen Conflicts in Europe*, ed. Anton Bebler (Opladen, Berlin, and Toronto, 2015), pp.45–56.

14. Evgeniia Koroleva, "Khronika anneksii. Kak s posiagatel'stvami na Krym stalkivalis' poocheredno vse prezidenty Ukrainy," *Fokus*, February 28, 2021, https://focus.ua/politics/475914-hronika-anneksii-kak-s-posyagatelstvami-na-krym-stalkivalis-poocheredno-vse-prezidenty-ukrainy; V. Bezkorovainyi, "Masandrivs'kyi protokol. Dzherela i naslidky," *Universum*, nos. 3/4 (2011), https://zakon.rada.gov.ua/laws/show/643_054#Text; D'Anieri, *Ukraine and Russia*, pp.40–41.

15. "Uhoda mizh Ukraïnoiu ta Rosiis'koiu Federatsiieiu pro poetapne vrehuliuvannia problem Chornomors'koho flotu," April 15, 1994, https://zakon.rada.gov.ualaws/show/643_128#Text; D'Anieri, *Ukraine and Russia*, pp.78–79.

16. Zaborsky, "Crimea and the Black Sea Fleet in Russian-Ukrainian Relations," https://www.belfercenter.org/publication/crimea-and-black-sea-fleet-russian-ukrainian-relations; D'Anieri, *Ukraine and Russia*, p.80.

17. Sergei Shargorodsky, "Ukraine Suspends Removal of Tactical Nuclear Weapons with Am-Soviet-Unrest," *Associated Press*, March 12, 1992, https://apnews.comf040f8c662d7eb5cc26b7056aafc2dac; Steven Pifer, *The Eagle and the Trident: U.S.-Ukraine Relations in Turbulent Times* (Washington, DC, 2017), p.11.

18. D'Anieri, *Ukraine and Russia*, pp.50–51.

19. John J. Mearsheimer, "The Case for a Ukrainian Nuclear Deterrent," *Foreign Affairs* 72, no. 3 (Summer 1993): pp.50–66.

20. D'Anieri, *Ukraine and Russia*, pp.52–53; Budjeryn, "Looking Back"; "Nuclear Disarmament. Ukraine," Nuclear Threat Initiative, https://www.nti.org/analysis/articles/ukraine-nuclear-disarmament/; Eugene M. Fishel, *The Moscow Factor: US Policy toward Sovereign Ukraine and the Kremlin* (Cambridge, MA, 2022), pp.85–114.

21. Budapest Memorandums on Security Assurances, 1994, Council on Foreign

Relations, https://web.archive.org/web/20140317182201/http://www.cfr.org/arms-control-disarmament-and-nonproliferation/budapest-memorandums-security-assurances-1994/p32484#.

22. Lara Jakes, Edward Wong, and Michael Crowley, "America's Road to the Ukraine War," *New York Times*, April 24, 2022, https://www.nytimes.com/2022/04/24/us/politics/russia-ukraine-diplomacy.html; Jane Perlez, "Economic Collapse Leaves Ukraine with Little to Trade but Its Weapons," *New York Times*, January 13, 1994; "Ukraine Inflation Rate, 1993-2022," *Macrotrends*, https://www.macrotrends.net/countries/UKR/ukraine/inflation-rate-cpi; Serhii Plokhy, *The Gates of Europe: A History of Ukraine* (New York, 2016), pp.328-329.

23. Dieter Nohlen and Philip Stöver, eds., *Elections in Europe: A Data Handbook* (Baden-Baden, 2010), p.1976.

24. Andrew D. Sorokowski, "Treaty on Friendship, Cooperation, and Partnership between Ukraine and the Russian Federation," *Harvard Ukrainian Studies* 20 (1996): pp.319-329, http://www.jstor.org/stable/41036701; Spencer Kimball, "Bound by Treaty: Russia, Ukraine and Crimea," *DW*, November 11, 2014, https://www.dw.com/en/bound-by-treaty-russia-ukraine-and-crimea/a-17487632.

25. "Nuclear Disarmament. Ukraine," Nuclear Threat Initiative, https://www.nti.org/analysis/articles/ukraine-nuclear-disarmament/; "Tretia pislia Rosiï ta SShA. Iak vyhliadav iadernyi potentsial Ukraïny," https://www.youtube.com/watch?v=Kedw7IhwnCc; Postanovlenie Gosudarstvennoi Dumy federal'nogo sobraniia Rossiiskoi Federatsii ot 25.12.1998 no. 3459 II GD, O federal'nom zakone "O ratifikatsii Dogovora o druzhbe, sotrudnichestve i partnerstve mezhdy Rossiiskoi Federatsiei i Ukrainoi," *Sbornik zakonov*, http://sbornik-zakonov.ru/184970.html.

26. "The Accession of Poland, the Czech Republic and Hungary to NATO," Warsaw Institute, March 29, 2021, https://warsawinstitute.org/accession-poland-czech-republic-hungary-nato/#:~:text=During%20the%20NATO%20summit%20in,countries%20officially%20began%20accession%20talks.

27. Bill Clinton, "Remarks at a Reception for the Opening of the United States Holocaust Memorial Museum," April 21, 1993, The American Presidency Project, https://www.presidency.ucsb.edu/documents/remarks-reception-for-the-opening-the-united-states-holocaust-memorial-museum.

28. "'Banal Conversation': What Is Behind the Historical Dialogue between Lech

Walesa and Bill Clinton about the 'Danger' of Russia," *Teller Report*, February 13, 2020, https://www.tellerreport.com/news/2020-02-13---%E2%80%9C-banal-conversation%E2%80%9D--what-is-behind-the-historical-dialogue-between-lech-walesa-and-bill-clinton-about-the-%E2%80%9Cdanger%E2%80%9D-of-russia-.HklyX8XQ8.html; M. E. Sarotte, *Not One Inch: America, Russia, and the Making of Post-Cold War Stalemate* (New Haven and London, 2021), p.161.

29. Sarotte, *Not One Inch*, p.55.

30. Sarotte, *Not One Inch*, p.11; Sarotte, "The Betrayal Myth behind Putin's Brink-manship," *Wall Street Journal*, January 7, 2022, https://www.wsj.com/articles/the-betrayal-myth-behind-putins-brinkmanship-11641568161; D'Anieri, *Ukraine and Russia*, p.61.

31. Sarotte, *Not One Inch*, p.161.

32. Sarotte, *Not One Inch*, p.142, pp.163-166.

33. Sarotte, *Not One Inch*, p.165; Samuel Charap and Timothy J. Colton, *Everyone Loses: The Ukraine Crisis and the Ruinous Contest for Post-Soviet Eurasia* (New York, 2016), p.41.

34. Charap and Colton, *Everyone Loses*, p.42; Sarotte, *Not One Inch*, p.166; John Borawski, "Partnership for Peace and Beyond," *International Affairs* 71, no. 2 (April 1995): pp.233-246.

35. D'Anieri, *Ukraine and Russia*, pp.65-66, p.92.

36. NATOSummit, Madrid, Spain, July 8-9, 1997, https://www.nato.int/docu/comm/1997/970708/home.htm; Bill Clinton, "Memorandum of Conversation—President Leonid Kuchma of Ukraine," June 5, 2000, Clinton Digital Library, https://clinton.presidentiallibraries.us/items/show/101663; Sarotte, "The Be-trayal Myth behind Putin's Brinkmanship."

37. "March 24, 1999: NATO Bombs Yugoslavia," This Day in History, https://www.history.com/this-day-in-history/nato-bombs-yugoslavia.

38. Thomas W. Lippman, "Russian Leader Cancels Trip in Protest," *Washington Post*, March 24, 1999, A 22, https://www.washingtonpost.com/wp-srv/inatl/daily/march99/russia032499.htm; Charap and Colton, *Everyone Loses*, pp.47-48.

4장 새로운 동유럽

1. Vladimir Putin, "Speech to Representatives of the US Public and Political Leaders," November 14, 2001, President of Russia, http://www.en.kremlin.ru/events/president/transcripts/21398.

2. Angela Stent, "The Impact of September 11 on US-Russian Relations," *Brookings*, September 8, 2021, https://www.brookings.edu/blog/order-from-chaos/2021/09/08/the-impact-of-september-11-on-us-russian-relations/; Samuel Charap and Timothy J. Colton, *Everyone Loses: The Ukraine Crisis and the Ruinous Contest for Post-Soviet Eurasia* (New York, 2016), pp.67-68.

3. Wade Boese, "Russia Declares Itself No Longer Bound by START II," *Arms Control Association*, July/August 2002, https://www.armscontrol.org/act/2002-07/news/russia-declares-itself-longer-bound-start-ii; Susan B. Glasser, "Tensions with Russia Propel Baltic States toward NATO," *Washington Post*, October 7, 2002; Simon Lunn, "The NATO-Russia Council: Its Role and Prospects," European Leadership Network, Policy Brief, November 2013.

4. Paul D'Anieri, *Ukraine and Russia: From Civilized Divorce to Uncivil War* (Cambridge, UK, 2019), p.129, p.133; Volodymyr Holovko and Larysa Iakubova, *Ukraïna i vyklyky post-totalitarnoho tranzytu, 1990-2019* [=*Ukraïna: Narysy istoriï*, ed. Valerii Smolii, vol. 3] (Kyiv, 2021), p.100.

5. Steven Lee Myers, *The New Tsar: The Rise and Reign of Vladimir Putin* (New York, 2015), pp.231-246; Dieter Nohlen and Philip Stöver, eds., *Elections in Europe: A Data Handbook* (Baden-Baden, 2010), p.1642; Dov Lynch, "'The Enemy is at the Gate': Russia after Beslan," *International Affairs* 81, no. 1 (January 2002): pp.141-161.

6. Myers, *The New Tsar*, pp.263-303; D'Anieri, *Ukraine and Russia*, pp.148-150; Andrew Wilson, *Ukraine's Orange Revolution* (New Haven and London, 2005), pp.174-183; Lincoln A. Mitchell, *The Color Revolutions* (Philadelphia, PA, 2012).

7. Askold Krushelnycky, "Ukraine: A Look at Kyiv's Motives for Seeking NATO Membership," *Radio Free Europe/Radio Liberty*, May 30, 2002, https://www.rferl.org/a/1099856.html; Jakob Hedenskog, *Ukraine and NATO: Deadlock or Re-Start?* Swedish Research Agency, December 2006, pp.59-63; Grigoriy M. Perepelytsia, "NATO and Ukraine: At the Crossroads," *NATO Review*, April 1, 2007, https://www.nato.int/docu/review/articles/2007/04/01/nato-and-ukraine-at-the-crossroads/index.html.

8. "Opening statement by Viktor Yushchenko, President of Ukraine at the press conference following the meeting of the NATO-Ukraine Council at the lev-

el of Heads of State and Government," NATO summit, February 22, 2005, https://www.nato.int/docu/speech/2005/s050222g.htm (edited for clarity); "NATO-Russia Relations: The Background," Media backgrounder, NATO, March 2020, https://www.nato.int/nato_static_fl2014/assets/pdf/2020/4/pdf/2003-NATO-Russia_en.pdf.

9. Paul D'Anieri, *Ukraine and Russia*, pp.12-13.

10. Rajan Menon and Eugene Rumer, *Conflict in Ukraine: The Unwinding of the Post-Cold War Order* (Cambridge, MA, and London, 2015), pp.41-44; D'Anieri, *Ukraine and Russia*, pp.155-157; Margarita M. Balmaceda, *Russian Energy Chains: The Remaking of Technopolitics from Siberia to the European Union* (New York, 2021), pp.91-104.

11. Vladimir Putin, "Speech and the Following Discussion at the Munich Conference on Security Policy," February 10, 2007, President of Russia, http://en.kremlin.ru/events/president/transcripts/24034 (edited for clarity).

12. Rob Watson, "Putin's Speech: Back to Cold War?" BBC, February 10, 2007, http://news.bbc.co.uk/2/hi/europe/6350847.stm; Luke Harding, "Bush Backs Ukraine and Georgia for Nato Membership," *Guardian*, April 1, 2008, https://www.theguardian.com/world/2008/apr/01/nato.georgia; Charap and Colton, *Everyone Loses*, p.88; D'Anieri, *Ukraine and Russia*, p.162.

13. Illya Labunka, "Ukraine Seeks NATO Membership Action Plan," *Ukrainian Weekly*, January 27, 2008; "Joint Address to the NATO Secretary General," ibid., p.3, http://www.ukrweekly.com/archive/pdf3/2008/The_Ukrainian_Weekly_2008-04.pdf.

14. D'Anieri, *Ukraine and Russia*, pp.162-163; Labunka, "Ukraine Seeks NATO Membership Action Plan."

15. Charap and Colton, *Everyone Loses*, p.87.

16. "Bucharest Summit Declaration," Issued by the Heads of State and Government Participating in the Meeting of the North Atlantic Council in Bucharest on April 3, 2008, NATO, https://www.nato.int/cps/en/natolive/official_texts_8443.htm.

17. Jan Maksymiuk, "Is Ukraine Prepared To Maintain Its Tough Stand Against Russia?" *Radio Free Europe/Radio Liberty*, August 15, 2008, https://www.rferl.org/a/Is_Ukraine_Prepared_To_Maintain_Its_Tough_Stand_Against_Russia/1191251.html; Charap and Colton, *Everyone Loses*, pp.91-94; Svante E. Cornell and Frederick S. Starr, *The Guns of August 2008: Russia's War in Georgia* (Armonk, NY, 2009); Ronald D. Asmus, *A Little War That Shook the*

World: *Georgia, Russia, and the Future of the West* (New York, 2010).

18. Ivan Watson and Maxim Tkachenko, "Russia, Ukraine agree on naval-base-for-gas deal," *CNN*, April 21, 2010, http://www.cnn.com/2010/WORLD/europe/04/21/russia.ukraine/index.html; Menon and Rumer, *Conflict in Ukraine*, pp.44-52.

19. Vladimir Putin, "Novyi integratsionnyi proekt dlia Evrazii—budushchee, kotoroe rozhdaetsia segodnia," *Izvestiia*, October 3, 2011, https://sroportal. ru/publications/novyj-integracionnyj-proekt-dlya-evrazii-budushhee-koto-roe-rozhdaetsya-segodnya/.

20. Putin, "Novyi integratsionnyi proekt dlia Evrazii."

21. Fiona Hill and Clifford G. Gaddy, *Mr. Putin: Operative in the Kremlin* (Washington, DC, 2015), pp.358-362.

22. Serhii Plokhy, *The Gates of Europe: A History of Ukraine*, rev. ed. (New York, 2021), p.338; D'Anieri, *Ukraine and Russia*, p.184.

23. D'Anieri, *Ukraine and Russia*, p.92; Plokhy, *The Gates of Europe*, p.340.

24. D'Anieri, *Ukraine and Russia*, pp.204-205.

25. "Eased Russian customs rules to save Ukraine $1.5 blnin 2014, says minister," *Interfax*, December 18, 2013, https://en.interfax.com.ua/news/economic/182691.html; D'Anieri, *Ukraine and Russia*, pp.200-203; Plokhy, *The Gates of Europe*, p.340.

26. Hennadii Moskal interviewed on the "Gordon" television program, January 21, 2018, https://www.youtube.com/watch?v=ZSer846Y1_8&t=0s.

27. "Meeting with President of Ukraine Viktor Yanukovych," December 17, 2013, President of Russia, http://kremlin.ru/events/president/news/19849; "Dekabr' 2013 goda, rabochii vizit Prezidenta Ukrainy v Moskvu," *Levyi Bereg*, December 17, 2013, https://lb.ua/news/2013/12/17/247980_dekabr_2013t_goda_rabochiy_vizit.html.

28. Plokhy, *The Gates of Europe*, p.339; "Shturm barykad. 11 hrudnia. Nich ta ranok suprotyvu," *Ukraïns'ka pravda*, December 11, 2013, https://www.pravda. com.ua/articles/2013/12/11/7005267/; "Top U.S. official visits protesters in Kiev as Obama admin. ups pressure on Ukraine president Yanukovich," *CBS News*, December 11, 2013, https://www.cbsnews.com/news/us-victoria-nu-land-wades-into-ukraine-turmoil-over-yanukovich/.

29. Serhii Leshchenko, "Taiemna zustrich Ianukovycha z Putinym ta inshi sekrety z mizhyhirs'koho notatnyka," *Ukraïns'ka pravda*, March 11, 2014, https:// www.pravda.com.ua/articles/2014/03/11/7018404/; "Ianukovych zibrav-

sia do Rosiï—dzherelo. Povidomliaiut', shcho prezident 8 sichnia taiemno zustrichavsia z Putinym," *Livyi bereh*, January 31, 2014, https://lb.ua/news/2014/01/31/253927_yanukovich_sobralsya_rossiyu.html.

30. D'Anieri, *Ukraine and Russia*, pp.216–218; "Mizh nevoleiu i nezalezhnistiu, 18–22 liutoho 2014," *Ukraïns'ka pravda*, February 18, 2015, https://www.istpravda.com.ua/articles/2015/02/18/147385/.

31. "Mizh nevoleiu i nezalezhnistiu, liutoho 2014."

32. D'Anieri, *Ukraine and Russia*, p.217, pp.219–220.

33. "Mizh nevoleiu i nezalezhnistiu, 18–22 liutoho 2014"; Dmytro Ievchyn, Inna Anitova, and Nataliia Nedel'ko, "Iak Ianukovych utikav do Krymu: svidchennia ochevydtsiv," *Krym.realiï*, March 1, 2018, https://ua.krymr.com/a/29070914.html.

34. "Mizh nevoleiu i nezalezhnistiu, 18–22 liutoho 2014"; "Rada skynula Ianukovycha, iakyi unochi vtik do Rosiï, Khronika revoliutsii hidnosti," *Ukrinform*, February 22, 2021, https://www.ukrinform.ua/rubric-society/3193991-rada-skinula-anukovica-akij-unoci-vtik-do-rosii.html; "Vtechaeksharanta: iak Ianukovych u 2014 rotsi tikav z Ukraïny," *UNIAN*, February 21, 2020, https://www.unian.ua/politics/10883561-vtecha-eks-garanta-yak-yanukovich-u-2014-roci-tikav-z-ukrajini.html.

5장 크림을 둘러싼 공방

1. Aleksandr Solzhenitsyn, "Russkii vopros v kontse XX veka," *Novyi mir*, no. 7 (1994); Vladimir Putin, "Message to the Federal Assembly of the Russian Federation," April 25, 2005, http://kremlin.ru/events/president/transcripts/22931; Serhii Plokhy, *Lost Kingdom: The Quest for Empire and the Making of the Russian Nation from 1470 to the Present* (New York, 2017), pp.312–315.

2. Ernest Gellner, *Nations and Nationalism* (Ithaca, NY, 1983), p.1.

3. Julia Rubin, "Meditations on Russia: Yeltsin Calls for New National 'Idea,'" *AP*, August 2, 1996, https://apnews.com/article/122cd732a8cf8b5989afeec4db-69dcd; Vera Tolz, "The Search for a National Identity in the Russia of Yeltsin and Putin," in Yitzhak Brudny, Jonathan Frankel, and Stefani Hoffman, eds., *Restructuring Post-Communist Russia* (Cambridge, UK, 2004), pp.160–178.

4. Timothy Snyder, *The Road to Unfreedom: Russia, Europe, America* (New York, 2019), pp.88–91; Marlene Laruelle, "Scared of Putin's Shadow: In Sanctioning Dugin, Washington Got the Wrong Man," *Foreign Affairs*, March 25, 2015, https://www.foreignaffairs.com/articles/russian-federation/2015-03-25/

scared-putins-shadow; http://newfascismsyllabus.com/contributions/into-the-irrational-core-of-pure-violence-on-the-convergence-of-neo-eurasianism-and-the-kremlins-war-in-ukraine/.

5.   Plokhy, *Lost Kingdom*, pp.121-153; Alexei Miller, *The Ukrainian Question: Russian Empire and Nationalism in the 19th Century* (Budapest, 2003), pp.24-26.

6.   Snyder, *The Road to Unfreedom*, pp.16-35.

7.   Aleksandr Solzhenitsyn, *Kak nam obustroit' Rossiiu?* (Paris, 1990); Solzhenitsyn, "Russkii vopros v kontse XX veka" (1994); Solzhenitsyn, *Rossiia v obvale* (Moscow, 1998), p.79.

8.   "Putin vozlozhil tsvety k nadgrobiiam Denikina, Il'ina i Shmeleva," *Vesti.ru*, May 24, 2009, https://www.vesti.ru/article/2180162.

9.   Plokhy, *Lost Kingdom*, p.326.

10. "Putin vozlozhil tsvety k nadgrobiiam Denikina, Il'ina i Shmeleva."

11. "Putin: Krym prisoedinili, chtoby ne brosat' natsionalistam," *BBC News*, March 9, 2015, https://www.bbc.com/russian/international/2015/03/150309_putin_crimea_annexion_film.

12. Antonina Dolomanzhi, "Ianukovych 11 raziv hovoryv z Putinym pid chas naikryvavishykh podii Maidanu—prokuror," *UNIAN*, November 17, 2021, https://www.unian.ua/politics/yanukovich-11-raziv-govoriv-z-putinim-pid-chas-naykrivavishih-podiy-maydanu-prokuror-novini-ukrajina-11612860.html; "Uhoda pro vrehuliuvannia kryzy v Ukraïni," *Ukraïns'ka pravda*, February 21, 2014, https://www.pravda.com.ua/articles/2014/02/21/7015533/; Valerii Kal'nysh, Kirill Mikhailov, Sergei Minenko, and Boris Iunakov, "21 fevralia 2014 goda, piatnitsa," *Novoevremia*, no. 5 (February 16, 2015), https://newtimes.ruarticles/detail/94681.

13. "Putin rasskazal, kak pomog Ianukovichu vyekhat' iz Ukrainy," *ATN*, October 24, 2014, https://atn.ua/world/putin-rasskazal-kak-pomog-janukovichu-vyehat-iz-ukrainy-151693/; Konstantin Remchukov, "What Vladimir Putin is Really Thinking. The person who has had to deal with Russia's new challenge is Putin and Putin alone," *National Interest*, July 6, 2022, https://nationalinterest.orgfeature/what-vladimir-putin-really-thinking-203422?page=0%2C1; Ben Rhodes, *The World as It Is: A Memoir of the Obama White House* (New York, 2019), pp.270-271.

14. "Putin rasskazal, kak pomog Ianukovichu vyekhat' iz Ukrainy."

15. "V Khar'kov edut boeviki, a v Krymu snimaiut ukrainskie flagi. V regionakh Ukrainy nastupilo napriazhennoe ozhidanie," *Mangazeia. Informatsionnoe*

agentstvo, February 26, 2014, https://www.mngz.ru/russia-world-sensation/366198-v-harkov-edut-boeviki-a-v-krymu-snimayut-ukrainskie-flagi-v-regionah-ukrainy-nastupilo-napryazhennoe-ozhidanie.html; "Ofitsiine vidstoronennia Ianukovycha vid vlady: khronika podii," *5 kanal*, February 22, 2018, https://www.5.ua/ suspilstvo/ofitsiine-vidstoronennia-yanukovycha-vid-vlady-165461.html; "V gostiakh u Gordona: Dobkin, Kernes, Avakov, zhaba Poroshenko, ubiistvo Kushnareva," October 6, 2020, https://www.youtube.com/watch?v=xcdcdDR8toc; "Vystup Ianukovycha na z'ïzdi v Kharkovi 22 liutoho 2014 roku mih vidkryty shliakh tankam Putina na Kyïv—Turchynov," *Hordon*, February 22, 2019, https://gordonua.com/ukr/news/maidan/vistup-janukovicha-na-z-jizdi-v-harkovi-22-ljutogo-2014-roku-moglo-vidkriti-shljah-tankam-putina-na-kijiv-turchinov-759148.html; "Kharkivs'kyi z'ïzd oholosyv pro kontrol' nad chastynoiu Pivdnia i Skhodu," *BBC News*, February 22, 2014, https://www.bbc.com/ukrainian/politics/2014/02/140222_kharkiv_nk; "Z'ïzd u Kharkovi: my proty separatyzmu, my za iedynu Ukraïnu," *Krym. realïi*, February 22, 2014, https://ua.krymr.com/a/25348311.html.

16. "'Ego by prosto unichtozhili,' Vladimir Putin rasskazal o spasenii Ianukovicha," *Vesti.ru*, March 15, 2015, https://www.vesti.ru/article/1720038; "Putin rasskazal, kak pomog Ianukovichu vyekhat' iz Ukrainy."

17. "Putin dal ukazanie anneksirovat' Krym v noch' na 23 fevralia—Ponomarev," *Ukraïns'ka pravda*, February 13, 2018, https://www.pravda.com.ua/rus/news/2018/02/14/7171592/.

18. "'Ego by prosto unichtozhili,' Vladimir Putin rasskazal o spasenii Ianukovicha"; "Telokhranitel' rasskazal sudu v Kieve, kak Ianukovich bezhal v Rossiiu," *BBC News*, January 18, 2018, https://www.bbc.com/russian/news-42740229.

19. "'Ego by prosto unichtozhili,' Vladimir Putin rasskazal o spasenii Ianukovicha"; "Telokhranitel' rasskazal sudu v Kieve, kak Ianukovich bezhal v Rossiiu"; "Ianukovicha v Khar'kove i Donetske presledovali 'vooruzhennye boeviki,'—okhrannik," *BBC News*, July 16, 2018, https://www.bbc.com/ukrainian/news-russian-44847511.

20. "'Ego by prosto unichtozhili,' Vladimir Putin rasskazal o spasenii Ianukovicha"; "Ianukovicha v Khar'kove i Donetske presledovali 'vooruzhennye boeviki'"; "Putin rasskazal, kak pomog Ianukovichu vyekhat' iz Ukrainy"; "Telokhranitel' rasskazal sudu v Kieve, kak Ianukovich bezhal v Rossiiu."

21. "V gostiakh u Gordona: Dobkin, Kernes, Avakov, zhaba Poroshenko, ubiistvo Kushnareva."

22. Paul D'Anieri, *Ukraine and Russia: From Civilized Divorce to Uncivil War* (Cambridge, UK, 2019), p.226.

23. "Ukraine Crimea: Rival rallies confront one another," *BBC News*, February 26, 2014, https://www.bbc.com/news/world-europe-26354705; "V Khar'kov edut boeviki, a v Krymu snimaiut ukrainskie flagi"; Viktoriia Veselova, "Plenki Glaz'eva: kto i kak koordiniroval iz Rossii sobytiia 'krymskoi vesny,'" *Krym. realii*, December 26, 2017, https://ru.krymr.com/a/28933736.html; Sergei Chasovskikh, *Novorossiia. God voiny* (Moscow, 2018).

24. "Stenohrama zasidannia RNBO Ukraïny u zv'iazku z pochatkom rosiis'koï ahresiï v Krymu," *Ukraïns'ka pravda*, February 22, 2016, https://www.pravda. com.ua/ articles/2016/02/22/7099911/.

25. "Stenohrama zasidannia RNBO Ukraïny."

26. D'Anieri, *Ukraine and Russia*, p.227; "Ianukovych prosyv Putina vvesty viis'ka v Ukraïnu," *Livyi bereh*, March 3, 2014, https://lb.ua/news/2014/03/03/258044_ yanukovich_poprosil_putina_vvesti.html; "Ianukovych vyznav, shcho prosyv Putina vvesty viis'ka v Ukraïnu," *Livyi bereh*, March 2, 2018, https://lb.uan-ews/2018/03/02/391645_yanukovich_priznal_prosil_putina.html.

27. "Putin dumaet, chto v Ukraine Ianukovicha mogli ubit'," *Segodnia*, March 4, 2014, https://politics.segodnya.ua/politics/putin-dumaet-chto-v-ukraine-ya-nukovicha-mogli-ubit-500420.html; "Putin: My ne rassmatrivaem variant prisoedineniia Kryma," *Vedomosti*, March 4, 2014, https://www.vedomosti.ru/ politics/articles/2014/03/04/putin-nachal-press-konferenciyu.

28. D'Anieri, *Ukraine and Russia*, pp.228–229; Carol Morello, Pamela Constable, and Anthony Faiola, "Crimeans vote in referendum on whether to break away from Ukraine, join Russia," *Washington Post*, March 17, 2014; Jason Samuel, "The Russian Constitutional Path to the Annexation of Crimea," *Jurist*, May 25, 2014, https://www.jurist.org/commentary/2014/05/jason-samuel-russia-crimea/.

29. Andrei Zubov, "Èto uzhe bylo," *Vedomosti*, March 1, 2014; "Iz MGIMO uvolen professor Andrei Zubov," *BBC News*, March 24, 2014, https://www.bbc.com/ russian/rolling_news/2014/03/140324_rn_professor_mgimo_fired.

30. Gellner, *Nations and Nationalism*, p.1; "Anschluss and World War II," *Britannica*, https://www.britannica.com/place/Austria/Anschluss-and-World-War-II; Keren Yarhi-Milo, *Knowing the Adversary: Leaders, Intelligence, and Assessment of Intentions in International Relations* (Princeton, NJ, 2014), pp.69–98; Rick Noack, "Why do nearly 40 percent of Germans endorse Russia's annexation of Crimea?" *Washington Post*, November 28, 2014.

6장 신러시아의 부상과 쇠퇴

1. Serhii Plokhy, "The Empire Strikes Back," in Plokhy, *The Frontline: Essays on Ukraine's Past and Present* (Cambridge, MA, 2020), p.231; Rajan Menon and Eugene Rumer, *Conflict in Ukraine: The Unwinding of the Post-Cold War Order* (Cambridge, MA, and London, 2015), pp.81-85; Serhy Yekelchyk, *The Conflict in Ukraine: What Everyone Needs to Know* (New York, 2015), pp.128-131.

2. Vladimir Putin, "Address by President of the Russian Federation," March 18, 2014, http://en.kremlin.ru/events/president/news/20603; Fiona Hill and Clifford G. Gaddy, *Mr. Putin: Operative in the Kremlin* (Washington, DC, 2015), pp.368-369.

3. "Putin sozdal krymskii federal'nyi okrug," *BBC News*, March 21, 2014, https://www.bbc.com/russian/russia/2014/03/140321_crimea_putin_federal_district.

4. "MID Rossii predlozhil sdelat' Ukrainu federatsiei," *Vedomosti*, March 17, 2014, https://www.vedomosti.ru/politics/articles/2014/03/17/mid-rossii-predlozhil-sdelat-ukrainu-federaciej.

5. "Lavrov nastaivaet na federalizatsii Ukrainy," *Polit.ru*, March 31, 2014, https://m.polit.ru/news/2014/03/31/lavrov/; "MID Ukrainy zaiavil ob otkaze vlastei ot federalizatsii strany," *Polit.ru*, April 1, 2014, https://m.polit.ru/news/2014/04/01federalization/; Julian Borger and Alec Luhn, "Ukraine crisis: Geneva talks produce agreement on defusing conflict," *Guardian*, April 17, 2014, https://www.theguardian.com/world/2014/apr/17/ukraine-crisis-agreement-us-russia-eu; "Ukraine crisis: Deal to 'de-escalate' agreed in Geneva," *BBC News*, April 17, 2014, https://www.bbc.com/news/world-europe-27072351.

6. Lidia Kelly, "Russian politician proposes new divisions of Ukraine," *Reuters*, March 24, 2014, https://www.reuters.com/article/ukraine-crisis-partition-letter/russian-politician-proposes-new-divisions-of-ukraine-idUSL5N0ML-1LO20140324; "Former Polish FM Says Putin Offered to Divide Ukraine With Poland," *Radio Free Europe/Radio Liberty*, October 21, 2014, https://www.rferl.org/a/26647587.html.

7. Kelly, "Russian politician proposes new divisions of Ukraine"; "President Vladimir Putin met with Polish Prime Minister Donald Tusk," President of Russia, February 8, 2008, http://en.kremlin.ru/events/president/news/43774; Marcel H. Van Herpen, *Putin's Wars: The Rise of Russia's New Imperialism* (Lanham, Boulder, New York, and London, 2015), pp.4-5.

8. Linda Kinstler, "In eastern Ukraine, protestors are chanting 'New Russia'—

an old term that's back in fashion," *New Statesman*, April 8, 2014, https://www.newstatesman.com/politics/2014/04/eastern-ukraine-protestors-are-chanting-new-russia-old-term-s-back-fashion; Veselova, "Plenki Glaz'eva: kto i kak koordiniroval iz Rossii sobytiia 'krymskoi vesny'"; "Direct Line with Vladimir Putin," President of Russia, April 17, 2014, http://kremlin.ru/events/president/ news/20796.

9. Marlene Laruelle, *Russian Nationalism: Imaginaries, Doctrines, and Political Battlefields* (London and New York, 2019), p.196.

10. Paul D'Anieri, *Ukraine and Russia: From Civilized Divorce to Uncivil War* (Cambridge, UK, 2019), pp.234–235, pp.240–241; Michael Kofman, Katya Migacheva, Brian Nichiporuk, Andrew Radin, Olesya Tkacheva, and Jenny Oberholtzer, *Lessons from Russia's Operations in Crimea and Eastern Ukraine* (Santa Monica, CA, 2019), pp.39–40.

11. Plokhy, *The Gates of Europe*, p.342; Yuri Zhukov, "Trading Hard Hats for Combat Helmets: The Economics of Rebellion in Eastern Ukraine," *Journal of Comparative Economics* 44, no. 1 (October 2015): pp.1–15; cf. Zhukov, "The Economics of Rebellion in Eastern Ukraine," *Vox Ukraine*, November 10, 2015, https://voxukraine.orgen/the-economics-of-rebellion-in-eastern-ukraine/.

12. Laruelle, *Russian Nationalism*, pp.196–206; Laruelle, "Back from Utopia: How Donbas Fighters Reinvent Themselves in a Post-Novorossiya Russia," *Nationalities Papers* 47, no. 5 (2019): pp.719–733.

13. Paul Sonne and Philip Shishkin, "Pro-Russian Commander in Eastern Ukraine Sheds Light on Origin of Militants," *Wall Street Journal*, April 26, 2014, https://www.wsj.com/articles/SB10001424052702304788404579526160643349256.

14. "Poroshenko: 'No negotiations with separatists,'" *DW*, May 8, 2014, https://www.dw.com/en/poroshenko-no-negotiations-with-separatists/a-17619764; Alec Luhn and Shaun Walker, "Poroshenko promises calm 'in hours' amid battle to control Donetsk airport," *Guardian*, March 26, 2015.

15. "Donetsk militants send 34 pro-Russian separatist bodies to Russia leader," *Kyiv Post*, May 30, 2014, https://www.kyivpost.com/article/content/war-against-ukraine/donetsk-militants-send-34-pro-russian-separatists-bodies-to-russia-leader-350016.html; Christopher Miller, "Ukrainian Forces Seize Crucial Port City from Pro-Russia Separatists," *Mashable*, June 13, 2014, https://mashable.comarchive/ukraine-seize-port-city-russia-separatists.

16. "Ukraine crisis: Rebels abandon Sloviansk stronghold," *BBC News*, July 5, 2014, https://www.bbc.com/news/world-europe-28174104; Karoun Demirjian and

Michael Birnbaum, "Russia warns Ukraine of 'irreversible consequences' after cross-border shelling," *Washington Post*, July 13, 2014, https://www.washingtonpost .com/world/russia-warns-ukraine of-irreversible-consequences-after-cross-border-shelling/2014/07/13/d2be1bb0-0a85-11e4-8341-b8072b1e7348_story.html; "Ukrainian Troops Were Likely Shelled from Russian MRLS Tornado in Zelenopillia," *Censor.net*, July 15, 2014, https://censor.net/en/news/293840/ukrainian_troops_were_likely_shelled_from_russian_mrls_tornado_in_zelenopillia.

17. "Update in criminal investigation MH17 disaster," Openbaar Ministerie, May 24, 2018, https://web.archive.org/web/20180524222602/https://www.om.nl/onderwerpen/mh17-crash/@103196/update-criminal-0/; Michael Walsh and Larry McShane, "Malaysia Airlines Flight 17 shot down by surfaceto-air missile in what Ukrainian president calls 'act of terrorism,'" *New York Daily News*, July 18, 2014, https://www.nydailynews.com/news/world/ malaysian-airlines-plane-crashes-ukraine-russian-border-article-$21870413; "MH17 plane crash: EU to widen Russia sanctions," *BBC News*, 22 July 2014, https://www.bbc.com/news/uk-28415248.

18. "Sylam ATO nareshti vdalosia rozdilyty terorystiv na Donbasi na dvi hrupy," *TSN*, August 3, 2014, https://tsn.ua/ukrayina/silam-ato-nareshti-vdalosya-rozdiliti-teroristiv-na-donbasi-na-dvi-grupi-361740.html.

19. "V Amvrosievku voshli rossiiskie voiska bez znakov otlichiia," *Liga.novyny*, August 24, 2014, https://news.liga.net/politics/news/v_amvrosievku_voshli_rossiyskie_voyska_istochnik; "Captured Russian troops in Ukraine by accident,'" *BBC News*, August 26, 2014, https://www.bbc.com/news/world-europe-28934213; "Fears of massacre after accusations Russians reneged on safe passage for Ukrainian forces," *Daily Telegraph*, August 31, 2014; Taras Kuzio, *Putin's War against Ukraine: Revolution, Nationalism, and Crime* (Toronto, 2017), p.253.

20. "Protokol po itogam konsul'tatsii Trekhstoronnei kontaktnoi gruppy," chrome-extension://efaidnbmnnnibpcajpcglclefindmkaj/https://www.osce.org/files/f/documents/a/a/123258.pdf; D'Anieri, *Ukraine and Russia*, p.247.

21. Shaun Walker and Oksana Grytsenko, "Ukraine forces admit loss of Donetsk airport to rebels," *Guardian*, January 21, 2015, https://www.theguardian.com/world/2015/jan/21/russia-ukraine-war-fighting-east; "Debal'tseve battle: Pro-Russian and Ukrainian forces agree to humanitarian corridor for civilians," *International Business Times*, February 6, 2015; "Ukraine troops,"

pro-Russia rebels intensify clashes," *CBS News*, February 10, 2015, https://www.cbsnews.com/news/ukraine-troops-pro-russia-rebels-intensify-clashes/; Kuzio, *Putin's War*, p.256.

22. "Minsk agreement on Ukraine crisis: text in full," *Daily Telegraph*, February 12, 2015.

23. Laruelle, "Back from Utopia: How Donbas Fighters Reinvent Themselves in a Post-Novorossiya Russia"; Donbas Doubles: The Search for Girkin and Plotnitsky's Cover Identities," *Bellingcat*, July 18, 2022, https://www.bellingcat.com/news/2022/07/18/donbas-doubles-the-search-for-girkin-and-plotnitskys-cover-identities/; "GRU-shnik Girkin zaiavil," https://www.youtube.com/shorts/6RHeRkTzjmo.

24. Sviatoslav Khomenko, "Kto za kogo golosoval: elektoral'naia geografiia prezidentskikh vyborov," *BBC News*, May 28, 2014, https://www.bbc.com/ukrainian/ukraine_in_russian/2014/05/140528_ru_s_electoral_geography; "Obrobleni 100% biuleteniv: Poroshenko peremih u pershomu turi," *BBC News*, May 29, 2014, https://www.bbc.com/ukrainian/politics/2014/05/140529_poroshenko_vote_count_dt; Serhii Plokhy, *The Gates of Europe: A History of Ukraine*, rev. ed. (New York, 2021), pp.343-344.

25. "Kazhdyi sam po sebe: Boiko i Medvedchuk idut v radu otdel'no ot Akhmetova i Novinskogo," *Kyïvvlada*, June 6, 2019, https://kievvlast.com.ua/vyborykazhdyj-sam-po-sebe-bojko-i-medvedchuk-idut-v-radu-otdelno-ot-ahmetova-i-novinskogo.

26. Oxana Shevel, "Decommunization in Post-Euromaidan Ukraine: Law and Practice," *Ponaris Eurasia, Policy Memos*, January 11, 2016, https://www.ponarseurasia.org/decommunization-in-post-euromaidan-ukraine-law-and-practice/; Serhii Plokhy, *The Frontline: Essays on Ukraine's Past and Present* (Cambridge, MA, 2021) pp.257-279.

27. Pavel Polityuk, "Ukraine passes language law, irritating president-elect and Russia," *Reuters*, April 25, 2019, https://www.reuters.com/article/us-ukraine-parliament-language-idUSKCN1S111N; "Language, Revolution of Dignity Project, Contemporary Atlas, Digital Atlas of Ukraine," Harvard Ukrainian Research Institute, https://gis.huri.harvard.edu/language-module.

28. Marina Presenti, "Ukraine's cultural revival is a matter of national security," *Atlantic Council*, January 19, 2021, https://www.atlanticcouncil.org/blogs/ukrainealert/ukraines-cultural-revival-is-a-matter-of-national-security/l.

29. Andriy Mykhaleyko, "The New Independent Orthodox Church in Ukraine,"

Comparative Southeast European Studies 67, no. 4 (2019): pp.476-499, https://www.degruyter.com/document/doi/10.1515/soeu-2019-0037/html; "Transfer of Parishes," Religious Revolution, Revolution of Dignity Project, Contemporary Atlas, MAPA: Digital Atlas of Ukraine, https://gis.huri.harvard.edutransfer-parishes.

30. Plokhy, *The Gates of Europe*, pp.348-349.

31. Steven Pifer, "Poroshenko Signs EU-Ukraine Association Agreement," *Brookings*, June 27, 2014, https://www.brookings.edu/blog/up-front/2014/06/27/poroshenko-signs-eu-ukraine-association-agreement/; "Visas: Council confirms agreement on visa liberalisation for Ukrainians," European Council, Council of the European Union, March 2, 2017, https://www.consilium.europa.eu/en/press/press-releases/2017/03/02/visa-liberalisation-ukraine/; Plokhy, *The Gates of Europe*, pp.350-351.

7장 푸틴의 전쟁

1. "Putin u menia sprashival, chto o nem napishut v uchebnikakh: glavred 'Ėkha' o lichnom razgovore s prezidentom RF," *Pervyi Russkii*, August 20, 2019, https://tsargrad.tv/news/putin-u-menja-sprashival-chto-o-nem-napishut-v-uchebnikah-glavred-jeha-o-lichnom-razgovore-s-prezidentom-rf_213278.

2. Fiona Hill and Clifford G. Gaddy, *Mr. Putin: Operative in the Kremlin* (Washington, DC, 2015), pp.64-66.

3. Putin, "On the Historical Unity of the Russians and Ukrainians," President of Russia, http://en.kremlin.ru/events/president/news/66181.

4. Serhii Plokhy, *Lost Kingdom: The Quest for Empire and the Making of the Russian Nation from 1470 to the Present* (New York, 2017), pp.89-91.

5. Putin, "On the Historical Unity of the Russians and Ukrainians."

6. Putin, "On the Historical Unity of the Russians and Ukrainians," p.1.

7. Serhii Rudenko, *Zelensky: A Biography* (Cambridge, UK, 2022).

8. Katya Gorchinskaya, "A brief history of corruption in Ukraine: the Poroshenko Era. The candyman can't confect a system to contain graft," *Eurasianet*, June 11, 2020.

9. "How Volodymyr Zelenskiy beat Petro Poroshenko in Ukraine," *DW*, April 24, 2019, https://www.dw.com/en/how-volodymyr-zelenskiy-beat-petro-poroshenko-in-ukraine/a-48437457.

10. Taras Kuzio, "Russia is quietly occupying Ukraine's information space," *Atlan-*

tic Council, June 27, 2020, https://www.atlanticcouncil.org/blogs/ukrainealert/russia-is-quietly-occupying-ukraines-information-space/; "Ukraine election: Comedian Zelensky wins presidency by landslide," *BBC News*, April 22, 2019, https://www.bbc.com/news/world-europe-48007487; Leonid Nevzlin, Interview with Dmitrii Gorgon, *V gostiakh u Gordona*, August 1, 2022, https://www.youtube.com/watch?v=Iw6A_b7p_2s&t=2956s.

11. Andrei Bogdan, V gostiakh u Gordona, December 14, 2022, https://www.youtube.com/watch?v=QBZM_LBT0QM; Oksana Torop, "Chy nablyzyvsia Zelens'kyi do myru na Donbasi?" *BBC News*, May 19, 2020, https://www.bbc.com/ukrainian/features-52542365.

12. "Ukraine hopes to get MAP at NATO summit next year—Taran," *Ukrinform*, December 1, 2020, https://www.ukrinform.net/rubric-defense/3146549-ukraine-hopes-to-get-map-at-nato-summit-next-year-taran.html.

13. Yuras Karmanau, "Ukraine shuts TV channels owned by Russia-friendly tycoon," *ABC News*, February 3, 2021, https://abcnews.go.com/Business/wireStoryukraine-shuts-tv-channels-owned-russia-friendly-tycoon-75661067.

14. Aleksei Titov, "Putin vervye prokomentiroval zakrytie kanalov Medvedchuka," *Obozrevatel'*, February 17, 2022, https://news.obozrevatel.com/russiaputin-vpervyie-prokommentiroval-zakryitie-kanalov-medvedchuka.htm.

15. DanSabbagh,"Ukraineurges Natotohastenmembershipas Russiantroopsgather," *Guardian*, April 6, 2021, https://www.theguardian.com/world/2021/apr/06/ukraine-pressures-nato-for-membership-as-russia-amasses-troops-at-border; Amy Mackinnon, Jack Detsch, and Robbie Gramer, "Near Ukraine Puts Team Biden on Edge: Is Russia Testing the Waters or Just Testing Biden?," *Foreign Policy*, April 2, 2021, https://foreignpolicy.com/2021/04/02/russia-ukraine-military-biden/; Mykola Bielieskov, "The Russian and Ukrainian Spring 2021 War Scare," Center for Strategic and International Studies, September 21, 2021, https://www.csis.org/analysis/russian-and-ukrainian-spring-2021-war-scare.

16. Gordon Corera, "Ukraine: Inside the spies' attempts to stop the war," *BBC News*, April 9, 2022, https://www.bbc.com/news/world-europe-61044063; Holly Ellyatt, "Biden and Putin conclude high-stakes diplomacy at Geneva summit," *CNBC News*, June 16, 2021, https://www.cnbc.com/2021/06/16/putin-biden-summit-in-geneva-2021.html.

17. Shane Harris, Karen DeYoung, Isabelle Khurshudyan, Ashley Parker, and Liz Sly, "Road to war: U.S. struggled to convince allies, and Zelensky, of risk of in-

vasion," *Washington Post*, August 16, 2022, https://www.washingtonpost.com/national-security/interactive/2022/ukraine-road-to-war/?itid=hp-top-table-main.

18. Harris et al., "Road to war: U.S. struggled to convince allies, and Zelensky, of risk of invasion"; Corera, "Ukraine: Inside the spies' attempts to stop the war"; "Russia planning massive military offensive against Ukraine, involving 150,000 troops," *Washington Post*, December 3, 2021, https://www.washingtonpost.com/national-security/russia-ukraine-invasion/2021/12/03/98a3760e-546b-11ec-8769-2f4ecdf7a2ad_story.html.

19. Andrew Roth, "Russia issues list of demands it says must be met to lower tensions in Europe," *Guardian*, December 17, 2021, https://www.theguardian.com/world/2021/dec/17/russia-issues-list-demands-tensions-europe-ukraine-nato.

20. Harris et al., "Road to war: U.S. struggled to convince allies, and Zelensky, of risk of invasion."

21. Aishvarya Kavi, "Biden Warns U.S. Won't Send Troops to Rescue Americans in Ukraine," *New York Times*, February 10, 2022, https://www.nytimes.com/2022/02/10/us/biden-ukraine.html; Julian Borger, "Biden threatens Putin with personal sanctions if Russia invades Ukraine," *Guardian*, January 26, 2022, https://www.theguardian.com/world/2022/jan/26/biden-threatens-putin-with-personal-sanctions-if-russia-invades-ukraine; Dan Sabagh, "US and UK intelligence warnings vindicated by Russian invasion," *Guardian*, February 24, 2022, https://www.theguardian.com/us-news/2022/feb/24/us-uk-intelligence-russian-invasion-ukraine.

22. Illia Ponomarenko, "US delivers 300 more Javelins to Ukraine," *Kyiv Independent*, January 26, 2022, https://kyivindependent.com/national/us-delivers-300-more-javelins-to-ukraine/; Zach Dorfman, "CIA-trained Ukrainian paramilitaries may take central role if Russia invades," *Yahoo!News*, January 13, 2022, https://news.yahoo.com/cia-trained-ukrainian-paramilitaries-may-take-central-role-if-russia-invades-185258008.html; Eliot A. Cohen, "Arm the Ukrainians Now!" *Atlantic*, February 2022, https://www.theatlantic.com/ideas/archive/2022/02/putin-russia-invasion-ukraine-war/621182/.

23. Readout of President Biden's Video Call with President Vladimir Putin of Russia, December 7, 2021, https://www.whitehouse.gov/briefing-room/statements-releases/2021/12/07/readout-of-president-bidens-video-call-with-president-vladimir-putin-of-russia/; Readout of President Biden's Video Call

with European Leaders on Russia and Ukraine, January 24, 2022, https://www.whitehouse.gov/briefing-room/statements-releases/2022/01/24/read-out-of-president-bidens-video-call-with-european-leaders-on-russia-and-ukraine/; Michael Crowley and David E. Sanger, "U.S. and NATO Respond to Putin's Demands as Ukraine Tensions Mount," *New York Times*, January 26, 2022, https://www.nytimes.com/2022/01/26/us/politics/russia-demands-us-ukraine.html; Serhii Plokhy, "The empire returns: Russia, Ukraine and the long shadow of the Soviet Union," *Financial Times*, January 28, 2022, https://www.ft.com/content/0cbbd590-8e48-4687-a302-e74b6f0c905d.

24. Anton Troianovski and David E. Sanger, "Russia Issues Subtle Threats More Far-Reaching Than a Ukraine Invasion," *New York Times*, January 16, 2022, https://www.nytimes.com/2022/01/16/world/europe/russia-ukraine-inva-sion.html; Rafael Bernal, "Russia suggests military deployments to Cuba, Venezuela an option," *The Hill*, January 13, 2022, https://thehill.com/poli-cydefense/589595-russia-suggests-military-deployments-to-cuba-venezue-la-an-option/.

25. Manohla Dragis, "'Munich: The Edge of War' Review: 'Well Navigat-ed, Sir' (Not!)," *New York Times*, January 20, 2022, https://www.nytimes.com/2022/01/20/movies/munich-the-edge-of-war-review.html.

26. Harris et al., "Road to war: U.S. struggled to convince allies, and Zelensky, of risk of invasion."

27. Harris et al., "Road to war: U.S. struggled to convince allies, and Zelensky, of risk of invasion"; Read out of President Biden's Call with President Zelenskyy of Ukraine, January 27, 2022, https://www.whitehouse.gov/briefing-room/statements-releases/2022/01/27/readout-of-president-bidens-call-with-pres-ident-zelenskyy-of-ukraine-2/; "Zelens'kyi: panika koshtuvala Ukraïni 15,5 mlrd," *BBC News*, January 28, 2022, https://www.bbc.com/ukrainian/news-60171082; Christo Grozev interview, https://m.youtube.com/watch?v=ekQB-8pOwsC4.

28. Matthew Luxmoore and Bojan Pancevski, "Russia, Ukraine Talks Falter as Scope for Diplomatic Solution Narrows," *Wall Street Journal*, February 10, 2022; "Exclusive: As war began, Putin rejected a Ukraine peace deal recommend-ed by aide," *Reuters*, September 14, 2022, https://www.reuters.com/world/asia-pacific/exclusive-war-began-putin-rejected-ukraine-peace-deal-rec-ommended-by-his-aide-2022-09-14/.

29. Harris et al., "Road to war: U.S. struggled to convince allies, and Zelensky,

of risk of invasion"; "Ukraine's president told Biden to 'calm down' Russian invasion warnings, saying he was creating unwanted panic: report," *Business Insider*, January 28, 2022, https://www.businessinsider.com/ukraine-president-told-biden-calm-down-russian-invasion-warnings-report-2022-1; Marta Bondarenko, "Dosyt' siiaty paniku cherez viinu," *Fakty*, January 29, 2022, https://fakty.com.ua/ua/ukraine/polituka/20220129-dosyt-siyaty-paniku-cherez-vijnu-zelenskyj-dorikaye-zahidnym-lideram-shho-pyshut-zakordonni-zmi-pro-preskonferencziyu-prezydenta/.

30. "Vystup Prezydenta Ukraïny na 58-i Miunkhens'kii konferentsiï z pytan' bezpeky," Prezydent Ukraïny, February 19, 2022, https://www.president.gov.ua/news/vistup-prezidenta-ukrayini-na-58-j-myunhenskij-konferenciyi-72997.

31. "Zelensky's full speech at Munich Security Conference," *Kyiv Independent*, February 19, 2022, https://kyivindependent.com/national/zelenskys-full-speech-at-munich-security-conference/; Patrick Wintour, "Memory of 1938 hangs heavy in Munich as Ukrainian president calls for action," *Guardian*, February 20, 2022, https://www.theguardian.com/world/2022/feb/20/memory-of-1938-munich-ukrainian-president-zelenskiy-russia.

32. Roman Romaniuk, "From Zelenskyy's 'surrender' to Putin's surrender: how the negotiations with Russia are going," *Ukraïns'ka pravda*, May 5, 2022, https://www.pravda.com.ua/eng/articles/2022/05/5/7344096/.

33. Sergei Markov, "Putin ne mozhet uiti ot vlasti, ostaviv Ukrainu okkupirovannoi," Sovet po vneshnei i oboronnoi politike, December 27, 2021, http://svop.ru/main/40348/; "Putin's worsening health set to be a determining factor in Russia's policy over the next four years," Robert Lansing Institute, September 29, 2021, https://lansinginstitute.org/2021/09/29/putins-worsening-health-set-to-be-a-determining-factor-in-russias-policy-over-the-next-four-years/.

34. Plokhy, *Lost Kingdom*, pp.331–332; Paul D'Anieri, *Russia and Ukraine: From Civilized Divorce to Uncivil War* (Cambridge, UK, 2019), pp.193–194.

35. Jeffrey Edmonds, "Start with the Political: Explaining Russia's Bungled Invasion of Ukraine," *War on the Rocks*, April 28, 2022, https://warontherocks.com/2022/04/start-with-the-political-explaining-russias-bungled-invasion-of-ukraine/; "Otkrytoe pis'mo generala Ivashova—Putinu," https://proza.ru/2022/02/07/189.

36. *Russia's War in Ukraine: Military and Intelligence Aspects*, p.1; "Oh, How They Lied. The Many Times Russia Denied Ukraine Invasion Plans," *Poly-*

graph.Info, March 9, 2022, https://www.polygraph.info/a/fact-check-russia-lies-ukraine-war/31745164.html; "Putin vral, chto voiny s Ukrainoi ne budet. Khronologiia obmana prezidenta RF," *DW*, February 24, 2022, https://www.dw.com/ru/putin-vral-chto-vojny-s-ukrainoj-ne-budet-hronologija-obmana/a-60904218.

37. "Bol'shoe zasedanie Soveta bezopasnosti Rossii. Priamaia transliatsiia," February 21, 2022, https://www.1tv.ru/shows/vystupleniya-prezidenta-rossii/vneocherednoe-zasedanie-soveta-bezopasnosti-rossii/bolshoe-zasedanie-soveta-bezopasnosti-rossii-pryamaya-translyaciya.

38. Aleksandr Iuzovskii, "Khristo Grozev: dazhe Lavrov byl shokirovan nachalom voiny v Ukraine," MINEWSS, May 6, 2022, https://mignews.com/news/politichristo-grozev-dazhe-lavrov-byl-shokirovan-nachalom-vojny-v-ukraine.html.

39. Address by the President of the Russian Federation, February 21, 2022, 22:35. The Kremlin, Moscow, http://en.kremlin.ru/events/president/news/20603.

40. Serhii Plokhy, "Casus Belli: Did Lenin Create Modern Ukraine?" Harvard Ukrainian Research Institute, February 27, 2022, https://huri.harvard.edu/newsserhii-plokhii-casus-belli-did-lenin-create-modern-ukraine.

41. "Address by the President of the Russian Federation," President of Russia, February 24, 2022, http://en.kremlin.ru/events/president/news/67843.

42. Dan Sabbagh, "Russia is creating lists of Ukrainians 'to be killed or sent to camps,' US claims," *Guardian*, February 21, 2022, https://www.theguardian.com/world/2022/feb/21/us-claims-russia-creating-lists-of-ukrainians-to-be-killed-or-sent-to-camps-report.

43. "Address by the President of the Russian Federation," President of Russia, February 24, 2022; Magdalena Kaltseis, "Russia's invasion of Ukraine: The first day of the war in Russian TV talk shows," Forum for Ukrainian Studies, May 11, 2022, https://ukrainian-studies.ca/2022/05/11russias-invasion-of-ukraine-the-first-day-of-the-war-in-russian-tv-talk-shows/; "Russia won't invade Ukraine, intends to protect DPR, LPR within their borders, MP says," *TASS Russian News Agency*, February 24, 2022, https://tass.compolitics/1409525?utm_source=google.com&utm_medium=organic&utm_campaign=google.com&utm_referrer=google.com.

44. Ol'ha Hlushchenko, "U mistakh Ukraïny chutni vybukhy," *Ukraïns'ka pravda*, February 24, 2022, 05:37, https://www.pravda.com.ua/news/2022/02/24/7325223/; "U Kyievi i Kharkovi pochalysia raketni udary,"

Ukraïns'ka pravda, February 24, 2022, 05:53, https://www.pravda.com.ua/news/2022/02/24/7325224/; "Rosiiany atakuvaly kordon u 5 oblastiakh i z Krymu," *Ukraïns'ka pravda*, February 24, 2022, 07:17, https://www.pravda.com.ua/news/2022/02/24/7325234/.

45. *Russia's War in Ukraine: Military and Intelligence Aspects*, Updated April 27, 2022, Congressional Research Service, pp.3–4, https://crsreports.congress.gov R47068.

46. Al Jazeera Staff, "Russia facing setbacks in Ukraine, US intelligence officials say," *Aljazeera*, March 8, 2022, https://www.aljazeera.com/news/2022/3/8/russia-facing-setbacks-in-ukraine-us-intelligence-officials-say; "Budut anti-fashistskie vosstaniia: Sergei Markov o planakh Rossii v konflikte s Ukrainoi."

47. "Budut antifashistskie vosstaniia: Sergei Markov o planakh Rossii v konflikte s Ukrainoi."

8장 키이우의 관문

1. Simon Shuster, "Inside Zelensky's World," *Time*, April 28, 2022, https://time.com/6171277/volodymyr-zelensky-interview-ukraine-war/; Christo Grozev interview @*Prodolzhenie sleduet*, June 16, 2022, https://m.youtube.com/watch?v=ekQB8pOwsC4, 24.00.

2. Sevgil' Musaieva, "Oleksii Danilov: Rosiia rozpadet'sia shche pry nashomu zhytti," *Ukraïns'ka pravda*, April 22, 2022, https://www.pravda.com.ua/articles/2022/04/22/7341267/.

3. Paul Sonne, Isabelle Khurshudyan, Serhiy Morgunov, and Kostiantyn Khudov, "Battle for Kyiv: Ukrainian valor, Russian blunders combined to save the capital," *Washington Post*, August 24, 2022, https://www.washingtonpost.com/national-security/interactive/2022/kyiv-battle-ukraine-survival/; Roman Kravets' and Roman Romaniuk, "Try naidovshi dni liutoho. Iak pochalasia velyka viina, v iaku nikhto ne viryv," *Ukraïns'ka Pravda*, September 5, 2022, https://www.pravda.com.ua/articles/2022/09/5/7366059/.

4. "Rosiia napala na Ukraïnu," *Ukraïns'ka pravda*, February 24, 2022, https://www.pravda.com.ua/articles/2022/02/24/7325239/.

5. Valentyna Romanenko, "Viis'kovi do ostann'oho spodivalysia, shcho RF pide v nastup til'ky cherez Donbas—bryhadnyi heneral," *Ukraïns'ka pravda*, June 4, 2022, https://www.pravda.com.ua/news/2022/06/4/7350496/.

6. "Budut antifashistskie vosstaniia: Sergei Markov o planakh Rossii v konflikte s

Ukrainoi," *Biznes Onlain*, February 25, 2022, https://www.business-gazeta.ru/article/540893.

7. Avid M. Herszenhorn and Paul McLeary, "Ukraine's 'iron general' is a hero, but he's no star," *Politico*, April 8, 2022; Simon Shuster and Vera Bergengruen, "Inside the Ukrainian Counterstrike that Turned the Tide of the War," *Time*, September 26, 2022, https://time.com/6216213/ukraine-military-valeriy-zaluzhny/; Sonne et al., "Battle for Kyiv: Ukrainian valor, Russian blunders combined to save the capital."

8. "Rosiis'ki viis'ka z Bilorusi uviishly do Chornobyl's'koï zony—Herashchenko," *Ukraïns'ka pravda*, February 24, 2022, 16:40, https://www.radiosvoboda.org/a/news-rosiiski-viiska-bilorus-chornobylska-zona/31721085.html; Ari Saito and Maria Tsvetkova, "The Enemy Within," *Reuters*, July 28, 2022, https://www.reuters.com/investigates/special-report/ukraine-crisis-russia-saboteurs/.

9. Erin Doherty and Ivana Saric, "Russian military forces seize Chernobyl nuclear plant," *Axios*, February 24, 2022, https://www.axios.com/2022/02/24/ukraine-zelensky-chernobyl-nuclear-power-plant; Meghan Kruger, "15 new Chernobyls: A Survivor's Fears about Putin's War," *Washington Post*, March 2, 2022, https://www.washingtonpost.com/opinions/2022/03/02/ukraine-war-nuclear-chernobyl-zaporizhia-reactor/; Tobin Harshaw, "Another Chernobyl Disaster? Russian Invaders Are Taking the Risk. A Q&A with atomic energy expert Serhii Plokhii on Putin's new form of 'nuclear terrorism,'" Bloomberg, March 11, 2022; Serhii Plokhy, "Poisoned legacy: why the future of power can't be nuclear," *Guardian*, May 14, 2022; "Nuclear plants could become dirty bombs in Ukraine, warns Serhii Plokhy," *Economist*, June 16, 2022, https://www.economist.com/by-invitation/2022/06/16/nuclear-plants-could-become-dirty-bombs-in-ukraine-warns-serhii-plokhy.

10. *Russia's War in Ukraine: Military and Intelligence Aspects*, p.4; Mykhailo Zhyrokhov, "Bytva za Kyïv: iak kuvalasia peremoha ukraïns'koï armiï," *Apostrof*, April 7, 2022, https://apostrophe.ua/ua/article/society/2022-04-07/bitva-za-kiev-kak-kovalas-pobeda-ukrainskoy-armii/45241; "ZSU znyshchyly kadyrivtsiv, iaki planuvaly vbyty Zelens'koho—rozvidka," *Ukraïns'ka pravda*, March 1, 2022, https://www.pravda.com.ua/news/2022/03/1/7327224/.

11. Zhyrokhov, "Bytva za Kyïv: iak kuvalasia peremoha ukraïns'koï armiï"; Sebastian Roblin, "Pictures: In Battle for Hostomel, Ukraine Drove Back Russia's Attack Helicopters and Elite Paratroopers," *1945*, February 25, 2022, https://ww-

w.19fortyfive.com/2022/02/pictures-in-battle-for-hostomel-ukraine-drove-back-russias-attack-helicopters-and-elite-paratroopers/; James Marson, "Putin Thought Ukraine Would Fall Quickly. An Airport Battle Proved Him Wrong," *Wall Street Journal*, March 3, 2022, https://www.wsj.com/articles/putin-thought-ukraine-would-fall-quickly-an-airport-battle-proved-him-wrong-11646343121; "Hostomel's'kyi kapkan: iak ukraïns'ki voïny znyshchuvaly 'slavnozvisnyi' rosiis'kyi desant pid Kyievom," June 3, 2022, https://www.youtube.com/watch?v=iB1vApynTiE; Sonne et al. "Battle for Kyiv: Ukrainian valor, Russian blunders combined to save the capital."

12. Zhyrokhov, "Bytva za Kyïv: iak kuvalasia peremoha ukraïns'koï armiï;" "Terminovo. Okupanty namahaiut'sia vysadyty desant u Vasyl'kovi, idut' boï," *Ukrinform*, February 26, 2022, 01:35, https://www.ukrinform.ua/rubric-ato/3413199-okupanti-namagautsa-visaditi-desant-u-vasilkovi-jdut-boi.html; "Vasyl'kiv pid kontrolem ukraïns'kykh viis'kovykh, boï zakinchuit'sia—vlada," Radio Liberty, February 26, 2022, 07:38, https://www.radiosvoboda.org/a/news-vasylkiv-boyi/31724428.html; "Russian-Belarusian maneuvers: Concern and mistrust near the Ukrainian border," *DW*, February 15, 2022, https://www.dw.com/en/russian-belarusian-maneuvers-concern-and-mistrust-near-the-ukrainian-border/a-60791583.

13. Zhyrokhov, "Bytva za Kyïv: iak kuvalasia peremoha ukraïns'koï armiï"; Romanenko, "Viis'kovi do ostann'oho spodivalysia, shcho RF pide v nastup til'ky cherez Donbas."

14. Mykhaylo Zabrodskyi, Dr. Jack Watling, Oleksandr V. Danylyuk, and Nick Reynolds, *Preliminary Lessons in Conventional Warfighting from Russia's Invasion of Ukraine: February–July 2022* (London: Royal United Services Institute for Defence Studies, 2022), p.1; "Brytans'ka rozvidka nazvala kliuchovyi factor ostannikh taktychnykh uspikhiv RF na Donbasi," *Ukraïns'ka pravda*, June 4, 2022, https://www.pravda.com.ua/news/2022/06/4/7350474/; Yaroslav Trofimov, "Ukrainian Forces Repel Russian Attack on Kyiv, Prepare for Next Assault," *Wall Street Journal*, February 26, 2022, https://www.wsj.com/articles/russias-assault-on-ukraine-presses-forward-as-street-battles-rage-in-kyiv-11645864200; Zhyrokhov, "Bytva za Kyïv: iak kuvalasia peremoha ukraïns'koï armiï;" Iryna Balachuk, "Pid Kyievom pidirvaly mosty, shchob-zupynyty voroha," *Ukraïns'ka pravda*, February 25, 2022, https://www.pravda.com.ua/news/2022/02/25/7325670/; Anjali Singhvi, Charlie Smart, Mika Gröndahl and James Glanz, "How Kyiv Has Withstood Russia's Attacks," *New*

York Times, April 2, 2022, https://www.nytimes.com/interactive/2022/04/02/world/europe/kyiv-invasion-disaster.html.

15. "Brytans'ka rozvidka nazvala kliuchovyi faktor ostannikh taktychnykh uspikhiv RF na Donbasi."

16. "Putin prizval ukrainskikh voennykh vziat' vlast' v svoi ruki," *Vedomosti*, February 25, 2022, https://www.vedomosti.ru/politics/news/2022/02/25/911011-putin-prizval-ukrainskih-voennih-vzyat-vlast; Christo Grozev, interview with @Prodolzhenie sleduet, June 16, 2022, https://m.youtube.com/watch?v=ekQB8pOwsC4, 14:16; Mykhaylo Zabrodskyi, Dr. Jack Watling, Oleksandr V. Danylyuk, and Nick Reynolds, *Preliminary Lessons in Conventional Warfighting from Russia's Invasion of Ukraine: February–July 2022* (London: Royal United Services Institute for Defence Studies, 2022), p.25.

17. Jeffrey Edmonds, "Start with the Political: Explaining Russia's Bungled Invasion of Ukraine," *War on the Rocks*, April 28, 2022, https://warontherocks.com/2022/04start-with-the-political-explaining-russias-bungled-invasion-of-ukraine/.

18. Sharon Braithwaite, "Zelensky refuses US offer to evacuate, saying 'I need ammunition, not a ride,'" *CNN*, February 26, 2022, https://edition.cnn.com/2022/02/26/europe/ukraine-zelensky-evacuation-intl/index.html.

19. "Zelens'kyi maie naivyshchyi reitynh doviry hromadian sered politykiv—opytuvannia," *Interfax-Ukraina*, February 23, 2022, https://ua.interfax.com.uanews/political/800817.html%2041/57.

20. "Vira ukraïntsiv u peremohu shchodnia zrostaie i zaraz siahnula 88%—opytuvannia," *Khmarochos*, March 2, 2022, https://hmarochos.kiev.ua/2022/03/02/vira-ukrayinciv-u-peremogu-shhodnya-zrostaye-j-zaraz-syagnula-88-opytuvannya/; "Doslidzhennia: Maizhe 80% ukraïntsiv viriat' u peremohu Ukraïny u viini z Rosiieiu," *Detektor.media*, March 8, 2022, https://detector.media/infospace/article/197289/2022-03-08-doslidzhennya-mayzhe-80-ukraintsiv-viryat-u-peremogu-ukrainy-u-viyni-z-rosiieyu/.

21. Valentyna Romanova and Andreas Umland, "Kennan Cable No. 44: Ukrainian Local Governance Prior to Euromaidan: The Pre-History of Ukraine's Decentralization Reform," Kennan Institute, https://www.wilsoncenter.org/publication/kennan-cable-no-44-ukrainian-local-governance-prior-to-euromaidan-the-pre-history; "Decentralisation in Ukraine: A Successful Reform," Council of Europe, Democratic Government Newsroom, Kyiv, Ukraine, July 28, 2021, https://www.coe.int/en/web/good-governance/-/decentralisa-

tion-in-ukraine-a-successful-reform; Nataliya Gumenyuk, "Russia's Invasion is Making Ukraine More Democratic," *Atlantic*, July 13, 2022, https://www.theatlantic.com/ideas/archive/2022/07/russian-invasion-ukraine-democracy-changes/661451/.

22. Trofimov, "Ukrainian Forces Repel Russian Attack on Kyiv"; Ivan Boiko, "Zakhyst Kyieva: stalo vidomo, chym ozbroïly teroboronu stolytsi," *UNIAN*, March 3, 2022, https://www.unian.ua/war/oborona-kiyeva-stalo-vidomo-chim-ozbrojili-teroboronu-stolici-novini-kiyeva-11728030.html.

23. Richard Engel, Lauren Egan, and Phil McCausland, "Ukraine tells Russia 'die or surrender' as its Kyiv counterattack pushes back invaders," *NBC News*, March 24, 2022, https://www.nbcnews.com/news/world/ukraine-tells-russia-die-surrender-kyiv-counterattack-drives-invaders-rcna21197; Alex Vershinin, "Lessons From the Battle for Kyiv, *Russia Matters*, April 21, 2022, https://www.russiamatters.org/analysis/lessons-battle-kyiv.

24. Andrei Soldatov, "Why is a Russian Intelligence General in Moscow Lefortovo Prison?" *Moscow Times*, April 12, 2022, https://www.themoscowtimes.com/2022/04/11/why-is-a-russian-intelligence-general-in-moscow-lefortovo-prison-a77301; Reid Sandish, "Interview: Why The 'Failure' Of Russian Spies, Generals Is Leading To 'Apocalyptic' Thinking in the Kremlin," *Radio Free Europe/Radio Liberty*, May 8, 2022, https://www.rferl.org/a/russia-ukraine-war-setbacks-strategy-generals-putin/31839737.html; Roman Anin, "Kak Putin prinial reshenie o voine," *Vazhnye istorii*, May 16, 2022, https://istories.mediaopinions/2022/05/16/kak-putin-prinyal-reshenie-o-voine/.

25. "'My voobshche-to mirotvortsy. No vam vsem p@zdets …' 35 dniv okupatsiï sela Obukhovychi—vid trahediï do farsu," *Ukraïns'ka pravda*, May 18, 2022, https://www.pravda.com.ua/articles/2022/05/18/7346648/.

26. "Terminovo. Rosiis'ki zaharbnyky zastrelyly mera Hostomelia pid chas rozdachi dopomohy," *Ukrinform*, March 3, 2022, https://www.ukrinform.ua/rubric-ato/3422459-rosijski-zagarbniki-zastrelili-mera-gostomela-pid-cas-rozdaci-dopomogi.html; Iana Korniichuk, "Pislia vbyvstva rosiiany zaminuvaly tilo mera Hostomelia," *Slidstfo.Info*, March 10, 2022, https://www.slidstvo.info/warnews/pislya-vbyvstva-rosiyany-zaminuvaly-tilo-miskogo-golovy-gostomelya/; Ol'ha Kyrylenko, "Dyiavol nosyt' formu rosiis'koho soldata. Iak katuvaly na Kyïvshchyni," *Ukraïns'ka pravda*, April 6, 2022, https://www.pravda.com.ua/articles/2022/04/6/7337625/.

27. Svitlana Kizilova, "Bucha pislia vazhkykh boïv: spaleni vorozhi kolony, poshkodzheni khaty. Ie vtraty," *Ukraïns'ka pravda*, February 28, 2022, https://www.pravda.com.ua/news/2022/02/28/7326868/; Ol'ha Kyrylenko, "Pochaly rozstriliuvaty, koly zrozumily, shcho Kyïv ïm ne vziaty—mer Buchi Anatolii Fedoruk," *Ukraïns'ka pravda*, April 8, 2022, https://www.pravda.com.ua/articles/2022/04/8/7338142/.

28. Liena Chychenina, "Budennist' zla. Mii dosvid spilkuvannia z rosiis'kymy viis'kovymy v Buchi," *Detektor media*, April 12, 2022, https://detector.mediainfospace/article/198343/2022-04-13-budennist-zla-miy-dosvid-spilkuvannya-z-rosiyskymy-viyskovymy-v-buchi/.

29. Svitlana Kizilova, "Vbyvstvo na rozi Vodoprovidnoï ta Iabluns'koï. Rizanyna v Buchi," *Ukraïns'ka pravda*, April 18, 2022, https://www.pravda.com.ua/articles/2022/04/18/7340436/.

30. "Bucha killings: Satellite image of bodies site contradicts Russian claims," *BBC News*, April 11, 2022, https://www.bbc.com/news/60981238; Kyrylenko, "Pochaly rozstriliuvaty, koly zrozumily, shcho Kyïv ïm ne vziaty"; Chychenina, "Budennist' zla."

31. Vladyslav Verstiuk, *Dumky z pidvalu (Dumky ta refleksiï voiennoï doby, Diariush istoryka)*. Vstupne slovo Hennadiia Boriaka (Kyiv, 2022), http://resource.history.org.ua/cgi-bin/eiu/history.exe?&I21DB-N=ELIB&P21DBN=ELIB&S21STN=1&S21REF=10&S21FMT=elib_all&C-21COM=S&S21CNR=20&S21P01=0&S21P02=0&S21P03=ID=&S21COLORT-ERMS=0&S21STR=0016524

32. Mariia Stepaniuk, "Radiatsiina panika: Denysenko rozpoviv, chomu viis'ka RF idut' iz Chornobyl's'koï zony," *Fakty*, March 31, 2022, https://www.stopcor.org/ukr/section-suspilstvo/news-vijska-rf-vijshli-z-chornobilskoi-zoni-energoatom-31-03-2022.html; "ChAES Nezstrumlena. Ukraïns'ki enerhetyky vedut' perehovory z viis'kovymy RF," *BBC News*, March 9, 2022, https://www.bbc.com/ukrainian/news-60679062; Wendell Stevenson with Marta Rodionova, "The inside story of Chernobyl during the Russian occupation," *Economist*, https://www.economist.com/1843/2022/05/10/ the-inside-story-of-chernobyl-during-the-russian-occupation.

33. "HUR opryliudnylo spysok rosiis'kykh viis'kovykh, prychetnykh do zvirstv v Buchi," *Ukraïns'ka pravda*, April 4, 2022, https://www.pravda.com.ua/news/2022/04/4/7337048/; Aliona Mazurenko, "U Buchi u brats'kykh mohylakh pokhovaly maizhe 3000 liudei, na vulytsi desiatky trupiv," *Ukraïns'ka*

pravda, April 2, 2022, https://www.pravda.com.ua/news/2022/04/2/7336702/; "Ukraine War: Biden accuses Russian troops of committing genocide in Ukraine," *BBC News*, April 13, 2022, https://www.bbc.com/news/world-us-canada-61093300; Iurii Korohods'kyi, "Okupanty vbyly na Kyïvshchyni 1346 tsyvil'nykh—politsiia," *Livyi Bereh*, July 17, 2022, https://lb.ua/society/2022/07/17/523421_okupanti_vbili_kiivshchini_1346.html.

34. Ukaz Prezidenta Rossiiskoi Federatsii ot 18.04.2022 No 215 "O prisvoenii 64 otdel'noi motostrelkovoi brigade pochetnogo naimenovaniia," http://publication.pravo.gov.ru/Document/View/0001202204180025; Yousur Al-Hlou, Masha Froliak, Dmitriy Khavin, Christoph Koettl, Haley Willis, Alexander Cardia, Natalie Reneau, and Malachy Browne, "Caught on Camera, Traced by Phone: The Russian Military Unit That Killed Dozens in Bucha," *New York Times*, December 22, 2022.

35. Hannah Knowles, Paulina Firozi, Annabelle Timsit, Miriam Berger, Rachel Pannett, Julian Mark, and Dan Lamothe, "Ukraine hopes for cease-fire as Istanbul hosts new talks," *Washington Post*, March 28, 2022, https://www.washingtonpost.com/world/2022/03/28/russia-ukraine-war-news-putin-live-updates/; Kareem Fahim, David L. Stern, Dan Lamothe, and Isabelle Khurshudyan, "UkraineRussia talks stir optimism, but West urges caution," *Washington Post*, March 29, 2022, https://www.washingtonpost.com/national-security/2022/03/29/ukraine-russia-turkey-negotiations/; Marco Djurica, "Zelenskiy says Russian war crimes in Ukraine make negotiations harder," *Reuters*, April 4, 2022, https://www.reuters.com/world/europe/ukraines-president-says-russian-actions-ukraine-make-negotiations-harder-2022-04-04/.

36. "How many Ukrainian refugees are there and where have they gone?" *BBC News*, July 4, 2022, https://www.bbc.com/news/world-60555472; "Cumulative number of people who crossed the Polish border from the war-stricken Ukraine as of July 2022," *Statista*, https://www.statista.com/statistics/1293228/poland-ukrainian-refugees-crossing-the-polish-border/; Operational Data Portal. Ukraine Refugee Situation, The UN Refugee Agency, August 30, 2022, https://data.unhcr.org/en/situations/ukraine.

37. Dylan Carter, "Tragedy and utter desolation: Ukraine refugees in Brussels tell their story," *Brussels Times*, March 24, 2022, https://www.brusselstimes.com/212576/tragedy-and-utter-desolation-ukraine-refugees-in-brussels-tell-their-story.

38. Mark Armstrong, "Ukraine war: Long queues at Polish border as thousands flee the violence," *Euronews*, February 26, 2022, https://www.euronews.com/2022/02/26/ukraine-invasion-long-queues-at-polish-border-as-thousands-flee-the-violence; Agnieszka Pikulicka-Wilczewska, "'It was hell': Long lines of Ukrainian refugees at Poland border," *Aljazeera*, February 27, 2022, https://www.aljazeera.com/news/2022/2/27/ukraine-poland-border-refugees-medyka-russia-invasion.

39. "Putin Knows What He's Doing With Ukraine's Refugees. This Is the World's Big Test," *New York Times*, April 1, 2022, https://www.nytimes.com/2022/04/01/ opinion/ukraine-russia-war-refugees.html; "UNHCR: A record 100 million people forcibly displaced worldwide," *UN News*, May 23, 2022, https://news.un.orgen/story/2022/05/1118772.

9장 동부 전선

1. "Ukraine war exposes Russia military shortcomings: analysts," *France 24*, April 25, 2022, https://www.france24.com/en/live-news/20220425-ukraine-war-exposes-russia-military-shortcomings-analysts; "Investigation: How is the Ukraine war redefining future conflict?" *BBC Newsnight*, May 12, 2022, https://www.youtube.com/watch?v=sTQ5ZGHV9Zs; "War in Ukraine: why is Russia's army so weak?" *Economist*, May 9, 2022, https://www.youtube.com/watch?v=x8C7aMeunE0.

2. Volodymyr Kravchenko, *The Ukrainian-Russian Borderland: History versus Geography* (Montreal and Kingston, 2022).

3. Jack Losh, "The Kharkiv Resistance Has Already Begun," *Foreign Policy*, February 24, 2022, https://foreignpolicy.com/2022/02/24/russia-ukraine-war-resistance-kharkiv/; "Center for Countering Misinformation: Russian reports about surrendered 302nd anti-aircraft regiment in Kharkiv region fake," *Interfax-Ukraine*, February 27, 2022, https://ua.interfax.com.ua/news-general/803053.html; James Verini, "Surviving the Siege of Kharkiv," *New York Times Magazine*, May 19, 2022, https://www.nytimes.com/interactive/2022/05/19/magazine/kharkiv-siege.html.

4. Stuart Hughes, "Global cluster bomb ban comes into force," BBC News, August 1, 2010, https://www.bbc.com/news/world-10829976.

5. David L. Stern, "Dozens Wounded in Shelling of Kharkiv as Russia Strikes Buildings with Suspected Cluster Munitions," *Washington Post*, February 28,

2022, https://www.washingtonpost.com/world/2022/02/28/kharkiv-rock-ets-shelling-russia-ukraine-war/; Lucia Binding, "Ukraine invasion: Three children among nine dead as footage shows Kharkiv apartment block being rocked by series of blasts," *Sky News*, March 1, 2022, https://news.sky.com/story/ukraine-invasion-cluster-munition-strikes-buildings-in-kharkiv-as-dozens-killed-in-mass-shelling-12554056; "Rossiiskoi gruppirovke v Sirii nashli novogo komanduiushchego," *RBK*, November 2, 2017, https://www.rbc.ru/politics/02/11/2017/59faf43e9a7947fe3ef01c99.

6. Ekaterina Novak, Facebook page, https://www.facebook.com/ekaterina.novak.7/videos/475838344031641.

7. Ekaterina Novak, Facebook page; https://suspilne.media/241327-vid-obstri-liv-rf-zaginuv-zitel-cirkuniv-e-poraneni-u-harkovi-ta-oblasti/; Maryna Pohorilko, "U Kharkovi okupanty zavdaly udaru po mis'kradi, televezhi ta skynuly bombu na Palats Pratsi," *Obozrevatel'*, March 2, 2022, https://news.obozrevatel.comukr/society/u-harkovi-okupanti-zavdali-udaru-po-televe-zhi-i-skinuli-snaryad-na-palats-pratsi-foto-i-video.htm.

8. "Ukrainian forces reach Russian border near Kharkiv," May 16, 2022, https://www.youtube.com/watch?v=qZVbN6GGUHs; "U Rosiï zvil'nyly vysokopostav-lenykh komandyriv za provaly v Ukraïni—brytans'ka rozvidka," *Ievropeis'ka pravda*, May 19, 2022, https://www.pravda.com.ua/news/2022/05/19/7347143/.

9. "Kharkiv'iany—novi banderivtsi. Stavlennia u misti do Rosiï," June 1, 2022, https://www.youtube.com/watch?v=pw4FN6Gr0sY.

10. "Military were withdrawn from Mariupol to avoid further aggravation," *Kyiv Post*, May 12, 2014, https://web.archive.org/web/20140512222616/http://www.kyivpost.com/content/ukraine/military-were-withdrawn-from-mariu-pol-to-avoid-further-aggravation-347355.html; "Ukraine crisis: Kiev forces win back Mariupol," *BBC News*, June 13, 2014, https://www.bbc.com/news/world-europe-27829773.

11. Olena Bilozers'ka, "Batalion 'Azov': Bii za Mariupol'," *Antykor*, June 2014, https://antikor.com.ua/ru/articles/7697-bataljjon_azov._bij_za_mariupolj; Vladislav Davidzon, "The Defenders of Mariupol," *Tablet*, May 17, 2022, https://www.tabletmag.com/sections/news/articles/defenders-of-mariupol-azov.

12. Roman Romaniuk, "'Ostriv nadii.' Iak vyishly i shcho zaraz iz zakhysnykamy 'Azovstali,'" *Ukraïns'ka pravda*, June 9, 2022, https://www.pravda.com.ua/articles/2022/06/9/7351390/; "'My dosyt' mitsni, shchob krov'iu i potom vidvoiuvaty nashu zemliu …,'—Heroi Ukraïny Denys Prokopenko," *ArmiiaIn-*

러시아 우크라이나 전쟁

form, March 23, 2022, https://archive.ph/mPF7U; Aleksandar Vasovic, "Port city of Mariupol comes under fire after Russia invades Ukraine," *Reuters*, February 24, 2022, https://www.reuters.com/world/europe/strategic-city-mariupol-wakes-blasts-russia-invades-ukraine-2022-02-24/; https://www.maritime-executive.com/article/russian-navy-carries-out-amphibious-assault-near-mariupol.

13. Lee Brown, "Russian 'Butcher of Mariupol' blamed for worst Ukraine war atrocities," *New York Post*, March 24, 2022, https://nypost.com/2022/03/24butcher-of-mariupol-blamed-for-worst-russia-ukraine-atrocities/; "Russian Offensive Campaign Assessment, April 9," *Institute for the Study of War*, April 9, 2022, https://www.understandingwar.org/backgrounder/russian-offensive-campaign-assessment-april-9.

14. Will Stewart and Walter Finch, "Russia finally recovers the body of one of its seven dead generals a month after he was killed in Mariupol steel factory," *Daily Mail*, April 13, 2022, https://www.dailymail.co.uk/news/article-10714981/Russia-recovers-body-dead-general-MONTH-killed-Mariupol-steel-factory.html; Joel Gunter, "Siege of Mariupol: Fresh Russian attacks throw evacuation into chaos," *BBC News*, March 5, 2022, https://www.bbc.com/news/world-europe-60629851; Khrystyna Bondarenko, Ivan Watson, Anne Claire Stapleton, Tom Booth, and Alaa Elassar, "Mariupol residents are being forced to go to Russia, city council says," *CNN*, March 19, 2022, https://edition.cnn.com/2022/03/19/europe/mariupol-shelter-commander-ukraine-intl/index.html.

15. "Rosiis'ki viis'ka rozbombyly likarniu ta polohovyi v Mariupoli," *BBC News*, March 9, 2022, https://www.bbc.com/ukrainian/news-60679065; "Ukraine says 1,170 civilians have been killed in Mariupol since Russian invasion," *Reuters*, March 9, 2022, https://www.reuters.com/world/ukraine-says-1170-civilians-have-been-killed-mariupol-since-russian-invasion-2022-03-09/; Lori Hinnant, Mstyslav Chernov, and Vasilisa Stepanenko, "AP evidence points to 600 dead in Mariupol theater airstrike," *AP*, May 4, 2022, https://apnews.comarticle/Russia-ukraine-war-mariupol-theater-c321a196fbd-568899841b506af cac7a1; "Russia-Ukraine war: 21,000 civilians killed, mayor of Mariupol estimates," *Jerusalem Post*, April 19, 2022, https://www.jpost.com/international/article-703925.

16. Romaniuk, "Ostriv nadii."

17. "Russian Offensive Campaign Assessment, April 9," *Institute for the Study*

of War, April 23, 2022, https://www.understandingwar.org/backgrounder/ russian-offensive-campaign-assessment-april-23; Tim Lister and Olga Voitoivych, "Mariupol steel plant suffers 'heaviest airstrikes so far,' Ukrainian official says," *CNN*, April 23, 2022, https://edition.cnn.com/europe/live-newsrussia-ukraine-war-news-04-28-22/h_dd62bedc8e546d2ac1e63fe1f-9c5c89e.

18. "What we know about the UN-led Azovstal steel plant evacuation in Mariupol," *ABC News*, May 1, 2022, https://www.abc.net.au/news/2022-05-02/ inside-the-mariupol-azovstal-steel-plan-evacuation/101029722.

19. Romaniuk, "Ostriv nadii."

20. Thomas Kingsley, "'Don't let them die': Wives of last remaining Azovstal fighters plead with Pope Francis for help," *Independent*, Wednesday, May 11, 2022, https://www.independent.co.uk/news/world/europe/azovstal-mariupol-pope-francis-ukraine-b2076587.html; "Zelensky reveals mediators in Azovstal talks," *Ukrinform*, May 21, 2022, https://www.ukrinform.net/ rubric-polytics/3488630-zelensky-reveals-mediators-in-azovstal-talks. html; Faustine Vincent, "'Ukraine needs its heroes to be alive': Soldiers from Azovstal evacuated to Moscow-controlled territory," *Le Monde*, May 18, 2022, https://www.lemonde.fr/en/international/article/2022/05/18/ukraine-needs-its-heroes-to-be-alive-soldiers-from-azovstal-evacuated-to-moscow-controlled-territory_5983874_4.html; "Russia says nearly 1,000 Ukrainian soldiers in Mariupol steel plant have surrendered," *Le Monde*, May 18, 2022, https://www.lemonde.fr/en/international/article/2022/05/18/nearly-1-000-ukrainian-soldiers-in-mariupol-steel-plant-have-surrendered-says-russia_5983880_4.html.

21. "Ukraine war: Russia 'takes full control' of Azovstal steelworks in Mariupol," *EuroNews*, May 20, 2022, https://www.euronews.com/2022/05/20/ukraine-war-live-us-congress-approves-40-billion-aid-package-for-ukraine; "Russian parliamentarian hints at possible exchange of Azovstal PoWs for detained Putin ally," *Yahoo!News*, May 21, 2022, https://news.yahoo.comrussianparliamentarian-hints-possible-exchange—194019876.html.

22. "Azovstal'—mistse moieï smerti i moho zhyttia—Dmytro Kozats'kyi," *ArmiiaInform*, May 20, 2022, https://armyinform.com.ua/2022/05/20/svitlo-peremozhe-temryavu-voyin-polku-azov-zrobyv-unikalne-foto-zahysnyka-mariupolya/; "A Ukrainian soldier uploaded all his photos of Azovstal before he was captured. Here they are," *Guardian*, May 23, 2022, https://www.theguardian.

러시아 우크라이나 전쟁

com/world/gallery/2022/may/23/inside-the-battle-for-the-azovstal-metalworks?fbclid=IwAR0t9GytQUHkg7zXlBONIKk6TOWZ01SZg2hhWsl5G-bQSNyjpsMQ12twN7Jg.

23. Shaun Walker, "Russia trades Azov fighters for Putin ally in biggest prisoner-swap of Ukraine war," *Guardian*, September 22, 2022; "The author of the photos of the 'Azovstal' fighters received the Prix de la Photographie Paris award," *Odessa Journal*, September 12, 2022, https://odessa-journal.com/the-author-of-the-photos-of-the-azovstal-fighters-received-the-prix-de-la-photographie-paris-award/; "Azov fighters who survived Olenivka among those returning home in latest prisoner swap," YAHOO! September 22, 2022, https://www.yahoo.com/now/azov-fighters-survived-olenivka-among-100800029.html.

24. Todd Prince, "Russia's Capture of Azovstal: Symbolic Success, 'Pyrrhic' Victory?" *Radio Free Europe/Radio Liberty*, May 18, 2022, https://www.rferl.org/a/azovstal-russia-ukraine-captured/31856565.html; "Stalo vidomo, skil'ky ukraïntsiv zalyshylos' u blokadnomu Mariupoli," *Slovo i dilo*, April 13, 2022, https://www.slovoidilo.ua/2022/04/13/novyna/suspilstvo/stalo-vidomo-skilky-ukrayincziv-zalyshylos-blokadnomu-mariupoli.

25. "Shoigu vpervye za polmesiatsa kommentiruet voinu: glavnaia tsel'—Donbass, prizyv uvelichivat' ne budut," *BBC News*, March 29, 2022, https://www.bbc.com/russian/features-60914131; "Lavrov zaiavil o nachale sleduiushchei fazy spetsoperatsii na Ukraine," *RBK*, April 19, 2022, https://www.rbc.ru/politics/19/04/2022/625e7c329a794710da312799.

26. Illia Ponomarenko, "EXPLAINER: What to expect from the Battle of Donbas, Russia's new offensive," *Kyiv Independent*, April 21, 2022, https://kyivindependent.comnational/explainer-what-to-expect-from-the-battle-of-donbas-russias-new-offensive; "Ukraine war: Russia bombards cities as eastern offensive begins," *BBC News*, April 19, 2022, https://www.bbc.com/news/world-europe-61145578.

27. "Ukraine troops retreat from Popasna, Luhansk governor confirms," *Reuters*, May 8, 2022, https://www.reuters.com/world/europe/chechnyas-kadyrov-says-his-soldiers-control-popasna-ukraine-disagrees-2022-05-08/; https://edition.cnn.com/europe/live-news/russia-ukraine-war-news-05-13-22/h_67faa3f08da188441de7 67341e390737; Tim Lister and Julia Kesaieva, "Ukrainian forces lose foothold in eastern town," *CNN*, May 13, 2022, https://web.archive.org/web/20220516030015https://www.nytimes.com/2022/05/15/world/eu-

rope/pro-russian-war-bloggers-kremlin.html.

28. Ponomarenko, "EXPLAINER: What to expect from the Battle of Donbas, Russia's new offensive"; "The Russians drowned the tank company while fleeing from the 'Bilohorivka bridgehead,'" *Militarnyi*, https://web.archive.orgweb/20220514171048/https://mil.in.ua/en/news/the-russians-drowned-the-tank-company-while-fleeing-from-the-bilohorivka-bridgehead/; Tom Balmforth and Jonathan Landay, "Ukraine wages counteroffensive against Russian forces in east," *Reuters*, May 14, 2022, https://www.reuters.com/world/europe/ukraine-collects-russian-dead-war-rages-multiple-fronts-2022-05-14/.

29. "Fall of Severodonetsk is Russia's biggest victory since Mariupol," *Aljazeera*, June 25, 2022, https://www.aljazeera.com/news/2022/6/25/fall-of-severodonetsk-is-russias-biggest-victory-since-mariupol.

30. "Russian Offensive Campaign Assessment, June 23," *Institute for the Study of War*, June 23, 2022, https://www.understandingwar.org/backgrounder/russian-offensive-campaign-assessment-june-23; "20 km on foot, the wounded were carried on their own, Zolote-Girske," *Butusov Plus*, July 14, 2022, https://www.youtube.com/watch?v=Nyhle2faQ-w; "Russian Offensive Campaign Assessment, July 2," *Institute for the Study of War*, July 2, 2022, https://www.understandingwar.org/backgrounder/russian-offensive-campaign-assessment-july-$2.

31. Mykhaylo Zabrodskyi, Dr. Jack Watling, Oleksandr V. Danylyuk, and Nick Reynolds, *Preliminary Lessons in Conventional Warfighting from Russia's Invasion of Ukraine: February –July 2022* (London: Royal United Services Institute for Defence Studies, 2022), p.2; Isobel Koshiv, "We're almost out of ammunition and relying on western arms, says Ukraine," *Guardian*, June 10, 2022, https://www.theguardian.com/world/2022/jun/10/were-almost-out-of-ammunition-and-relying-on-western-arms-says-ukraine; Dan Sabbagh, "Ukraine's high casualty rate could bring war to tipping point," *Guardian*, June 10, 2022, https://www.theguardian.com/world/2022/jun/10/ukraine-casualty-rate-russia-war-tipping-point.

32. "Spetsoperatsiia, 4 iiulia: Shoigu dolozhil Putinu ob osvobozhdenii LNR," *RIA Novosti*, July 4, 2022, https://ria.ru/20220704/spetsoperatsiya-1800226455.html.

33. Gordon Corera, "Russia about to run out of steam in Ukraine—MI6 chief," *BBC News*, July 21, 2022, https://www.bbc.com/news/world-europe-62259179.

　　　　　　　　　　　　　러시아 우크라이나 전쟁

34. Jason Lemon, "Ukraine HIMARS Destroy More Than 100 'High Value' Russian Targets: Official," *Newsweek*, July 22, 2022, https://www.newsweek.com/ukraine-himars-destroy-high-value-russian-targets-1727253; Zabrodskyi, Watling, Danylyuk, and Reynolds, *Preliminary Lessons in Conventional Warfighting from Russia's Invasion of Ukraine*, p.43.

35. "Shoigu otdal prikaz unichtozhit' amerikanskie HIMARS v Ukraine," *Moscow Times*, July 18, 2022, https://www.moscowtimes.ru/2022/07/18/shoigu-otdal-prikaz-unichtozhit-amerikanskie-himars-v-ukraine-a22357; "Minoborony zaiavilo ob unichtozhenii chetyrekh HIMARS na Ukraine posle prikaza Shoigu," *Kapital strany*, July 22, 2022, https://kapital-rus.ru/news/389029-minoborony_zayavilo_ob_unichtojenii_chetyreh_himars_na_ukraine_posle/; Lemon, "Ukraine HIMARS Destroy More Than 100 'High Value' Russian Targets"; Mia Jankowicz, "Russia hasn't destroyed any of the devastating HIMARS artillery given Ukraine, US says, contradicting Russia's claims," *Business Insider*, July 22, 2022, https://www.businessinsider.in/international/news/russia-hasnt-destroyed-any-of-the-devastating-himars-artillery-given-ukraine-us-sayscontradicting-russias-own-claims/articleshow/93053187.cms.

36. Iurii Bratiuk, "U Pereiaslavi demontuvaly pam'iatnyk 'vozz'iednanniu' z Rosiieiu," *Zaxid.net*, July 7, 2022, https://zaxid.net/u_pereyaslavi_demontuvali_pamyatnik_vozzyednannya_z_rosiyeyu_n1545835; Serhii Plokhy, "Vladimir Putin's war is banishing for good the outdated myth that Ukrainians and Russians are the same," *Telegraph*, March 3, 2022, https://www.telegraph.co.uk/authors/s/sa-se/serhii-plokhy/.

37. Margaret Besheer, "Ukraine's Cultural Heritage Under Attack, Official Says," *Voice of America*, July 15, 2022, https://www.voanews.com/a/ukraine-s-cultural-heritage-under-attack-official-says/6661269.html; Andrei Krasniashchikh, "Kak gorit pod bombami russkaia kul'tura," *Ukraïns'ka pravda*, May 3, 2022, https://www.pravda.com.ua/rus/columns/2022/05/3/7343653/.

38. L. P. Shemeta, *Mark Bernes v pesniakh* (Kyiv, 2008), p.169; "Kto zhe khochet voiny?" ZDF Magazine Royale, March 4, 2022, https://www.youtube.com/watch?v=Cmk5-TM6eEw.

39. Krasniashchikh, "Kak gorit pod bombami russkaia kul'tura."

40. "Udar Rosiï po muzeiu Skovorody ie splanovanoiu aktsiieiu—Tkachenko," *Ukrinform*, May 7, 2022, https://www.ukrinform.ua/rubric-culture/3477358-udar-rosii-po-muzeu-skovorodi-e-splanovanou-akcieu-tka-

cenko.html.

41. Olenka Pevny,"RecreatingaMonumentalPast:Self-IdentityandUkraine'sMedieval Monuments," J. B. Rudnyckyj Memorial Lecture, University of Manitoba, https://www.researchgate.net/publication/337623350_Olenka_Pevny_RECREATING_A_MONUMENTAL_PAST_SELF-IDENTITY_AND_UKRAINE'S_MEDIEVAL_MONUMENTS; "Ukrainian cultural heritage is also under Russian bombing—Olenka Z Pevny," *Breaking Latest News*, March 19, 2022; "Building of Chernihiv Collegium Cossack Baroque Architectural Style Historical Heritage of Ukraine," November 17, 2016, https://www.youtube.com/watch?v=kewDM45N8t4.

42. Ivan Boiko, "U Chernihovi vnaslidok raketnoho udaru zruinovano istorychnu budivliu kintsia 30-kh rokiv XX stolittia," *UNIAN*, February 27, 2022, https://www.unian.ua/war/u-chernigovi-vnaslidok-raketnogo-udaru-zruynovano-istorichnu-budivlyu-kincya-30-h-rokiv-hh-stolittya-video-novini-vtorgnennya-rosiji-v-ukrajinu-11721241.html; John Marone, "They Came, They Shelled, They Left—Russia's Failed Advance in Northern Ukraine," *Kyiv Post*, April 12, 2022, https://www.kyivpost.com/ukraine-politics/they-came-they-shelled-they-left-russias-failed-advance-in-northern-ukraine.html#:~:text=Just%20as%20in%20the%20case,miles%20from%20the%20Russian%20border; "Pislia nal'otiv rosiis'koï aviatsiï u Chernihovi zahynulo 47 osib—OVA," *Espreso*, March 4, 2022, https://espreso.tv/pislya-nalotiv-rosiyskoi-aviatsii-u-chernigovi-zaginulo-47-osib-ova.

43. David Axe, "Ukraine's Best Tank Brigade Has Wonthe Battle For Chernihiv," *Forbes*, March 31, 2022, https://www.forbes.com/sites/davidaxe/2022/03/31/ukraines-best-tank-brigade-has-won-the-battle-for-chernihiv/?sh=554db-4c7db9a.

44. "Iz profesora Hoholevs'koho vyshu peretvoryvsia na voïna ukraïns'koho viis'ka," *Nizhyn.City*, May 17, 2022, https://nizhyn.city/articles/212963iz-profesora-gogolevogo-vishu-peretvorivsya-na-voina-ukrainskogo-vijska?fbclid=IwAR2wLJtR6bcpyKZ641pFaX 4uuGRjH5SgfzcYTIdCj5iXebe_hGgzE_LWrWw.

45. Plokhy, "Vladimir Putin's war is banishing for good the outdated myth that Ukrainians and Russians are the same."

46. Lena Rudenko, "Mitropolit UPTs MP 'poblagodaril' patriarkha Kirilla za prolituiu v Ukraine krov': vy otvetite pered Bogom," *Apostrof*, June 6, 2022, https://apostrophe.ua/news/society/2022-06-06/mitropolit-upts-mp-poblagodaril-patriarha-kirilla-za-prolituyu-v-ukraine-krov-vyi otvetite-pered-bo-

gom271059.

47. "Postanova Soboru Ukraïns'koï Pravoslavnoï Tserkvy vid 27 travnia 2022 roku," Ukraïns'ka Pravoslavna Tserkva, https://news.church.ua/2022/05/27/ postanova-soboru-ukrajinskoji-pravoslavnoji cerkvi-vid-27-travnya-2022- roku/; "Eparkhiia UPTs MP v okupirovannykh Roven'kakh reshila ne upomi- nat' Onufriia kak predstoiatelia tserkvi," *Gordonua.com*, May 31, 2022, https:// gordonua.com/news/society/eparhiya-upc-mp-v-okkupirovannyh-roven- kah-reshila-ne-upominat-onufriya-kak-predstoyatelya-cerkvi-1611113. html; Olena Roshchina, "Zelenskyy: Ukraine's National Security and Defence Council requests legislative ban on Ukrainian Orthodox Church of Moscow Patriarchate," *Ukrains'ka pravda*, December 1, 2022, https://www.pravda.com. ua/eng/news/2022/12/1/7378896/.

48. Plokhy, "Vladimir Putin's war is banishing for good the outdated myth that Ukrainians and Russians are the same."

10장 흑해

1. "U Kyievi vyshykuvalasia velychezna cherha za kul'tovoiu poshtovoiu mar- koiu," *TSN*, April 15, 2022, https://kyiv.tsn.ua/u-kiyevi-vishikuvalasya-veli- chezna-cherga-za-kultovoyu-poshtovoyu-markoyu-foto-2037919.html; "Rozibraly za try khvylyny: u Rozetka rozpovily, iak prodavaly marku z 'russkim korablem,'" *Ekonomichna etail*, May 7, 2022, https://www.epravda.com.ua/ news/2022/05/7/686775/.

2. Valentyna Romanenko, "Russkii korabl', idi etai,i: zakhysnyky Zmiïno- ho vidpovily vorohovi," *Ukraïns'ka etail*, February 25, 2022, https:// web.archive.orgweb/20220225021042/https://www.pravda.com.ua/ news/2022/02/25/7325592/; Andrew Keen, "Go Fuck Yourself." On Putin's Propaganda and the Week in Ukrainian Resistance," *Literary Hub*, March 4, 2022, https://lithub.com/go-fuck-yourself-on-putins-propaganda-and-the- week-in-ukrainian-resistance/.

3. "Geroi mema 'Russkii voennyi korabl', idi na ⋯'s ostrova Zmeinyi zhivy, no vziaty v plen," *BBC News*, February 25 , 2022, https://www.bbc.com/ russian/news-60523774; "Ukraïna ta rosiia provely pershyi povnotsinnyi obmin viis'kovopolonennymy—etail," *Slovo i dilo*, March 24, 2022, https:// www.slovoidilo.ua/2022/03/24/novyna/bezpeka/ukrayina-ta-rosiya-prove- ly-pershyj-povnoczinnyj-obmin-vijskovopolonenymy-detali.

4. Alyona Silchenko, "Why is Crimea called Taurida?," *Holos Krymu. Kul'tura*, July 22, 2020, https://culture.voicecrimea.com.ua/en/why-is-crimea-called-tavrida/.

5. "Pervye chasy voiny: pochemu VSU priniali boi, no otstupili na iuge?," *Krym realii*, July 16, 2022, https://www.youtube.com/watch?v=oeuVJp-ExPk 10:53; Ol'ha Kyrylenko, "Mer Novoï Kakhovky pro robotu v okupatsiï: 'Nas trymala dumka, shcho os'-os' povernut'sia ZSU, i vse bude harazd,'" *Ukraïns'ka pravda*, July 25, 2022, https://www.pravda.com.ua/articles/2022/07/25/7359983/; "Na Trypil's'kii TES stavsia vybukh, okupanty zakhopyly Kakhovs'ku HES— Minenerho," *Liha.Biznes*, February 24, 2022, https://biz.liga.net/ua/ekonomikatek/novosti/na-tripolskoy-tes-proizoshel-vzryv-okkupanty-zahvatili-kahovskuyu-ges-minenergo.

6. Dariia Demianyk, "Okupanty zakhvatili Kakhovskuiu GES i podniali rossiiskii flag (video)," *Glavkom*, February 24, 2022, https://glavcom.ua/ru/news/okkupanty-zahvatili-kahovskuyu-ges-i-podnyali-rossiyskiy-flag-video-824677.html.

7. *Russia's War in Ukraine: Military and Intelligence Aspects*, Congressional Research Service, Updated April 27, 2022, 5, https://crsreports.congress.gov/productpdf/R/R47068.

8. Kateryna Tyshchenko, "V Khersonskoi oblasti proshli ucheniia, Zelenskii nabliudal," *Ukraïns'ka pravda*, February 12, 2022, https://www.pravda.com.ua/rus/news/2022/02/12/7323753/; "Pervye chasy voiny: pochemu VSU priniali boi, no otstupili na iuge?" https://www.youtube.com/watch?v=oeuVJp-Ex-Pk 4:48.

9. "Pervye chasy voiny: pochemu VSU priniali boi, no otstupili na iuge?" https://www.youtube.com/watch?v=oeuVJp-ExPk, 6:05, 7:54.

10. Iuliia Zhukova, "Rossiia pustila vodu iz Ukrainy v anneksirovannyi Krym," *Nastoiashchee vremia*, April 22, 2022, https://www.currenttime.tv/a/ukrainskuyu-vodu-siloy-vernuli-v-anneksirovannyy-krym-chtoby-zapolnit-vysohshiy-za-8-let-kanal-voennye-rf-vzorvali-dambu-/31816486.html; Denys Karlovs'kyi, "Henshtab ZSU prokomentuvav chutky pro 'rozminuvannia' peresheiku z Krymom pered viinoiu," *Ukraïns'ka pravda*, April 25, 2022, https://www.pravda.com.ua/news/2022/04/25/7342072/.

11. "Tankist Ievhen Pal'chenko rozpoviv pro proryv cherez Antonivs'kyi mist na Khersonshchyni," *Most*, June 21, 2022, https://most.ks.ua/news/url/tankist_jevgen_palchenko_rozpoviv_pro_proriv_cherez_antonivskij_mist_na_herson-

schini; "Pervye chasy voiny: pochemu VSU priniali boi, no otstupili na iuge?" https://www.youtube.com/watch?v=oeuVJp-ExPk, 1322.

12. "Pervye chasy voiny: pochemu VSU priniali boi, no otstupili na iuge?," https://www.youtube.com/watch?v=oeuVJp-ExPk 15:30; Iuliia Kovalysheva, "Zelens'kyi vruchyv 'Zolotu zirku' tankistu z Vinnychchyny," *Suspil'ne*, May 24, 2022, https://suspilne.media/242756-zelenskij-vruciv-zolotu-zirku-tankistu-z-vinniccini/.

13. "Rezantsev Iakov Vladimirovich," *Myrotvorets*, https://myrotvorets.centercriminal/rezancev-yakov-vladimirovich/; Sevgil' Musaieva, "Ihor Kolykhaiev: Ne zabuvaite pro Kherson. Nam zaraz duzhe skladno," *Ukraïns'ka pravda*, April 5, 2022, https://www.pravda.com.ua/articles/2022/04/5/7337193/.

14. "My ne imeli moral/nogo prava napadat' na dryguiu stranu. Rossiiski desantnik napisalkniguopervykh dniakhvoiny," *Meduza*, August 11, 2022, https://meduza.iofeature/2022/08/11/my-ne-imeli-moralnogo-prava-napadat-na-druguyu-stranu.

15. "Enerhodar: liudy ne propuskaiut' kolonu RF v misto," *Militarnyi*, March 2, 2022, https://mil.in.ua/uk/news/energodar-lyudy-ne-puskayut-tanky-v-misto/; "Viis'ka zaharbnyka aktyvizuvaly sproby zakhopyty Zaporiz'ku AES v Enerhodari," *Ukrinform*, March 3, 2022, https://www.ukrinform.ua/rubric-ato/3419318-vijska-rosii-aktivizuvali-sprobi-zahopiti-zaporizku-aes.html.

16. Liubov' Velichko, "Mir pod udarom. Kak Rossii grozit iadernoi katastrofoi na ukrainskikh AĖS i pochemu molchit MAGATE," *PGNovosti*, June 8, 2022.

17. Olena Roshchina, "Zaporiz'ka AES pid kontrolem rosiis'kykh okupantiv," *Ukraïns'ka pravda*, March 4, 2022, https://www.pravda.com.ua/news/2022/03/4/7328064/; Olena Roshchina, "V Enerhodari na proshchannia z heroiamy pryishly kil'ka soten' liudei," *Ukraïns'ka pravda*, March 7, 2022, https://www.pravda.com.ua/news/2022/03/7/7329077/.

18. Denys Karlovs'kyi, "Henshtab ZSU prokomentuvav chutky pro 'rozminuvannia' pereshyiku z Krymom pered viinoiu," *Ukraïns'ka pravda*, April 25, 2022, https://www.pravda.com.ua/news/2022/04/25/7342072/.

19. Musaieva, "Ihor Kolykhaiev: Ne zabuvaite pro Kherson"; "Ukrainian law enforcers detain former Crimea SBU department chief," *NV*, July 17, 2022, https://english.nv.ua/nation/ukraine-arrests-former-sbu-department-head-for-treason-ukraine-news-50256965.html; Svetlana Kizilova, "Zelenskii nakazal dvukh generalov SBU—lishil zvaniia za 'antigeroizm,'" *Ukraïns'ka pravda*,

April 1, 2022, https://www.pravda.com.ua/rus/news/2022/04/1/7336190/; Mariia Stepaniuk, "Shvydke zakhoplennia Khersonshchyny stalo mozhlyvym cherez zradu spivrobitnyka SBU Sadokhina," *Fakty*, June 18, 2022, https://fakty.com.ua/ua/ukrainesuspilstvo/20220618-shvydke-zahoplennya-hersonshhyny-stalo-mozhlyvym-cherez-zradu-spivrobitnyka-sbu-sadohina/; "Ukraine parliament removes security chief, Zelenskiy fires another top official," *Reuters*, July 19, 2022.

20. Kyrylenko, "Mer Novoï Kakhovky pro robotu v okupatsiï," https://www.radiosvoboda.org/a/news-fedorov-melitopol-obmin/31756706.html.

21. Iryna Balachuk, "U Khersoni tysiachi liudei vyishly na mitynh proty okupanta, rosiiany vidkryly vohon'," *Ukraïns'ka pravda*, March 13, 2022, https://www.pravda.com.ua/news/2022/03/13/7330971/; "Khersons'ka oblrada na ekstrennomu zasidanni vidkynula ideiu stvorennia 'KhNR,'" *Ukraïns'ka pravda*, March 12, 2022, https://www.pravda.com.ua/news/2022/03/12/7330824/.

22. Musaieva, "Ihor Kolykhaiev: Ne zabuvaite pro Kherson"; Olena Rishchina, "Kherson: liudy vyishly na mitynh, okupanty rozpylyly sl'ozohonnyi haz," *Ukraïns'ka pravda*, March 22, 2022, https://www.pravda.com.ua/news/2022/03/22/7333593/; "Russian Invaders Abduct Kherson Mayor Kolykhaev—Advisor Liashevska," *Ukrainian News*, June 28, 2022, https://ukranews.com/en/news/865629-russian-invaders-abduct-kherson-mayor-kolykhaev-advisor-liashevska.

23. "Berdiansk, Kherson, Kakhovka. Kak proshli proukrainskie mitingi 20 marta," *BBC News*, March 20, 2022, https://www.bbc.com/russian/media-60814719; "Russia Sending Teachers to Ukraine to Control What Students Learn," *Washington Post*, July 18, 2022, https://www.washingtonpost.com/world/2022/07/18/russia-teachers-ukraine-rewrite-history/.

24. Timofei Sergeitsev, "Chto Rossiia dolzhna sdelat' s Ukrainoi," *RIA Novosti*, April 3, 2022, https://ria.ru/20220403/ukraina-1781469605.html.

25. "Okupanty v Khersoni rozkleïly propahandysts'ki bilbordy: absurdni foto," *24 Kanal*, May 30, 2022, https://24tv.ua/okupanti-hersoni-rozkleyili-propagandistski-bilbordi-absurdni_n1991218?fbclid=IwAR3z28WY9jvrJRRYMYiFZsRlikohErzAtdTZ5zlaYKuSrleRk5EZP_8DFUU; "Kherson region," State Statistics Committee of Ukraine, https://web.archive.org/web/20071104211010/http://www.ukrcensus.gov.ua/eng/regions/reg_khers/.

26. Mariya Petkova, "Russia-Ukraine war: The battle for Odesa," *Aljazeera*, March 9, 2022, https://www.aljazeera.com/news/2022/3/9/russia-ukraine-war-the-

러시아 우크라이나 전쟁

battle-for-odesa.

27. "U chomu pomylyvsia Putin i koly peremoha?" *Krym realii*, June 14, 2022, https://www.youtube.com/watch?app=desktop&v=0UToxyp1mjs; Vira Kasiian, "ZSU razom z teroboronoiu vidstoialy Mykolaïv, komendants'ku hodynu skasuvaly," *LB.ua*, March 2, 2022; "Mykolaïv povnistiu zvil'nyly vid rosiis'kykh okupantiv—holova ODA," *Shpal'ta*, March 5, 2022, https://shpalta.media/2022/03/05/mikolaiv-povnistyu-zvilnili-vid-rosijskix-okupantiv-golova-oda/; https://lb.ua/society/2022/03/02/507677_zsu_razom_z_teroboronoyu_vidstoyali.html; "Heneral Marchenko bil'she ne komanduie oboronoiu Mykolaieva," *Speaker News*, April 7, 2022, https://speakernews.com.ua/suspilstvo/general-marchenko-bilshe-ne-komanduye-oboronoyu-mykolayeva-20286.

28. Yaroslav Trofimov, "Ukrainian Counteroffensive near Mykolaiv Relieves Strategic Port City," *Wall Street Journal*, March 18, 2022; Ol'viia Aharkova, "Mer Voznesens'ka povidomyv pro vybukh dvokh mostiv u misti: nam dovelosia," *RBK-Ukraïna*, March 2, 2022, https://www.rbc.ua/ukr/news/mer-voznesenska-soobshchil-vzryve-dvuh-mostov-1646246424.html; "Boi za Voznesensk. Kak ostanovili nastuplenie na Odessu," *Inshe.TV*, March 18, 2022, https://inshe.tvnikolaev/2022-03-18/665712; "U chomu pomylyvsia Putin i koly peremoha?"

29. Joseph Trevithick and Tyler Rogoway, "Barrage Leaves Russian-Occupied Kherson Airbase in Flames," *The Drive*, March 15, 2022; "Ukraïns'ki voïny znyshchyly 30 helikopteriv voroha na aerodromi Chornobaïvka bilia Khersonu," *Armiia.inform*, March 7, 2022, https://armyinform.com.ua/2022/03/07/ukrayinski-voyiny-znyshhyly-30-gelikopteriv-voroga-na-aerodromi-chornobayivka-bilya-hersonu/; "Nardep soobshchil o gibeli ocherednogo komanduiushchego rossiiskoi armiei i generala," *DonPress*, March 25, 2022, https://donpress.comnews/25-03-2022-nardep-soobschil-o-gibeli-ocherednogo-komanduyuschego-rossiyskoy-armiey-i-generala; Aleksandr Kovalenko, "Fenomen Chernobaevki kak on est'," *Khartyia'97%*, March 29, 2022, https://charter97.org/runews/2022/3/29/461181/.

30. "Riatuval'ni roboty pislia vluchannia rakety okupantiv u budivliu Mykolaïvs'koi ODA tryvaiut' dosi," *AAM*, March 30, 2022, https://aam.com.ua/2022/03/30ryatuvalni-roboty/.

31. "Odes'keuzberezhzhiaobstrilialy dvakorablirf—artyleriia ZSUvidihnalavoroha," *Ukrinform*, March 21, 2022, https://www.ukrinform.ua/

rubric-ato/3435618-odeske-uzberezza-obstrilali-dva-korabli-rf-artile-ria-zsu-vidignala-voroga.html; Aleksandr Vel'mozhko, "Boiovi diï 27 bereznia: voroh namahavsia obstriliaty Odesu raketamy," *Odesskii kur'er*, March 27, 2022, https://uc.od.ua/columnsalexvelmozhko/1241818.

32. "Guided Missile Cruiser Moskva (ex-Slava), Project 1164/Slava Class," Black Sea Fleet, https://www.kchf.ru/eng/ship/cruisers/slava.htm.

33. Adam Taylor and Claire Parker, "'Neptune' Missile Strike Shows Strength of Ukraine's Homegrown Weapons," *Washington Post*, April 15, 2022; "How Did Ukraine Destroy the Moskva, a Large Russian Warship," *Economist*, April 20, 2022.

34. Peter Suciu, "Moskva: The Story of Russia's Navy Warship That Ukraine Destroyed," *1945*, April 21, 2022, https://www.19fortyfive.com/2022/04/moskva-the-story-of-russias-navy-warship-that-ukraine-destroyed/;ViktoriiaAndrieieva,"Znovucherha: ponad 500 kyian 'poliuiut'' na novu marku z korablem," *Ukraïns'ka pravda*, May 23, 2022, https://life.pravda.com.ua/society/2022/05/23/248764/; "Intelligence Update. Update on Ukraine, May 19, 2022," Defence Intelligence, https://img.pravda.comimages/doc/1/c/1c9f090-280075714-1488231861575174-1301885241671439071-n-original.jpg; Joe Inwood, "Moskva wreckage declared item of Ukrainian underwater cultural heritage," *BBC News*, April 22, 2022.

35. Ilona Kivva, "Bytva za Chorne more: ukraïns'ka rozvidka poiasnyla navishcho okupantam Zmïïnyi," *Zaborona*, May 14, 2022, https://zaborona.com/bytva-za-chorne-more-ukrayinska-rozvidka-poyasnyla-navishho-okupantam-zmiyinyj/; Max Hunder and Tom Balmforth, "Russia abandons Black Sea outpost of Snake Island in victory for Ukraine," *Reuters*, June 30, 2022, https://www.reuters.com/ world/europe/russia-steps-up-attacks-ukraine-after-landmark-nato-summit- 2022-06-30/; Joseph Golder, "Ukraine Hoists Flag on Snake Island After Russian Forces Withdraw," *Newsweek*, July 8, 2022, https://www.newsweek.com/ ukraine-hoists-flag-snake-island-after-russian-forces-withdraw-1722834.

36. Dmitrii Akimov, "Rossiia otmechaet 350 let so dnia rozhdeniia Petra Velikogo," *Smotrim*, June 9, 2022, https://smotrim.ru/article/2789489; "Putin posetil vystavku o Petre I na VDNKh," *Vesti.ru*, June 9, 2022, https://www.vesti.ru/article/2790684.

37. "Meeting with young entrepreneurs, engineers and scientists," President of Russia, June 9, 2022, http://en.kremlin.ru/events/president/news/68606; "Putin

compares himself to Peter the Great in Russian territorial push," June 9, 2022, https://www.youtube.com/watch?v=N2sfJjl7Zk; "Address by the President of the Russian Federation," President of Russia, February 24, 2022, http://en.kremlin.ru/events/president/news/67843.

38. Andrew Roth, "Putin compares himself to Peter the Great in quest to take back Russian lands," *Guardian*, June 10, 2022, https://www.theguardian.com/world/2022/jun/10/putin-compares-himself-to-peter-the-great-in-quest-to-take-back-russian-lands.

39. Lawrence Freedman, "Spirits of the Past. The Role of History in the RussoUkraine War," *Comment is Freed*, June 12, 2022, https://samf.substack.com/pspirits-of-the-past?s=w&utm_medium=web.

40. "In Ukraine, they announced Zelensky's order to recapture the south of the country," *West Observer*, July 11, 2022, https://westobserver.com/news/europe/in-ukraine-they-announced-zelenskys-order-to-recapture-the-south-of-the-country/; Andrii Tsapliienko, "The Ukrainian military hit the Antonovsky bridge in occupied Kherson, which connects the city with the left bank of the Dnieper," *Odessa Journal*, July 19, 2022, https://odessa-journal.com/the-ukrainian-military-hit-the-antonovsky-bridge-in-occupied-kherson-which-connects-the-city-with-the-left-bank-of-the-dnieper/.

41. Peter Beaumont, "Russian forces dig in as bloody Ukrainian counterattack anticipated in south," *Guardian*, July 22, 2022, https://www.theguardian.com/world/2022/jul/22/ukrainian-counter-offensive-may-bring-war-to-bloodiest-phase-yet-say-analysts.

42. Mauro Orru, "Ukraine's Occupied Kherson Seeks to Join Russia, Moscow-Installed Leader Says," *Wall Street Journal*, May 11, 2022, https://www.wsj.com/livecoverage/russia-ukraine-latest-news-2022-05-11/card/ukraine-s-occupied-kherson-seeks-to-join-russia-moscow-installed-leader-says-WNFl1yxwOEkDVbG2Fpic; "Signs Multiply Russia Seeks Control of South Ukraine," *Moscow Times*, May 19, 2022, https://www.themoscowtimes.com/2022/05/19/signs-multiply-russia-seeks-control-of-south-ukraine-a77739.

43. "Novaia administratsiia Zaporozhskoi oblasti anonsirovala referendum o vkhozhdenii v sostav Rossii 'v tekushchem godu,'" *Meduza*, June 8, 2022, https://meduza.io/news/2022/06/08/novaya-administratsiya-zaporozhskoy-oblasti-anonsirovala-referendum-o-vhozhdenii-v-sostav-rossii-v-tekuschem-godu; "Prisoediniat zakhvachennye oblasti: v razvedke rasskazali o planakh Rossii po Ukraine," *Fokus*, July 13, 2022, https://focus.ua/voennye-no-

vosti/522002-prisoedinyat-zahvachennye-oblasti-v-razvedke-rasskaza-li-o-planah-rossii-po-ukraine"; "RF pryznachyla svoho chynovnyka 'holovoiu uriadu' okupovanoï Zaporiz'koï oblasti," *Ukraïns'ka pravda*, July 18, 2022, https://www.pravda.com.ua/news/2022/07/18/7358827/.

44. White House Daily Briefing, July 19, 2022, https://www.c-span.org/video/?521824-1white-house-briefs-russias-plans-annex-ukrainian-territory; Ivan Nechepurenko and Eric Nagourney, "Russia Signals That It May Want a Bigger Chunk of Ukraine," *New York Times*, July 20, 2022, https://www.nytimes.com/2022/07/20/world/europe/putin-ukraine-invasion-russia-war.html.

11장 반격

1. Maxim Tucker, "Ukraine has one million ready for fightback to recapture south," *The Times*, July 10, 2022, https://www.thetimes.co.uk/article/ukraine-has-one-million-ready-for-fightback-to-recapture-south-3rhkrhstf.

2. Kseniia Teslenko, "Vereshchuk zaklykaie meshkantsiv pivdennykh oblastei terminovo evakuiuvatysia," *S'ohodni*, July 9, 2022, https://war.segodnya.uaua/war/vtorzhenie/vereshchuk-prizyvaet-zhiteley-yuzhnyh-oblastey-srochno-evakuirovatsya-1629727.html.

3. "Ukraïna vede perehovory z derzhavamy-partneramy shchodo postachannia neobkhidnoï zbroï, ale ne varto rozholoshuvaty podrobytsi—prezydent," *Zelens'kyi. Ofitsiine internet predstavnytstvo*, July 11, 2022, https://www.president.gov.ua/news/ukrayina-vede-peregovori-z-derzhavami-partnerami-shodo-posta-76417.

4. Bohdan Prykhod'ko, "Velyka kontrataka chy zakhyst Kyieva? Chomu Ukraïna povidomliaie vorohovi pro nastup na Kherson?," *S'ohodni*, July 11, 2022, https://www.segodnya .ua/ua/strana/podrobnosti/bolshaya-kontrataka-ili-zashchita-kieva-pochemu-ukraina-soobshchaet-vragu-o-nastuplenii-na-herson-1630084.html.

5. Roman Adrian Cybrivsky, *Along Ukraine's River: A Social and Environmental History of the Dnipro* (Budapest, 2018), p.104

6. "Na Khersonshchyni zaharbnyky vidnovyly mist na hrebli Kakhovs'ko HES," *Ukrinform*, August 17, 2022, https://www.ukrinform.ua/rubric-ato/3552348-na-hersonsini-zagarbniki-vidnovili-mist-na-grebli-kahovskoi-ges.html.

7. "Antonovskii most," Khersonshchina turisticheskaia, https://khersonregion. comantonovskij-most/.

8. "Viis'ka RF zvodiat' fortyfikatsiini sporudy bilia Antonivs'koho mostu na Khersonshchyni," *Tsenzor.net*, July 13, 2022, https://m.censor.net/ua/ news/3353971viyiska_rf_zvodyat_fortyfikatsiyini_sporudy_bilya_antonivsko-go_mostu_na_hersonschyni_ova; Mark Trevelyan, "Russia declares expanded war goals beyond Ukraine's Donbas," *Reuters*, July 20, 2022, https://www. reuters.com/world/europe/lavrov-says-russias-objectives-ukraine-now-go-beyond-donbas-2022-07- 20/.

9. "Iak i chomu pochaly zlitaty zbroini sklady v tylu rosiis'kykh viis'k?" *Arhument*, July 9, 2022, https://argumentua.com/novini/yak-chomu-pochali-zl-tati-v-pov-trya-zbroin-skladi-v-tilu-ros-iskikh-v-isk.

10. Illia Ponomarenko, "What would a Ukrainian counter-offensive in Kherson look like?" *Kyiv Independent*, July 19, 2022, https://kyivindependent.com/ nationalwhat-would-a-ukrainian-counter-offensive-in-kherson-look-like; "Okupanty povidomyly pro obstril Antonivs'koho mostu v Khersoni," *Tsenzor. net*, July 19, 2022, https://m.censor.net/ua/news/3355088/okupanty_povido-myly_pro_obstril_antonivskogo_mostu_v_hersoni_udaru_zavdano_iz_himars_ onovleno_video; "After Antonivskyi bridge explosion, occupiers may be left without ways toretreat from Kherson," *Ukrainian News*, July 20, 2022, https:// ukranews.com/ennews/870362-after-antonivskyi-bridge-explosion-occupi-ers-may-be-left-without-ways-to-retreat-from-kherson.

11. "Video from Antonivka Road Bridge in Kherson shows extensive damage," *Ukraïns'ka pravda, Yahoo!*, July 27, 2022, https://www.yahoo.com/video/ video-antonivka-road-bridge-kherson-081127402.html; "'To consolidate the results': The Armed Forces of Ukraine report about new strikes on the main bridges of the Kherson region," *Ukraïns'ka pravda*, August 30, 2022, https:// www.pravda.com.ua/eng/news/2022/08/30/7365397/.

12. "Kakhovs'kyi mist taky obvalyvsia," *24 kanal*, September 4, 2022, https:// www.youtube.com/watch?v=5kRZBNf8KY8; "Okupanty zaiavyly pro obstril mostu cherez richku Inhulets' pid Khersonom," *Militarnyi*, July 23, 2022, https://mil.in.ua/uk/news/okupanty-zayavyly-pro-obstril-mostu-cherez-richku-ingulets-pid-hersonom/; David Axe, "The Bridge Battle in Southern Ukraine is Escalating," *Forbes*, July 31, 2022, https://www.forbes.com/sites/ davidaxe/2022/07/31/the-bridge-battle-in-southern-ukraine-is-escalating/.

13. "Heneral Marchenko povernuvsia do Mykolaieva z novym zavdanniam," *Tex-*

ty.org.ua, July 27, 2022, https://texty.org.ua/fragments/107345general-march-
enko-povernuvsya do-mykolayeva-z-novym-zavdannyam/; "Partyzany u
Melitopoli pidirvaly zaliznychnyi mist," *TSN*, August 14, 2022, https://tsn.ua/
ato/partizani-u-melitopoli-pidirvali-zaliznichniy-mist-okupanti-v-isteri-
ci-rozshukuyut-patriotiv-ukrayini-2134282.html;"UMelitopolipartyzanypidir-
valy rosiis'ku viis'kovu bazu ta fsb-shnykiv za vechereiu," *Ukrainform*, August
30, 2022, https://www.ukrinform.ua/rubric-ato/3561283-u-melitopoli-parti-
zani-pidirvali-rosijsku-vijskovu-bazu-ta-fsbsnikiv-za-vecereu-fedorov.html.

14. "Rozstrilialy z pistoleta. Khalan' rozpoviv pro smert' hauliaitera Novoï
Kakhovky," *24 kanal*, August 24, 2022, https://24tv.ua/zastupnik-gaulyay-
tera-novoyi-kahovki-pomer-pislya-poranennya_n2119352; "Likvidatsiia
kolaboranta kovaliova," *24 kanal*, August 29, 2022, https://24tv.ua/vbivst-
vo-oleksiya-kovalova-yaka-versiya-vbivstva-kolaboranta_n2146302; "Ro-
zirvalo vid liubovi do Rosiï," *TSN*, August 24, 2022, https://tsn.ua/ukrayina/
rozirvalo-vid-lyubovi-do-rosiyi-na-zaporizhzhi-partizani-visadili-v-po-
vitrya-gaulyaytera-mihaylivki-2141695.html; "Partyzany pid Melitopolem
'pidrizaly' chleniv 'komisiï z pidhotovky referendum,'" *TSN*, August 9, 2022,
https://tsn.ua/ato/partizani-pid-melitopolem-pidrizali-chleniv-komisi-
yi-z-pidgotovki-referendumu-zmi-2130334.html.

15. "Medvedev zaiavil, chto dlia Ukrainy mozhet nastupit' sudnyi den'," *RIA Novo-
sti*, July 17, 2022, https://ria.ru/20220717/medvedev-1803047917.html.

16. "Krymskii most. Kerch," Russia Travel, https://russia.travel/objects/330378/.

17. Tania Matiash, "Zelens'kyi vidpoviv na pohrozy Miedviedieva 'sudnym
dnem': 'ne duzhe tvereza zaiava,'" *Livyi Bereh*, July 18, 2022, https://lb.uaso-
ciety/2022/07/18/523446_zelenskiy_vidpoviv_pogrozi.html; "Vzryvov net,
no vy derzhites'," Reanimatsiinyi paket reform, August 19, 2022, https://rpr.
org.ua/news/vzr-vov-net-no-v-derzhytes-yak-vybukhy-v-krymu-kon-
tuzyly-pobiedobiesov-ta-vykryly-impotentsiiu-kremlia/; "Putin's circle
tension and confrontation rise due to possible loss of the Russian president's
capacities," Robert Lansing Institute, July 19, 2022, https://lansinginstitute.
org/2022/07/19putins-circle-tension-and-confrontation-rise-due-to-pos-
sible-loss-of-the-russian-presidents-capacities/; "'Priseli na stakan. Kto-
to vtianulsia.' Iz-za voiny rossiiskie chinovniki stali bol'she i chashche pit'
alkogol,'" *Meduza*, September 15, 2022, https://meduza.io/feature/2022/09/15/
priseli-na-stakan-kto-to-vtyanulsya?utm_source=twitter&utm_medium=-
main/.

18. "Ukraine claims responsibility for Crimea attacks," *Aljazeera*, September 7, 2022, https://www.aljazeera.com/news/2022/9/7/ukraine-military-chief-claims-responsibility-for-strikes-in-crime.

19. "ZSU zavdaly udariv dronom-kamikadze po pozytsiiakh RF bilia Zaporiz'koi AES," *Fokus*, July 22, 2022, https://focus.ua/uk/voennye-novosti/523089-vsu-nanesli-udary dronom-kamikadze-po-poziciyam-rf-vozle-zaporozhskyy-aes-video; Mark Santora, "Shelling at the Zaporizhzhia Nuclear Power Plant Is Raising Fears of an Accident. Here's a Look at the Risks," *New York Times*, August 12, 2022, https://www.nytimes.com/2022/08/12/world/europe/ukraine-zaporizhzhia-nuclear-plant.html.

20. "Arestovich skazal zachem Putinu iadernyi shantazh s Zaporozhskoi AES," *Feigin Live*, August 8, 2022, https://www.youtube.com/watch?v=dQMoCRGAU8; Isabele Coles and Bojan Pancevski, "Ukraine Accuses Russia of Using Nuclear Plant to Blackmail West," *Wall Street Journal*, August 14, 2022, https://www.wsj.com/articles/ukraine-accuses-russia-of-using-nuclear-plant-to-blackmail-west-11660478537; Vasco Cotovio and Tara John, "'We are playing with fire,' IAEA chief warns as nuclear watchdog calls for 'safety zone' at Russian-occupied plant in Ukraine," *CNN*, September 6, 2022, https://www.cnn.com/2022/09/06/europe/iaea-report-ukraine-nuclear-plant-intl/index.html; Gillian Duncan, "Russia questions UN nuclear report calling for demilitarised zone at Zaporizhzhia," *N World*, September 7, 2022, https://www.thenationalnews.com/world/europe/2022/09/07/russia-questions-un-nuclear-report-calling-for-demilitarised-zone-at-zaporizhzhia/.

21. Karl Ritter, "Last reactor at Ukraine's Zaporizhzhia nuclear plant stopped," *AP News*, September 11, 2022, https://apnews.com/article/russia-ukraine-8838067037a852 1e3bc764435144db7; https://www.epravda.com.ua/news/2022/09/12/691405/; "U Putina kazhut', shcho Rosiia ne planuie vyvodyty svoï viis'ka iz terytoriï ZAES," *Ekonomichna pravda*, September 12, 2022, https://www.reuters.com/world/europe/iaea-board-passes-resolution-calling-russia-leave-zaporizhzhia-2022-09-15/.

22. Benjamin Harvey, Daryna Krasnolutska, Kateryna Choursina, Alberto Nardelli, Alex Wickham, and Gina Turner, "Ukraine Strategy Targets Russian Army's Lifelines in Kherson," Bloomberg, August 17, 2022, https://www.bloomberg.com/news/articles/2022-08-17/ukraine-strategy-targets-russian-army-s-lifelines-in-kherson?leadSource=uverify%20wall; "Arestovich: The invaders gathered about 30 BTGs in the south for an attack on Kryvyi Rih

and Mykolaiv," *Odessa Journal*, August 2, 2022, https://odessa-journal.com/arestovich-the-invaders-gathered-about-30-btgs-in-the-south-for-an-attack-on-kryvyi-rih-and-mykolaiv/.

23. "Na Khersons'komu napriamku pochavsia 'duzhe potuzhnyi' rukh viis'k RF—Danilov," *Radio Svoboda*, July 22, 2022, https://www.radiosvoboda.org/a/news-khersonskyy-napryam-viyska-rf-danilov/31962539.html.

24. Karolina Hird, Kateryna Stepanenko, Grace Mappes, George Barros, and Frederick W. Kagan, "Russian Offensive Campaign Assessment, August 23," *Critical Threats*, August 23, 2022, https://www.criticalthreats.org/analysis/russian-offensive-campaign-assessment-august-23; "Russia makes gains near Blahodatne—General Staff report," *Ukraïns'ka pravda*, August, 22, 2022, https://www.pravda.com.ua/eng/news/2022/08/22/7364254/.

25. "Ukrainian Counteroffensive Underway in Kherson Region," *Kyiv Post*, August 29, 2022, https://www.kyivpost.com/russias-war/ukrainian-counteroffensive-underway-in-kherson-region.html.

26. "Shoigu zaiavil o popytkakh nastupleniia VSU na Nikolaevo-Krivorozhskom i drugikh napravleniiakh," *Interfax*, September 2, 2022, https://www.interfax.ru/world/860425; Oleksii Iarmolenko and Tetiana Lohvynenko, "ZSU vpershe z 24 liutoho pishly u povnotsinnyi kontrnastup. Pro rezul'taty poky movchat', ale vony zminiat' khod viiny," *Babel'*, September 1, 2022, https://babel.ua/texts/83738-zsu-vpershe-z-24-lyutogo-pishli-u-povnocinniy-kontrnastup-pro-rezultati-poki-movchat-ale-voni-zminyat-hid-viyni-analizuyemo-situaciyu-na-fronti-na-180-y-den-povnomasshtabnogo-vtorgnennya-mapi-babelya.

27. "Vysokopillia na Khersonshchyni pid ukraïns'kym praporom. Shcho tam vidbuvaiet'sia?," *Radio Svoboda*, September 6, 2022, https://www.radiosvoboda.org/a/novyny-pryazovya-khersonshchyna deokupatsiya-vysokopillya32019601.html; Asami Terajima, "Ukraine war latest: Ukraine liberates villages in south and east," *Kyiv Independent*, September 4, 2022, https://kyivindependent .com/national/ukraine-war-latest-ukraine-liberates-villages-in-south-and-east.

28. "Arestovych pro Vysokopillia: sytuatsiia uskladnylasia, rosiiany perekynuly tekhniku," *RBK Ukraïna*, July 25, 2022, https://www.rbc.ua/ukr/news/arestovich-vysokopole-situatsiya-uslozhnilas-1658778302.html.

29. "Spetsoperatsiia 7 sentiabria: Minoborony soobshchilo o vziatii Kodemy," *RIA Novosti*, September 7, 2022, https://ria.ru/20220907/spetsoperatsi-

ya-1815272570.html.

30. Isobel Koshiw, Lorenzo Tondo, and Artem Mazhulin, "Ukraine's southern offensive 'was designed to trick Russia,'" *Guardian*, September 10, 2022, https://www.theguardian.com/world/2022/sep/10/ukraines-publicised-southern-offensive-was-disinformation-campaign.

31. "ZSU pochaly zvil'niaty Balakliiu? Vse, shcho vidomo," *BBC News*, Ukraïna, September 6, 2022, https://www.bbc.com/ukrainian/features-62811889.

32. Karolina Hird, George Barros, Layne Philipson, and Frederick W. Kagan, "Russian Offensive Campaign Assessment," *Institute for the Study of War*, September 6, 2022, https://www.understandingwar.org/backgrounder/russian-offensive-campaign-assessment-september-6.

33. Oleh Verlan,"Za Balakliis'kuoperatsiiuvidpovidavheneral-polkovnyk Syrs'kyi," *Na Paryzhi*, September 10, 2022, https://naparise.com/posts/za-balakliisku-operatsiiu-vidpovidav-heneral-polkovnyk-syrskyi; "Maiemo khoroshi novyny z Kharkivshchyny": Zelens'kyi skazav slova podiaky p'iat'om bryhadam," *Novynarnia*, September 8, 2022, https://novynarnia.com/2022/09/08/mayemo-horoshi-novyny-z-harkivshhyny-zelenskyj-skazav-slova-podyaky-pyatom-brygadam/.

34. "Expert: Cascading Collapse of Russian Front," *Khartyia 97*, September 12, 2022, https://charter97.org/en/news/2022/9/12/515297/.

35. Andrew E. Kramer and Jeffrey Gettleman, "In Reclaimed Towns, Ukrainians Recount a Frantic Russian Retreat," *New York Times*, September 13, 2022, https://www.nytimes.com/2022/09/13/world/europe/ukraine-russia-retreat-morale.html.

36. "'My vyzhili': Boitsy SOBRa, derzhavshie oboronu v Balaklee, zapisali video," *Eurasia Daily*, September 10, 2022, https://eadaily.com/ru/news/2022/09/10my-vyzhili-boycy-sobra-derzhavshie-oboronu-v-balaklee-zapisali-video.

37. "Representative of General Staff of Armed Forces of Ukraine says over 20 settlements were liberated in Kharkiv region," *News Live*, September 8, 2022, https://liveuamap.com/en/2022/8-september-representative-of-general-staff-of-armed-forces.

38. "Poiavilis' kadry perebroski kolonny gruppy 'otvazhnye' v Kupiansk pod Khar'kovom," *Novorossiia*, September 10, 2022, https://iz.ru/1393435/2022-09-10/poiavilis-kadry-perebroski-kolonny-gruppy-otvazhnykh-v-kupiansk-pod-kharkovom; "ZSU zaishly v Kup'ians'k i

vstanovyly prapor Ukraïny," *Hlavred*, September 10, 2022, https://glavred.net/ukraine/vsu-zashli-v-kupyansk-i-ustanovili-flag-ukrainy-sovetnica-glavy-harkovskogo-oblsoveta-10408007.html.

39. Kateryna Stepanenko, Grace Mappes, George Barros, Angela Howard, and Mason Clark, "Russian Offensive Campaign Assessment," *Institute for the Study of War*, September 10, 2022, https://www.understandingwar.org/backgrounder/russian-offensive-campaign-assessment-september-10.

40. "Okupanty pokynuly Izium: ukraïns'ki viis'ka vvishly u misto," *DSNews.ua*, September 10, 2022, https://www.dsnews.ua/ukr/politics/okupanti-pokinuli-izyum-ukrajinski-viyska-vviyshli-u-misto-video-10092022-465867; Ievheniia Lutsenko, "Ukraïns'ki viis'kovi uviishly do Vovchans'ka, shcho na kordoni z rosiieiu," *Hromads'ke*, September 13, 2022, https://hromadske.ua/posts/ukrayinski-vijskovi-uvijshli-u-vovchansk-sho-na-kordoni-z-rosiyeyu; "U Minoboroni utochnyly dani pro zvil'neni terytorii Kharkivshchyny—388 naselenykh punktiv," *Ukrinform*, September 14, 2022, https://www.ukrinform.ua/rubric-ato/3571524-u-minoboroni-utocnili-dani-pro-zvilneni-teritorii-harkivsini-388-naselenih-punktiv.html.

41. "Mass grave of more than 440 bodies found in Izium, Ukraine, police say," *Reuters*, September 15, 2022, https://www.reuters.com/article/ukraine-crisis-zelenskiy-grave/ukraine-finds-a-mass-grave-in-recaptured city of-izium-zelenskiy-idUSKBN2QG248.

42. Andrew Stanton, "Counteroffensive Has Only 6 Percent of Kharkiv Left to Liberate: Ukraine," *Newsweek*, September 27, 2022, https://www.newsweek.com/ counteroffensive-has-only-6-percent-kharkiv-left-liberate-ukraine-1746750; "Ukraine tells Russia to appeal to Kyiv if it wants encircled troops freed," *Reuters*, September 30, 2022, https://www.reuters.com/world/europe/ukraine-tells-russia-appeal-kyiv-if-it-wants-encircled-troops-freed-2022-09-30/.

43. "Ukraine seizes the initiative in the east," *Economist*, September 9, 2022, https://www.economist.com/europe/2022/09/09/ukraine-seizes-the-initiative-in-the-east; Henry Foy, "Ukraine's advance boosts calls for more western weapons," *Financial Times*, September 12, 2022, https://www.ft.com/content/ bab05be8-8200-4804-b45f-00dcd65cd044; Marta Hychko, "'Protivnik uzhe vyigral': Girkin ustroil paniku iz-za porazheniia RF na Khar'kovshchine," *UNIAN*, September 10, 2022, https://www.unian.net/war/protivnik-uzhe-vyigral-girkin-ustroil-paniku-iz-za-porazheniy-rf-na-har-

kovshchine-11973678.html; "Dlia RF kartina ne radostnaia, u VSU prevosk-
hodstvo na vsem fronte—Strelkov (Girkin)," *UNIAN*, September 17, 2022,
https://www.youtube.com/watch?app=desktop&v=4e6RqcpwmUQ.

44. Julian E. Barnes, Eric Schmitt, and Helene Cooper, "The Critical Moment Be-
hind Ukraine's Rapid Advance," *New York Times*, September 13, 2022, https://
www.nytimes.com/2022/09/13/us/politics/ukraine-russia-pentagon.html.

45. Foy, "Ukraine's advance boosts calls for more western weapons"; Adri-
enne Vogt, "Russia's war in Ukraine: September 10, 2022," *CNN*, September
10, 2022, https://www.cnn.com/europe/live-news/russia-ukraine-war-
news-09-10-22/h_a14d999bfb238edc6542eaaa671e314c.

46. "Putin shown in tense encounter with chief of staff at Far East war games,"
Reuters, September 6, 2022, https://www.reuters.com/world/europe/smiling-
putin-inspects-big-far-east-military-drills-2022-09-06/; Sophia Ankel,
"As Russia was forced to retreat in Ukraine, Putin was opening a giant Ferris
wheel—but it broke down and people had to be refunded," *Insider*, Septem-
ber 14, 2022, https://www.businessinsider.com/amid-ukraine-offensive-
putin-opened-ferris-wheel-but-it-broke-2022-9; Tara Subramaniam, Ivana
Kottasová, Eliza Mackintosh, Adrienne Vogt, and Aditi Sangal, "September
13, 2022 Russia-Ukraine news," *CNN*, September 13, 2022, https://edition.cnn.
comeurope/live-news/russia-ukraine-war-news-09-13-22/h_b439762c2f
b1cc0a9245 7f4214601e58; "Izmena na urovne Putina! Igor' Strelkov (Girkin),"
September 16, 2022, https://www.youtube.com/watch?v=gpahjt8zaNM.

47. Kateryna Stepanenko, Katherine Lawlor, Grace Mappes, George Barros, and
Frederick W. Kagan, "Russian Offensive Campaign Assessment," *Institute for
the Study of War*, September 15, 2022, https://www.understandingwar.org/
backgrounder/russian-offensive-campaign-assessment-september-15.

48. "Prigozhinverbuetzakliuchennykhrf: kommentarii Feiginai Arestovicha," *Fei-
gin Live*, September 14, 2022, https://www.youtube.com/watch?v=vvUMsm-
bChV4; "Prigozhin—o verbovke zakliuchennykh na voinu: 'Libo zeki, libo
vashi deti,'" *Radio Svoboda*, September 15, 2022, https://www.svoboda.
org/a/prigozhin—o-verbovke-zaklyuchyonnyh-na-voynu-libo-zeki-li-
bo-vashi-deti-/32035673.html; "Ukraine Live Updates: Putin Calls Up More
Troops as His War Effort Falters," *New York Times*, September 21, 2022; "Putin
says Russia's mobilisation mistakes must be 'corrected,'" *Aljazeera*, September
29, 2022, https://www.aljazeera.com/news/2022/9/29/putin-says-russias-mo-
bilisation-mistakes-must-be-corrected.

49. Andrew E. Kramer, "Russia-Ukraine War: Armed Russian Soldiers Oversee Referendum Voting," *New York Times*, September 24, 2022, https://www.nytimes.com/live/2022/09/24/world/russia-ukraine-putin-news; Antony Blinken, Secretary of State, "Russia's Sham Referenda in Ukraine," Press Statement, U.S. Department of State, September 29, 2022, https://www.state.gov/russias-sham-referenda-in-ukraine/; Joshua Berlinger, Anna Chernova, and Tim Lister, "Putin announces annexation of Ukrainian regions in defiance of international law," *CNN*, September 30, 2022, https://www.cnn.com/2022/09/30/europe/putin-russia-ukraine-annexation-intl.

50. "Signing of treaties on accession of Donetsk and Lugansk people's republics and Zaporozhye and Kherson regions to Russia," President of Russia, September 30, 2022, http://en.kremlin.ru/events/president/news/69465.

51. Thomas Gibbons-Neff, "Russia's withdrawal from Lyman comes a day after Putin said he was annexing the region." *New York Times*, October 1, 2022, https://www.nytimes.com/live/2022/10/01/world/russia-ukraine-war-news#ukraine-moves-to-encircle-lyman-a-strategic-eastern-rail-hub; "Official: Ukraine's military has liberated over 2,400 square kilometers in Kherson Oblast,"*Kyiv Independent,*October 7, 2022, https://kyivindependent.com/news-feed/official-ukraines-militaryhas-liberated-over-2-400-square-kilometers-in-kherson-oblast; Michael Schwirtz and Andrew E. Kramer,"Blaston Crimean Bridge Deals Blowto Russian War Effortin Ukraine," *New York Times*, October 8, 2022, https://www.nytimes.com/2022/10/08/world/europe/ukraine-crimea-bridge-explosion.html; Karen DeYoung, "Ukraine war at a turning point with rapid escalation of conflict," *Washington Post*, October 10, 2022, https://www.washingtonpost.com/national-security/2022/10/10/russia-ukraine-war-turning-point/.

52. "Russian General Surovikin: "The Situation in Kherson is Tense, We Do Not Rule Out Difficult Decisions," *Nova.News*, October 19, 2022, https://www.agenzianova.com/en/news/il-generale-russo-surovkin-la-situazione-a-kherson-e-tesa-non-escludiamo-decisioni-difficili/; Anna Chernovaand Rob Picheta,"Russia removes bones of 18th-century commander revered by Putin from occupied Ukrainian city," *CNN*, October 28, 2022, https://www.cnn.com/2022/10/28/europe/potemkin-remains-removed-kherson-ukraine-russia-intl; "Russian Defense Minister Orders Major Retreat From Kherson," *Radio Free Europe*, November 9, 2022 https://www.rferl.org/a/russia-kherson-retreat-shoigu-ukraine/32122802.html; "Strashnyi son rosi-

ian. Chomu RF zaivyla pro vidvid viisk z Khersona i naskilky tse mozhe zati-ahnutysia," *Ukrainska pravda*, November 9, 2022 https://www.pravda.com.ua/articles/2022/11/9/7375683/.

53. Max Hunder and Tom Balmforth, "Exclusive: Russia needs time to pull back from Kherson, fighting to slow in winter-Kyiv," *Reuters*, November 10, 2022, https://www.reuters.com/world/europe/exclusive-russian-withdrawal-kherson-take-least-week-kyiv-2022-11-10/; Olga Pilipenko, "Rabotaiut po metodichke: rossiiskie SMI o potere Khersona," *Dialog.ua*, November 12, 2022, https://www.dialog.ua/russia/262355_1668198752; Mick Krever, Anna Chernova, Teele Rebane, Gianluca Mezzofiore, Tim Lister, and Sophie Tanno, "Ukrainian troops sweep into key city of Kherson after Russian forces retreat, dealing blow to Putin," *CNN*, November 11, 2022, https://www.cnn.com/2022/11/11/europe/russian-troops-leave-kherson-region-intl.

54. "General Hodges makes forecast for liberation of Mariupol, Melitopol, Crimea," *Ukrinform*, November 12, 2022, https://www.ukrinform.net/rubric-ato/3613120-general-hodges-makes-forecast-for-liberation of-mariupol-melitopol-crimea.html; "Zelensky visits newly-retaken Kherson city, says "we are going forward," *CNN*, November 14, 2022, https://www.cnn.com/europe/live-news/russia-ukraine-war-news-11-14-22/h_8ddf7d7da8420737ed-7008cdf0e 76fad.

55. Jack Watling, "Russia's Loss of Kherson Signals Change in Putin's Strategy," *The Guardian*, November 13, 2022, https://www.theguardian.com/world/2022/nov/13/russias-loss-of-kherson-signals-change-in-putins-strategy-ukraine; Clare Mills, "Military Assistance to Ukraine since the Russian Invasion," Research Briefing, House of Commons Library, November 11, 2022, chromeextension://efaidnbmnnnibpcajpcglclefindmkaj/https://researchbriefings.files.parliament.uk/documents/CBP-9477/CBP-9477.pdf.

12장 서방의 귀환

1. Cara Anna, "Rocket attacks hit Ukraine's Lviv as Biden visits Poland," *AP*, March 26, 2022, https://apnews.com/article/explosions-in-lviv-ukraine-russia-war-d19574a99afeb4bf964be7c3276c084c; "Biden gives speech in Poland," *Washington Post*, March 26, 2022, https://www.youtube.com/watch?v=brIm2OmxuuM; J. Oliver Conroy, "Vladimir Putin 'cannot remain in power,' Joe Biden says in Warsaw speech," *Guardian*, March 26, 2022, https://www.

theguardian.com/world/2022/mar/26/biden-tells-west-to-prepare-for-long-fight-ahead-in-warsaw-speech; Michael D. Shear and David E. Sanger, "Biden's Barbed Remark About Putin: A Slip or a Veiled Threat?" *New York Times*, March 26, 2022, https://www.nytimes.com/2022/03/26/ world/europe/biden-ukraine-poland-speech.html.

2. "Remarks by President Biden on the United Efforts of the Free World to Support the People of Ukraine," The White House, March 26, 2022, https://www.whitehouse.gov/briefing room/speechesremarks/2022/03/26remarks-by-president-biden-on-the-united-efforts-of-the-free-world-to-support the-people-of-ukraine/; J. Oliver Conroy and Philip Oltermann, "Vladimir Putin 'cannot remain in power' Joe Biden says in Warsaw speech," *Guardian*, March 26, 2022, https://www.theguardian.com/world/2022/mar/26/biden-tells-west-to-prepare-for-long-fight-ahead-in-warsaw-speech.

3. "Remarks by President Biden on the United Efforts of the Free World to Support the People of Ukraine."

4. "Remarks by President Biden on the United Efforts of the Free World to Support the People of Ukraine."

5. Michael D. Shear, "After meeting with Ukraine refugees, Biden calls Putin 'a butcher,'" *New York Times*, March 26, 2022.

6. Christopher Cadelago and Craig Howie, "Biden, off the cuff, says Putin 'cannot remain in power,'" *Politico*, March 26, 2022, https://www.politico.com/news/2022/03/26/biden-putin-poland-speech-00020671; Daniel Boffey, Shaun Walker, and Philip Oltermann, "Biden: 'butcher' Putin cannot be allowed to stay in power," *Guardian*, March 27, 2022, https://www.theguardian.com/us-news/2022/mar/26/biden-butcher-putin-cannot-be-allowed-to-stay-in-power; Winston Churchill—The Greatest Briton, UK Parliament, Appendix 2: Full transcript of a speech by Winston Churchill broadcast on 'The Home Service Programme' (BBC radio), 9 pm, Sunday, June 22, 1941 (BBK/C/87), https://www.parliament.uk > parliamentary-archives.

7. "Remarks by President Biden on the United Efforts of the Free World to Support the People of Ukraine."

8. Chad P. Bown, "Russia's war on Ukraine: A sanctions timeline," Peterson Institute for International Economics, https://www.piie.com/blogs/realtime-economic-issues-watch/russias-war-ukraine-sanctions-timeline.

9. Michael D. Shear, Richard Pérez-Peña, Zolan Kanno-Youngs, and Anton Troianovski, "U.S. and Allies Impose Sanctions on Russia as Biden Condemns

'Invasion' of Ukraine," *New York Times*, February 22, 2022, https://www.nytimes .com/2022/02/22/us/politics/us-russia-ukraine-sanctions.html; "Nord Stream 1: Why is Russia cutting gas supplies to Europe?" *BBC News*, July 27, 2022, https://www.bbc.com/news/world-europe-60131520; "Blocking Property of Certain Persons and Prohibiting Certain Transactions with Respect to Continued Russian Efforts to Undermine the Sovereignty and Territorial Integrity of Ukraine," *Federal Register*, A Presidential Document by the Executive Office of the President on 02/23/2022, https://www.federalregister. gov/ documents/2022/02/23/2022-04020/blocking-property-of-certain-persons-and-prohibiting-certain-transactions-with-respect-to-continued.

10. Shear, Pérez-Peña, and Troianovski, "U.S. and Allies Impose Sanctions on Russia"; Bown, "Russia's war on Ukraine: A sanctions timeline"; Kate Davidson and Aubree Eliza Weaver, "The West declares economic war on Russia," *Politico*, February 28, 2022, https://www.politico.com/newsletters/morning-money/2022/02/28/the-west-declares-economic-war-on-russia-00012208.

11. Bown, "Russia's war on Ukraine: A sanctions timeline"; Erik de Bie, "EU Sanctions Russia with 'Maintenance and Alignment' Package of Restrictive Measures," *National Law Review* 12, no. 210 (July 29, 2022), https://www. natlawreview.com/ article/eu-sanctions-russia-maintenance-and-alignment-package-restrictive-measures; Catherine Belton and Robyn Dixon, "Western sanctions catch up with Russia's wartime economy," *Washington Post*, November 26, 2022, https://www.washingtonpost.com/ world/2022/11/26/russia-war-economy-military-supply/; Emily Rauhala, Karen DeYoung, and Beatriz Rios, "Western allies move to cap price of Russian oil at $60 a barrel," *Washington Post*, December 2, 2022, https://www. washingtonpost.com/world/2022/12/02/russian-oil-price-cap/; "EU agrees 9th sanctions package against Russia—diplomats," *Reuters*, December 15, 2022, https://www.reuters.com/world/europe/eu-agrees-9th-sanctions-package-against-russia-diplomats-2022-12-15/.

12. "Ukraine received 1,300 tons of US military aid in 2022," *UATV*, February 11, 2022, https://uatv.ua/en/ukraine-received-1-300-tons-of-us-military-aid-in-2022/.

13. Shane Harris, "Russia planning massive military offensive against Ukraine, involving 150,000 troops, US Intelligence Warns," *Washington Post*, December 3, 2021, https://www.washingtonpost.com/national-security/russia-ukraine-invasion/2021/12/03/98a3760e-546b-11ec-8769-2f4ecdf7a2ad_story.html;

David E. Sanger, Eric Schmitt, Helene Cooper, Julian E. Barnes, and Kenneth P. Vogel, "Arming Ukraine: 17,000 Anti-Tank Weapons in 6 Days and a Clandestine Cybercorps," *New York Times*, March 6, 2022, https://www.nytimes.com/2022/03/06/us/politics/us-ukraine-weapons.html; Mark Gollom, "How successive U.S. administrations resisted arming Ukraine," *CBC News*, March 5, 2022, https://www.cbc.ca/news/world/obama-trump-biden-ukraine-military-aid-$26371378; Natasha Bertrand, "White House reiterates that US is ready to act if Russia invades Ukraine," *CNN*, December 24, 2021, https://edition.cnn.com/2021/12/23/politics/us-warning-russia-ukraine/index.html.

14. Sanger, Schmitt, Cooper, Barnes, and Vogel, "Arming Ukraine."

15. "Fact Sheet on U.S. Security Assistance for Ukraine," The White House, March 16, 2022, https://www.whitehouse.gov/briefing-room/statements-releases/2022/03/16/fact-sheet-on-u-s-security-assistance-for-ukraine/; Bernd Debusmann Jr., "What weapons has the US given Ukraine—and how much do they help?" *BBC News*, April 21, 2022, https://www.bbc.com/news/world-us-canada-60774098.

16. "The Lend-Lease Act of 1941, March 11, 1941," History, Arts & Archives. United States House of Representatives, https://history.house.gov/Historical-Highlights/1901-1950/The-Lend-Lease-Act-of-1941/#:~:text=On%20this%20date%2C%20the%20House.vital%20to%20American%20national%20 security; Michele Kelemen, "U.S. war aims shift in Ukraine—and bring additional risks," NPR, April 27, 2022, https://www.npr.org/2022/04/27/1094970683/u-s-war-aims-shift-in-ukraine-and-bring-additional-risks; Patricia Zengerle, "U.S. Congress revives World War Two-era 'Lend-Lease' program for Ukraine," *Reuters*, April 28, 2022, https://www.reuters.com/world/us-congress-revives-world-war-two-era-lend-lease-program-ukraine-2022-04-28/; David Vergun, "Biden Signs Lend-Lease Act to Supply More Security Assistance to Ukraine," U.S. Department of Defense, May 9, 2022, https://www.defense.gov/News/News-Stories/Article/Article/3025302/biden-signs-lend-lease-act-to-supply-more-security-assistance-to-ukraine/.

17. John Ismay, "Allies will 'keep moving heaven and earth' to supply Ukraine, the U.S. defense chief says," *New York Times*, April 26, 2022, https://www.nytimes.com/live/2022/04/26/world/ukraine-russia-war-news#allies-will-keep-moving-heaven-and-earth-to-supply-ukraine-the-us-defense-chief-says; Ismay, "A new U.S.-led international group will meet monthly to focus on aiding Ukraine," *New York Times*, April 26, 2022, https://www.nytimes.

com/2022/04/26/world/europe/lloyd-austin-ukraine-contact-group.html.

18. "Winter is coming to Ukraine, warns NATO chief at Ramstein summit," *DW*, September 8, 2022, https://www.dw.com/en/winter-is-coming-to-ukraine-warns-nato-chief-at-ramstein-summit/a-63061788.

19. Volodymyr Landa and Kostiantyn Hennyi, "Reitynh druziv Ukraïny. 20 kraïn, iaki naibil'she dopomohly Ukraïni z momentu rosiis'koho vtorhnennia," *Forbes*, Voiennyi nomer, https://forbes.ua/inside/reyting-druziv-ukraini-20-krain-yaki-naybilshe-dopomogli-ukraini-z-momentu-rosiyskogo-vtorgnennya-reyting-forbes-31052022-6292.

20. Kaja Kallas, "Our neighbor's problem today will be our problem tomorrow," *ERR News*, April 26, 2022, https://news.err.ee/1608578038/kaja-kallas-our-neighbor-s-problem-today-will-be-our-problem-tomorrow.

21. "Ukrainian refugees arrive in Poland," https://news.un.org/en/story/2022/05/1119172; Jarosław Kuisz and Karolina Wigura, "The EU and the War in Ukraine (I): The Curse of Being Important. A View from Poland," *Internationale Politik Quarterly*, June 30, 2022, https://ip-quarterly.com/en/eu-and-war-ukraine-i-curse-being-important-view-poland; Giorgio Cafiero, "Analysis: Ukraine war has both blindsided and empowered Orban," *Aljazeera*, June 27, 2022, https://www.aljazeera.com/news/2022/6/27/analysis-ukraine-war-has-both-blindsided-and-empowered-hungarys-orban.

22. Landa and Hennyi, "Reitynh druziv Ukraïny."

23. "Boris Johnson walks on the streets of war-hit Kyiv along with Zelensky; Pledges more aid to Ukraine," *Hindustan Times*, April 10, 2022, https://www.youtube.com/watch?v=4LcCdf8hMTY; Roman Kravets and Roman Romaniuk, "Do i pislia kontrnastupu. Chy ie perspektyvy u myrnykh perehovoriv z Rosiieiu," *Ukraïns'ka pravda*, July 28, 2022, https://www.pravda.com.ua/articles/2022/07/28/7360566/.

24. "Ukraine has shown the world it will prevail in its battle for freedom," Foreign, Commonwealth & Development Office and The Rt Hon Elizabeth Truss MP, June 3, 2022, https://www.gov.uk/government/news/ukraine-has-shown-the-world-it-will-prevail-in-its-battle-for-freedom; Pankaj Mishra, "Ukraine Should Beware of Brits Bearing Gifts," Bloomberg, May 19, 2022, https://www.bloomberg.com/opinion/articles/2022-05-19/is-boris-johnson-dragging-out-the-ukraine-war; Tim Adams, "Butler to the World by Oliver Bullough review—bent Britain at your service," *Guardian*, March 21, 2022, https://www.theguardian.com/books/2022/mar/21/butler-to-the-world-by-oliver-

bullough-review-bent-britain-at-your-service.

25. Simon Tisdall, "Boris Johnson is using Ukraine crisis to launch a British come-back in Europe," *Guardian*, May 15, 2022, https://www.theguardian.com/commentisfree/2022/may/15/boris-johnson-ukraine crisis-british-comeback-europe.

26. Tisdall, "Boris Johnson is using Ukraine crisis to launch a British comeback in Europe"; Sean Monaghan, "The Joint Expeditionary Force: Global Britain in Northern Europe?" *Center for Strategic and International Studies*, March 25, 2022, https://www.csis.org/analysis/joint-expeditionary-force-global-britain-northern-europe; "Now it's official: Ukraine, UK, Poland form security alliance," *Euromaidan Press*, February 17, 2022, https://euromaidanpress.com/2022/02/17/now-its-official-ukraine-uk-poland-form-security-alliance/.

27. Philip Oltermann, "Germany agonises over Merkel's legacy: did she hand too much power to Putin?" *Guardian*, March 5, 2022.

28. "WarinUkraine:IsGermanylosingitsEUleadershiprole?"*DW*, May 25, 2022, https://www.dw.com/en/war-in-ukraine-is-germany-losing-its-eu-leadership-role/a-61879431; "German navy chief Schönbach resigns over comments on Putin, Crimea," *DW*, January 22, 2022, https://www.dw.com/en/german-navy-chief-sch%C3%B6nbach-resigns-over-comments-on-putin-crimea/a-60525709.

29. "Take joint action and do whatever is necessary," The Federal Government, G7 Germany, February 7, 2022, https://www.bundesregierung.de/breg-en/news/federal-chancellor-scholz-trip-washington-2003710; "Ex-German chancellor Schroeder's Russia ties cast a shadow over Scholz's trip to Moscow," *France24*, February 15, 2022, https://www.france24.com/en/europe/20220215-ex-german-chancellor-schroeder-s-russia-ties-cast-a-shadow-over-scholz-s-trip-to-moscow; Carlotta Vorbrüggen, "Scholz, Biden, Macron und Johnson fordern rasche Inspektion des AKW Saporischschja," *Welt*, August 21, 2022, https://www.welt.de/politik/ausland/article240586497/Ukraine-Krieg-Scholz-Biden-Macron-und-Johnson-fordern-Inspektion-des-AKW-Saporischschja.html.

30. "War in Ukraine: Is Germany losing its EU leadership role?"; Peter Dickinson, "Not just Putin: Most Russians support the war in Ukraine," Atlantic Council, March 10, 2022, https://www.atlanticcouncil.org/blogs/ukrainealert/not-just-putin-most-russians-support-the-war-in-ukraine/; Birgit Jennen

and Michael Nienaber, "Scholz Touts Latest Ukraine Arms Delivery After Criticism," Bloomberg, June 1, 2022, https://www.bloomberg.com/news/articles/2022-06-01/scholz-touts-latest-ukraine-arms-delivery-as-criticism-persists#xj4y7vzkg; Mariia Koval-Honchar, "Krashche pizno nizh nikoly: iak Nimechchyna zminiuie svoiu pozytsiiu shchodo zbroï dlia Ukraïny," *Ievropeis'ka pravda*, June 6, 2022, https://www.eurointegration.com.ua/articles/2022/06/6/7140672/.

31. "War in Ukraine: What is Germany's strategy?" *DW*, May 30, 2022, https://www.dw.com/en/war-in-ukraine-what-is-germanys-strategy/a-61977500.

32. "Address by President of Ukraine Volodymyr Zelenskyy to the Bundestag," President of Ukraine, March 17, 2022, https://www.president.gov.ua/en/news/promova-prezidenta-ukrayini-volodimira-zelenskogo-u-bundesta-73621.

33. "Zelensky invites Merkel, Sarkozy to Bucha to look at results of concessions to Russia," *Ukrinform*, April 3, 2022, https://www.ukrinform.net/rubric-polytics/3447795-zelensky-invites-merkel-sarkozy-to-bucha-to-look-at-results of-concessions-to-russia.html.

34. Bojan Pancevski, "German President Is Told He Isn't Welcome in Ukraine," *Wall Street Journal*, April 12, 2022, https://www.wsj.com/livecoverage/russia-ukraine-latest-news-2022-04-12/card/german-president-is-told-he-isn-t-welcome-in-ukraine-frQQduYTCR8yY5uvaQtl.

35. Melanie Amann, Markus Becker, Markus Feldenkirchen, Florian Gathmann, Matthias Gebauer, Serafin Reiber, Jonas Schaible, Christoph Schult, and Severin Weiland, "Why Has Germany Been So Slow to Deliver Weapons?" *Spiegel International*, June 3, 2022, https://www.spiegel.de/international/germany/olaf-scholz-and-ukraine-why-has-germany-been-so-slow-to-deliver-weapons-a-7cc8397b-2448-49e6-afa5-00311c8fedce.

36. "How heavily does Germany rely on Russian energy?" *Economist*, May 4, 2022, https://www.economist.com/the-economist-explains/2022/05/04/how-heavily-does-germany-rely-on-russian-energy; Melanie Amann et al., "Why Has Germany Been So Slow to Deliver Weapons?"

37. "Macron welcomes Putin, Zelensky for Ukraine peace talks in Paris," *France24*, December 8, 2019, https://www.france24.com/en/20191208-france-macron-ukraine-crimea-zelensky-putin-peace-paris-summit-%C3%A9lys%C3%A9e-palace-russia-ukraine-germany-merkel-eu-european-union-annex; Roger Cohen, Ivan Nechepurenko, Aurelien Breeden, Shashank Bengali, and Anton Troianovski, "Macron meets Putin in Moscow,

aiming for a de-escalation," *New York Times*, February 7, 2022, https://www.nytimes.com/2022/02/07/world/europe/macron-heads-to-moscow-aiming-for-a-de-escalation.html.

38. Stephane Faure, "Ukraine crisis: Why is Macron taking on the role of mediator?" *Aljazeera*, February 23, 2022, https://www.aljazeera.com/news/2022/2/23/ukraine-crisis-macron-the-mediator-in-chief.

39. "Macron and Germany's Scholz urge Putin to hold 'direct negotiations' with Zelensky," *France24*, May 28, 2022, https://www.france24.com/en/europe/20220528-live-ukraine-says-everything-being-done-to-defend-donbas-from-russian-onslaught; "Vladimir Putin made 'historic' error in Ukraine: France," *Aljazeera*, June 3, 2022, https://www.aljazeera.com/news/2022/6/3/vladimir-putin-made-historic-error-in-ukraine-france.

40. John Irish and Max Hunder, "Ukraine says Macron remarks on Russia 'can only humiliate France,'" *Reuters*, June 4, 2022.

41. Faure, "Ukraine crisis: Why is Macron taking on the role of mediator?"; "Vladimir Putin made 'historic' error in Ukraine: France"; Philippe Ricard, "War in Ukraine: Macron and Zelensky at odds," *Le Monde*, May 20, 2022, https://www.lemonde.fr/en/international/article/2022/05/20/war-in-ukraine-emmanuel-macron-and-volodymyr-zelenskyy-at-odds_5984097_4.html; "Ukraine bid to join EU will take decades says Macron," *BBC News*, May 10, 2022, https://www.bbc.com/news/world-europe-61383632.

42. Nichola Farrell, "Roman Myths. Italy's growing opposition to NATO," *Spectator*, May 21, 2022, pp.20-21; Anurag Roushan, "US Supports Italy's Four-point Peace Plan For Ukraine Amid Ongoing Russian Invasion," *Republicworld.com*, June 1, 2022, https://www.republicworld.com/world-news/russia-ukraine-crisis/us-supports-italys-four-point-peace-plan-for-ukraine-amid-ongoing-russian-invasion-articleshow.html.

43. "Ukraine confirms Italy proposed plan to end war," *Kyiv Independent*, May 20, 2022, https://kyivindependent.com/news-feed/ukraine-confirms-italy-proposed-plan-to-end-war/.

44. Jules Darmanin, Clea Caulcutt, and Christopher Miller, "Macron, Scholz and Draghi meet Zelenskyy in Kyiv during historic visit," *Politico*, June 16, 2022, https://www.politico.eu/article/macron-scholz-draghi-kyiv-visit-zelenskyy-ukraine/; Kate Bennett, "First lady Jill Biden makes unannounced trip to Ukraine," *CNN*, May 8, 2022, https://www.cnn.com/2022/05/08/politics/jill-biden-ukraine-visit/index.html.

45. Darmanin, Caulcutt, and Miller, "Macron, Scholz and Draghi meet Zelenskyy in Kyiv during historic visit"; "Macron, Zelensky turn page on Russia 'humiliation' spat," *France24*, June 17, 2022, https://www.france24.com/en/live-news/20220617-macron-zelensky-turn-page-on-russia-humiliation-spat.

46. Jessica Parker, Joe Inwood, and Steve Rosenberg, "EU awards Ukraine and Moldova candidate status," *BBC News*, June 23, 2022, https://www.bbc.com/news/world-europe-61891467; "Grant EU candidate status to Ukraine and Moldova without delay, MEPs demand," News. European parliament, June 23, 2022, https://www.europarl.europa.eu/news/en/press-room/20220616IPR33216/granteu candidate-status-to-ukraine-and-moldova-withoutdelay-meps-demand; Andrew Gray, "Big deal: What does EU candidate status actually mean for Ukraine?" *Politico*, June 18, 2022, https://www.politico.eu/article/why-eu-membership-candidate-status-matters-for-ukraine/.

47. "NATO formally invites Sweden, Finland to join the alliance," *France24*, June 29, 2022, https://www.france24.com/en/europe/20220629-alliance-faces-biggest-challenge-since-world-war-ii-says-nato-chief; Amanda Macias, "NATO reaches a deal with Turkey to admit Sweden and Finland, secretary-general says," *CNBC*, June 28, 2022, https://www.cnbc.com/2022/06/28/nato-reaches-deal-with-turkey-to-admit-sweden-and-finland-secretary-general-says.html; Owen Greene, "Sweden: a history of neutrality ends after 200 years," *The Conversation*, May 26, 2022, https://theconversation.com/sweden-a-history-of-neutrality-ends-after-200-years-183583.

48. "Madrid Summit Declaration Issued by NATO Heads of State and Government participating in the meeting of the North Atlantic Council in Madrid, June 29, 2022," North Atlantic Treaty Organization, https://www.nato.int/cps/en/natohq/official_texts_196951.htm.

49. Zachary Snowdon Smith, "Putin 'Calm and Cool' After Learning Finland Will Apply To Join NATO, Finnish President Says," *Forbes*, May 15, 2022, https://www.forbes.com/sites/zacharysmith/2022/05/15/putin-calm-and-cool-after-learning-finland-will-apply-to-join-nato-finnish-president-says/?sh=1bbbb3d26823; Elena Teslova, "Putin explains how Finland, Sweden membership in NATO different from Ukraine's. Russian president says Moscow views Scandinavian nations' accession to NATO differently, unlike Ukraine, since it has no territorial disputes," *Anadolu Agency*, June 3, 2022, https://www.aa.com.tr/en/russia-ukraine-war/putin-explains-how-finland-sweden-membership-in-nato-different-from-ukraines/2627019.

50. Simon Tisdall, "Behind Nato's defensive 'shield' lies weakness and division. Ukraine will pay the price," *Guardian*, June 12, 2022, https://www.theguardian.com/world/2022/jun/12/behind-natos-defensive-shield-lies-weakness-and-division-ukraine-will-pay-the-price; Jim Garamon, "Then and Now: The Changes Between 2 NATO Madrid Summits," U.S. Department of Defense, June 29, 2022, https://www.defense.gov/News/News-Stories/Article/Article/3078638/then-and-now-the-changes-between-2-nato-madrid-summits/.

13장 아시아로 향한 눈길

1. Jack Lau, "Pelosi Taiwan visit: region 'tense' as Chinese navy watches US warships, holds drills in South China Sea," *South China Morning Post*, July 29, 2022, https://www.scmp.com/news/china/military/article/3187091/pelosi-taiwan-visit-region-tense-chinese-navy-watches-us; "China announces military exercise opposite Taiwan after warning Pelosi to scrap plans to visit," *CNBC*, July 30, 2022, https://www.cnbc.com/2022/07/30/china-announces-military-exercise-opposite-taiwan-after-warning-pelosi-to-scrap-plans-to-visit.html.

2. Zolan Kanno-Youngs and Peter Baker, "Biden Pledges to Defend Taiwan if It Faces a Chinese Attack," *New York Times*, May 23, 2022, https://www.nytimes.com/2022/05/23/world/asia/biden-taiwan-china.html; Aila Slisco, "No, China Didn't Threaten to Shoot Down Pelosi's Plane Over Taiwan Visit," *Newsweek*, July 29, 2022.

3. Daniel E. Slotnik and Matthew Cullen, "Your Friday Briefing: Biden and Xi's Fraught Phone Call," *New York Times*, July 28, 2022, https://www.nytimes.com/2022/07/28/briefing/biden-xi-china-us-gdp-australia.html.

4. David Molloy, "Taiwan: Nancy Pelosi trip labelled as 'extremely dangerous' by Beijing," *BBC News*, August 2, 2022, https://www.bbc.com/news/world-asia-62398029; Paul Mozur, Amy Chang Chien, and Michael D. Shear, *New York Times*, August 2, 2022, https://www.nytimes.com/live/2022/08/02/world/pelosi-taiwan.

5. Seung Min Kim, "Nancy Pelosi's Proposed Taiwan Trip Is 'Not a Good Idea,' Says Joe Biden, Quoting U.S. Military Opinion," *Time*, July 21, 2022, https://time.com/6199197/nancy-pelosi-taiwan-biden-us-china/; Thomas L. Friedman, "Why Pelosi's Visit to Taiwan Is Utterly Reckless," *New York Times*, Au-

gust 1, 2022.

6. Antony J. Blinken, "The Administration's Approach to the People's Republic of China," The George Washington University, Washington, DC, May 26, 2022, U.S. Department of State, https://www.state.gov/the-administrations-approach-to-the-peoples-republic-of-china/.

7. Blinken, "The Administration's Approach to the People's Republic of China."

8. "China criticizes US as tensions rise in South Pacific," *AP News*, May 27, 2022, https://apnews.com/article/russia-ukraine-biden-foreign-policy-antony-blinken-eed7c0b393ad18d4278291b8638f0e7d; "China rejects Blinken speech as 'smear,'" *DW*, May 27, 2022, https://www.dw.com/en/china-rejects-blinken-speech-as-smear/a-61955836.

9. Frederick Kempe, "A new world order is emerging—and the world is not ready for it," *CNBC*, April 3, 2022, https://www.cnbc.com/2022/04/03/a-new-world-order-is-emerging-and-the-world-is-not-ready-for-it.html; Christine Huang, Laura Silver, and Laura Clancy, "China's Partnership With Russia Seen as Serious Problem for the U.S.," Pew Research Center, April 28, 2022, https://www.pewresearch.org/global/2022/04/28/chinas-partnership-with-russia-seen-as-serious-problem-for-the-us/; Robert A. Manning, "Locking China Out of the Global Order Could Backfire," *Foreign Policy*, May 9, 2022, https://foreignpolicy.com/2022/05/09china-global-order-decoupling-xi-beijing-reforms/.

10. Michael Nelson, "Barack Obama: Foreign Affairs," Miller Center, University of Virginia, https://millercenter.org/president/obama/foreign-affairs.

11. Graham Allison, *Destined for War: Can America and China Escape Thucydides's Trap?* (New York, 2018), pp.6-9.

12. Mark Landler, "Lost in Translation: A U.S. Gift to Russia," *New York Times*, March 6, 2009, https://www.nytimes.com/2009/03/07/world/europe/07diplo.html.

13. Simon Shuster, "U.S.-Russia Relations: In Need of a New Reset," *Time*, March 16, 2010, http://content.time.com/time/world/article/0,8599,1971651,00.html; Joseph R. Biden Jr., "Remarks by the Vice President at the Munich Security Conference," The White House, Office of the Vice President, February 7, 2015, https://obamawhitehouse.archives.gov/the-press-office/2015/02/07/remarks-vice-president-munich-security-conference.

14. Michael Crowley and Julia Ioffe, "Why Putin hates Hillary," *Politico*, July 25, 2016, https://www.politico.com/story/2016/07/clinton-putin-226153.

15. Crowley and Ioffe, "Why Putin hates Hillary"; Brian Ross, Rhonda Schwartz, and James Gordon Meek, "Officials: Master Spy Vladimir Putin Now Directly Linked to US Hacking," *ABC News*, December 15, 2016, https://abcnews.go.com/International/officials-master-spy-vladimir-putin-now-directly-linked/story?id=44210901; Alex Ward, "4 main takeaways from new reports on Russia's 2016 election interference," *Vox*, December 17, 2018, https://www.vox.com/world/2018/12/17/18144523/russia-senate-report-african-american-ira-clinton-instagram.

16. Charles Riley, "Trump's decision to kill TPP leaves door open for China," *CNN Business*, January 24, 2017, https://money.cnn.com/2017/01/23/newseconomy/tpp-trump-china/; Bethany Allen-Ebrahimian, "Special report: Trump's U.S.-China transformation," *Axios*, January 19, 2021, https://www.axios.com/2021/01/19/trump-china-policy-special-report; Ben Westcott, "China looms as Biden's biggest foreign policy challenge. Here's where he stands," *CNN*, November 17, 2020, https://edition.cnn.com/2020/11/15/asiabiden-china-policy-trump-us-intl-hnk/index.html.

17. "Trump Hails 'Very, Very Good Relationship' In Talks With Vladimir Putin," *NDTV*, June 28, 2019, https://www.ndtv.com/world-news/donald-trump-hails-very-very-good-relationship-in-talks-with-vladimir-putin-2060714; Mark Gollom, "How successive U.S. administrations resisted arming Ukraine," *CBC News*, March 2, 2022, https://www.cbc.ca/news/world/obama-trump-biden-ukraine-military-aid-$26371378; Nicholas Fandos and Michael D. Shear, "Trump Impeached for Abuse of Power and Obstruction of Congress," *New York Times*, December 18, 2019, https://www.nytimes.com/2019/12/18/us/politics/trump-impeached.html.

18. James Dobbins, Howard J. Shatz, and Ali Wyne, "Russia Is a Rogue, Not a Peer; China Is a Peer, Not a Rogue. Different Challenges, Different Responses," RAND Corporation, October 2018,https://www.rand.org/pubs/perspectives/PE310.html; Paul Haenle and Sam Bresnick, "Why U.S.-China Relations Are Locked in a Stalemate," Carnegie Endowment for International Peace, February 21, 2022, https://carnegieendowment.org/2022/02/21/why-u.s.-china-relations-are-locked-instalemate-pub-86478; Brahma Chellaney, "America Is Focusing on the Wrong Enemy," *Project Syndicate*, February 14, 2022, https://www.project-syndicate.org/commentary/the-threat-to-us-global-leadership-is-china-not-russia-by-brahma-chellaney-2022-02?barrier=accesspaylog; Franco Ordonez, "The White House wants to focus on China, but

Russia continues to be a distraction," NPR, December 21, 2021, https://www. npr.org/2021/12/21/1066181618/the-white-house-wants-to-focus-on-china-but-russia-continues-to-be-a-distraction.

19. Andrew Roth and Vincent Ni, "Xi and Putin urge Nato to rule out expansion as Ukraine tensions rise," *Guardian*, February 4, 2022, https://www.theguardian.com/world/2022/feb/04/xi-jinping-meets-vladimir-putin-china-russia-tensions-grow-west; Allison, *Destined for War*, pp.109-113.

20. Edward Wong and Julian E. Barnes, "China Asked Russia to Delay Ukraine War Until After Olympics, U.S. Officials Say," *New York Times*, March 2, 2022, https://www.nytimes.com/2022/03/02/us/politics/russia-ukraine-china. html; Chen Qingqing, "Chinese nationals' evacuation in Ukraine complete! All safe: embassy," *Global Times*, March 9, 2022, https://www.globaltimes.cn/page/202203/1254447.shtml.

21. "President Xi Jinping Speaks with Russian President Vladimir Putin on the Phone," Ministry of Foreign Affairs of the People's Republic of China, February 25, 2022, https://www.fmprc.gov.cn/eng/zxxx_662805/202202/t20220225_10645701.html.

22. Bobo Lo, "Friendship with Limits: Putin's War and the China-Russia Partnership," George W. Bush Institute, *The Catalyst 23* (Spring 2022), https://www. bushcenter.org/catalyst/ukraine/lo-friendship-with-limits-china-russia.html.

23. Lo, "Friendship with Limits"; Jia Deng, "China treads a fine line on the Russia-Ukraine war," *East Asia Forum*, May 20, 2022, https://www.eastasiaforum. org/2022/05/20/china-treads-a-fine-line-on-the-russia-ukraine-war/; Evelyn C. Cheng, "China watches warily as Ukraine makes U.S., EU and Japan strengthen their alliance," *CNBC*, March 8, 2022, https://www.cnbc. com/2022/03/09/china-watches-as-ukraine-war-makes-us-eu-and-japan-show-unity.html.

24. John Feng, "China Refuses to Call Russia's War on Ukraine an 'Invasion,'" *Newsweek*, February 24, 2022, https://www.newsweek.com/china-refuses-call-russia-war-ukraine-invasion-1682140; Lo, "Friendship with Limits"; Reid Standish, "China's Messaging On The Ukraine War Is Evolving, But In Which Way?" *Radio Free Europe/Radio Liberty*, May 3, 2022, https://www. rferl.org/a/china-ukraine-war-messaging-standish/31832716.html.

25. Wong and Barnes, "Russia Asked China for Military and Economic Aid for Ukraine War, U.S. Officials Say"; "China says it does not want to be impacted by Russia sanctions," *Aljazeera*, March 15, 2022, https://www.aljazeera.com/

news/2022/3/15/china-does-not-want-to-be-impacted-by-russia-sanctions-fm; Allison, *Destined for War*, p.110.

26. "Readout of President Joseph R. Biden Jr. Call with President Xi Jinping of the People's Republic of China," The White House, March 18, 2022, https://www.whitehouse.gov/briefing-room/statements-releases/2022/03/18/readout-of-president-joseph-r-biden-jr-call-with-president-xi-jinping-of-the-peoples-republic-of-china-2/; Cate Cadell and Ellen Nakashima, "Beijing chafes at Moscow's requests for support, Chinese officials say," *Washington Post*, June 2, 2022, https://www.washingtonpost.com/national-security/2022/06/02/china-support-russia-ukraine/.

27. "Putin Visits 'Friendly' Central Asia on First Trip During War," Bloomberg, June 28, 2022, https://www.bloomberg.com/news/articles/2022-06-28/putin-visits-friendly-central-asia-on-first-trip-during-war#xj4y7vzkg.

28. Marcel Plichta, "What Putin Can Do with His New, Deadly Gift From Iran," *Daily Beast*, July 22, 2022, https://www.thedailybeast.com/what-vladimir-putin-can-do-with-his-new-deadly-drones-from-iran.

29. Joyce Karam@Joyce_Karam Twitter, https://twitter.com/Joyce_Karamstatus/1549487286966009858; Brendan Cole, "Video of Putin Being Kept Waiting by Erdogan Goes Viral: 'Sweet Payback,'" *Newsweek*, July 20, 2022, https://www.newsweek.com/putin-erdogan-waiting-video-tehran-1726241.

30. Cengiz Candar, "Erdogan's dance with Putin: Humiliating, but face-saving," *Al-Monitor*, March 6, 2022, https://www.al-monitor.com/originals/2020/03/turkey-russia-syria-idlib-deal-erdogan-accepts-regimes-gains.html; "Of course it's coincidence: Kremlin spokesman denies trolling Erdogan with bronzework of RussoTurkish war," *RT*, March 6, 2020, https://www.rt.com/russia/482509-putin-erdogan-clock-trolling/.

31. "Of course it's coincidence"; "What is the significance of Putin making Erdo an wait?" *Duvar English*, March 10, 2022, https://www.duvarenglish.com/diplomacy/2020/03/10/what-is-the-significance of-putin-making-erdogan-wait; "Turkey's Baykar drone company 'will never' supply Russia: CEO," *Aljazeera*, July 19, 2022, https://www.aljazeera.com/news/2022/7/19/turkish-firm-wont-supply-uavs-widely-used-by-ukraine-to-russia; Joshua Keating, "How Turkey is turning the war in Ukraine to its own advantage," *Grid*, June 8, 2022, https://www.grid.news/story/global/2022/06/08/how-turkey-is-turning-the-war-in-ukraine-to-its-own-advantage/.

32. Isabel de Madariaga, *Ivan the Terrible: First Tsar of Russia* (New Haven, CT,

標

2005), pp.264–267; Brian Davies, *Warfare, State and Society on the Black Sea Steppe, 1500–1700* (London and New York, 2007), pp.158–170; Orlando Figes, *The Crimean War: A History* (New York, 2011).

33. "'Turkey to stand by Crimean Tatars to ensure their welfare,'" *Daily Sabah*, May 18, 2022, https://www.dailysabah.com/politics/diplomacy/turkey-to-stand-by-crimean-tatars-to-ensure-their-welfare; Alexander Gabuev, "Viewpoint: Russia and Turkey—unlikely victors of Karabakh conflict," *BBC News*, November 12, 2020, https://www.bbc.com/news/world-europe-54903869.

34. Oliya Kusa, "Turkey's Goals in the Russia-Ukraine War," *Focus Ukraine*, The Wilson Center, June 13, 2022, https://www.wilsoncenter.org/blog-post/turkeys-goals-russia-ukraine-war.

35. Kusa, "Turkey's Goals in the Russia-Ukraine War."

36. Dorian Jones, Ukrainian, Russian Delegations Send Positive Messages After Istanbul Talks," *Voice of America*, March 29, 2022, https://www.voanews.com/a/ukrainian-russian-delegations-send-positive-messages-after-istanbul-talks/6506651.html.

37. Amberin Zamar, "Russia-Ukraine talks in Turkey yield respite but no ceasefire," *Al-Monitor*, March 29, 2022, https://www.al-monitor.com/originals/2022/03/russia-ukraine-talks-turkey-yield-respite-no-ceasefire.

38. Firat Kozok and Selcan Hacaoglu, "Ukraine Cautious as Turkey, Russia Push Black Sea Grain Deal," Bloomberg, June 6, 2022, https://www.bloomberg.com/news/articles/2022-06-06/ukraine-cautious-as-turkey-russia-push-black-sea-grain-deal?sref=C3P1bRLC#xj4y7vzkg; "Turkish inflation seen nearing 81% in July, falling to 70% by end-2022: Reuters poll," *Reuters*, July 29, 2022, https://www.reuters.com/world/middle-east/turkish-inflation-seen-nearing-81-july-falling-70-by-end-2022-2022-07-29/; "Ukraine Says Russian Missiles Hit Odesa Port, Key To Grain Export Deal," *Radio Free Europe/Radio Liberty*, July 23, 2022, https://www.rferl.org/a/ukraine-odesa-russian-missiles-grain-export/31956567.html; Ievheniia Haber and Ol'ha Palii, "Shcho treba znaty dlia rozuminnia polityky Turechchyny pid chas viiny Ukraïny z rosiieiu," *Informator*, June 14, 2022, https://informator.ua/uk/shcho-treba-znati-dlya-rozuminnya-politiki-turechchini-pid-chas-viyni-ukrajini-z-rosiyeyu.

39. "U Chorne more razom iz dvoma turets'kymy fregatamy zaishov i pidvodnyi choven," *Ukrinform*, July 28, 2022, https://www.ukrinform.ua/rubric-crimea/3538569-u-corne-more-zajsli-dva-turecki-fregati-ta-pidvodnij-

coven.html; Rhoda Kwan and Yuliya Talmazan, "1st grain shipment leaves Ukraine after months of Russian blockade," *NBC News*, August 1, 2022, https://www.nbcnews.com/news/world/1st-grain-shipment-leaves-ukraine-odesa-port-russian-blockade-rcna40581; Alexandra Prokopenko, "Russia's Return to Grain Deal is a Sign of Turkey's Growing Influence," Carnegie Endowment for International Peace, November 8, 2022, https://carnegieendowment.org/politika/88349.

40. "Medvedev: situatsiia vokrug Ukrainy uluchshat'sia ne budet, nuzhno priznavat' DNR i LNR," *TASS*, February 21, 2022, https://tass.ru/politika/13786995?utm_source=google.com&utm_medium=organic&utm_campaign=google.com&utm_referrer=google.com.

41. "What are the sanctions on Russia and are they hurting its economy?" *BBC News*, June 27, 2022, https://www.bbc.com/news/world-europe-60125659; "EU sanctions against Russia explained," European Council, Council of European Union, https://www.consilium.europa.eu/en/policies/sanctions/restrictive-measures-against-russia-over-ukraine/sanctions-against-russia-explained/; "EU's latest package of Russia sanctions will need to include oil embargo," *Reuters*, May 30, 2022, https://www.reuters.com/business/energy/eus-latest-package-russia-sanctions-will-need-include-oil-embargo-2022-05-30/; Jack Guy, "Europe has bought $46 billion worth of Russian energy since the Ukraine war began," *CNN Business*, April 28, 2022, https://edition.cnn.com/2022/04/28/business/eu-fossil-fuel-exports-russia-ukraine-energy-intl/index.html; David Wallace-Wells, "Considering Ukraine as a climate and energy war," *New York Times*, International edition, June 4-5, 2022.

42. Zeynep Beyza Kilic,"Natural gas prices hit record levels as Russia-Ukraine war rages," *Anadolu Agency*, March 3, 2022, https://www.aa.com.tr/en/energy/natural-gas/natural-gas-prices-hit-record-levels-as-russia-ukraine-war-rages/34766; Fareed Zakaria, "The only possible path to keep the pressure on Russia," *Washington Post*, April 21, 2022, https://www.washingtonpost.com/opinions/2022/04/21/ russia-ukraine-oil-production-saudi-arabia-uae-gulf-states-security/.

43. "Russia's War on Ukraine: The Economic Impact of Sanctions," Congressional Research Service, May 3, 2022, https://crsreports.congress.gov/productpdf/IF/IF12092 #:~:text=Sanctions%20that%20isolate%20Russia%20are,slowdown%20in%20global%20economic%20growth; "Russia cuts off Finland gas

flows over payment dispute," *Aljazeera*, May 21, 2022, https://www.aljazeera.com/news/2022/5/21/russia-cuts-off-finland-gas-flows-over-payment-dispute; Graeme Wearden, "Oil plunges to 10-month low as Saudi Arabia 'considers Opec+ production increase'—as it happened," *Guardian*, November 21, 2022, https://www.theguardian.com/business/live/2022/nov/21/cbi-uk-economy-growth-jeremy-hunt-ftse-oil-covid-business-live.

44. Alex Lawson, "Oil price rises after Joe Biden fails to secure Saudi output increase," *Guardian*, July 18, 2022, https://www.theguardian.com/business/2022/jul/18/oil-price-rises-joe-biden-saudi-output-petrol-diesel-prices.

45. "Over 1,000 Companies Have Curtailed Operations in Russia—But Some Remain," Chief Executive Leadership Institute, Yale University, July 31, 2022, https://som.yale.edu/story/2022/over-1000-companies-have-curtailed-operations-russia-some-remain; Joshua Askew, "Sanctions 'catastrophically crippling' Russian economy, study finds," *Euronews*, July 29, 2022, https://www.euronews.com/2022/07/28/sanctions-catastrophically-crippling-russian-economy-study-finds?utm_source=Facebook&utm_medium=Social&fbclid=IwAR2bjSn97eypqYuR3mpfBTKYz4aL2NguxqgbuY9QP-JFhZMgTsvNfn-k5t4.

46. "Russia's War on Ukraine: The Economic Impact of Sanctions"; "West's tech becomes a vulnerability for Russia," *New York Times*, International edition, June 4–5, 2022; Catherine Belton and Robyn Dixon, "Western sanctions catch up with Russia's wartime economy"; Agathe Demarais, "Sanctions on Russia Are Working. Here's Why," *Foreign Policy*, December 1, 2022, https://foreignpolicy.com/2022/12/01/ukraine-russia-sanctions economy-war-putinembargo-technology-financial-energy/.

47. Nikolaus J. Kurmayer, "Germany's Habeck: 'We have to try the unrealistic' to break free from Russian gas," *Euractiv*, April 28, 2022, https://www.euractiv.com/section/energy/news/germanys-habeck-we-have-to-try-the-unrealistic-to-break-free-from-russian-gas/; Anna Shirayevskaya, "For the First Time, US Is Sending More Gas to Europe Than Russia," Bloomberg, July 1, 2022, https://www.bloomberg.com/news/articles/2022-07-01/us-lng-supplies-to-europe-overtake-russian-gas-iea-says; Askew, "Sanctions 'catastrophically crippling' Russian economy."

48. "Putin nazval 'ėkonomicheskim samoubiistvom' politiku Evropy v ėnergeticheskoi sfere," *Vedomosti*, May 17, 2022, https://www.vedomosti.ru/

economics/news/2022/05/17/922394-putin-nazval-ekonomicheskim-samou-biistvom-politiku-evropi; Vladimir Soldatkin and Chen Aizhu, "Putin hails $117.5 bln of China deals as Russia squares off with West," *Reuters*, February 4, 2022, https://www.reuters.com/world/putin-tells-xi-new-deal-that-could-sell-more-russian-gas-china-2022-02-04/.

49. Ashley J. Tellis, "'What Is in Our Interest': India and the Ukraine War," Carnegie Endowment for International Peace, April 25, 2022, https://carnegieendowment.org/2022/04/25/what-is-in-our-interest-india-and-ukraine-war-pub-86961.

50. Anna Shirayevskaya, "Russian Gas Pivot Toward China Will Ease Europe's Energy Crunch," Bloomberg, July 29, 2022, https://www.bloomberg.com/news/articles/2022-07-29/russian-gas-pivot-toward-china-will-ease-europe-s-energy-crunch#xj4y7vzkg; Clifford Krauss, Alexandra Stevenson, and Emily Schmall, "In Russia's War, China and India Emerge as Financiers," *New York Times*, June 24, 2022, https://www.nytimes.com/2022/06/24/business/russia-oil-china-india-ukraine-war.html; Thomas Duesterberg, "Historic Shifts In Russian Energy Flows Bolstering China," *Forbes*, July 7, 2022, https://www.forbes.com/sites/thomasduesterberg/2022/07/07/historic-shifts-in-russian-energy-flows-bolstering-china/?sh=24165f9f2423; Xiao Zibang, "Russia Overtakes Saudi Arabia as China's Top Oil Supplier," Bloomberg, June 7, 2022, https://www.bloomberg.com/news/articles/2022-06-20/china-buys-7-5-billion-of-russian-energy-with-oil-at-record#xj4y7vzkg.

51. Muyu Xu and Chen Aizhu, "China refiners slow down Russian oil purchases as sanctions near trade," *Reuters*, November 14, 2022, https://www.reuters.com/business/energy/china-refiners-slow-down-russian-oil-purchases-sanctions-near-trade-2022-11-14/; "Value of Russia-China energy trade up 64%, deputy PM says," *Reuters*, November 18, 2022, https://www.reuters.com/business/energy/value-russia-china-energy-trade-up-64-deputy-pm-says-2022-11-18/; Sean Golden, "The US and China in the new global order," Barcelona Center for International Affairs, January 2020, https://www.cidob.org/en/publications/publication_series/opinion/seguridad_y_politica_mundial/the_us_and_china_in_the_new_global_order; Yvonne Lau, "Why China buying more Russian oil than ever doesn't mean that Putin has a blank check," *Fortune*, July 13, 2022, https://fortune.com/2022/07/13/china-buying-russian-oil-putin-xi-sanctions/.

52. Seth Cropsey, "SCO summit did not show what you think it showed," *Asia*

Times, September 21, 2022, https://asiatimes.com/2022/09sco-summit-did-not-show-what-you-think-it-showed/; Pavel K. Baev, "Eurasian Summit of Hidden Tensions and Thin Pretenses," *Eurasia Daily Monitor*, 19, no. 136 (September 19, 2022), https://jamestown.org/programeurasian-summit-of-hidden-tensions-and-thin-pretenses/.

53. Michael Howle, "Rishi Sunak brands Russia a 'pariah state' ahead of G20 summit encounter with Putin's foreign minister," *Evening Standard*, November 14, 2022, https://www.standard.co.uk/news/politics/rishi-sunak-g20-bali-russia-ukraine-lavrov-pariah-state-putin-biden-b1039848.html; Emily Febg," 4 takeaways from President Biden's 'very blunt' meeting with China's Xi Jinping," NPR, November 14, 2022, https://www.npr.org/2022/11/14/1136459450/biden-xi-meeting.

54. Stuart Lau, "China's new vassal: Vladimir Putin," *Politico*, June 6, 2022, https://www.politico.eu/article/china-new-vassal-vladimir-putin/.

찾아보기

러시아 우크라이나 전쟁

초판인쇄 2024년 8월 30일
초판발행 2024년 9월 5일

지은이 세르히 플로히
옮긴이 이종민
펴낸이 강성민
편집장 이은혜
마케팅 정민호 박치우 한민아 이민경 박진희 정유선 황승현
브랜딩 함유지 함근아 박민재 김희숙 이송이 박다솔 조다현 정승민 배진성
제작 강신은 김동욱 이순호

펴낸곳 (주)글항아리 | 출판등록 2009년 1월 19일 제406-2009-000002호
주소 10881 경기도 파주시 심학산로10 3층
전자우편 bookpot@hanmail.net
문의전화 031-955-2689(마케팅) 031-941-5161(편집부)

ISBN 979-11-6909-291-3 03900

www.geulhangari.com